LES
IMPOTS EN FRANCE

TRAITÉ TECHNIQUE

PAR

J. CAILLAUX

ANCIEN MINISTRE DES FINANCES

Deuxième Edition revue et mise à jour

II

CONTRIBUTIONS INDIRECTES
MONOPOLES — OCTROIS
IMPOT SUR LE SUCRE ET SES DÉRIVÉS
DOUANES
POSTES, TÉLÉGRAPHES ET TÉLÉPHONES

PARIS

LIBRAIRIE GÉNÉRALE DE DROIT & DE JURISPRUDENCE
Ancienne Librairie Chevalier-Marescq et Cⁱᵉ et ancienne Librairie F. Pichon réunies
F. PICHON ET DURAND-AUZIAS, ADMINISTRATEURS
Librairie du Conseil d'Etat et de la Société de Législation comparée
20, RUE SOUFFLOT, (5ᵉ ARRᵗ)

1911

LES

IMPOTS EN FRANCE

II

LES

IMPOTS EN FRANCE

TRAITÉ TECHNIQUE

PAR

J. CAILLAUX

ANCIEN MINISTRE DES FINANCES

Deuxième Edition revue et mise à jour

II

CONTRIBUTIONS INDIRECTES
MONOPOLES — OCTROIS
IMPOT SUR LE SUCRE ET SES DÉRIVÉS
DOUANES
POSTES, TÉLÉGRAPHES ET TÉLÉPHONES

PARIS

LIBRAIRIE GÉNÉRALE DE DROIT & DE JURISPRUDENCE

Ancienne Librairie Chevalier-Marescq et Cⁱᵉ et ancienne Librairie F. Pichon réunies

F. PICHON ET DURAND-AUZIAS, ADMINISTRATEURS

Librairie du Conseil d'Etat et de la Société de Législation comparée

20, RUE SOUFFLOT, (5ᵉ ARRᵗ)

1911

LES IMPOTS EN FRANCE

TROISIÈME PARTIE

CONTRIBUTIONS INDIRECTES, MONOPOLES, OCTROIS

L'administration des contributions indirectes a pour mission d'asseoir et de recouvrer tout un ensemble d'impôts connus sous le nom de contributions indirectes, d'assurer et de contrôler la vente des produits soumis à un monopole fiscal de l'État, enfin de surveiller l'assiette et la perception des droits d'octroi, c'est-à-dire de certaines taxes indirectes établies au profit des communes.

Elle recouvre, pour le compte de l'État plus de treize cents millions par an, apportant ainsi au budget général près du tiers de ses ressources. Les taxes d'octroi fournissent aux communes trois cents millions environ de recettes annuelles.

Nous étudierons successivement :

Les contributions indirectes dont la régie assure *seule* l'assiette et la perception, en détachant les taxes sur les sels et les sucres que l'administration des Douanes concourt à recouvrer ;

Les monopoles fiscaux dont la régie se borne à vendre ou à faire vendre les produits fabriqués par d'autres administrations ;

Les octrois qui sont gérés par les communes intéressées, sous la surveillance de la régie, accidentellement chargée de l'assiette et du recouvrement ;

Mais, au préalable, il nous paraît utile de dégager certains principes, de fixer certaines règles générales dont il
faut se bien pénétrer si l'on veut parvenir à la pleine
intelligence de cette partie de notre fiscalité. L'exposé des
impôts sur les boissons, qui fera l'objet du titre premier,
montrera comment ces principes sont nés, ont été mis au
point dans le cours de la longue élaboration, prolongée
pendant plus de deux siècles, des droits sur les boissons.
Nous verrons ensuite comment ils ont été mis en œuvre
pour l'assiette des divers impôts que des nécessités fiscales
ou des raisons d'ordre public ont conduit à établir successivement et qui seront rassemblés dans le titre II.

NOTIONS PRÉLIMINAIRES

Dans le langage administratif on entend par contributions indirectes des impôts perçus sur des objets ou marchandises à l'occasion de certains faits de production ou de consommation. Il faut donc distinguer deux catégories de taxes indirectes : les taxes de fabrication ou de production, les taxes de consommation.

Comme il y aurait impossibilité matérielle à ce que tous les faits générateurs de l'impôt soient constatés par l'administration, on oblige les contribuables à des *déclarations* dont on peut dire qu'elles sont la base du régime. Une marchandise est-elle taxée à la consommation ? nul ne peut la mettre en mouvement sans faire une déclaration. Un produit est-il imposé à la fabrication ? nul ne peut le fabriquer sans des déclarations multiples incessamment répétées.

Toutes ces déclarations simplifient considérablement le rôle de l'administration, mais elles ne suppriment pas son intervention ; elles la transforment. La régie doit s'assurer que des déclarations interviennent aussi souvent que la loi l'exige, qu'elles sont complètes et sincères. De là, nécessité d'une surveillance qui, selon les cas, s'exerce soit à la fabrication, soit à la consommation des produits.

Surveillance à la fabrication. — La surveillance à la fabrication a pour objet tantôt de fixer l'assiette de l'impôt, s'il repose sur le fait de la production, autrement dit si la marchandise est taxée par la seule raison qu'elle est fabriquée, sans qu'il y ait lieu de se préoccuper de son emploi ultérieur ; tantôt de placer sous le contrôle de la régie, dès leur production, des marchandises imposables à la consommation, qui sont, dès lors, suivies par le service jusqu'à ce que naisse le fait qui rend la taxe exigible.

Quel que soit le but poursuivi, la surveillance à la fabrication est assurée par l'exercice des fabriques, par la tenue de certains comptes qui se ramènent toujours à trois types principaux : le compte des matières premières, le compte de fabrication, le compte de magasin. Les éléments de ces écritures sont fournis par les déclarations des fabricants, par les constatations des agents. Pour opérer ces constatations, en même temps que pour contrôler les déclarations, les agents *exercent* les fabriques, c'est-à-dire qu'ils sont tenus soit de rester en permanence dans les établissements de façon à suivre toutes les phases de la fabrication, soit de procéder, dans les conditions spécifiées par la loi, à des visites intermittentes.

Surveillance à la consommation. — Si la surveillance à la fabrication peut être assez simplement agencée, il n'en est pas de même de la surveillance à la consommation qui présente de sérieuses difficultés. Ces difficultés seraient même insurmontables si l'on voulait saisir la consommation des produits taxés au moment précis où elle a lieu. On se heurterait à des impossibilités. Un seul fait est tangible, c'est celui du transport des marchandises. Aussi la surveillance à la consommation a-t-elle été transf rmée en une surveillance à la circulation.

Elle peut d'ailleurs avoir un double objet, tout comme la surveillance à la production.

Elle peut être instituée lorsque les taxes sont établies à la fabrication, à la fois pour donner au Trésor un utile complément de garanties et pour assouplir l'impôt, pour l'adapter aux nécessités commerciales, pour accorder notamment à certains commerçants le crédit des droits. Elle revêt alors, selon les cas, des formes variables dont il n'est pas possible de donner la formule générale et qui seront exposées lorsque nous traiterons de chacune des taxes de fabrication.

Au contraire, lorsque les droits reposent sur le fait de la consommation, c'est la surveillance exercée à la consommation qui en détermine naturellement l'assiette et, comme la surveillance à la consommation n'est en réalité qu'une surveillance à la circulation, l'administration exige l'impôt lors du dernier transport, lors du transport chez le consommateur. Elle présume ainsi et elle atteint par avance la consommation du produit. Dès lors, la marchandise devant être suivie dans toutes ses allées et venues, une double série de formalités est exigée : d'une part la circulation est réglementée, d'autre part les magasins où s'entreposent les produits sont exercés, sont soumis à une surveillance plus ou moins étroite.

Formalités à la circulation. — Le point de départ de ces formalités est, encore une fois, la déclaration qui entraîne la délivrance d'une expédition. Quiconque met en mouvement des marchandises taxées à la consommation est tenu de procéder à une déclaration détaillée, en échange de laquelle il reçoit une pièce de régie qui accompagne la marchandise dont elle présente le signalement. La déclaration et l'expédition permettent à l'administration de saisir la matière imposable au moment même où elle quitte le lieu de production et d'en suivre les transports successifs jusqu'au lieu de consommation.

L'expédition ne sert pas simplement de passeport à la marchandise ; elle est encore agencée de telle façon qu'elle comporte le payement de l'impôt, ou qu'elle le garantit, ou enfin qu'elle consacre l'immunité dont, exceptionnellement, les objets taxés peuvent bénéficier à raison de leur destination.

Que si la marchandise imposée, vin ou alcool par exemple, doit être transportée directement chez le consommateur, la déclaration de mise en mouvement donne ouverture à l'impôt et, l'expédition délivrée, qui reçoit le nom de *congé*, sert tout à la fois de titre de mouvement et de quittance de l'impôt.

Que si les objets dont la consommation est taxée sont expédiés dans des conditions emportant la franchise, l'expédition est un *laissez-passer* ou un *passavant*, c'est-à-dire un titre purement descriptif de la marchandise n'impliquant que le payement d'un droit de timbre.

Que si, enfin, les marchandises sont adressées à un négociant auquel la loi, pour faciliter ses opérations, a accordé le crédit des droits, l'expédition est toujours un *acquit à caution*. On donne généralement la définition suivante de l'acquit à caution : c'est, dit-on, un titre de mouvement par lequel le soumissionnaire s'engage, solidairement avec une caution, à représenter les produits au lieu d'arrivée sous peine de payer une amende de quotité variable. Il est difficile de résumer plus exactement les engagements que doit prendre le bénéficiaire d'un acquit, les garanties que l'administration exige. On se représente ainsi fort bien les obligations qui incombent à un producteur, à un vigneron par exemple, expédiant des vins à un marchand en gros. On aperçoit que pour obtenir le crédit de l'impôt, il lui faut tout d'abord faire agréer une caution solvable. La caution s'engage avec lui à ce que les fûts soient, dès leur arrivée à destination, représentés, en même temps que l'acquit, aux employés de la régie. Les agents du lieu d'arrivée, après avoir constaté l'identité du chargement, c'est-à-dire après s'être assurés que la boisson représentée à l'arrivée répond bien aux énonciations de l'expédition, après l'avoir prise en charge au compte du commerçant destinataire, donnent décharge de l'acquit qu'ils retirent. Le service du lieu de départ, informé, libère l'expéditeur et la caution de leurs engagements, apure l'acquit à caution. Mais, pour faire saisir le but et l'utilité de l'acquit à caution, il faut s'élever au-dessus de ces détails de la pratique, ou plutôt il faut n'en retenir que la substance. L'acquit à caution est, en réalité, un titre en échange duquel l'État fait crédit de l'impôt, c'est une traite revêtue d'un aval que le Trésor accepte au lieu et place de numéraire. La traite est annulée quand la marchandise, gage de l'impôt, est représentée intacte au lieu de destination.

Ce mécanisme de l'acquit à caution est tellement ingénieux, il se prête à tant d'applications diverses que, réservé tout d'abord au transport des produits taxés chez les négociants jouissant du crédit des droits, il a été successivement étendu à d'autres espèces : l'acquit à caution a été substitué tantôt au passavant, tantôt au congé. Notamment, quand l'administration veut s'assurer de l'arrivée effective des produits chez le consommateur désigné dans la déclaration, au lieu d'un congé, un acquit à caution est délivré. Les agents sont ainsi mis à même de reconnaître les produits parvenus à destination et la perception de l'impôt est reculée jusqu'au moment où cette constatation est opérée. Lorsque les produits bénéficient de l'exemption de taxe à raison de leur destination, il est évident que c'est chose essentielle de s'assurer que la destination réelle est bien celle qui a été déclarée. L'acquit à caution est donc fréquemment utilisé au lieu du passavant.

Depuis quelques années on a tendance à user de l'acquit à caution dans un autre but; on veut y trouver un moyen d'authentifier les produits récoltés ou fabriqués. C'est la loi du 31 mars 1903 qui, remettant en vigueur et complétant des dispositions anciennes tombées en désuétude, a décidé que des titres de mouvement spéciaux rédigés sur papier blanc s'appliqueraient exclusivement au transport des eaux-de-vie et alcools naturels provenant uniquement de la distillation des vins, cidres, poirés, marcs, cerises et prunes, au transport des rhums et tafias naturels en provenance directe des colonies françaises, des genièvres fabriqués dans certaines conditions. Les lois votées depuis 1905 en suite de la loi de cette même année sur les fraudes commerciales ont donné à la délivrance des acquits blancs une nouvelle extension qu'on ne saurait envisager sans quelque appréhension. Autant le régime de l'acquit à caution est précieux en matière fiscale, autant il paraît insuffisant pour prévenir toutes les fraudes commerciales que l'on veut réprimer et l'on ne peut s'empêcher de craindre qu'en multipliant les acquits à caution de couleur et de nature différentes on n'embarrasse l'administration des contributions indirectes de tant de formalités, on n'étende ses attributions de telle sorte que, submergée sous les paperasses, orientée, d'ailleurs, vers des tâches diverses, elle ne suffise plus qu'imparfaitement à sa mission essentielle qui est d'asseoir et de recouvrer l'impôt.

Surveillance des magasins. — Enfin, la surveillance à la circulation est complétée par les recensements, par l'exercice dans les magasins où séjournent les produits taxés. L'exercice est plus ou moins étroit selon la nature du commerce, selon les dangers de fraude qu'il comporte.

En résumé, l'assiette et le recouvrement de l'impôt indirect reposent sur trois formalités essentielles : la déclaration, le mécanisme de l'acquit à caution, l'exercice. C'est l'armature du système.

TITRE PREMIER

IMPOTS SUR LES BOISSONS

Les impôts sur les boissons se composent d'une série de taxes, très différemment assises et perçues, qui constituent la branche la plus importante des droits recouvrés par l'administration des contributions indirectes. Le produit de ces taxes est évalué au budget de 1911 à 431.615.400 francs dont 92.593.200 francs pour les boissons hygiéniques et 339.022.200 francs pour l'alcool. Ces diverses taxes feront l'objet de développements distincts. Un chapitre sera consacré aux impôts sur les vins naturels, cidres, poirés, hydromels, un autre au régime des alcools, un troisième à celui des vins artificiels ; le droit sur les bières fera l'objet d'un dernier développement.

Mais, auparavant, il est essentiel d'indiquer comment sont nées, se sont développées, ont évolué, ont été enfin transformées par la loi de 1900, nos taxes sur les boissons, comment s'est édifiée en même temps cette réglementation fiscale qui a servi de cadre, avons-nous dit, pour les autres impôts indirects.

CHAPITRE PREMIER

DES ÉVOLUTIONS SUCCESSIVES DE LA FISCALITÉ.

Il existait sous l'ancien régime de multiples impôts sur les boissons. Les droits d'aides, qui étaient perçus dans le ressort de la Cour des aides de Paris et de la Cour de Rouen, étaient composés pour la presque totalité de taxes sur les vins, cidres, etc. Ailleurs, des impôts analogues étaient établis au profit des provinces, simplement tenues de payer un abonnement fixe au trésor royal.

Comme on le pressent, ces droits n'avaient pas la moindre uniformité, ils variaient de province à province, d'élection à élection, ils se superposaient, ils s'enchevêtraient. La boisson était frappée par des droits généraux, des droits locaux, des péages, des douanes intérieures dont le tarif différait selon les localités. Inégalité et diversité, telles étaient les caractéristiques de cette législation bigarrée dont tous les économistes de la fin du dix-huitième siècle s'accordèrent à faire le procès.

Et cependant, malgré ces défauts, malgre ces incohérences, l'impôt des aides contenait en germe toute la législation du dix-neuvième siècle. Les tarifs étaient sans doute inextricables, mais, en dehors et au-dessus de cette confusion, la ferme générale était parvenue à constituer, dans le ressort des Cours des aides de Paris et de Rouen, tout au moins, un ensemble de prescriptions fort bien ordonnées, rassemblées dans le Code des aides où l'on est venu puiser quand, sous le premier Empire, on a rétabli les impôts sur les boissons que la Constituante avait fait disparaître le **2 mars 1791**.

Avant de reprendre, en les modifiant, les principaux droits d'aides, on commença toutefois, par instituer en 1804 un droit de production de 40 centimes par hectolitre de vin, de 16 centimes par hectolitre de cidre, perçu au moyen d'inventaires chez les récoltants. Tout à fait incomplet, d'une application pratique fort difficile, le nouvel impôt n'était qu'une entrée en matière. « C'était », a écrit Gaudin, son auteur, « le moyen de faire une sorte de cadastre des boissons ». De fait, deux ans plus tard, intervient la loi de 1806, qui institue un droit de circulation *ad valorem* de 5 pour 100 sur *tous* les transports de boissons, un droit de détail de 10 pour 100 sur la vente dans les débits, qui rétablit l'obligation, en vigueur sous l'ancien régime, de l'expédition pour tout transport de boissons, qui fait revivre l'*exercice* des débits emprunté au Code des aides. En 1808, le droit de circulation est transformé en un droit spécifique, le taux du droit de détail est porté de 10 à 15 pour 100, des droits d'entrée sont établis, en même temps que l'on reprend les dispositions de l'ordonnance de 1625 portant institution d'un droit de fabrication sur les bières. Après la loi du 8 décembre 1814, votée par les Chambres de la Restauration pour conférer, dans un but politique, aux propriétaires récoltants, des privilèges abusifs qu'il fallut restreindre dans la suite mais qui subsistèrent pour partie, intervint la loi du 28 avril 1816 que l'on se plaît à considérer comme la loi fondamentale en la matière, mais qui n'est en réalité que la codification des lois de 1806, de 1808, ou, pour mieux dire, des principales dispositions du Code des aides ajustées, adaptées à une organisatian fiscale plus moderne. La loi du 25 mars 1817 vient ensuite innover heureusement : elle dispose que le droit de circulation, qui précédemment, atteignait *tous* les transports de boisson, ne pourra jamais se cumuler avec le droit de détail, pas plus qu'il ne pourra être perçu sur les envois à des marchands en gros.

Désormais le droit de circulation, réservé aux seuls transports à destination des particuliers, cessera de justifier une dénomination qu'il conservera cependant; il deviendra un droit de consommation sur les ventes en gros, parallèle au droit de consommation sur la vente au détail.

Dès ce moment, l'impôt sur les vins et cidres est établi. La bière a également trouvé dans les lois de 1808 et de 1816 sa législation fondamentale, qui ne sera refondue qu'en 1899. Quant aux alcools, ils ont été d'abord traités comme le vin et le cidre ; les traditions de la ferme des aides qui assimilait le régime des eaux-de-vie à celui des vins se sont continuées. Mais, en 1812, on institue, au lieu et place des droits de circulation et de détail, sur les eaux-de-vie, un droit unique de consommation qui, en 1824, lorsque Gay-Lussac eut découvert l'alcoomètre centésimal permettant de mesurer degré par degré la quantité d'alcool pur contenue dans l'eau-de-vie, est rendu proportionnel à la richesse des spiritueux. La période de transformation est alors franchie. L'impôt sur l'alcool, à la suite de la loi du 24 juin 1824, possède son assiette définitive, celle qu'il conserve encore aujourd'hui.

Dès lors, la législation des boissons est arrêtée dans ses grandes lignes et, à part des changements d'une grande importance pratique, sans nul doute, mais qui n'affecteront pas les principes, elle subsistera telle quelle jusqu'à la fin du dix-neuvième siècle. Elle est cependant battue peu à peu en brèche par un mouvement d'opinion qui va grandissant et qui s'exprime dans la législation. En présence des progrès de la consommation des alcools, les hygiénistes demandent que les eaux-de-vie soient plus sévèrement taxées ; ils se rencontrent avec les viticulteurs pour réclamer l'abaissement des droits sur les boissons dites hygiéniques, c'est-à-dire sur le vin, le cidre et la bière. Les lois de 1855, de 1860, de 1871, de 1873, de 1880 por-

tent l'empreinte de ces tendances. La taxe de consommation sur l'alcool est successivement élevée de 37 francs à
60 francs (loi de 1855), puis à 90 francs (loi de 1860), puis
à 150 francs (loi de 1871), enfin à 156 fr. 25 (loi de 1873),
tandis que les tarifs des droits sur les vins sont réduits
d'un tiers environ (loi de 1880). Les financiers, qui adhè-
rent à ce mouvement parce qu'il apporte au Trésor un précieux supplément de ressources, demandent cependant des
garanties contre la fraude que l'élévation de la taxe sur
l'alcool rend à la fois plus tentante et plus préjudiciable.
Ils obtiennent que la surveillance à la production soit for-
tifiée, que les opérations de distillation des alcools soient
suivies de plus près. Insensiblement, sous le poids de leurs
efforts, l'impôt sur l'alcool dévie. Il est encore une taxe de
consommation, mais la garantie principale de son recouvrement est la surveillance à la production ; il paraît bien
près de devenir une taxe de fabrication. Ainsi, depuis le
milieu du siècle, sous l'empire de ces courants d'idées, le
régime fiscal des boissons évolue lentement. La loi du
30 mai 1899 et surtout la loi du 29 décembre 1900 vont
précipiter cette évolution. Elles marqueront le début d'un
régime nouveau, en progrès sur la fiscalité du siècle précédent, de même que les lois de 1806, de 1808, de 1816,
de 1817, de 1824 avaient édifié un système fiscal en progrès sur le Code des aides, auquel nous avons montré
qu'elles se rattachaient cependant.

A la veille de la loi du 29 décembre 1900, trois taxes
différentes pesaient sur les vins et les cidres : le droit de
circulation, le droit de détail, le droit d'entrée. Le droit de
circulation fixé à 80 centimes par hectolitre de cidre, à un
franc, 1 fr. 50 ou 2 francs par hectolitre de vin, selon la
région où le vin était consommé, frappait en principe tous
les transports de boissons par quantités de plus de 25 litres
à destination des consommateurs; le droit de détail, qui
atteignait les quantités vendues chez les débitants, était

un droit *ad valorem*, de **12 fr. 50** pour **100** du prix de
vente ; le droit d'entrée était perçu à l'entrée des villes
de plus de 4.000 habitants ; il était gradué selon le chiffre
de la population et en tenant compte du taux auquel était
fixé le droit de circulation dans la région. L'assiette et la
perception du droit de circulation reposaient sur la surveillance à la circulation ; l'exercice des débits, très étroitement réglementé, agencé de telle façon qu'il faisait
peser sur les détaillants une inquisition de tous les instants,
non seulement dans leurs magasins, mais encore à leur
domicile, assurait le recouvrement du droit de détail ; le
droit d'entrée était perçu aux barrières des villes sujettes.
Comme il eût été fort difficile pour les agents d'exercer
les débits des villes importantes, que la fraude sur le droit
de détail y eût été presque impossible à déjouer, il avait
été décidé par une loi de 1875 que, dans les villes de plus
de dix mille habitants, le droit de détail et le droit d'entrée seraient remplacés par une taxe unique perçue à la
barrière, uniforme pour tous les consommateurs du lieu
sujet, calculée de façon à donner un produit équivalent
à celui des droits de détail et d'entrée cumulés. A Paris,
l'impôt perçu à l'entrée, qualifié taxe de remplacement,
représentait non seulement le droit de détail et le droit
d'entrée, mais encore les licences, qui n'étaient pas exigées des débitants de boissons de la capitale, et le droit
de circulation, qui n'était pas perçu sur les transports effectués dans l'intérieur même de Paris.

Telle était la législation des vins, qui, sur trop de points,
rappelait la législation bigarrée des aides dont elle était
issue. Inégalité et diversité étaient également ses caractéristiques. Le consommateur aisé qui habitait la campagne
payait un impôt fort minime de un franc, **1 fr. 50** ou
2 francs par hectolitre de vin ; l'ouvrier agricole, qui ne
pouvait s'approvisionner en gros, acquittait une taxe très
lourde s'élevant à **12 fr. 50** pour **100** du prix auquel il

achetait sa boisson ; dans les villes à taxe unique, tous les consommateurs étaient soumis à un impôt, uniforme il est vrai, mais souvent fort élevé, si élevé qu'il constituait une prime aux falsifications de boissons à l'intérieur du lieu sujet. Sur tous les débitants des campagnes et des petites villes pesait une surveillance minutieuse, entourée d'un cortège de formalités vexatoires, dont étaient affranchis les détaillants des grandes villes.

Le droit de fabrication des bières prêtait à des critiques d'une autre nature. Nous verrons au chapitre V que, assis sur le volume des bières, comportant une distinction arbitraire entre ce qu'on appelait la « bière forte » et ce qu'on qualifiait « petite bière », il donnait prise à des fraudes multiples, qu'il n'était pas proportionnel à la valeur de la boisson. La réforme du régime des bières, plus facile à réaliser que celle du régime des vins, fut effectuée en 1899, de la façon la plus simple et la plus heureuse. Au lieu d'asseoir l'impôt uniquement sur le volume de la bière forte ou de la petite bière fabriquée, on le fit reposer à la fois sur le volume et sur le degré alcoolique, on le rendit proportionnel à la richesse en alcool et par suite à la valeur des bières, qu'on cessa de différencier arbitrairement.

Si la même transformation avait pu être opérée en ce qui concerne les vins, la réforme des taxes sur les boissons eût été faite dans les conditions les meilleures. On eût substitué au faisceau des droits sur les vins, cidres, bière, alcools, un impôt unique de consommation sur l'alcool pur contenu dans ces liquides, fixé à des taux différents selon la nature des boissons. C'est bien là la solution qui prévalut pour les vins fabriqués. Il parut malheureusement impossible de l'adopter pour les vins naturels dont on ne peut suivre la production et on dut se contenter de remplacer les droits de circulation, de détail et d'entrée non par un droit de consommation proportionnel à la quantité d'alcool pur que renferme le vin, mais par un droit d'un taux uniforme, suffisamment modéré pour qu'il n'y eût rien d'excessif à le percevoir selon la quantité sans tenir compte de la valeur de la boisson. Ce fut l'œuvre principale de la loi du 29 décembre 1900. Afin que la réforme se suffît à elle-même, elle augmenta d'autre part le taux des licences, majora le droit de consommation sur l'alcool, fortifia l'assiette de l'impôt sur les spiritueux.

La loi de 1900, qui est dans la ligne des réformes antérieures, continue, achève une évolution fiscale. Désormais en France, comme dans la plupart des grands pays du monde, l'impôt sur l'alcool tend à personnifier les impôts sur les boissons. En même temps, pour en assurer le recouvrement, pour prévenir la fraude aussi bien que pour libérer dans quelque mesure le commerce d'entraves nuisibles à son développement, la taxe de consommation sur les spiritueux devient peu à peu une taxe de fabrication.

Ainsi est née une fiscalité nouvelle qui ne sera au point que quand d'autres lois auront complété la loi de 1900, comme les lois de 1817 et de 1824 ont jadis achevé l'œuvre commencée en 1806 et en 1808, poursuivie en 1816. La loi du 31 mars 1903, était conçue dans cet esprit; elle devait se souder à la loi précédente. Nous dirons les raisons pour lesquelles elle a échoué et n'a apporté qu'une très faible contribution à l'œuvre de réforme qui se poursuivra dans l'avenir.

CHAPITRE II

IMPOT SUR LES VINS NATURELS, CIDRES, POIRÉS, HYDROMELS

Depuis la loi du 29 décembre 1900, les vins naturels, cidres, poirés, hydromels (1) ne supportent qu'une seule taxe, improprement qualifiée droit de circulation, dont le taux est de 1 fr. 50 par hectolitre pour les vins, de 80 centimes par hectolitre pour les cidres, poirés, hydromels. Les vendanges fraîches, circulant hors de l'arrondissement de récolte et des cantons limitrophes de l'arrondissement, quelle que soit la quantité transportée, sont passibles du même droit que les vins, à raison de deux hectolitres de vin par trois hectolitres de vendanges (2).

L'impôt est assis sur les quantités de vin ou de cidre *produites et livrées à la consommation.* C'est donc une taxe de consommation, dont l'assiette et le recouvrement sont assurés tant au moyen de la surveillance à la circulation et, dans quelque mesure, à la production, que par les recensements dans les magasins de gros et de détail.

---

(1) Le poiré est du jus fermenté de poires qui se prépare de la même façon que le cidre. — On désigne sous le nom d'hydromel une boisson fermentée à base de miel dans la composition de laquelle entrent divers éléments différents suivant les régions. L'usage de cette boisson est aujourd'hui des plus restreints.

(2) Cette disposition a été édictée par la loi de 1900 et rendue plus stricte par celle du 8 avril 1910 dans le but de prévenir une fraude qui, les droits d'entrée supprimés, aurait pu prendre quelque extension. Bon nombre de contribuables eussent évité le payement de l'impôt en se faisant expédier des raisins en place de vin et en fabriquant leur boisson à domicile. Toutefois, les raisins de table sont exempts de la taxe.

1. — Surveillance à la circulation et à la production.

Deux cas peuvent se présenter : ou bien les boissons sont consommées en dehors du lieu de production ou au lieu même de production.

Dans le premier cas, l'impôt est garanti par la surveillance à la circulation, dans le second cas par la surveillance à la production.

I. — La formalité essentielle qui est le point de départ de la surveillance à la circulation (voir *Notions préliminaires*) est la déclaration d'enlèvement, qui entraîne la délivrance d'une expédition.

Déclarations. Expéditions. — « Aucun enlèvement ni transport de boissons ne peut être effectué sans déclaration préalable de l'expéditeur ou de l'acheteur et sans que le conducteur soit muni d'un titre de mouvement. » Telle est la règle générale, absolue, qui ne souffre qu'un petit nombre d'exceptions, dont l'une en faveur de la ville de Paris, où il n'a jamais existé, où il n'existe pas encore aujourd'hui de formalités à la circulation, dont les autres ont été admises dans des cas où l'intérêt fiscal n'est pas sérieusement en cause (1).

(1) Ainsi les petites quantités que les récoltants transportent à bras ou à dos d'homme du pressoir à leur cave circulent librement. De même, les voyageurs ne sont pas tenus de faire une déclaration et de se munir d'une expédition pour les boissons destinées à leur usage personnel pendant le voyage et n'excédant pas trois litres par personne. Les échantillons de vins expédiés par des négociants sont affranchis des mêmes formalités, sous la réserve que la quantité totale expédiée au même destinataire ne dépasse pas trois litres. Enfin l'administration admet que les boissons achetées en petite quantité chez les débitants et enlevées à la bouteille soient transportées sans expédition, mais ce n'est là qu'une simple tolérance.

La déclaration doit être faite à la recette buraliste du lieu d'enlèvement. Elle doit énoncer les quantités, espèces et qualités des boissons, le lieu et l'heure de l'enlèvement (1), le lieu de destination, les noms, demeures et professions des expéditeurs, voituriers et acheteurs ou destinataires (2), ainsi que les principaux lieux de passage que doit traverser le chargement et les divers modes de transport qui 'doivent être successivement employés.

L'expédition qui est remise au déclarant et qui est extraite d'un registre à souche reproduit les énonciations de la déclaration ; elle comporte, en outre, l'indication d'un délai pour le transport des boissons à destination. Le délai est fixé par le receveur buraliste en raison des distances à parcourir et des moyens de transport, de telle façon que le conducteur ne puisse effectuer plusieurs voyages sous le couvert d'une même expédition (3).

Nature des expéditions. — Si la boisson est dirigée du lieu de production chez le consommateur, on sait que l'expédition à délivrer est un congé qui entraîne le payement des droits. S'il y a exemption d'impôt, le congé est remplacé par un passavant ou un laissez-passer.

Mais, dans la généralité des cas, le vin ne parvient au

---

(1) Par exception, dans les villes jadis sujettes au droit d'entrée, les entrepositaires sont autorisés, pour les expéditions qu'ils font à l'extérieur, à ne déclarer à la régie que le jour où les boissons doivent sortir de leurs magasins, sauf à inscrire eux-mêmes, sur le titre de mouvement, avant d'en faire usage, l'heure de l'enlèvement.

. (2) Les déclarants sont, toutefois, dispensés de désigner le destinataire au départ, à charge par eux de compléter la déclaration au bureau de la régie du lieu d'arrivée avant tout déchargement.

(3) Diverses autres précautions ont été prises en vue de prévenir les doubles transports, c'est-à-dire en vue d'empêcher qu'une pièce de régie ne soit utilisée plusieurs fois. Lorsqu'un chargement. doit emprunter successivement plusieurs modes de transport, par exemple, la voiture et le chemin de fer, il est fixé un délai spécial pour le premier parcours, dans l'espèce jusqu'à la gare de chemin de fer. De même, dans les villes jadis sujettes au droit d'entrée, les expéditions concernant des boissons déclarées pour l'extérieur comportent un délai particulier pour le transport jusqu'aux barrières.

consommateur qu'après avoir traversé le magasin de gros, l'entrepôt, comme on l'appelle souvent. Il est expédié à l'entrepôt sous le couvert de l'acquit à caution dont nous avons indiqué le but et décrit le mécanisme. Ce n'est qu'ultérieurement, lorsque la boisson sort du magasin de gros pour aller chez le consommateur, qu'intervient le congé qui implique le payement des droits. Jusque-là, le recouvrement de l'impôt est suspendu. L'acquit à caution oblige l'expéditeur et la caution solvable qu'il a fait agréer (1) à représenter la boisson intacte au lieu d'arrivée et à obtenir la décharge de l'acquit sous peine de payer le double droit.

L'usage de l'acquit à caution a été étendu à d'autres cas, comme nous l'avons fait pressentir (voir *Notions préliminaires*). Afin de prévenir la fraude, on délivre généralement des acquits au lieu de passavants quand il y a exemption des droits. C'est dans ces conditions que circulent notamment les boissons exportées, envoyées en distillerie, en vinaigrerie.

Exceptions. — L'obligation de faire une déclaration à la recette buraliste et d'y prendre un titre de mouvement pourrait parfois imposer aux expéditeurs une gêne excessive. Aussi la loi a-t-elle prévu certains tempéraments et l'administration, allant au delà, a-t-elle apporté quelques ménagements dans l'application même de la loi.

Les exceptions les plus notables sont les suivantes :

Les propriétaires récoltants sont admis à détacher d'un registre mis à leur disposition les laissez-passer nécessaires pour les transports qu'ils effectuent en franchise de droits.

La même faculté est accordée aux récoltants et aux marchands en gros pour tous les transports qu'ils effectuent, lorsqu'il n'existe pas de recette buraliste dans le lieu de

---

(1) Les marchands en gros ont la faculté de produire des cautions qui s'engagent pour tous les acquits pris dans le cours d'une année.

leur résidence. Seulement, le cas échéant, les laissez-passer sont des permis provisoires qui ne valent que pour accompagner le chargement jusqu'à la première recette buraliste, où ils doivent être échangés contre des expéditions régulières.

On a été plus loin en autorisant les marchands en gros qui en font la demande et qui présentent les garanties nécessaires à se délivrer à eux-mêmes des congés extraits de registres qui leur sont fournis par l'administration. Ils acquittent, à la fin de chaque dizaine, les droits afférents aux quantités qu'ils ont expédiées pendant cette période. L'impôt est décompté au vu des souches du registre (1).

Surveillance en cours de route. — Ces facilités ne laisseraient pas de présenter de graves inconvénients si la surveillance en cours de route n'était fortement organisée. Sans elle, d'ailleurs, le système ne tiendrait dans aucune de ses parties.

Pour permettre aux agents d'exercer cette surveillance, la loi impose aux voituriers, bateliers ou autres qui transportent des boissons, l'obligation de représenter, à toute réquisition, aux employés de la Régie et de diverses autres administrations désignées par le législateur, notamment aux gendarmes et aux gardes champêtres, les expéditions dont ils sont porteurs.

Ces fonctionnaires doivent donc rechercher les chargements de boissons circulant sur la voie publique et, toutes les fois qu'ils en rencontrent, réclamer les pièces de régie, en vérifier la régularité, s'assurer que les énonciations qu'elles contiennent concordent bien avec les quantités, espèce et qualités des liquides composant le chargement,

(1) L'ampliation comporte un coupon de contrôle qui en reproduit les énonciations. Ce coupon, détaché au moment de l'enlèvement de la boisson, est collé sur le fonds le plus apparent du plus gros des fûts, ou sur l'un des paniers, caisses de bouteilles ou sur l'un des récipients, s'il n'y a ni caisses ni paniers.

que les délais de transport ne sont pas expirés, etc. Si
l'expédition est reconnue inapplicable, il est rapporté
procès-verbal et le chargement est saisi (1). Si l'expédition paraît régulière, les employés se bornent à apposer
leur visa sur le titre de mouvement et à rédiger un bulletin qui reproduit les principales énonciations de la pièce
de régie et qui est adressé au service du lieu de départ
pour être rapproché de la souche à laquelle adhérait le
titre de mouvement.

Ce mode de contrôle fort ingénieux a un double objet :
on s'assure en premier lieu que les expéditeurs ou les
transporteurs n'ont pas altéré les pièces qui leur ont été
remises ; on vérifie en second lieu la gestion des receveurs
buralistes en constatant que les sommes perçues, dont il
est fait mention sur les expéditions, concordent avec les
chiffres inscrits à la souche et, par suite, avec les recettes
prises en charge dans la comptabilité. On aperçoit sans
peine que la formation des bulletins est particulièrement
utile quand les expéditions ont été libellées par les marchands en gros eux-mêmes.

La surveillance en cours de route ne revêt pas toujours
une forme aussi simple. Il peut arriver que, par suite d'accident ou pour d'autres motifs, il soit nécessaire d'opérer
au milieu d'un trajet certaines manipulations de nature
à modifier l'état du chargement ou qu'il faille changer la
destination primitive, ou encore qu'il soit indispensable
d'interrompre le transport. Il ne pouvait être question de
refuser au commerce ces facilités essentielles. On les a
accordées, mais on en a réglementé l'exercice.

---

(1) Comme de légères erreurs peuvent être commises de bonne foi
dans la déclaration des contenances, la loi accorde une tolérance de
1 pour 100 sur les quantités déclarées. Les employés peuvent même
s'abstenir de verbaliser pour des différences plus importances lorsqu'elles portent uniquement sur les quantités et non sur le nombre
de futailles et qu'il n'y a ni doute sur l'identité du chargement, ni
présomption de fraude.

Manipulations. — Toute opération destinée à la conservation des boissons, telle que transvasement, ouillage,
est autorisée en cours de transport à la condition qu'elle
ait lieu en la présence des employés qui en font mention
au dos des expéditions. Même, en cas de force majeure,
il peut être procédé au déchargement des voitures et au
transvasement des boissons sans déclaration préalable, à
charge par le conducteur de faire constater les faits par
les employés, ou à leur défaut, par le maire ou l'adjoint
de la commune la plus voisine. L'expédition est annotée
en conséquence.

Changement de destination. — Lorsque les circonstances commandent un changement de destination, il suffit
aux conducteurs de faire une déclaration à la recette
buraliste. Une nouvelle expédition est délivrée en échange
de la première, moyennant le simple payement des droits
de timbre.

Transit. — La réglementation relative aux interruptions de transport qui, en matière de contributions indirectes, ont reçu le nom de *transit*, est plus complexe.

Tout conducteur d'un chargement de boissons qui veut
en interrompre le transport est tenu de faire, dans les
vingt-quatre heures et avant le déchargement des voitures, une *déclaration de transit* à la recette buraliste du
lieu où il s'est arrêté. Les congés, acquits, etc., qui, selon
les cas, accompagnent les boissons, sont retenus au bureau
et remis seulement au moment du départ, après avoir été
annotés, par les soins du buraliste, du jour et de l'heure
de l'interruption d'une part, de la reprise du transport
d'autre part. Les délais primitifs sont prolongés dans la
mesure où le transport a été suspendu. Si, par exemple,
le transit régulièrement déclaré a duré quarante heures,
l'expédition restera applicable pendant les quarante
heures qui suivent l'expiration du délai primitivement
accordé.

Tant que dure le transit, les boissons doivent être représentées à toute réquisition aux employés, qui peuvent
opérer les vérifications nécessaires pour en reconnaître
l'état et pour découvrir ou déjouer les substitutions. La
durée du transit n'est pas limitée ; aucun règlement
n'oblige les voituriers à reprendre le transport après un
certain délai. Il y a cependant une exception : quand les
boissons sont déposées chez un entrepreneur de transports, le transit ne peut se prolonger au delà de six mois.
Si les boissons n'ont pas été enlevées à l'expiration de ce
terme, elles sont vendues par les soins de l'administration
des domaines, au profit de l'État.

II. — La surveillance à la circulation garantit le recouvrement de l'impôt sur les boissons qui sont transportées,
sur les boissons qui circulent ; elle est naturellement inefficace en ce qui concerne les boissons consommées au lieu
même de production.

Il est vrai que les propriétaires récoltants jouissent du
privilège de consommer en franchise dans certaines limites, comme nous le verrons plus loin, les boissons de leur
cru, mais, en dehors de ce cas exceptionnel, toutes les
quantités consommées sur place doivent être soumises à
l'impôt. Elles en seraient affranchies s'il n'existait aucune
surveillance à la production. Avant la loi du 29 décembre 1900, les boissons qui étaient ainsi vendues par les
récoltants, ou encore celles qui étaient fabriquées par les
détaillants et écoulées dans leur débit, étaient passibles du
droit de détail, dont la perception était assurée au moyen
de l'exercice. Par l'exercice, les agents déterminaient les
quantités produites ou fabriquées dont ils suivaient la
vente. L'exercice et le droit de détail ayant disparu, la
loi du 29 décembre 1900 a dû organiser un autre système.
L'article 8 de cette loi dispose que toute personne, propriétaire ou débitant, qui fabrique des boissons en vue de

la vente au détail, est tenu de faire une déclaration préalable au bureau de la Régie et de payer le droit de circulation, dont on voit combien le qualificatif est suranné, immédiatement après chaque fabrication sur la totalité des quantités produites s'il est débitant (1), sur les quantités destinées à la vente au détail s'il est propriétaire récoltant. Naturellement, le service contrôle, dans la mesure où il le peut faire, l'exactitude de ces déclarations.

II. — Surveillance dans les magasins.

Sous l'empire de la loi de 1816, deux catégories de commerçants étaient assujettis aux visites et vérifications de la Régie : les détaillants, les marchands en gros. L'exercice dans les débits était particulièrement rigoureux. Les employés avaient le droit non seulement de visiter les caves et magasins, mais encore de pénétrer dans toutes les parties du domicile de l'assujetti. Les détaillants ne pouvaient procéder à aucun coupage de boissons, ils ne pouvaient les manipuler, les transvaser, les déplacer même, en dehors de la présence des employés. Chaque fût était marqué d'un numéro spécial par les agents qui décomptaient périodiquement les restes et déterminaient les quantités consommées. Le débitant devait déclarer ses prix de vente, et il était perçu 12 fr. 50 pour 100 du chiffre obtenu en multipliant la quantité consommée par le prix de vente. En un mot, des visites continuelles allant jusqu'à l'inquisition, une surveillance de tous les instants, telles étaient les principales caractéristiques de l'exercice

(1) Les vendanges expédiées en vue de ces fabrications peuvent être reçues sous acquit à caution.

des débits qui conduisait à l'assiette et à la perception du droit de détail.

Toutes ces formalités ont disparu depuis la loi de 1900 et les débitants de *boissons hygiéniques* ne sont plus astreints qu'à diverses obligations qui n'impliquent aucune gêne notable et qui n'ont plus pour objet le prélèvement d'un droit spécial sur les quantités qu'ils vendent.

Les marchands en gros, continuant à jouir comme précédemment du crédit de l'impôt, sont soumis à la même surveillance qu'antérieurement. Elle a pour but d'assurer que les boissons n'entrent dans les magasins de gros et n'en sortent que munies d'expéditions régulières.

Marchands en gros. — Tout marchand en gros, c'est-à-dire toute personne qui reçoit et expédie pour son compte ou pour le compte d'autrui des vins ou des cidres par quantités supérieures à 25 litres, est tenu de faire à la recette buraliste une déclaration de commencer, de payer une licence, de présenter et de faire agréer une caution solvable qui s'engage solidairement avec lui à acquitter les droits sur les manquants constatés à sa charge, de déclarer à la recette buraliste la capacité des vaisseaux, foudres et récipients de plus de 10 hectolitres qu'il possède, de permettre au service de les épaler, c'est-à-dire d'en vérifier la contenance, avant tout usage. Quand il cesse son commerce, il n'est affranchi des obligations qui lui sont imposées qu'autant qu'il fait une déclaration de cesser et qu'il ne conserve en sa possession que les quantités de boissons nécessaires à sa propre consommation. Le droit de circulation est alors immédiatement perçu.

Les opérations des marchands en gros sont suivies au moyen d'un compte d'entrées et de sorties de boissons, dénommé *compte de gros*, que les agents servent sur un registre appelé *portatif*. — Les charges du compte de gros se composent des quantités entrées en magasin que les employés connaissent par les acquits à caution qui leur sont représentés lors de l'arrivée des chargements et dont ils ne donnent décharge qu'après vérification des boissons (1). Le compte de gros est déchargé des quantités sorties dont le service fait le relevé à la recette buraliste, au vu des déclarations d'enlèvement ou, dans le magasin de gros, au vu des registres qui ont pu être confiés au négociant.

Des recensements périodiques, au moins trimestriels, permettent de comparer les restes en magasin avec le solde du compte ou *doit rester*. Ces recensements ont lieu exclusivement dans les magasins, caves et celliers, sans s'étendre à la maison d'habitation du négociant. Les employés dirigent les opérations, auxquelles le marchand en gros est tenu de participer soit par lui-même, soit par l'intermédiaire d'un représentant. C'est le commerçant ou son délégué qui *déclare* au service les espèces et quantités de boissons existant dans chacun des foudres (2). Les

---

(1) En règle générale, les employés n'accordent la décharge des acquits à caution qu'autant que les boissons leur ont été représentées et qu'ils ont pu s'assurer de l'identité du chargement. Toutefois, l'administration ne pouvait, sans entraver les opérations commerciales, obliger dans tous les cas les marchands en gros à conserver intactes les boissons jusqu'à la venue du service : aussi les a-t-elle autorisés à faire une déclaration à la recette buraliste et à disposer librement des nouvelles venues vingt quatre ou soixante douze heures après cette déclaration suivant que le service réside ou non dans la localité. Ce dernier délai peut être réduit dans le cas où le service est prévenu par télégramme ou message téléphonique de l'arrivée des boissons.

(2) Antérieurement à la loi du 19 juillet 1880 les marchands en gros n'avaient pas à faire de déclarations et se bornaient à assister aux recensements sans y prendre une part effective. Il appartenait aux employés de reconnaître eux-mêmes les espèces et quantités de boissons, de telle sorte que les vérifications étaient fort longues et permettaient difficilement d'obtenir des résultats dont l'exactitude ne pût être contestée. D'autre part, il arrivait que les marchands en gros, en vue de masquer des manquants provenant d'enlèvements sans déclaration, substituaient de l'eau ou tout autre liquide aux boissons prises en charge.

Lorsque la fraude était découverte, ils n'encouraient aucune pénalité et étaient simplement exposés à payer les droits sur les manquants qui, de ce fait, ressortaient à leur compte. La loi de 1880 a eu pour

employés prennent note de ces déclarations qu'ils contrôlent par épreuves. Si une déclaration est reconnue inexacte quant à l'espèce des liquides, le service doit rapporter procès-verbal ; en ce qui concerne la contenance, la loi accorde une tolérance de 5 pour 100, et même, lorsque les différences excèdent cette proportion, les employés peuvent s'abstenir de verbaliser si l'erreur leur paraît avoir été commise de bonne foi.

Le recensement terminé, les agents arrêtent la situation des restes reconnus en magasin et en constatent le montant au moyen d'un acte régulier inscrit au portatif et soumis à la signature du marchand en gros ou de son représentant. Le rapprochement du total des restes et de la balance du compte des entrées et des sorties peut faire apparaître un excédent ou un manquant.

Les excédents sont saisissables, car ils ne peuvent provenir que d'introductions frauduleuses ou d'opérations illicites telles que des dédoublements ou des mouillages.

Les manquants sont soumis au payement du droit de circulation. Mais ce n'est pas sur leur montant brut que l'impôt est liquidé. Les manquants, en effet, ne représentent pas, en totalité, des ventes faites sans déclaration ; ils peuvent provenir pour partie des déperditions dues à l'évaporation et aux diverses manipulations que les marchands en gros sont autorisés à opérer librement. Pour tenir compte de ces déchets, la loi accorde aux intéressés une *déduction* et le droit n'est perçu que sur la portion des manquants qui excède cette déduction et que l'on désigne sous le nom de *manquants passibles*.

La déduction se calcule au prorata du séjour des boissons en magasin ; le taux annuel en est fixé à 6, 7 ou 8 pour 100 selon la région (1). Il faut entendre que tout

but de réprimer ces manœuvres, en même temps qu'elle a simplifié les opérations du service.

(1) On présume que dans les départements du midi, les pertes

hectolitre de boisson donne droit, pour chaque jour qu'il demeure en magasin, à une déduction de $\frac{6\ litres}{360}$, de $\frac{7\ litres}{360}$, de $\frac{8\ litres}{360}$. Les calculs s'établissent comme ceux d'un compte courant d'intérêts.

Les droits exigibles sur les manquants ne sont définitivement réglés qu'au mois de décembre de chaque année. C'est à cette époque que sont arrêtés les comptes des marchands en gros. Dans l'intervalle, à la suite de chaque recensement, on fait bien le décompte des manquants, mais ils ne sont *passibles* que dans la mesure où ils excèdent, non seulement la déduction acquise au jour du recensement et dite *déduction définitive*, mais encore le total de cette déduction définitive et d'une autre déduction qualifiée *déduction provisoire*, dont il convient d'expliquer l'origine et d'exposer le mode de calcul. Il peut se faire que, pendant certains mois, la déduction acquise se trouve épuisée ou même dépassée, tout simplement parce que la température aura déterminé une évaporation particulièrement active ou encore parce que l'intéressé aura fait de nombreuses manipulations : des coupages, des transvasements, etc. En revanche, pendant les mois qui suivront, la même éventualité ne se reproduisant plus, le marchand en gros aura des manquants inférieurs à la déduction. Si tous les trimestres on arrêtait définitivement le compte, on dégagerait parfois des manquants passibles qui n'impliqueraient aucune vente sans déclaration et on serait conduit à des excès de perception qui ne seraient compensés par aucune restitution ultérieure. C'est pour prévenir ces abus de fiscalité que l'on présume, lors de chaque recensement, que les restes en magasin séjourneront jusqu'à la fin de l'année ; on calcule, en conséquence, la déduction qui, le cas échéant, serait acquise et c'est cette déduction qui

resultant de l'évaporation sont plus élevées que dans les départements du nord.

prend le nom de déduction provisoire. A mesure que l'on approche de la fin de l'année, la déduction provisoire diminue ; elle est nulle au recensement de décembre, de telle sorte que, tout compte fait, le marchand en gros ne bénéficie que de la déduction définitive. On lui accorde simplement un certain crédit dans le courant de l'année.

La déduction légale est, en général, supérieure aux déperditions réelles et laisse par suite aux marchands en gros des bonis souvent importants dont il leur est interdit de disposer sans acquitter les droits, mais qu'ils sont tentés d'écouler en fraude. Ce n'est que par la surveillance à la circulation que le service peut déjouer ces manœuvres. Le jeu de la déduction avait également donné naissance à un autre genre de fraude qui, avant la loi du 21 juin 1873, se pratiquait d'une manière courante dans les grandes villes. Un marchand en gros avait-il épuisé sa déduction ? Il faisait un envoi fictif de boissons à un autre négociant qui avait une marge de bonis ; les manquants passibles de l'un étaient ainsi compensés par les excédents de l'autre. Pour mettre un terme à ces abus, la loi de 1873 a obligé les marchands en gros des villes à droits d'entrée à déclarer, au moins deux heures d'avance, les envois qu'ils font, dans l'intérieur du lieu sujet, à d'autres marchands en gros. Prévenu en temps utile, le service peut s'assurer de la réalité du transport.

Débitants. — Comme les marchands en gros, les débitants sont tenus de faire à la recette buraliste des déclarations de commencer et de cesser, de payer une licence élevée, dont le taux a été majoré dans de fortes proportions par la loi du 29 décembre 1900. L'augmentation des licences a été, dans quelque mesure, le prix de la liberté des détaillants.

Ces obligations générales remplies, les débitants sont, au point de vue de l'impôt, traités comme de simples particuliers ; toutefois, dans les communes où il n'existe pas de surveillance effective et permanente aux entrées, les agents sont autorisés à faire dans les débits les vérifications et prélèvements nécessaires pour l'application des lois concernant les fraudes commerciales et les fraudes fiscales. Ce contrôle ne s'exerce, d'ailleurs, que par des visites en nombre restreint dans les caves et magasins des débitants.

Les débitants reçoivent les vins et cidres sous le couvert de congés qui entraînent le payement des droits au départ. Seuls, les débitants établis dans les campagnes ou dans les agglomérations de moins de 4.000 habitants ont, comme nous l'avons dit, la faculté d'user des acquits. Les droits afférents aux envois qui leur sont faits sous acquits à caution sont exigibles au moment de l'introduction dans la localité lorsqu'elle est pourvue d'un octroi, dans les quinze jours qui suivent l'expiration du délai en tout autre cas (1).

III. — Payement des droits. Exemptions

Nous pouvons maintenant résumer en quelques lignes les règles relatives au payement des droits. Si les boissons sont consommées au lieu même de production, l'impôt est payé à la suite de la fabrication ou de la récolte. Si les boissons sont mises en mouvement, le droit est exigible lors du transport chez le consommateur ou chez le débitant, à moins que le détaillant, exerçant son commerce dans une localité de moins de 4.000 âmes, n'use de la faculté qui lui est accordée de payer l'impôt à l'arrivée.

(1) A l'égard des débitants qui vendent accidentellement des boissons les jours de fête ou de foire, les droits sont immédiatement exigibles.

Nous en venons enfin aux exemptions.

Sont affranchis de toute taxe les vins ou cidres exportés, envoyés en distillerie ou en vinaigrerie pour y être transformés en alcool ou en vinaigre, enfin les boissons consommées par les propriétaires récoltants à l'abri de leur privilège. Cette dernière exemption, qui comporte une exception au principe de l'égalité des citoyens devant l'impôt, a été introduite dans notre législation par la loi du 8 décembre 1814. L'article 7 de cette loi disposait qu' « il ne serait perçu aucun droit *sur les vins, cidres et eaux-de-vie* enlevés de chez le propriétaire récoltant, *quels que soient le lieu de destination et la qualité du destinataire* ».

Autant eût valu supprimer tout impôt sur les boissons que de maintenir une telle disposition. On le comprit et, dès 1816, on en restreignit la portée. Mais, quels qu'aient été les efforts tentés par les gouvernements successifs, on n'arriva pas à faire rentrer les propriétaires récoltants de vins ou de cidres, pas plus que les bouilleurs de cru, dans le droit commun. Il n'est que juste d'ajouter que l'application rigoureuse des principes rencontre, dans l'espèce, des difficultés pratiques considérables auxquelles, sous l'ancien régime, la législation des aides avait dû également ment sacrifier dans quelque mesure.

Les propriétaires récoltants jouissent donc, aujourd'hui encore, du droit de consommer sur place, en franchise, les vins, cidres ou poirés qu'ils produisent; ils ont, en outre, la faculté de transporter ces boissons, sans payer l'impôt, de leur pressoir à leur cave ou de l'une à l'autre de leurs caves, pourvu que le transport soit effectué dans les limites du canton et des communes limitrophes du canton. Le même privilège existe au profit du colon partiaire, fermier ou preneur à bail emphytéotique qui remet au propriétaire ou reçoit de lui les boissons qu'il a récoltées.

Faut-il enfin ajouter que les boissons qu'un simple consommateur transporte de chez lui chez lui et qui ont déjà payé l'impôt sont exemptes du droit de circulation? Cela va de soi, du moment où l'on a compris ce qu'est en réalité le droit de circulation.

CHAPITRE III

IMPOT SUR L'ALCOOL

La loi soumet les eaux-de-vie, esprits, liqueurs, absinthes et autres liquides alcooliques au payement d'un *droit général de consommation* auquel s'ajoute un *droit d'entrée* dans les villes d'une population agglomérée de 4.000 âmes et au-dessus.

En outre, une surtaxe de 50 francs par hectolitre d'alcool pur, en addition au droit général de consommation a été établie par l'article 15 de la loi de finances du 30 janvier 1907 sur les absinthes et les boissons apéritives autres qu'à base de vin. Nous exposerons dans un paragraphe distinct concernant les absinthes le détail de l'application de cette surtaxe dont les règles de perception ont été modifiées par la loi du 26 décembre 1908.

Les alcools destinés aux usages industriels et préalablement dénaturés sont affranchis des droits de consommation et d'entrée. Ils sont passibles d'un simple droit de statistique. Le régime dont ils bénéficient sera exposé séparément.

Le droit général de consommation frappe tous les liquides alcooliques *produits et livrés à la consommation*. La quotité est de 220 francs par hectolitre d'alcool pur. Le droit d'entrée est exigé sur les quantités consommées dans les villes de plus de 4.000 habitants à l'intérieur de l'agglomération et chez les débitants de la banlieue. Il varie entre 7 fr. 50 et 30 francs par hectolitre d'alcool pur selon le chiffre de la population des villes, divisées à cet effet en sept catégories.

L'assiette et le recouvrement de l'une et de l'autre de ces deux taxes sont assurés par la surveillance à la circulation et aux barrières, par les recensements dans les magasins de gros et de détail, enfin par la surveillance à la production dont nous avons dit qu'elle devenait la clef de voûte de l'impôt.

1. — Surveillance à la circulation

La circulation des alcools est réglementée comme celle des vins et des cidres avec cette double différence que, à raison de l'élévation des droits, les formalités ont été rendues beaucoup plus rigoureuses, que, d'autre part, l'existence des droits d'entrée a conduit à les agencer, à les disposer de façon quelque peu différente.

Déclarations. Expéditions. — Suivant le principe que nous avons établi dans les *Notions préliminaires*, tout enlèvement d'alcool donne lieu à une déclaration qui entraîne la délivrance d'une expédition.

La déclaration, en dehors des indications habituelles, doit relater le degré des spiritueux. — C'est là d'ailleurs une règle générale en la matière. Les employés qui procèdent à des vérifications reconnaissent le degré des liquides (1). Les comptes qui sont tenus chez les assujettis sont *établis en alcool pur*. — En outre, des précautions

(1) On détermine la quantité d'alcool pur contenue dans les eaux-de-vie au moyen de l'alcoomètre. L'alcoomètre est gradué pour une température normale de 15°. Lorsque les épreuves ont lieu à une température différente, il faut, pour obtenir le degré réel du liquide, faire subir une correction au degré apparent marqué par l'instrument.

minutieuses sont prises en vue d'identifier l'expédition
avec le chargement, et de prévenir ainsi les envois fictifs
d'alcool, les substitutions en cours de route, toutes les
manœuvres que suggère aux fraudeurs la fertilité d'une
imagination sans cesse en éveil. A cet effet, toute déclaration d'enlèvement doit mentionner le numéro de chacun
des fûts qui composent le chargement ; si la quantité
expédiée dépasse un hectolitre d'alcool pur, la tare et le
poids brut de chaque fût sont énoncés dans la déclaration
qui intervient au moins deux heures avant l'enlèvement ;
de la sorte, le service est en mesure de s'assurer s'il y a
transport réel : les agents ont, de plus, le droit, toujours
dans le cas où il s'agit de plus d'un hectolitre d'alcool pur,
d'apposer au départ des vignettes sur les récipients ou de
les sceller du plomb de la régie, afin de rendre impossible
toute substitution.

Nature des expéditions. — L'expédition, délivrée à la
suite de la déclaration, est soit un congé, soit un acquit à
caution, jamais un passavant.

L'acquit à caution n'est pas seulement obligatoire quand
le destinataire bénéficie du crédit des droits ou quand les
quantités mises en circulation sont exemptées d'impôt à
raison de leur destination. Pour fortifier la surveillance à
la circulation, on en a étendu l'usage à tous les envois aux
débitants et même aux consommateurs domiciliés dans des
villes sujettes à des droits d'entrée ou à des taxes d'octroi
sur les spiritueux. En un mot, l'acquit est la règle générale ; le congé, l'exception.

On ne s'est pas, d'ailleurs, borné à prescrire que, conformément aux principes, l'acquit ne serait déchargé qu'après
représentation des boissons à l'arrivée sous peine du double droit de consommation ; on a voulu que la réalité du
transport effectif fût attestée à l'arrivée par la production
de certaines justifications à l'appui du titre de mouvement.
Dans ce but, la loi impose à tout destinataire de boissons

spiritueuses accompagnées d'un acquit à caution et qui auront parcouru un trajet de plus de deux myriamètres l'obligation de représenter, en même temps que l'expédition de la régie, les bulletins de transport, lettres de voitures et connaissements. Si le chargement comporte plus d'un hectolitre d'alcool pur, la régie doit exiger que les acquits à caution portent le visa d'un ou plusieurs bureaux des contributions indirectes, des douanes ou d'octroi rencontrés sur la route (1). Enfin, en cas de transport par chemin de fer, les titres de mouvement sont revêtus du timbre des gares de départ et d'arrivée.

Surveillance en cours de route et aux barrières. — Bien qu'aucune des facilités, aucune des tolérances que nous avons notées dans le chapitre précédent n'ait été admise en matière d'alcool, il ne pouvait être question de rendre moins étroite la surveillance en cours de route. Il fallait, au contraire, la fortifier et surtout la rassembler, la concentrer aux barrières des villes, où les abus sont particulièrement à craindre.

En dehors des obligations générales qui lui incombent en cours de route et que nous avons décrites (représentation de l'expédition à toute réquisition, déclarations à la recette buraliste en cas de manipulations, de changements de destination, d'interruption de transport), le conducteur d'un chargement d'alcool est tenu, quand il pénètre dans une ville sujette aux droits d'entrée ou soumise à une taxe d'octroi sur les spiritueux, de représenter l'expédition à

---

(1) Afin de permettre aux soumissionnaires des acquits et à leurs cautions d'abréger la durée de la très lourde responsabilité qui pèse sur eux, la loi du 29 décembre 1900 a autorisé la recommandation des acquits. Moyennant le payement d'un droit supplémentaire de 0 fr. 50, un acquit est recommandé, c'est-à-dire que la responsabilité du soumissionnaire n'est engagée que pendant un délai de quarante jours après l'expiration du délai fixé pour le transport En tout autre cas le soumissionnaire et la caution ne sont libérés qu'après quatre mois.

la barrière. Les agents de l'octroi s'assurent qu'elle est régulière ; ils la retiennent si les spiritueux sont à destination de la ville, exigent le payement du droit de consommation et des droits locaux, et en échange, délivrent ce qu'on appelle un congé-quittance, c'est-à-dire une expédition qui sert tout à la fois de quittance des droits et de titre de mouvement pour l'achèvement du transport (1). Au contraire, il n'y a lieu ni à payement de l'impôt, ni à remise de l'expédition dans deux cas : quand les boissons ne font que traverser le lieu sujet, quand elles sont destinées à un négociant qui jouit de la faculté d'entrepôt.

Si les spiritueux ne doivent pas être consommés dans la ville, le conducteur conserve sa pièce de régie après en avoir fait constater la régularité et réclame un passe-debout. Le passe-debout, dont nous parlerons plus loin en traitant des droits d'octroi, est une sorte d'acquit à caution applicable au transport à travers le lieu sujet. Comme l'acquit, il implique la production d'une caution, à moins que l'intéressé ne préfère consigner les droits. Il est apuré par la représentation des boissons à la sortie, qui doit avoir lieu dans les 24 heures, ou par le payement de l'impôt. Si les boissons séjournent, par accident ou pour toute autre cause, plus de 24 heures dans la ville, le conducteur est tenu de faire, avant l'expiration de ce délai, une déclaration de transit à la recette buraliste, où il dépose la pièce de régie et le passe-debout. L'un et l'autre titres lui sont rendus, avec prolongation du délai, quand il reprend le transport, et les choses suivent leur cours.

Les spiritueux introduits peuvent être adressés à un

---

(1) A Paris toutefois la quittance qui est remise à l'entrée en échange de l'acquit à-caution n'est pas utilisée comme titre de mouvement, les formalités à la circulation n'existant pas, ainsi que nous l'avons exposé, à l'intérieur de la capitale.

marchand en gros d'alcool. En ce cas, le négociant doit faire une déclaration de mise en entrepôt à la recette buraliste où il dépose les expéditions. Cette formalité accomplie, il bénéficie du crédit des droits locaux aussi bien que de la taxe de consommation pendant toute la durée du séjour en magasin ; il acquitte l'impôt, lorsque les liquides sortent de sa cave, dans des conditions différentes suivant qu'ils sont adressés à l'intérieur ou à l'extérieur du lieu sujet. Les quantités qui sont envoyées aux consommateurs ou aux débitants de la ville circulent sous le couvert de congés-quittances dont la délivrance entraîne le payement de la taxe de consommation et des droits locaux. Les chargements à destination de consommateurs ou de débitants résidant à l'extérieur du lieu sujet sont accompagnées des expéditions ordinaires : congé ou acquit à caution selon le cas, comportant le payement de la taxe de consommation soit au départ, soit à l'arrivée, mais non le verment des droits locaux, qui ne sont pas exigibles. Toutefois, des précautions sont prises en vue de prévenir une fraude qui, si l'on n'y veillait, serait singulièrement facile à réaliser. Les commerçants pourraient éluder les droits locaux en effectuant des livraisons dans l'intérieur du lieu sujet au moyen d'expéditions prises pour l'extérieur. Aussi la loi impose-t-elle l'obligation de justifier de la sortie effective des boissons déclarées pour le dehors par la production de certificats délivrés dans les bureaux de sortie. Si cette justification fait défaut, les droits d'entrée et d'octroi deviennent exigibles.

II. — Surveillance dans les magasins

Deux catégories de commerçants sont soumis aux visites des agents de la régie : les marchands en gros, les débi-

tants. En ce qui concerne les marchands en gros, la surveillance a pour objet de constater que les quantités qui
sortent de leurs caves sont munies d'expéditions régulières. — Avant la loi du **29** décembre **1900**, les débits
dans les campagnes et dans les villes de moins de
10.000 habitants étaient exercés ; les détaillants ne payaient
les droits exigibles qu'au fur et à mesure de leurs ventes,
dont les employés des contributions indirectes établissaient le décompte grâce à l'exercice. Ils pouvaient, toutefois, s'affranchir de l'exercice en acquittant les droits
à l'arrivée ; c'est ce que faisaient un grand nombre d'entre
eux. Aujourd'hui, les débitants acquittent partout et toujours l'impôt à l'arrivée ; la surveillance dans les débits
n'en subsiste pas moins afin de prévenir les fraudes.

Marchands en gros. — Les marchands en gros d'alcool
sont, comme les marchands en gros de vins, tenus à la
déclaration préalable, à la production d'une caution, au
payement d'une licence, etc. Leurs opérations sont suivies
au moyen d'un compte d'entrées et de sorties servi exactement comme les comptes de gros des vins et des cidres,
avec cette unique différence qu'il est établi en alcool pur,
c'est-à-dire que les spiritueux y sont inscrits non pour leur
volume réel, mais pour la quantité d'alcool pur qu'ils
représentent.

Les recensements sont faits dans les formes que nous
avons dites au chapitre précédent. La déduction pour
déchets de magasin est fixée, uniformément pour toute
l'étendue du territoire, à **7** pour **100** l'an en ce qui concerne les spiritueux logés dans des fûts en bois ; elle est
réduite à **3** pour **100** pour les spiritueux logés dans tous
autres récipients (bacs métalliques, bonbonnes, bouteilles)
qui comportent une moindre déperdition. Les manquants
passibles sont soumis à la taxe de consommation et aux
droits locaux, s'il y a lieu.

En résumé, à part quelques différences dont nous

venons de donner les principales, toutes les règles que
nous avons exposées précédemment en traitant des marchands en gros de vins s'appliquent au commerce de gros
des alcools.

Débitants. — Déclaration de commencer, payement
d'une licence, telles sont les obligations générales des
débitants, préalables à l'exercice même de la profession.
Quand ils y ont satisfait, ils ouvrent et tiennent leur débit,
sous la surveillance de la régie dans les campagnes et
dans les petites villes, tout à fait librement dans les villes
de quelque importance.

Dans les communes où sont établis soit des droits d'entrée, soit des taxes d'octroi sur les spiritueux et où il
existe une surveillance effective et permanente aux entrées,
les débitants sont mis sur le même pied que les simples
particuliers. Aux détaillants, comme aux consommateurs
de ces villes, les alcools parviennent libérés d'impôts dès
la barrière où les acquits à caution sont échangés contre
des congés-quittances. Nulles visites ne sont faites dans
les débits par les agents de la régie.

Par ailleurs, les acquits à caution accompagnent les
spiritueux jusqu'au magasin de détail. Les débitants doivent les déposer à la recette buraliste et acquitter en
même temps le droit de consommation dans les quinze
jours qui suivent l'expiration du délai fixé pour le transport. En outre, ils sont soumis aux vérifications des agents
pour l'application des lois concernant les fraudes commerciales et les fraudes fiscales. Enfin, le service tient, pour
chacun de ces débits, un compte formé comme un compte
de gros. Aux entrées figurent les quantités parvenues sous
le couvert des acquits à caution, aux sorties les quantités
expédiées en vertu de déclarations régulières. Des recensements ont lieu périodiquement. Les manquants constatés expriment les ventes au détail, les ventes sur place ;
ils sont donc portés simplement dans la colonne des sor-

ties. Si, au contraire, un excédent est reconnu, il est saisissable, puisqu'il ne peut provenir que d'une introduction frauduleuse, et le but de la surveillance et de la tenue des comptes est précisément de s'assurer qu'il n'y a pas de telles introductions dans les débits. Hâtons-nous d'ajouter que ces recensements, ces visites sont en nombre très restreint, qu'ils sont limités aux caves et magasins des débitants, qu'ils ne s'étendent jamais à leur domicile.

III. — Surveillance à la production

La surveillance à la circulation, avec quelque méthode, avec quelque sagacité qu'elle soit agencée, ne saurait suffire à assurer la perception d'une taxe qui représente cinq ou six fois la valeur de la matière imposable. La fraude est si profitable, elle comporte une telle marge de bénéfices que ni la surveillance sur les routes et aux barrières des villes, quelque fortement organisée qu'elle soit, ni des pénalités, quelque élevées qu'elles puissent être, ne suffisent à décourager ceux qu'elle tente. Ils en sont d'autant moins éloignés que l'impunité leur est à peu près assurée s'ils ont la précaution d'opérer sur de petites quantités dont il est toujours aisé de dissimuler le transport. Pour circonscrire le champ de la fraude, il n'est qu'un moyen : il faut saisir l'alcool à la production. C'est ce qu'on a essayé de faire dès 1816, mais les mesures qui ont été prises à l'époque pouvaient à la rigueur suffire quand le droit de consommation ne dépassait pas 50 francs par hectolitre d'alcool pur; elles devinrent de plus en plus inefficаces à mesure qu'on élevait le taux de l'impôt. Aussi la plupart des gouvernements, nombre de ministres de finances s'appliquèrent-ils à les fortifier. Leurs efforts ne furent pas inutiles, ils obtinrent des résultats considérables, sans qu'il leur fût cependant possible de soumettre à l'action de la régie la totalité de la production. C'est qu'il y a, en pareille matière, une pierre d'achoppement : le privilège des bouilleurs de cru.

Assez facilement on est parvenu, bien qu'à une date relativement récente, à placer sous le contrôle du fisc les alcools fabriqués par l'industrie. Encore faut-il remarquer que les lois de 1899, de 1900 et l'article 11 de la loi du 26 décembre 1908 ont dû combler de graves lacunes dans la législation. Encore peut-on observer que, même après ces lois, il subsiste certaines fissures. Néanmoins, tout compte fait, la production dans les distilleries est suivie dans des conditions telles que, si tout l'alcool livré à la consommation sortait des usines, les intérêts du Trésor ne sauraient être gravement compromis.

Mais, en dehors des distillateurs de profession, il y a les bouilleurs de cru. On entend par bouilleurs de cru « les propriétaires ou fermiers qui distillent exclusivement les vins, cidres ou poirés, marcs et lies, cerises, prunes et prunelles provenant de leurs récoltes (1) ». De tout temps, notre législation fiscale a accordé des avantages plus ou moins étendus aux producteurs de cette catégorie. Sous l'ancien régime, les bouilleurs de cru, dans le ressort des cours des aides de Paris et de Rouen, étaient exempts de toute déclaration de fabrication et du payement de l'impôt quand « ils fabriquaient *pour leur consommation* un demi-muid (1 hect. 34) et au-dessous. » La loi de 1808 et surtout l'article 7 de la loi de 1814 dont nous avons reproduit les termes et indiqué la portée (voir page 11), firent aux bouilleurs de cru des concessions dont quelques-unes tellement excessives que l'on fut obligé de les faire pres-

----

(1) Cette définition qui a un caractère limitatif a été donnée par la loi de 1837, complétée par les lois de 1839 et de 1906.

que immédiatement disparaître. La loi du 28 avril 1816 régla pour de longues années la situation des bouilleurs de cru en disposant qu'ils seraient affranchis de l'exercice, de toutes déclarations de production, de fabrication, qu'ils auraient, par suite, la liberté de consommer en franchise, à leur domicile, les eaux-de-vie de leur cru, mais que toutes les quantités qu'ils expédieraient seraient astreintes aux formalités à la circulation et par suite soumises à l'impôt. La législation moderne se montrait moins fiscale et peut-être moins sage que le Code des aides. Du moins, ne peut-on méconnaître qu'elle fût empreinte de logique. Le privilège des bouilleurs de cru était, en effet, en complète harmonie avec le privilège du propriétaire récoltant de vins ou de cidres qu'elle instituait en même temps ; tous deux reposaient sur la même idée : le législateur avait dû renoncer, après l'échec de la loi de 1804, à exercer les ruraux producteurs de vins, il ne voulait pas davantage exercer les ruraux producteurs d'eau-de-vie. Aux uns et aux autres, il reconnaissait le droit, que l'on peut taxer d'abusif, si l'on envisage le principe de l'égalité devant l'impôt dans toute sa rigueur, mais que défendent des raisons d'ordre pratique, de consommer les produits de leur récolte en franchise.

L'abus n'eût pas d'ailleurs été bien grave si la loi avait été observée. Mais, à mesure que s'élevait le taux de l'impôt, les bouilleurs de cru étaient de plus en plus tentés de mettre à profit les prérogatives qui leur avaient été concédées, pour approvisionner la fraude. C'est ce qui fit que, en 1872, le tarif de l'impôt sur l'alcool ayant été notablement élevé, porté de 90 francs à 150 francs, l'Assemblée nationale se décida, non sans difficultés, à réglementer la fabrication de l'eau-de-vie chez les bouilleurs de cru. Il fut disposé par la loi de 1872 que les bouilleurs de cru seraient soumis à l'exercice et qu'on leur accorderait simplement la franchise sur une quantité de 40 litres d'alcool pur par an, réduite par la loi du 21 mars 1874 à 20 litres, à titre de consommation de famille. Mais l'Assemblée nationale, qui n'avait concédé au gouvernement l'exercice des bouilleurs de cru que sous la crainte de mécomptes budgétaires, revint sur sa décision dès qu'elle crut entrevoir une situation financière mieux assurée et, à la veille de se séparer, dans sa séance du 14 decembre 1875, elle rendit de nouveau la liberté aux distillateurs récoltants, dont le nombre était, à l'époque, inférieur à 200.000.

La question des bouilleurs de cru sommeilla pendant de longues années. Sans doute, le privilège était périodiquement discuté, attaqué dans la presse, au parlement, mais son sort paraissait lié à l'issue de la réforme des boissons ; en outre la crise qui, de 1880, à 1890 sévit sur le vignoble français eut pour conséquence indirecte de réduire le nombre des bouilleurs et de rendre ainsi moins dommageables pour le Trésor les avantages qui leur étaient conférés. Mais, lorsque le vignoble eut été reconstitué, le nombre des bouilleurs de cru augmenta dans des proportions telles que, même au cas où ne serait pas intervenue la réforme opérée par la loi du 29 décembre 1900, les pouvoirs publics eussent été contraints de proposer des dispositions interdisant l'exercice illimité du privilège. Ces dispositions trouvèrent naturellement leur place dans la loi sur les boissons qui, par le fait même qu'elle élevait le taux de l'impôt sur l'alcool, devait renforcer la surveillance à la production. Elles furent inspirées par cette idée qu'une distinction devait être établie entre les bouilleurs de cru pour lesquels la production de l'alcool constitue une véritable industrie et ceux qui distillent principalement en vue de leur propre consommation. Les premiers furent soumis à l'exercice, les seconds restèrent indemnes de toute surveillance. Bien qu'elles marquassent un progrès considérable sur l'état de choses antérieur, les mesures édictées par la loi de 1900 parurent insuffisantes et la loi du 31 mars 1903 eut pour objet de les renforcer.

Elle fut rapportée, comme nous le verrons, en 1906, et de toute la législation de 1900 et 1903 relative aux bouilleurs de cru il ne subsiste plus guère que des dispositions relatives au contrôle des alambics, fort utiles incontestablement pour les intérêts du Trésor, mais qui n'impliquent qu'une solution tout à fait incomplète du très grave problème des bouilleurs de cru qui sollicitera sans doute pendant de longues années encore l'attention du législateur.

Ces explications préliminaires closes, nous en venons au régime actuel qui comporte une distinction entre les distillateurs ou bouilleurs de profession d'une part, les bouilleurs de cru de l'autre.

Distillateurs et bouilleurs de profession.— Tous les producteurs qui ne sont pas compris dans la définition que la loi donne des bouilleurs de cru sont tenus de faire la déclaration de leur industrie et de payer licence. Bien plus, aux termes de l'article 9 de la loi du 29 décembre 1900, nul ne peut préparer des macérations de grains, de matières farineuses ou amylacées, ou mettre en fermentation des matières sucrées, ni procéder à aucune opération chimique ayant pour conséquence directe ou indirecte une production d'alcool, sans en avoir préalablement fait la déclaration au bureau de la régie.

Indépendamment de ces déclarations générales qui désignent les industriels à l'administration, il doit intervenir une déclaration spéciale avant chaque opération de distillation. Cette déclaration indique la quantité de matières mises en œuvre, la quantité d'alcool pur qui doit être obtenue, évaluée d'après un minimum de rendement. Mais, naturellement, le service ne saurait s'en rapporter à des déclarations qui peuvent être inexactes et qui sont forcément approximatives. Elles doivent être contrôlées par une surveillance plus ou moins étroite, selon la nature et l'importance des distilleries divisées, à cet effet en trois catégories.

I. — Dans les *distilleries industrielles*, c'est-à-dire dans les grandes distilleries de mélasses, de grains, de betteraves qui obtiennent des produits achevés, directement livrables à la consommation, la surveillance permanente, autrement dit l'installation d'un poste d'employés en service de jour et de nuit, forme une règle absolue. Ces employés contrôlent les opérations, constatent les résultats effectifs de la fabrication et prennent en charge la totalité des quantités produites. L'agencement intérieur des usines est réglementé de telle façon que, depuis l'entrée des matières premières jusqu'à leur sortie sous forme de produits fabriqués, aucune quantité d'alcool parfait ou imparfait ne puisse être extraite des récipients ou appareils en dehors de la présence des agents. — Ces garanties sont complétées par la tenue de divers comptes : le compte des matières premières, le compte de fabrication, le compte de magasin, qui sont formés à l'aide des déclarations du fabricant et des constatations du service. Des recensements périodiques, effectués dans les magasins et dans l'usine, permettent de contrôler l'exactitude de chacun de ces comptes, de rapprocher les restes du « doit rester », de saisir ou de prendre en charge les excédents, de taxer les manquants sous réserve de certaines déductions, analogues à celles accordées aux marchands en gros d'alcool. — L'ensemble de ces prescriptions très minutieuses, très compliquées, a été rassemblé dans un décret en date du 18 septembre 1879 qui est connu sous le nom de règlement A.

II. — Les *distilleries agricoles*, c'est-à-dire les établissements où l'on ne produit que des alcools non achevés et où par conséquent la fraude est moins redoutable, sont cependant soumises à une réglementation analogue, impliquant l'exercice des employés, la tenue des divers comptes que nous avons mentionnés, mais qui est atténuée sur quelques points (règlement A *bis* du 19 septembre 1879).

III. — Les *bouilleurs de vin, cidres et fruits* bénéficient d'un régime beaucoup moins rigoureux (règlement B du 15 avril 1881), mais qui a été resserré par les lois de 1899 et de 1900, et surtout par la loi du 26 décembre 1908.

On a jugé inutile d'organiser une surveillance permanente dans ces établissements où les employés peuvent simplement pénétrer à toute heure du jour et de la nuit (1). Cette intermittence dans l'action du service pouvait et devait laisser place à des fraudes auxquelles le législateur de 1908 a mis presque complètement un terme en disposant que l'administration des contributions indirectes aurait la faculté d'exiger que les appareils à distiller ou à rectifier en la possession des bouilleurs de profession soient munis, aux frais des industriels, de compteurs agréés par elle et installés dans des conditions qu'il lui appartient de déterminer. Le même article de loi donne une valeur légale aux indications des compteurs en décidant qu'ils feront foi, jusqu'à preuve contraire, pour la prise en charge des quantités d'alcool produites.

Les opérations des distillateurs et des bouilleurs de profession sont suivies au moyen de deux comptes principaux tenus par le service : le compte des matières premières, c'est-à-dire des vins, cidres, etc., dont la prise en charge s'opère, depuis la loi de 1900, à la fois pour le volume et pour la quantité d'alcool pur que contiennent ces boissons, qui est déchargé des quantités que l'industriel déclare employer à la fabrication, — le compte de fabrication, dont les charges sont composées des quantités d'alcool que les industriels doivent obtenir, évaluées

---

(1) Dans les usines où la distillation s'effectue en vase clos agencé de manière à ne permettre aucun prélèvement et dans les établissements où les appareils sont munis de compteurs agréés par l'administration, les agents n'ont pas accès pendant la période d'inactivité.

d'après un minimum de rendement déclaré par les intéressés, qui ne peut être inférieur de plus de 10 pour 100 à la quantité d'alcool dont il a été donné décharge au compte des matières premières. Le compte de fabrication est déchargé des quantités sorties en vertu d'expéditions régulières.

Bouilleurs de cru. — Avant 1900, les bouilleurs de cru étaient affranchis de toute surveillance. La loi du **29** décembre avait, au contraire, établi entre ces producteurs une distinction rationnelle, qui, même pour les adversaires irréductibles du privilège, apparaissait comme une transition nécessaire, mais qu'il était difficile de mettre heureusement en œuvre. C'était le point faible de la loi.

Il avait paru que la différenciation ne pouvait être basée que sur l'importance des moyens de production et sur la présomption qui s'attache à l'exercice par le récoltant d'une profession comportant le commerce des boissons. On avait donc décidé que les bouilleurs de cru qui, dans les limites du canton ou des communes limitrophes du canton, exercent, par eux-mêmes ou par l'intermédiaire d'associés, la profession de débitant ou de marchand en gros de boissons, ceux qui font usage d'appareils chauffés à la vapeur ou d'appareils à marche continue pouvant distiller par vingt-quatre heures plus de 200 litres de liquide fermenté, ou enfin les bouilleurs de cru qui se servent d'alambics ordinaires d'une contenance de plus de 5 hectolitres, seraient soumis au régime des bouilleurs de profession. Continueraient à en être affranchis tous les autres bouilleurs de cru, c'est-à-dire ceux qui disposent d'un alambic ordinaire de moins de 5 hectolitres et ceux qui font temporairement usage d'un alambic *ambulant* ordinaire, non chauffé à la vapeur, d'une contenance supérieure à 5 hectolitres. L'expérience a prouvé que cette distinction était fragile, qu'elle ne répondait pas suffisamment à l'idée maîtresse de la loi.

II   4

Il y avait donc, sous l'empire de la loi de 1900, deux catégories de bouilleurs de cru : les uns restaient affranchis de toute surveillance, les autres étaient soumis à l'exercice.

Les bouilleurs de cru qui restaient libres de l'exercice encouraient, en cas de fraude constatée, des pénalités plus lourdes et nouvelles. Notamment, en dehors des peines applicables aux contraventions en matière de spiritueux, tout bouilleur de cru, convaincu d'avoir enlevé ou laissé enlever de chez lui des spiritueux sans expédition ou avec une expédition inapplicable, perdait son privilège et était soumis au régime des bouilleurs de profession pendant toute la durée de la campagne en cours et de la campagne suivante.

Les bouilleurs exercés n'étaient pas tous assujettis aux dispositions du décret du 15 avril 1881. L'application stricte du règlement B était réservée aux bouilleurs de cru atteints par la nouvelle loi à raison soit de l'exercice d'un commerce de boissons, soit de faits de fraude constatés à leur charge. Pour tous les autres, une réglementation nouvelle avait été instituée par un décret du 23 août 1901, qui, tout en sauvegardant les droits du Trésor, était assez souple pour s'adapter aux différences de situation entre les producteurs de régions différentes. Les assujettis de cette catégorie bénéficiaient d'une allocation en franchise de 20 litres d'alcool pur, par producteur et par an, à titre de consommation de famille.

La loi de 1900 innovait sur un autre point. Son article 12 édictait que tout détenteur d'appareils ou de portions d'appareils propres à la distillation devrait en faire la déclaration dans le mois suivant la promulgation de ladite loi et que, à l'avenir, tout fabricant ou marchand d'appareils analogues devrait faire connaître à la régie le nom et le domicile de chaque acheteur. Les appareils devaient être poinçonnés par les agents des contributions indirectes moyennant un droit de 1 franc perçu immédiatement.

Telles étaient les règles principales issues de la législation de 1900. On jugea qu'elles ne constituaient qu'un premier pas vers la solution définitive du problème complexe de la surveillance à la production de l'alcool et des modifications, des additions considérables furent apportées à la loi de 1900 par la loi de finances du 31 mars 1903 qui, insuffisante ou excessive, a échoué pour la plus grande part.

Le législateur de 1903, s'inspirant des idées mêmes qui avaient prévalu en 1900, s'attacha en premier lieu à établir une surveillance efficace sur les appareils propres à la distillation — dans cette partie de sa tâche qui a seule subsisté il a, ce semble, assez bien réussi ; — il soumit en second lieu à l'exercice une partie seulement des bouilleurs de cru en distinguant les uns des autres d'après un signe différent de celui qui avait été adopté en 1900 mais qui était aussi fragile.

I. — La loi de 1903 impose les visites et vérifications de la régie aux fabricants et aux marchands d'appareils propres à la distillation qui sont tenus de déclarer leur profession et de tenir la comptabilité des appareils qu'ils fabriquent, qu'ils achètent, qu'ils vendent. Les acquéreurs ou détenteurs d'alambics sont obligés de leur côté, à faire une déclaration au bureau de la régie dans les cinq jours de l'entrée en possession des appareils. En outre, les alambics ne peuvent circuler qu'accompagnés d'un acquit à caution. Les loueurs d'alambics ambulants sont seuls dispensés de cette formalité ; ils doivent, en revanche, faire connaître à la régie, dès leur arrivée dans chaque commune, le nom et le domicile des personnes pour le compte desquelles l'appareil doit être successivement utilisé, ainsi que la date à laquelle commencent les opérations chez chacun. Ainsi l'administration a dorénavant l'état civil des alambics, elle est à même de suivre leurs allées et venues, elle connaît les particuliers en mesure de fabriquer de l'alcool.

Afin de donner aux agents les moyens de savoir à quelle époque on distille effectivement, l'article 12 de la loi de 1903, complétant l'article 12 de la loi de 1900, dispose que les appareils demeurement scellés pendant les périodes où il n'en sera pas fait usage. Les détenteurs seront tenus de représenter à toute réquisition du service les appareils scellés ou non ; quand ils en auront la libre disposition, ils seront astreints au contrôle du service (1).

II. — C'est fort bien de connaître tous ceux qui ont la possibilité de fabriquer de l'alcool, de savoir s'ils travaillent, mais cela ne suffit pas ; il faut encore déterminer les quantités produites.

Comme nous l'avons dit, la loi de 1903 échoua complètement sur ce point ; on aperçut vite qu'elle était, suivant les expressions dont nous nous sommes servis, insuffisante ou excessive. Il n'y a en effet que deux manières de résoudre la question des bouilleurs de cru : il faut ou supprimer radicalement le privilège, frapper de l'impôt l'intégralité des alcools livrés à la consommation, ou bien accorder aux ruraux producteurs d'alcool certains avantages, certaines franchises de droits à titre de consommation de famille, dans la mesure où l'importance de leur exploitation justifie ces concessions. Ni l'une ni l'autre de ces deux solutions ne prévalut.

Après avoir établi que nul ne peut se livrer à la fabri-

---

(1) Deux exceptions sont apportées à ces règles. — D'une part, pour prévenir les fraudes à Paris, la détention de tous les appareils propres à la distillation est interdite dans l'intérieur de la ville. — A l'opposé, des facilités, telles que dispense de la formalité du scellement, sont accordées aux détenteurs d'alambics d'essai, aux établissements scientifiques et d'enseignement, aux pharmaciens diplômés, aux personnes, même habitant, Paris qui justifient de la nécessité de faire emploi d'appareils de distillation pour des usages déterminés. Les bénéficiaires de ces avantages ne peuvent, d'ailleurs, obtenir qu'une autorisation personnelle et toujours révocable.

cation ou au repassage des eaux-de-vie, esprits et liquides alcooliques de toute nature sans en avoir préalablement fait la déclaration au bureau de la régie, la loi décida que les bouilleurs de cru devraient acquitter immédiatement les droits sur l'alcool produit, ou réclamer l'ouverture d'un compte qui se réglât par campagne. Dans le premier cas ils bénéficiaient d'une allocation en franchise de 10 pour 100 qui ne pouvait être inférieure à 20 litres d'alcool pur ; dans le second cas le compte qui était formé, qui avait pour point de départ un inventaire des produits en la possession du bouilleur après la première fabrication, pour conclusion un récolement opéré au commencement de la campagne suivante de distillation, aboutissait à dégager un manquant qui était imposable après qu'il avait été fait état de la déduction ordinaire accordée aux entrepositaires et d'une allocation en franchise de 20 litres d'alcool pur. — En résumé, on n'appliquait pas la loi dans toute sa rigueur aux bouilleurs de cru ; on faisait à chacun une faveur de vingt litres d'alcool pur, faveur inégale parce qu'uniforme, parce que ne répondant pas aux nécessités d'une variable consommation de famille.

Encore aurait-on pu soutenir à la rigueur que ce n'était là qu'un inconvénient secondaire, si tous les producteurs d'alcool avaient été soumis à la même règle. Mais il n'en était rien. Il avait été, en effet introduit dans la loi, par voie d'amendement, un article 21 qui était libellé à peu près dans les termes suivants : « Sont dispensés de toute vérification et de toute prise en charge les propriétaires, fermiers et métayers qui, après avoir justifié qu'ils ne cultivent pas une superficie plus considérable de vignes ou un plus grand nombre d'arbres fruitiers à l'état de rapport normal qu'il n'est nécessaire pour la production moyenne de cinquante litres d'alcool pur, suivant les usages du pays, distilleront chez eux les vins, cidres, lies, marcs, prunes, *prunelles* et cerises provenant exclusive-

ment de leurs récoltes. — La superficie et le nombre
d'arbres correspondant à ce maximum seront déterminés,
dans chaque département, par un arrêté ministériel rendu
sur la proposition du directeur des contributions indirectes et après avis du conseil général et du préfet ». On en
revenait, comme on le voit, à l'une des idées maîtresses
de la loi de 1900, au principe d'une distinction entre les
bouilleurs de cru ; mais cette distinction qui n'avait pas été
voulue, préparée par l'auteur de la loi, qui ne faisait pas
corps avec l'ensemble du texte, avait au moins autant
d'inconvénients que la différenciation d'après la nature
des appareils à distiller établie par la loi du 29 décembre 1900. Elle impliquait des inégalités selon les régions ;
elle accordait des allocations en franchise considérables à
ceux qui avaient les moindres exploitations agricoles ; elle
étendait le privilège des bouilleurs de cru à la distillation
des prunelles ; surtout, en reconnaissant au ministre le
droit d'élargir ou de restreindre à son gré la catégorie des
bouilleurs indemnes de surveillance, elle faisait dépendre
l'exigibilité de l'impôt de l'arbitraire gouvernemental.

Une première atteinte fut portée au nouveau régime
des bouilleurs de cru par la loi du 22 avril 1903.

Dans le but de permettre aux récoltants de jouir de
leur privilège sans subir à leur domicile les vérifications
des employés de la régie — ce qui était fort sage — la loi
de 1903 disposa que les bouilleurs pourraient distiller ou
faire distiller dans des ateliers publics agréés par l'administration. L'article 15 de la même loi décida, en même
temps, que l'allocation en franchise de 20 litres d'alcool
pur qui n'était accordée que pour la campagne même
de fabrication serait, sous certaines conditions, attribuée
définitivement au récoltant. Cela pouvait encore être
admis. Mais on faisait un pas en arrière en abrogeant,
comme cela résulta de l'article 16 de la loi de 1905, les
articles de la loi de 1900 qui établissaient des distinctions

entre les bouilleurs de cru d'après la contenance et la nature de leurs appareils.

Le recul ainsi marqué par la loi de 1905 ne fut que le prélude de l'effondrement définitif de la législation de 1903 qui entraîna dans sa ruine une partie de la loi de 1900 et aboutit de façon très inattendue à une extension du privilège que l'on avait voulu faire disparaître.

La loi du 27 février 1906 rétablit en effet purement et simplement le privilège des bouilleurs de cru en le maintenant pour les récoltants de *prunelles* qui auparavant n'y avaient pas droit.

Seule subsista, comme nous l'avons indiqué, la règlementation des alambics mais en tant qu'elle ne porte pas atteinte au privilège des bouilleurs de cru. Ceux-ci sont donc dispensés de la formalité du scellement des appareils. Toutefois, dans le but de compenser l'abandon de tout contrôle sur la production des bouilleurs de cru, le législateur de 1907, a édicté des pénalités nouvelles, fort lourdes, pour réprimer la fraude sur les alcools de cru : indépendamment des peines principales applicables, les bouilleurs encourent l'emprisonnement et sont responsables du quintuple droit de consommation.

En résumé aucun contrôle direct n'est plus exercé sur la production des bouilleurs de cru sauf dans un cas : les bouilleurs qui veulent bénéficier de titres de mouvement spéciaux pour le transport des eaux-de-vie naturelles (acquits blancs) institués par la loi de 1903, en vue d'authentifier leurs produits, sont obligés d'accepter le contrôle de l'administration.

IV. — Payement des droits. Exemptions.

La surveillance à la production n'a d'autre objet que d'assurer la prise en charge de l'alcool fabriqué. Les impôts qui atteignent les spiritueux n'en restent pas moins des taxes de consommation, exigibles, selon les règles que nous avons établies dans les *Notions préliminaires*, lors du dernier transport.

Dans les villes à droits d'entrée et dans les localités où il existe des droits d'octroi sur les alcools, la perception des impôts généraux et locaux s'effectue à la barrière, si la boisson vient de l'extérieur du lieu sujet ; au moment de l'enlèvement, si elle sort de l'un des entrepôts de la ville, qu'elle soit adressée à un débitant ou à un simple consommateur.

La taxe de consommation est encaissée, dès l'enlèvement, sur tous les spiritueux destinés à de simples consommateurs habitant d'autres localités que celles dont nous venons de donner l'énumération. Elle est perçue dans les quinze jours qui suivent l'expiration du délai fixé pour le transport, quand la boisson parvient à un débitant. Les débitants qui vendent accidentellement les jours de fête ou de foire doivent acquitter immédiatement les droits.

Exemptions. — Sont exemptés de tout impôt : les alcools exportés, expédiés en vinaigrerie, enfin les alcools employés au vinage ou au mutage en vue de l'exportation ou de la préparation des vermouts et des vins de liqueur. — Sur ce dernier point, il est nécessaire d'entrer dans quelques détails et, avant tout, de définir les termes que nous venons d'employer.

Le *vinage* consiste à relever par une addition d'alcool la richesse d'un vin. L'opération prend le nom de *mutage* quand l'alcool est versé sur des moûts n'ayant pas encore ou n'ayant qu'incomplètement fermenté ; elle a alors pour objet d'empêcher ou d'arrêter la fermentation, afin de conserver dans le liquide une proportion plus ou moins grande de sucre non transformé.

L'addition d'alcool au vin destiné à être vendu sous sa

forme naturelle à l'intérieur est formellement prohibée par la loi du 24 juillet 1894, assimilée à une falsification et réprimée en conséquence. Mais le vinage est licite quand les vins qui le subissent sont destinés à l'exportation, parce qu'il peut être une condition du transport. En ce cas, l'alcool ajouté au vin est exempt d'impôt à la condition que l'opération ait lieu en la présence des agents de la douane ou de la régie et que la réalité de l'exportation soit constatée.

Le vinage et le mutage sont des opérations non seulement licites mais tout à fait normales et, qui plus est, essentielles, quand il s'agit de fabriquer des vins artificiels, notamment des vins de liqueur et des vermouts. Ces produits étant soumis à un mode particulier de taxation, l'alcool qui sert à leur fabrication est employé en franchise sous certaines garanties. Par exception à ces règles, les vins de liqueur qualifiés *vins doux naturels* qui sont des vins possédant naturellement une richesse alcoolique totale, acquise ou en puissance, d'au moins 14 degrés, restent soumis au régime fiscal des vins, et l'alcool employé au mutage de ces vins avant achèvement de la fermentation, est passible du droit entier de consommation. L'opération doit être effectuée chez le viticulteur en présence du service.

APPENDICE

ALCOOLS DÉNATURÉS

La taxe de consommation et le droit d'entrée ont été institués pour frapper les *boissons alcooliques*, non les alcools destinés à des usages industriels, notamment au chauffage et à l'éclairage. Soumettre les produits de cette catégorie au droit de **220** francs équivaudrait, d'ailleurs, à en proscrire l'usage. Les substances concurrentes telles que les pétroles, qui sont chargées de taxes moins lourdes ou exemptes d'impôts, triompheraient aisément dans une lutte inégale.

Cependant, jusqu'en 1843, l'alcool employé à des usages industriels était soumis aux mêmes droits que les spiritueux livrés à la consommation de bouche. C'est à cette date seulement que l'on substitua aux droits de consommation et d'entrée qui cessèrent d'être perçus une taxe, dite de dénaturation, dont le taux, fixé d'abord à **37** fr. **50**, fut réduit par la loi de 1897 à 3 francs, qui disparut enfin en 1900 (loi du **29** décembre) et fut remplacée par un droit de statistique de **25** centimes par hectolitre d'alcool pur.

En outre, l'article **28** de la loi du 31 mars 1903 a spécifié qu'aucune taxe d'octroi ne pourrait être perçue sur l'alcool dénaturé ni sur aucun des éléments qui le constituent.

En conséquence les taxes d'octroi qui pouvaient exister ont été supprimées depuis le 1er janvier 1904.

L'existence de ces taxes, quelque légères qu'elles puissent être, ne se justifierait pas plus que ne s'expliquerait la réglementation très étroite à laquelle est soumis l'alcool utilisé dans l'industrie, s'il n'était indispensable de main-

tenir sous le lien de la régie une substance dont le versement frauduleux dans la consommation causerait au Trésor
un grave préjudice que l'on a pu mesurer entre **1844**
et **1872**. On eut, en effet, la faiblesse en **1844** de négliger
des précau ions essentielles sous le prétexte de propager
l'usage de l'alcool pour l'éclairage (1) ; on fut obligé, en
1872, de réparer la brèche qu'on avait ouverte et par
laquelle une grande partie de l'impôt menaçait de
s'échapper.

Actuellement, pour prévenir toutes fraudes, on exige,
avant tout, que l'alcool soit dénaturé conformément à des
procédés déterminés, sous le contrôle rigoureux de l'administration ; en outre, la circulation, le commerce, l'emploi des alcools dénaturés sont strictement réglementés.

I. — Contrôle de la dénaturation

Nul ne peut dénaturer l'alcool, s'il n'est muni d'une
autorisation délivrée par la régie, *renouvelable annuellement et toujours révocable.* Les dénaturateurs sont soumis
aux mêmes obligations que les marchands en gros de boissons, sauf le paiement de la licence à laquelle ils ne sont
tenus que s'ils réclament le crédit du droit de statistique.
Leurs établissements sont organisés, les appareils de
dénaturation agencés dans des conditions fixés par les
règlements, l'installation devant, préalablement à toute
opération, être agréée par l'administration.

Les alcools expédiés aux dénaturateurs sont placés sous

_____

(1) Depuis de longues années, on le voit, les pouvoirs publics se
préoccupent de répandre l'usage de l'alcool pour l'éclairage, le chauffage. Les résultats obtenus n'ont pas quant à présent, répondu à
leurs efforts.

le plomb de la régie pendant le transport et doivent être conservés sous scellés jusqu'à l'opération de dénaturation.

La dénaturation a lieu en présence des employés ; elle ne peut être opérée que suivant des procédés fixés par le ministre des Finances, sur avis du comité consultatif des arts et manufactures et à l'aide des substances dénaturantes désignées dans les mêmes conditions (1).

Le procédé général de dénaturation, obligatoire dans tous les cas à moins qu'il ne soit démontré qu'il y a impossibilité matérielle à en user, consiste à verser dans 100 litres d'alcool à 90 degrés 10 litres de méthylène qui est la principale substance dénaturante, l'agent essentiel de la dénaturation. L'opération est complétée par l'addition au mélange de méthylène et d'alcool d'autres substances, variables suivant la destination des produits. Par exemple, pour la préparation des alcools de chauffage et d'éclairage, on ajoute par hectolitre de mélange un demi-litre de benzine lourde ; la préparation des alcools d'éclaircissage, qu'on appelle dans le commerce demi-vernis, s'obtient en versant dans le mélange d'alcool et de méthylène 4 pour 100 de résine ou de gomme laque, etc. (2).

(1) Aux termes de la loi du 16 décembre 1897, le dénaturant devrait être fourni par l'Etat. Cette disposition très difficilement applicable est restée inappliquée.

(2) La dénaturation par le procédé général implique des frais assez lourds qui venaient augmenter le prix de l'alcool à brûler et qui, *disait-on*, en paralysaient la vente. On a donc résolu d'allouer aux dénaturateurs une somme de 9 francs par hectolitre d'alcool pur soumis à la dénaturation selon le procédé général, suffisante pour leur tenir compte du coût du dénaturant (Lois des 25 février 1901 et 30 mars 1902).

Pour remplir le Trésor de cette dépense, il a été établi une taxe de fabrication fixée d'abord à 0 fr. 80 par hectolitre d'alcool pur sur tous les produits alcooliques fabriqués en France, importés de l'étranger ou des colonies, qui n'ont pas été obtenus par la mise en œuvre de vins, cidres, poirés, lies, marcs et fruits, c'est-à-dire sur tous les alcools d'industrie proprement dits. Afin de ne frapper que les véritables trois-six, la loi du 30 mars 1902 a exempté du payement de

Les industriels qui ne peuvent recourir au procédé général sont autorisés, *à titre exceptionnel*, à user de procédés spécialement réglementés.

Mais, quel que soit le soin avec lequel on réglemente la dénaturation et on choisisse le dénaturant, on ne peut faire en sorte que toute revivification de l'alcool dénaturé soit impossible ; on peut accumuler les difficultés, on n'arrivera pas à rendre le problème insoluble. Il faut craindre également ce qu'on appelle la fraude par dilution qui consiste à noyer l'alcool dénaturé dans l'alcool de bouche et à masquer la présence du méthylène par le versement d'essences. Pour toutes ces raisons, le contrôle de la dénaturation doit être complété par la surveillance à la circulation et à la vente des alcools dénaturés.

II. — Surveillance à la circulation, à l'emploi et à la vente des alcools dénaturés.

Les alcools dénaturés se divisent en deux catégories : les alcools de chauffage, d'éclairage et d'éclaircissage qui sont admis à circuler et dont il peut être fait commerce, les alcools qui doivent être employés sur place à la fabrication des produits industriels.

cette taxe d'une part les rhums et tafias naturels, et d'autre part les genièvres qui, dans les établissements spéciaux ne produisant pas de trois six, sont obtenus par la distillation simple du seigle, du blé, de l'orge et de l'avoine et sont susceptibles d'être livrés, sans coupage, à la consommation.

Les opérations de recette et de dépenses effectuées en exécution de ces dispositions sont portées à un compte ouvert parmi les services spéciaux du Trésor. Si ce compte est en déficit, le taux de la taxe peut être relevé par décret soumis à la sanction des Chambres S'il y a excédent, la taxe est abaissée dans les mêmes conditions. Pour 1910, la taxe est fixée à 3 fr. 47. Elle était de 2 fr. 52 en 1909 ; de 1 fr. 72 en 1907.

I. — Les alcools de chauffage, etc., ne peuvent circuler qu'accompagnés d'expéditions qui sont des acquits à caution, s'ils ne sont pas libérés d'impôt, sinon des passavants ou des laissez-passer.

Les dénaturateurs peuvent, en effet, soit acquitter le droit de statistique au moment de la dénaturation, soit réclamer le crédit des droits et ne payer alors l'impôt qu'au fur et à mesure des ventes. Les commerçants de gros, soumis comme les dénaturateurs à l'autorisation préalable et toujours révocable, ont la même liberté de choix. Ils peuvent recevoir l'alcool des dénaturateurs sous acquits et ne payer l'impôt qu'au fur et à mesure des ventes aux détaillants auxquels ne parviennent que des produits libérés. Les détaillants sont également astreints à l'autorisation préalable. Ils ne doivent laisser enlever aucune quantité de leurs magasins qui ne soit accompagnée d'un passavant ou d'un laissez-passer. Seules les quantités très minimes qu'ils vendent sont affranchies des formalités à la circulation.

Ces précautions n'ont pas encore paru suffisantes. On a obligé les dénaturateurs et les marchands en gros d'alcool dénaturé, à inscrire, sur des registres qui doivent être représentés aux employés, les quantités qu'ils reçoivent, qu'ils vendent. Enfin, pour prévenir l'existence d'approvisionnements trop considérables, les règlements fixent les chiffres maxima des quantités que les commerçants en gros et en détail peuvent *recevoir*, *détenir* et *livrer*.

II. — Les fabricants de produits à base d'alcool dénaturé peuvent soit effectuer eux-mêmes la dénaturation des alcools nécessaires à leur industrie, soit recevoir de l'extérieur des alcools dénaturés ou méthylés, c'est-à-dire simplement additionnés de méthylène et non des autres substances qui concourent à la dénaturation. Dans ce cas, les alcools dénaturés ou méthylés arrivent libérés de l'impôt payable à l'enlèvement. Dans le premier cas, au contraire, le droit de statistique est perçu soit lors de la dénaturation chez le fabricant, soit, si l'industriel réclame le crédit des droits, au moment où il fait usage de l'alcool dénaturé pour la fabrication.

Dans l'un comme dans l'autre cas, les alcools dénaturés doivent être mis en œuvre sur place, en présence du service.

CHAPITRE IV

VINS ARTIFICIELS, ABSINTHES, BITTERS, AMERS, ETC.

A l'origine de la législation on considérait et on taxait comme vins toutes les boissons qui en présentaient l'apparence. A mesure cependant que se développa la consommation des apéritifs, on s'aperçut que les vermouts, les vins de liqueur, les vins d'imitation étaient bien plutôt des liquides alcooliques que des vins véritables et on les frappa de surtaxes proportionnelles à la quantité d'alcool pur qu'ils contenaient. Ce n'était qu'un premier pas fait dans la voie où le législateur devait s'engager. La loi du 13 avril 1898 marque une seconde étape. Elle place les apéritifs et les vins de liqueur sous le régime de l'alcool, elle les traite comme des dilutions alcooliques, tout en leur réservant un traitement de faveur. Ce traitement de faveur a lui-même disparu en 1907.

Tandis que s'opérait cette transformation fiscale, l'attention des pouvoirs publics était appelée sur la fabrication de liquides imitant le vin naturel. D'une part, on en arrivait à penser en toute raison, que, puisqu'il est possible de saisir la production de ces liquides, il convenait de les taxer proportionnellement à la quantité d'alcool pur qu'ils contiennent. Désireux, d'autre part, de défendre la viticulture et de protéger la santé publique, le législateur aggravait le poids de l'impôt, prohibait même la vente de la plupart de ces produits.

Si l'on laisse de côté ces interdictions dont l'exposé ne rentre pas directement dans le cadre de cet ouvrage et dont il ne sera dit qu'un mot, on remarque que les préoccupations d'ordres très divers qui se firent jour dans la législation des vins artificiels conduisirent à appliquer un même principe à la solution de toutes les espèces. Les apéritifs, comme les vins fabriqués, sont aujourd'hui soumis aux impôts qui frappent l'alcool. Le poids en est même parfois aggravé. On peut discuter les modalités ; le principe de cette fiscalité est d'une logique incontestable.

1. — Vins de liqueur, vins d'imitation, vermouts

Les vins de liqueur sont des vins unissant à une certaine teneur en sucre, une richesse alcoolique élevée qu'ils doivent le plus souvent à une addition d'alcool. Tels sont le porto, le madère, le malaga, etc. Les vins d'imitation sont des vins riches en sucre et en alcool auxquels on donne artificiellement la saveur et le bouquet des vins de liqueur.

Quant au vermout, c'est tout simplement du vin blanc dans lequel on a fait infuser diverses substances amères et auquel on a ajouté de l'alcool.

Mode d'imposition. — Tarif. — La loi du 13 avril 1898, soumettait les vermouts, vins de liqueur, vins d'imitation, à raison de leur force alcoolique totale, aux demi-droits sur l'alcool (droit de consommation, droits d'entrée et d'octroi s'il y avait lieu) jusqu'à 15 degrés et aux mêmes droits pleins sur la quantité d'alcool excédant celle qui correspond à un titrage de 15 degrés. La loi avait, en outre, fixé un minimum d'imposition de 15 degrés pour les vins de liqueur ou d'imitation et de 16 degrés pour les vermouts.

La loi du 30 janvier 1907 a frappé ces produits du plein droit de consommation et des pleins droits d'entrée, mais elle a maintenu les dispositions de la loi de 1898 en ce qui concerne les taxes d'octroi.

A part ces différences de tarification, les vermouts, vins de liqueur, etc., sont traités comme des liquides alcooliques ; ils sont soumis au régime de l'alcool, c'est-à-dire que les règlements qui gouvernent la fabrication, la circulation, le séjour en magasin des alcools s'appliquent de tout point à ces vins artificiels.

La fabrication des vermouts et des vins d'imitation est suivie par les employés au moyen de recensements et par la tenue de divers comptes de gros. Les industriels qui, dans Paris, veulent se livrer à la fabrication des vermouts et des vins de liqueur sont soumis aux visites des employés de la régie et doivent tenir un compte distinct de celui concernant les autres spiritueux.

Exception. — Les vins doux naturels bénéficient, par exception, du régime des vins. Ce sont en effet, des vins provenant de cépages spéciaux assez riches pour titrer *naturellement* 14 degrés au minimum si l'on n'arrêtait pas avant complet achèvement, la fermentation par une addition d'alcool qui permet de conserver une certaine quantité de sucre non transformé. On les récolte à Banyuls, à Rivesaltes, à Lunel, à Frontignan. A la demande des viticulteurs, sur justification de la nature des produits, à la condition d'être livrés à la consommation tels qu'ils sortent de chez le producteur, ils ne supportent que le droit de circulation.

L'alcool employé à arrêter leur fermentation est taxé au plein droit de consommation.

II. — Vins fabriqués

Tous autres vins artificiels, tous autres vins fabriqués sont soumis au régime de l'alcool, c'est-à-dire qu'ils sont taxés d'après la quantité d'alcool pur qu'ils contiennent, et traités comme des dilutions alcooliques. Plus particulièrement, les vins de raisins secs sont soumis aux droits de l'alcool pour leur richesse alcoolique totale acquise ou en puissance et frappés en outre d'un droit de fabrication de 1 franc par hectolitre de vin fabriqué sans que ce droit puisse être inférieur à 3 francs par 100 kilogrammes de raisins secs mis en œuvre. La perception de ces impôts et, d'une façon plus générale, l'application de ces dispositions sont assurées par l'exercice des fabriques et par la surveillance à la circulation.

La mise en circulation du vin alcoolisé ou mouillé, sous la dénomination de vin, est d'ailleurs interdite et constitue non seulement une contravention fiscale, mais un délit de droit commun poursuivi, quand il a été constaté, par le ministère public.

Est également prohibée, la fabrication, la détention, la circulation *en vue de la vente* des vins de sucre et des vins de marcs. Par exception, la fabrication des boissons de marcs, qualifiées piquettes, provenant de l'épuisement des marcs par l'eau, sans addition d'alcool, de sucre ou de matières sucrées, est autorisée, à la condition que ces boissons soient destinées exclusivement à la consommation de famille du récoltant et jusqu'à concurrence de 40 hectolitres par exploitation. L'interdiction ne s'applique pas non plus au vin sucré en première cuvée, dans la limite strictement nécessaire pour remédier au défaut de maturité du raisin et sans addition d'eau. Cette boisson conserve, au point de vue légal, le caractère de vin (1).

II. — Absinthes, bitters, amers, etc. — La loi de finances du 30 janvier 1907 a frappé d'une surtaxe de 50 fr.,

---

(1) Bien que la question des fraudes commerciales ne rentre pas dans le cadre de cet ouvrage, il nous a paru indispensable de donner

par hectolitre d'alcool pur, en addition au droit de consommation, les absinthes et similaires, les bitters, les amers et, d'une manière générale toutes les boissons dites apéritives autres que celles à base de vin. Elle avait, en outre, fixé le minimum de perception à 55 degrés alcoométriques pour les absinthes et similaires et à 30 degrés pour les autres boissons. La loi de finances du 26 décembre 1908 a porté ce minimum à 65 degrés pour les absinthes et similaires en l'étendant à la perception de toutes les taxes générales et locales aussi bien qu'à la surtaxe. En outre, il est interdit de détenir ou de mettre en

en note un aperçu très sommaire de la législation édifiée durant ces dernières années pour prévenir les falsifications de boissons.

Les lois des 28 janvier 1903, 6 août 1905, 29 juin 1907, réglementent tout d'abord le sucrage des boissons de façon à empêcher autant que faire se peut la fabrication illicite de vins de sucre. Nous résumerons dans la quatrième partie de ce volume (Impôts sur le sucre et ses dérivés) les principales de ces dispositions.

D'autre part, pour mettre un terme aux fabrications de vins artificiels, aux coupages et mouillages aisément pratiqués à Paris en l'absence de toute surveillance à la circulation, la loi de 1905 prononce la suppression dans un certain délai des entrepôts particuliers des marchands en gros à Paris, interdit toute préparation de boisson fermentée autre que la bière, dans la même ville, prohibe l'introduction des raisins de vendange.

La loi du 29 juin 1907 a une portée plus étendue. Afin d'éviter que les quantités de vin réellement produites ne soient frauduleusement grossies, elle oblige chaque récoltant à déclarer tous les ans à la mairie, dans un délai variable fixé pour chaque département par le préfet, l'importance de sa récolte. Le receveur buraliste ne peut délivrer de titre de mouvement pour une quantité de vin supérieure à celle mentionnée dans la déclaration dont il reçoit communication. La même loi comporte d'autres dispositions secondaires : elle décide notamment que les marcs de raisins, les lies sèches, les levures alcooliques qui sont des matières premières pour la fabrication des vins artificiels ne pourront circuler sans un passavant ; elle prohibe enfin la fabrication, l'exposition, la mise en vente des produits ou mélanges œnologiques de composition secrète ou indéterminée qui pourraient servir soit à transformer les vins, soit à fabriquer des vins artificiels.

Il nous faut, en dernier lieu, mentionner la loi du 1er août 1905 sur les fraudes en général qui est intervenue dans le but de réprimer les fraudes dans la vente des marchandises, les falsifications des denrées alimentaires et des produits agricoles et qui, naturellement, s'applique aux boissons.

vente de l'absinthe ou similaire dont la teneur alcoolique scrait inférieure à 65 degrés ; les récipients doivent être revêtus d'une étiquette indicatrice du degré du liquide.

Les articles 15, 16 et 17 de la loi de finances du 30 janvier 1907 et deux décrets datés du 12 décembre suivant ont réglementé la fabrication et la vente des absinthes et boissons apéritives et de l'essence d'absinthe.

I. — Toute personne voulant se livrer à la fabrication des absinthes ou des apéritifs autres qu'à base de vin est tenue d'en faire, huit jours au moins à l'avance, la déclaration au bureau de la régie. Les fabricants sont soumis en tous lieux aux vérifications des employés des contributions indirectes.

Dans le but de prévenir les dédoublements opérés sans déclaration par les détaillants, la loi décide que toute opération ayant pour effet d'augmenter le volume ou la teneur en alcool des produits sujets à la surtaxe est considérée comme fabrication.

Les fabricants et tous les commerçants assujettis aux vérifications du service doivent tenir pour les absinthes et pour les autres boissons apéritives des comptes distincts de ceux concernant les autres spiritueux.

II. — Les fabricants d'essence d'absinthe, de préparations concentrées renfermant de l'essence d'absinthe, ou de produits assimilés sont tenus de faire une déclaration de fabrication au bureau de la régie au moins un mois avant de commencer leurs opérations et de faire agréer une caution solvable.

Le local servant à la fabrication est soumis à la surveillance permanente du service. Les produits sont pris en charge à un compte spécial et suivis distinctement pour leur poids en essence et, en outre, s'il s'agit d'alcoolats, pour leur volume et la quantité d'alcool qu'ils représentent.

Les marchands d'essence d'absinthe ou de produits assi-

milés sont astreints aux mêmes obligations que les fabricants à l'exception de la surveillance permanente remplacée pour eux par des visites et des vérifications des
employés.

Les produits ne peuvent circuler que sous le plomb de
la régie et être livrés qu'à des personnes en faisant le
commerce dans des conditions régulières. Sauf dans le cas
d'exportation, la délivrance des acquits à caution devant
accompagner l'envoi est subordonnée à la représentation
d'une demande du destinataire visée par le chef du service local.

CHAPITRE V

DROIT DE FABRICATION SUR LES BIÈRES

L'impôt sur les bières est une taxe de fabrication dont l'origine remonte à l'ordonnance de 1625. La loi de 1808 ne fit en effet que rétablir, sous le nom de droit de fabrication, le droit de contrôle qui avait été créé sous Louis XIII. Mais, sous l'ancien régime, au droit de contrôle se superposaient divers impôts de consommation : le droit de gros, le droit de détail, le droit d'entrée, que la Révolution fit disparaître et que la législation du premier Empire ne fit pas revivre, si bien que, tout compte fait, la bière fut frappée d'une simple taxe à la fabrication et que, moyennant le payement de cet impôt par le producteur, elle fut affranchie de toute surveillance à la circulation. La nature de la boisson, fabriquée par un nombre restreint de producteurs, dans des usines qui peuvent être facilement surveillées, a permis de débarrasser le commerce des bières d'entraves et de formalités dont les vins et cidres ne seront sans doute jamais affranchis.

Mais, si le principe de l'impôt est inattaquable et n'a jamais été attaqué, l'assiette et la quotité de la taxe, les conditions dans lesquelles s'exerçait la surveillance, en un mot les détails de la législation de 1808 et de 1816 furent, comme nous l'avons dit, l'objet des plus vives critiques. La loi du 28 avril 1816, en taxant les bières d'après leur volume, en distinguant arbitrairement deux catégories de bières : la bière forte imposée à 3 fr. 75 l'hectolitre, la petite bière imposée à 1 fr. 25 l'hectolitre, méconnaissait le principe de la proportionnalité de l'impôt à la valeur.

de la boisson, exposait le Trésor à des fraudes de toute
nature, incitait les fabricants à des opérations irrégulières,
conduisait le fisc à réglementer de façon excessive la fabrication. A une telle situation, il n'y avait qu'un remède :
substituer à la taxation au volume la taxation au degré
alcoolique, faire pour les bières ce que la loi de 1824 avait
fait pour les spiritueux, ce qui a été fait pour les vins artificiels, ce qui eût été fait pour les vins naturels si la chose
avait paru possible : régler l'impôt en proportion de la
quantité d'alcool pur contenue dans le liquide. C'est la
réforme qui fut opérée par la loi du 30 mai 1899 modifiée
par la loi du 29 décembre 1900.

La taxe de fabrication est aujourd'hui fixée à 25 centimes par degré-hectolitre de moût (1), c'est-à-dire par
hectolitre de moût et par degré du densimètre au-dessus

---

(1) Pour saisir le mécanisme de l'impôt, il est indispensable de posséder quelques notions sommaires sur la fabrication des bières.

La bière est une infusion d'orge germée et parfumée par le houblon.
Ces matières premières sont le plus souvent additionnées d'autres
grains, tels que le maïs, le riz, le blé ou encore de matières sucrées,
telles que le glucose.

La fabrication d'un brassin comporte cinq opérations principales :
le *maltage*, le *brassage*, la *cuisson*, la *fermentation*, l'*entonnement*.

Le *maltage* consiste à obtenir, en faisant subir à l'orge diverses
préparations, le malt, c'est-à-dire la matière première dont la bière
sera extraite. Le maltage peut avoir lieu en dehors des brasseries.
Dans la pratique, nombre de brasseurs s'approvisionnent, au fur et à
mesure de leurs besoins, auprès des fabricants de malt.

Le malt, une fois préparé, est introduit dans une cuve qu'on
appelle la cuve-matière, où il est mélangé avec de l'eau tiède. Pour
activer l'opération, on agite la farine d'orge dans la cuve-matière, on
la *brasse* avec des râbles en bois. C'est ce qu'on appelle « donner la
trempe ». La première trempe terminée, le liquide, qui prend le nom
de bière en métier, est transporté en partie dans la chaudière. Dès
qu'il entre en ébullition, on donne la seconde trempe, c'est-à-dire
qu'on rejette la bière en métier dans la cuve-matière, où on brasse le
tout une seconde fois. Selon la qualité que l'on veut obtenir, on donne
soit deux, soit trois ou même quatre trempes (méthode dite par décoc-
tion.

Les trempes achevées, la cuisson de la bière commence et c'est
aussi à ce moment que l'on jette le houblon dans la chaudière. *Le
liquide est alors qualifié moût*. La durée de la cuisson est proportionnée à la nature de la bière que le brasseur se propose de fabri-

de 100 (densité de l'eau) reconnu à la température de 15 degrés centigrades. Ainsi, un hectolitre de moût à 6 degrés (degré moyen des bières ordinaires) acquitte 1 fr. 50 qui est le taux du droit sur les vins, si bien que, comme on le voit, les bières et les vins supportent, depuis la loi de 1900, un impôt équivalent.

L'assiette et le recouvrement du droit de fabrication sont garantis par la surveillance à la production, autrement dit par l'exercice des brasseries.

I. — Surveillance à la production

Les brasseurs sont soumis à certaines obligations, tenus à des déclarations générales et spéciales qui, contrôlées et complétées par les vérifications de la régie, forment la base de l'assiette de l'impôt, conduisent à la détermination des quantités imposables.

Obligations des brasseurs. — *Déclarations générales.* — Tout brasseur est tenu de faire au bureau de la régie la déclaration de sa profession et du lieu où sont situés ses établissements, sur lesquels une enseigne doit être apposée. Cette déclaration entraîne le payement d'une licence.

Il doit, en outre, déclarer à la recette buraliste avant toute fabrication : la contenance de ses chaudières, bacs et cuves, — le numéro d'ordre, la longueur, l'usage des

quer. Quand elle est terminée, on fait passer le moût dans des bacs ayant une grande surface où il se refroidit sous l'action de l'air.

La bière sort des bacs pour aller dans la cuve guilloire, c'est-à-dire dans une cuve qui contient du levain propre à faire *guiller* ou *fermenter* toute la masse. La fermentation est le complément de la fabrication.

Aussitôt qu'elle est parvenue au degré nécessaire, la bière est faite et l'on procède à l'*entonnement*, qui s'effectue selon diverses méthodes.

tuyaux, conduits, pompes, etc., dans lesquels circulent
les moûts de bière. Ces conduits doivent être installés de
telle sorte qu'on en puisse de l'œil suivre tout le parcours
et s'assurer que le brasseur n'intercepte pas, pour les utiliser à des fabrications clandestines, une partie des moûts.
D'autre part, les chaudières sont fixées à demeure et leur
contenance ne peut être inférieure à huit hectolitres.
Toute modification apportée par un brasseur à l'agencement de son usine est déclarée par écrit, à la recette
buraliste, au moins vingt-quatre heures d'avance.

Déclarations spéciales. — En dehors de ces obligations
préalables à l'exercice de la profession, les brasseurs font
à la recette buraliste la déclaration de chacune de leurs
fabrications.

A cet effet, il leur est prescrit, chaque fois qu'ils veulent se livrer à une fabrication, de déposer audit bureau,
au moins douze heures à l'avance dans les localités où
résident les employés chargés de l'exercice de l'usine, et
l'avant-veille à quatre heures du soir au plus tard partout ailleurs (1), une déclaration énonçant : d'abord le
nombre de degrés-hectolitres qu'ils entendent produire,
sans que ce nombre puisse être inférieur à deux fois le
volume des chaudières à cuire ou à houblonner qu'ils
ont l'intention d'utiliser, ensuite les numéros et les contenances des chaudières, des cuves-matière, des appareils de saccharification qu'ils veulent mettre en œuvre,
enfin les heures exactes des différentes phases de la
fabrication.

Lorsque le brasseur désire employer des mélasses, glucoses et autres substances sucrées, il est tenu à une série
de déclarations complémentaires dont il sera question
ultérieurement.

---

(1) Ce dernier délai peut être réduit à douze heures lorsque le brasseur fait déposer sa déclaration à la recette buraliste de la résidence
des agents et qu'il remet à leur bureau un duplicata de cet acte.

Vérifications de la régie. — Par les déclarations générales des brasseurs, les employés savent l'existence des
brasseries, l'agencement des usines, la contenance des
vaisseaux qu'il leur est, en premier lieu, enjoint de vérifier. Ils doivent s'attacher plus particulièrement à épaler
très exactement les chaudières, toute différence entre la
contenance réelle et la contenance déclarée d'une chaudière entraînant, si elle n'est pas rectifiée, des erreurs
dans la prise en charge et par suite dans le calcul de
l'impôt.

Ils sont ainsi à même de contrôler les déclarations spéciales et ils doivent y procéder le plus souvent possible
en se rendant dans les brasseries aux heures qui leur sont
indiquées par les déclarations. Ils reconnaissent alors le
volume des moûts dans les différentes chaudières, en le
mesurant à l'aide de bâtons de jauge ou d'indicateurs à
niveau, ils prélèvent en même temps des échantillons
dont ils déterminent le degré au moyen d'instruments spéciaux. Il ne leur reste plus qu'à multiplier le degré des
moûts par le volume pour connaître le total des degrés-
hectolitres produits.

Si le chiffre ainsi obtenu, à l'occasion d'une fabrication,
en opérant sur l'ensemble des chaudières utilisées, est
inférieur à la quantité de degrés-hectolitres déclarés par
le brasseur ou s'il ne dépasse pas cette quantité de plus
d'un dixième, le droit de fabrication est assis sur le nombre de degrés-hectolitres déclarés. Si les quantités constatées excèdent de plus d'un dixième les quantités déclarées, cet excédent est soumis en totalité au double droit
quand il est compris entre 10 et 15 pour 100 de la quantité
déclarée, au droit de 2 fr. 50 par degré-hectolitre au-dessus de 15 et jusqu'à 20 pour 100 inclusivement de la même
quantité.

Un excédent de plus de 20 pour 100 à la quantité déclarée suppose une déclaration frauduleuse : dans ce cas, la

totalité des quantités reconnues est imposable au droit de 2 fr. 50 par degré-hectolitre.

Mesures contre la fraude. — Mais il ne suffit pas que le service contrôle les résultats de chaque fabrication, il lui faut encore déjouer les fraudes.

Jadis, quand le droit était assis sur le volume des bières fabriquées, la fraude la plus fréquente consistait à allonger ce volume après qu'il avait été reconnu. Le service devait donc s'efforcer de reconnaître les bières le plus tard possible, quand la fabrication était suffisamment avancée pour qu'une addition d'eau nuisit à la qualité de la boisson, à l'entonnement par exemple. Toutes les phases de la fabrication étaient ainsi soumises à un contrôle souvent gênant pour l'industriel. Aujourd'hui que l'impôt est déterminé d'après le degré alcoolique des moûts, la fraude par allongement n'existe plus et le législateur a pu limiter les investigations des agents. Il a décidé en conséquence que la période légale de reconnaissance, qui commence immédiatement après la rentrée définitive du produit des trempes dans les chaudières, finirait dès que les chaudières et les bacs refroidissoirs seraient vides (1). A partir de ce moment les opérations des brasseurs sont affranchies de toute surveillance.

Mais cette liberté relative que l'on a pu accorder sans inconvénient aux industriels n'a rendu que plus nécessaire

---

(1) Afin d'éviter que la période légale de reconnaissance ne soit trop brève, le décret de 1899, rendu en application de la loi du 30 mai, dispose qu'elle aura une durée minima de trois heures, exceptionnellement d'une heure et demie, avant le commencement du déchargement des chaudières. D'un autre côté, pour que les brasseurs ne reportent pas systématiquement à des heures de nuit les phases de la fabrication soumises à la reconnaissance, il est prescrit que la période légale doit être comprise entre huit heures du matin et huit heures du soir dans les brasseries où il n'est pas fait plus d'une fabrication en vingt-quatre heures, que, dans les autres, la période de reconnaissance de la moitié des brassins au moins sera comprise entre les mêmes heures.

un contrôle rigoureux sur la première partie de la fabrication. Il y a en effet tout lieu de craindre des décharges partielles de moûts au cours de la cuisson, qui auraient pour résultat de soustraire au service une partie de la matière imposable. Aussi les diverses phases de la fabrication, jusque et y compris la cuisson, ont-elles fait l'objet d'une réglementation très minutieuse et des pénalités sévères atteignent-elles l'industriel dans le cas où des moûts seraient trouvés en dehors des chaudières après l'heure déclarée pour la fin de la rentrée définitive des trempes. Au reste, le meilleur moyen de contrôle dont disposent les agents consiste à observer la fabrication, à rechercher si le nombre de degrés-hectolitres fabriqués dans une brasserie correspond aux quantités de matières premières mises en œuvre, si le rapport entre les matières premières et les quantités fabriquées ne varie pas sans raison d'une usine à l'autre ou dans une même usine à diverses époques. Des écarts prononcés mettraient sur la voie de la fraude que des visites répétées et faites à des heures variées conduiraient à constater.

Une autre fraude est à redouter : les fabrications clandestines. Pour la prévenir, les employés sont, depuis la loi de 1899, autorisés à pénétrer dans les brasseries à toute heure du jour et de la nuit, qu'elles soient ou non en activité, à moins que l'industriel dont l'établissement n'est pas en activité, n'ait fait apposer des scellés sur ses appareils. Les pouvoirs ainsi impartis au service donnent, comme on le voit, d'assez complètes garanties.

Emploi du sucre, des glucoses, mélasses, maltoses, etc. — Si aujourd'hui, étant donné le nouveau mode d'assiette de l'impôt, un fabricant n'a plus d'intérêt à augmenter le volume de ses bières, en revanche il a tout intérêt à renforcer le degré après reconnaissance, et il y aurait lieu de craindre, si des précautions n'étaient prises, que ce nouveau genre de fraude ne vienne se substituer aux fraudes par allongement aujourd'hui disparues.

C'est pour cela que l'on a réglementé l'emploi à la fabrication de la bière, du sucre, des glucoses, mélasses, maltoses et autres succédanés du sucre et du malt dont le versement dans les moûts de bière après la période de reconnaissance, en dehors des chaudières de cuisson, aurait pour effet de remonter frauduleusement le degré.

Il a été prescrit tout d'abord qu'aucune quantité de glucoses, mélasses, maltoses, sucs végétaux et autres substances sucrées ne pourrait parvenir en brasserie sans être accompagné d'un acquit à caution, dont il n'est donné décharge par le service qu'après reconnaissance des produits. Les quantités introduites sont ensuite placées dans un magasin spécial ou dans un ou plusieurs récipients déclarés pour cet usage. Elles font enfin l'objet de comptes, suivis comme les comptes de gros, dont le « doit rester » est périodiquement contrôlé par des recensements ; ces comptes sont chargés des quantités entrées, déchargés des quantités employées à la fabrication dans de certaines conditions, différentes selon qu'il s'agit de sucre ou de glucoses ou bien d'autres substances.

Sucres. — La loi du 5 juillet 1904 a exonéré de tout droit les sucres utilisés dans la fabrication des bières après avoir été dénaturés selon l'un des procédés prescrits par l'administration des contributions indirectes.

Ces sucres doivent être placés dans un magasin distinct sous cordes et plombs et font l'objet d'un compte spécial *des sucres en nature.*

Lors de l'arrêté de la situation les excédents sont portés aux charges et les manquants sont soumis aux droits à raison de 25 francs (droit de consommation) par 100 kilogrammes de sucre exprimé en raffiné et, en outre, s'il s'agit de sucre raffiné ou candi, de 2 francs (tare de raffinage) par 100 kilogrammes.

Le rendement en degrés-hectolitres du sucre employé en brasserie a été fixé à **38** degrés-hectolitres par **100** kilogrammes de sucre. Sur cette base les conditions d'emploi sont les mêmes pour les sucres que pour les glucoses dont il va être question.

Glucoses. — Deux hypothèses peuvent se présenter : ou bien les glucoses sont mises en œuvre avant l'expiration de la période légale de reconnaissance ou après qu'elle a pris fin : en d'autres termes, ou la substance est versée dans les chaudières de cuisson, ou elle est incorporée à la bière fabriquée.

I. — Dans le premier cas, le brasseur doit indiquer dans sa déclaration spéciale de fabrication le poids des glucoses qu'il veut employer, leur rendement en degrés-hectolitres qu'il évalue à forfait à raison de **29** degrés-hectolitres par **100** kilogrammes, la date et l'heure à laquelle les glucoses seront versés dans les moûts, ainsi que les numéros des chaudières où se fera l'opération. Si les employés procèdent sur place à la reconnaissance des moûts, le versement des glucoses doit avoir lieu en leur présence et sous leur contrôle, après que la reconnaissance des moûts a été effectuée. Au cas où, comme cela arrive fréquemment, les employés ne se présentent pas pour procéder à la reconnaissance, le brasseur est autorisé à incorporer les glucoses dans les moûts après l'expiration de certains délais.

Lorsque toutes les conditions auxquelles est subordonné l'emploi des glucoses ont été remplies, le compte de gros est déchargé des quantités versées dans les moûts, qui sont exonérées de l'impôt de 5 fr. 60 par **100** kilogrammes applicable à la glucose (voir quatrième partie, page **255**) et qui deviennent en revanche passibles de la taxe de 0 fr. **25** par degré-hectolitre, soit de 7 fr. **25** par **100** kilogrammes, puisque **100** kilogrammes de glucoses sont censés produire **29** degrés-hectolitres.

II. — Si les glucoses sont versées dans les bières fabriquées, les brasseurs n'ont nulle déclaration à faire, ne sont
tenus à nulles justifications, mais les quantités employées
ne sont pas portées en décharge au compte d'entrepôt ;
elles ressortent en manquants, et sont frappées du double
droit de consommation de 5 fr. 60 par 100 kilogrammes.

Mélasses, maltoses, etc. — L'emploi des mélasses, maltoses et autres succédanés du malt ou du sucre doit toujours faire l'objet d'une déclaration, que les matières
soient versées dans les chaudières de cuisson ou incorpo-
rées à la bière fabriquée. Seulement, dans le second cas,
la déclaration est indépendante de la déclaration de fabrication ; elle doit être faite à la recette buraliste deux heures ou douze heures avant le versement, suivant que le
brasseur réside ou non dans une localité comptant un
poste d'employés. La déclaration indique la nature, le
poids des substances mises en œuvre, enfin leur rendement en degrés-hectolitres. Pour les mélasses, le rendement est fixé à forfait à **31** degrés-hectolitres par **100** kilogrammes ; pour les autres matières, il est déterminé par
le service, sauf recours, en cas de contestation des intéressés, à l'expertise légale dans les conditions et selon le
mode prévus par les lois de douane.

Les quantités régulièrement employées sont portées en
décharge au compte d'entrepôt ; elles sont prises en charge
à raison du nombre de degrés-hectolitres déclarés ou constatés sur le portatif du brasseur. Les manquants qui apparaissent au compte sont imposés pour le double des degrés-
hectolitres qu'ils sont présumés rendre.

II. — Payement des droits. Exemptions

Les brasseurs ont, avec la régie des contributions indirectes, un compte ouvert qui est réglé et soldé à la fin de chaque mois. Le décompte des droits est établi d'après les quantités déclarées ou reconnues. Les sommes dues peuvent être payées en obligations cautionnées à quatre mois de date, lorsque le montant du décompte excède 300 fr. Les industriels qui usent de cette faculté acquittent, en sus de la somme dont ils sont redevables, un intérêt de retard calculé au taux de 3 pour 100 l'an. Ils versent également une remise de 1/3 pour 100 du montant des obligations, attribuée en principe au receveur qui a accepté les obligations cautionnées et qui est responsable de leur recouvrement. Lorsque le produit des remises attribuées à un receveur du chef des obligations cautionnées souscrites tant pour l'impôt sur les bières que pour le payement des autres taxes de fabrication dépasse certains chiffres, une part en est retenue par le Trésor public.

Exemptions. — Sont exemptées de l'impôt les bières exportées, les bières destinées à être transformées en vinaigre, enfin les bières fabriquées à titre de consommation familiale.

Bières exportées. — Le droit de fabrication est restitué sur les bières expédiées à l'étranger ou dans les colonies françaises. Le remboursement est calculé en remontant à la densité originelle des moûts. — Pour obtenir la restitution, les brasseurs doivent déclarer à la recette buraliste les bières qu'ils veulent exporter et dont l'expédition ne peut être faite en dehors de la présence des agents. Ceux-ci prélèvent, au jour et à l'heure qu'ils indiquent, des échantillons sur les bières à exporter, scellent les fûts, com-

plètent l'acquit à caution que le brasseur a préalablement
levé à la recette buraliste en y mentionnant l'heure de
l'enlèvement du chargement, le nombre et les numéros
des fûts. A l'arrivée du chargement au point de sortie, les
agents des douanes s'assurent de la validité du titre de
mouvement, de l'intégrité des scellés, constatent le passage des bières à l'étranger, donnent alors décharge de
l'acquit, qui est retourné au service des contributions indirectes du point de départ. Entre temps, le laboratoire du
ministère des finances a déterminé, à l'aide de l'échantillon qui lui a été transmis, la densité originelle des moûts
qui, en cas de contestation, est fixée par des experts selon
les règles applicables en matière de douanes. Le service
des contributions indirectes peut alors proposer et faire
ordonnancer le remboursement.

Bières transformées en vinaigre. — Pour les bières destinées à être transformées en vinaigre il y a lieu, non pas
au remboursement, mais à l'immunité des droits qui est
acquise aux conditions suivantes : les bières doivent être
exclusivement préparées pour cette destination en vertu
de déclarations spéciales ; elles ne doivent pas être hou-
blonnées ; elles sont entonnées et emmagasinées séparément.

Les agents prennent en charge à un compte particulier
les quantités ainsi fabriquées. Ce compte est successivement déchargé des quantités qui sont expédiées en vinaigrerie sous le lien d'un acquit à caution.

Avantages accordés aux propriétaires ou fermiers. —
L'article 11 de la loi du 30 mai 1899 dispose, d'une part,
que les particuliers qui brassent, les collèges, maisons
d'instruction et autres établissements publics seront assujettis aux mêmes taxes que les brasseurs de profession,
mais exonérés de la licence ; d'autre part, que les propriétaires ou fermiers pourront, *sans payer de droits*,
fabriquer la bière exclusivement destinée à la consom-

mation de leur maison, à condition de n'employer que des matières provenant de leur récolte, de faire une déclaration à la régie pour chaque brassin, de se servir d'une chaudière d'une contenance inférieure à cinq hectolitres et de ne faire en aucun cas sortir les bières de la maison où elles ont été fabriquées. De ces deux dispositions la première est admissible, la seconde tend à exempter toute une catégorie de citoyens de l'impôt. C'est l'analogue du privilège des bouilleurs de cru, dira-t-on? Soit. Mais encore faut-il remarquer que, en matière d'impôt sur l'alcool, il existe des formalités à la circulation qui préviennent les abus trop graves, alors que, la circulation des bières étant libre, le législateur a ouvert une fissure par laquelle peut s'échapper la meilleure part du droit de fabrication. Il faut surtout observer que les efforts des pouvoirs publics ont toujours tendu à restreindre la situation des bouilleurs de cru, qui peuvent cependant se réclamer d'une possession d'état prolongée, alors que, bénévolement, on a, en 1899, introduit dans nos lois fiscales un privilège nouveau que rien ne justifie.

TITRE II

DROITS DIVERS

Sous la rubrique « Droits divers » nous comprenons les taxes assises et perçues par l'administration des contributions indirectes, en dehors de ce qu'on peut appeler les grands impôts : impôts sur les boissons, impôt sur les sucres.

Bien qu'il soit assez difficile d'établir un classement rationnel entre des impôts qui, à première vue, semblent disparates, pour diviser la matière et donner plus de clarté à notre exposé, nous les répartirons en deux catégories :

Nous distinguerons d'abord les droits qui ne sont que l'accessoire d'autres impôts auxquels ils se rattachent étroitement. C'est en premier lieu l'impôt de la licence auquel la plupart des assujettis — principalement les commerçants de boissons — sont soumis. C'est encore le prix des timbres apposés sur les expéditions ou les quittances délivrées par l'administration des contributions indirectes. C'est enfin le remboursement des frais auxquels donne lieu la surveillance de certaines opérations industrielles sur des produits soumis à un impôt indirect.

La seconde catégorie se compose d'impôts tout à fait particuliers qui tirent leur origine soit de nécessités fiscales, soit de raisons d'ordre public. Les impôts sur les sels, sur les transports, sur les vinaigres, sur les bougies, sur les huiles végétales, sur les huiles minérales, sur les vélocipèdes, etc., ont été institués à diverses époques dans le but de fournir des ressources au Trésor. L'impôt sur la garantie des matières d'or et d'argent et dans une certaine mesure, l'impôt sur les cartes à jouer, ont été organisés pour des raisons d'ordre public.

CHAPITRE PREMIER

LICENCES. — DROITS DE TIMBRE
REMBOURSEMENT DE FRAIS

Dans le budget de 1911, le produit de ces impôts est évalué à 62 millions environ, dont 37 millions pour les licences, 18 millions pour les droits de timbre et 7 millions pour les redevances accessoires.

I. — Impôt de la licence.

La licence est le brevet qui confère l'autorisation de se livrer à une industrie ou d'exploiter un commerce soumis à la surveillance des employés des contributions indirectes.

La licence s'applique non à la personne, mais à l'établissement ; elle n'est donc valable que pour *un seul établissement*. Trimestrielle ou annuelle, elle est due pour toute la durée du trimestre ou de l'année, à quelque époque que commence ou cesse le commerce.

Les redevables soumis au droit de licence peuvent être divisés en deux classes, dont l'une comprend ceux qui acquittent, sous le nom de licence, un impôt proportionné, dans une certaine mesure, à l'importance de leurs opérations, dont l'autre se compose des industriels ou commerçants qui sont assujettis à un droit de licence uniforme quelle que soit l'importance de leurs affaires.

I. — Les commerçants de la première catégorie sont : les débitants et marchands en gros de boissons, les brasseurs, bouilleurs, distillateurs, les entrepositaires d'huiles végétales, les entrepreneurs de voitures publiques.

Débitants de boissons. — Les débitants de boissons — et par ce terme il faut entendre tous ceux qui, sous quelque forme que ce soit, vendent des boissons au détail — sont soumis à un droit de licence qui varie de 5 francs à **112 fr. 50** par trimestre et qui est réglé en tenant compte à la fois de la population de la commune où la profession est exercée et de la classe de la patente à laquelle est imposé le redevable. Autrement dit, les débitants sont divisés en six catégories : la première comprend ceux qui sont rangés pour l'application des droits de patente dans les septième et huitième classes ; la seconde ceux qui appartiennent à la sixième classe, etc. Dans chacune de ces catégories l'impôt varie eu égard à la population. Pour les débitants de la première catégorie, par exemple, il est de 5 francs par trimestre, lorsque la profession est exercée dans une commune de 500 habitants et au-dessous, de **25** francs quand la ville où est situé le débit compte **100.000** habitants au moins. Le chiffre de la population se détermine d'après les règles édictées en matière de patente. Dans les communes de plus de **4.000** habitants, les débitants établis hors de l'agglomération sont imposés au tarif applicable à la population non agglomérée (**1**).

Pour fixer l'imposition d'un assujetti il faut donc envisager le chiffre de la population et la classe à laquelle il est taxé à la patente. Pas plus que la première opération, la seconde ne comporte, en règle générale, de difficulté

---

(1) Les débitants extraordinaires ou forains paient le droit applicable aux communes de 500 habitants et au-dessous. Les colporteurs de boissons à dos de bête de somme sont assimilés aux débitants forains.

sérieuse. Toutefois il peut arriver qu'un commerçant exerçant plusieurs professions dans le même établissement
soit assujetti, d'après la législation des patentes, au droit
pour une profession qui ne comporte pas la vente des boissons ou qui, tout en comportant la vente des boissons, ne
vise pas spécialement la nature du commerce de détail
que, en fait, il exerce. Ainsi un débitant peut être à la fois
cabaretier et entrepreneur de travaux publics dans le
même établissement et n'être imposé au droit fixe de
patente que pour la seconde profession. Un autre peut
tenir un hôtel garni et un cabaret ; il est taxé, s'il y a unité
d'établissement, à la quatrième classe de la patente comme
maître d'hôtel garni. Frapper, l'un et l'autre de ces deux
assujettis de la licence d'après leur imposition au droit
fixe de patente serait absurde dans le premier cas, excessif dans le second. La logique veut que le débitant soit
imposé à la licence d'après la classe « qui correspond à la
patente dont il serait redevable pour son commerce de
boissons, s'il n'exerçait que cette seule profession ». C'est
ce que la loi du 29 décembre 1900, complétée par la loi
du 30 mars 1902, a disposé. Il y a lieu, en ce cas, de *classer spécialement* l'assujetti.

Lorsque la licence suit le sort de la patente, les agents
de la régie se concertent avec leurs collègues des contributions directes pour établir et modifier au besoin les
impositions. Quand au contraire il est procédé à un *classement spécial*, l'administration des contributions indirectes seule a qualité pour l'effectuer.

Recouvrement. — Tout débitant qui fait une déclaration de commencer est tenu de payer immédiatement à la
recette buraliste le premier trimestre de la licence, qui est
déterminé, sauf rectifications ultérieures, d'après la nature
des opérations auxquelles il déclare se livrer. Le recouvrement des termes suivants est opéré dès le début
de chaque trimestre par le receveur des contributions

indirectes de la circonscription jusqu'à ce qu'intervienne une déclaration de cesser, qui ne vaut qu'à partir soit du 1er janvier, soit du 1er avril, soit du 1er juillet, soit du 1er octobre suivant.

Si le redevable conteste le classement dont il a été l'objet, sa réclamation doit être portée devant les tribunaux administratifs, où elle est présentée, instruite et jugée comme en matière de contributions directes. Elle est suivie par le service des contributions directes, à moins qu'il n'y ait eu *classement spécial*, auquel cas les agents des contributions indirectes ont la charge de soutenir l'imposition qu'ils ont établie.

Marchands en gros. — Le législateur a, comme on vient de le voir, cherché à proportionner la licence des débitants à l'importance de leurs opérations commerciales, mais, dans l'impossibilité de connaître, depuis l'institution de la taxe unique, le chiffre des quantités de boissons reçues et consommées dans les débits des villes, il a dû recourir à des présomptions, proportionner la licence à la patente ou, plus exactement, en faire un complément de la patente. Il n'a pas rencontré les mêmes difficultés pour d'autres assujettis dont les agents des contributions indirectes savent exactement, par les comptes qu'ils tiennent, le montant des affaires. Il a donc été loisible de donner, dans ce cas, à la licence le caractère d'un impôt sur le chiffre des affaires. C'est ce qui a été fait pour les marchands en gros de boissons. La loi du 29 décembre 1900 les avait répartis en trois classes tarifées respectivement à 50 francs, 75 francs et 125 francs par trimestre, suivant le montant de leurs ventes annuelles. Cette tarification a été modifiée par l'article 1er de la loi du 20 décembre 1905. Aujourd'hui les marchands en gros sont divisés en sept catégories avec un droit minimum de 20 francs par trimestre pour les commerçants dont les ventes ne dépassent pas annuellement 30 hectolitres d'alcool ou 300 hectolitres de vin ou **600** hectolitres de cidre ou poiré, et un maximum de **220** francs par trimestre pour ceux dont les ventes annuelles dépassent **1.000** hectolitres d'alcool ou **10.000** hectolitres de vin ou **20.000** hectolitres de cidre ou poiré.

Selon la règle générale, la licence est due pour chaque établissement, mais on considère que les divers magasins d'un marchand en gros, *situés sur le territoire d'une même commune*, ne forment qu'un seul établissement.

Sont exemptés de la licence de gros les courtiers et commissionnaires lorsqu'ils se bornent à servir d'intermédiaires entre l'expéditeur et le destinataire, sans que leurs noms figurent aux acquits à caution ou sur les lettres de voiture, — les commissionnaires de transport, les groupeurs et les agents en douane justifiant qu'ils agissent à titre de simples mandataires, — les récoltants qui se bornent à vendre en gros le produit de leur récolte, — les syndicats de propriétaires constitués suivant les conditions déterminées par une loi de décembre 1906 (1).

Brasseurs. — Les licences des brasseurs sont calculées sur le nombre de degrés-hectolitres produits chaque année. Le tableau comporte sept catégories, avec un droit minimum de **37 fr. 50** par trimestre.

Bouilleurs et distillateurs. — Pour les bouilleurs et distillateurs de profession, la loi a encore réglé le tarif de la licence selon la production annuelle. On distingue trois classes, dont les tarifs sont de **10** francs, **15** francs, **30** francs par trimestre.

Entrepositaires d'huiles végétales. — La licence de entrepositaires d'huiles végétales, fixée par des lois de date moins récente, ne varie que d'après le chiffre de la

---

(1) Sont imposés à la même licence que les marchands en gros les fabricants de vins de raisins secs et les dénaturateurs d'alcool qui réclament l'entrepôt. Pour ces derniers, la licence est établie d'après les quantités d'alcool soumises à la dénaturation.

population. Le tarif comprend huit catégories. La taxe la plus faible est de **3 fr. 75** par trimestre, la plus élevée est de **12 fr. 50**, par trimestre également.

Entrepreneurs de voitures publiques. — Il n'est tenu au contraire nul compte de la population dans le calcul de la licence applicable aux entrepreneurs de voitures publiques. Elle est fixée à **6 fr. 25** par voiture en service régulier (voiture de terre, wagon de chemin de fer ou bateau), et par trimestre ; les voitures de terre à deux roues sont taxées à **2 fr. 50** par trimestre.

II. — D'autres assujettis acquittent une licence d'un taux uniforme par profession. Ce sont les fabricants de sucre, les fabricants de glucose, les raffineurs, les fabricants de cartes, les fabricants de salpêtre, les fabricants de bougies ou d'acide stéarique, les fabricants et les marchands en gros de vinaigre et d'acide acétique.

Pour les fabricants de sucre, de glucose, pour les raffineurs, la licence, fixée au chiffre de **125** francs, est annuelle. Elle est trimestrielle pour tous les autres redevables, qui versent, chaque trimestre, une somme de **6 fr. 25**, de **12 fr. 50**, de **25** francs ou de **31 fr. 25**, selon les cas, dans la caisse du receveur des contributions indirectes de la circonscription.

Licences municipales. — Nous avons dit ailleurs (voir 1ʳᵉ partie, chapitre VIII, page **108**) que la loi du 29 décembre 1897 avait autorisé les municipalités à établir, en remplacement des droits sur les boissons hygiéniques, des licences municipales.

Ces licences, qui ne frappent que les débitants de boissons, se composent d'un droit fixe et d'un droit proportionnel. Le droit fixe est le même, en principe, pour tous les détaillants. Il peut cependant comporter deux classes et par suite deux tarifs ; la première classe s'applique aux établissements où l'on vend *exclusivement* des boissons hygiéniques ; la seconde, à ceux où l'on débite des alcools avec ou sans boissons hygiéniques. Le droit de la première classe ne peut en aucun cas dépasser le montant de l'ancien droit de la licence perçu avant la loi du 29 décembre 1900 au profit de l'Etat ; le tarif de la seconde classe ne peut excéder le double du même chiffre. Le droit fixe est afférent à chaque établissement. Le droit proportionnel est assis sur la valeur locative de l'ensemble des locaux occupés (locaux professionnels et maison d'habitation du redevable). Son taux ne peut être supérieur à 5 pour 100. Pour les cantiniers, les débitants extraordinaires ou forains, les colporteurs de boissons, les propriétaires vendant les boissons de leur cru, on ne saurait songer à percevoir un droit proportionnel. En ce cas, le droit de licence total est fixé à une fois et demie le droit fixe.

Les conseils municipaux peuvent établir des licences municipales pour remplacer les droits sur les boissons hygiéniques, à la condition de se conformer aux règles que nous venons d'exposer et dont l'approbation préfectorale constate l'observation. *Dans des cas exceptionnels*, des lois spéciales sont intervenues pour autoriser des dérogations à la loi dé 1897. La ville de Lyon, notamment, a été autorisée à élever le taux du droit proportionnel au-dessus de 5 pour 100, à instituer plusieurs classes de droit fixe, à faire varier le taux du droit proportionnel selon le montant des valeurs locatives.

II. — Droits de timbre

D'une manière générale, les expéditions, délivrées par l'administration des contributions indirectes, portent l'empreinte d'un timbre sec qui oblige au payement d'un droit de 10 centimes. Les factures et quittances sont soumises au même timbre à moins qu'elles ne s'appliquent à des sommes inférieures à 50 centimes, auquel cas le droit n'est pas perçu.

Indépendamment du droit de timbre de 10 centimes, les acquits à caution et passavants sont frappés d'un autre droit de timbre ou, par parler plus exactement, d'un droit spécial qu'on peut qualifier de droit d'expédition, dont le taux est de 40 centimes (1).

III. — Remboursement des frais de surveillance

Les frais de la surveillance organisée chez les industriels et les commerçants sont remboursés par ces assujettis à l'Etat dans deux cas : 1° lorsque les produits contrôlés bénéficient d'un régime fiscal de faveur ; 2° lorsque la surveillance a pour objet d'assurer l'exemption de l'impôt à raison de l'emploi des produits. En deux mots, il y a lieu à remboursement toutes les fois que la surveillance est exercée *dans l'intérêt de l'assujetti*.

Tantôt l'Etat exige le remboursement de la dépense réellement faite (2), tantôt il prélève, pour se remplir de ses frais, une taxe spéciale.

Le remboursement effectif est imposé aux industriels, autres que les fabricants de soude, qui emploient des sels en franchise, à ceux qui usent d'huiles végétales exonérées de l'impôt, à ceux, tels que les fabricants de ver-

---

(1) Le coût des acquits à caution a été réduit à 10 centimes *timbre compris* pour le transport des alambics des bouilleurs de cru dans le ressort de la recette buraliste où ils se trouvent.

(2) La dépense à rembourser est calculée en tenant compte du nombre et du traitement des agents attachés à l'usine, s'il y a permanence ; si la surveillance est intermittente, des arrêtés ministériels déterminent un chiffre et un tarif de vacations.

mouts, vins de liqueurs qui procèdent à des vinages ou mutages en exemption des droits, aux entrepôts réels de sucres, aux industriels utilisant des sucres, des mélasses ou des glucoses dans leur fabrication, etc.

Des taxes spéciales, destinées à couvrir les frais de surveillance, sont exigées des dénaturateurs d'alcool, qui acquittent, par hectolitre d'alcool pur soumis à la dénaturation, une taxe dont le taux est fixé chaque année, — des raffineurs qui acquittent une redevance de 8 centimes par 100 kilogrammes de sucre en poudre introduit dans les raffineries, — des fabricants de soude qui paient 30 centimes par 100 kilogrammes de sels employés en franchise à la fabrication de la soude, — des marchands en gros de boissons maintenus provisoirement dans l'intérieur de Paris qui acquittent une redevance de 2 centimes par hectolitre de vin expédié.

CHAPITRE II

IMPOTS SUR LES TRANSPORTS, LES VINAIGRES, LES BOUGIES, LES HUILES VÉGÉTALES ET ANIMALES, LA GARANTIE, LES CARTES A JOUER, LES VÉLOCIPÈDES, LES HUILES MINÉRALES BRUTES, LES DISTRIBUTEURS AUTOMATIQUES.

Le produit des impôts que nous comprenons dans ce second chapitre est évalué au budget de 1911 à la somme de 138.317.900 francs, dont 36 millions environ proviennent de l'impôt sur les sels, 82 millions de l'impôt sur les transports, 2.700.000 francs de la taxe des vinaigres, 6 millions et demi du droit sur les bougies et acide stéarique, 2 millions du droit d'entrée sur les huiles végétales et animales, 8 millions de la garantie des matières d'or et d'argent, 2.800.000 francs de l'impôt sur les cartes à jouer.

La majeure partie des 36 millions que rapporte l'impôt sur les sels est recouvrée par l'administration des douanes principalement chargée, pour des raisons que nous dirons, de l'assiette et de la perception de cette taxe. Il nous a donc paru préférable de traiter de l'impôt sur les sels dans la partie de cet ouvrage consacrée aux douanes.

IMPOT SUR LES TRANSPORTS

L'impôt sur le prix des transports en commun, établi en l'an VI (1), fut successivement étendu et aggravé pour

(1) Les principales lois sur la matière sont celles des 9 vendémiaire

faire face aux exigences de la situation financière, notamment par la loi du **16 septembre 1871**. Mais le caractère antiéconomique de cet impôt n'a jamais été méconnu ; aussi s'est-on efforcé, dès que les circonstances l'ont permis, d'en atténuer les inconvénients par de larges dégrèvements. Le dernier de ces dégrèvements, édicté par la loi du **26 janvier 1892**, a pu être combiné, grâce à une clause spéciale insérée dans les conventions de **1883**, avec d'importantes réductions de tarifs sur les chemins de fer, en sorte que le public a retiré de cette mesure des avantages bien supérieurs au sacrifice consenti par l'État.

Au point de vue de l'assiette et de la perception des droits, les entreprises de transports en commun se divisent en trois catégories :

1° Les voitures publiques ordinaires de terre ou d'eau ;

2° Les chemins de fer ;

3° Les tramways à *traction mécanique* (1).

I. — Voitures publiques ordinaires de terre ou d'eau.

Cette première catégorie se subdivise elle-même, au point de vue de l'impôt, en quatre groupes distincts, suivant que ces voitures sont dites :

En service régulier ;

En service d'occasion ou à volonté ;

an VI, 5 ventôse an XII, 25 mars 1817, 17 juillet 1819, 28 juin 1833, 20 juillet 1837, 16 septembre 1871, 30 décembre 1873, 21 mars 1874, 26 mars 1878, 11 juillet 1879, 26 janvier 1892, 8 avril 1910.

(1) Les tramways à traction animale rentrent dans la première catégorie.

En service extraordinaire ;

En service accidentel.

Service régulier. — Les voitures publiques de terre ou d'eau *en service régulier* sont celles qui font habituellement le transport en commun des voyageurs ou des marchandises entre deux mêmes localités ou sur une même route, alors même que les heures de départ et d'arrivée sont variables.

Assiette et quotité des droits. — Pour ces entreprises, l'impôt est assis, en ce qui concerne les voyageurs, sur la somme obtenue en multipliant le prix total des places de chaque voiture par le nombre de voyages réguliers, puis en opérant la déduction du tiers pour places vides.

La quotité en a été ramenée, par la loi du 26 janvier 1892, à 12 p. 100 de la recette *nette*, c'est-à-dire de la recette brute, déduction faite de l'impôt. Pour connaître la proportion pour 100 de la recette brute, correspondant à 12 p. 100 de la recette nette, on raisonne de la manière suivante :

Soit x l'impôt à percevoir pour une recette brute R. On devra avoir :

$$x = \tfrac{12}{100}(R - x) ;$$

d'où

$$x = \tfrac{12}{112}R = \tfrac{3}{28}R.$$

Les droits exigibles s'obtiennent donc en prenant les $\tfrac{3}{28}$ ou 10,72 pour 100 de la recette brute présumée, calculée comme il a été dit ci-dessus.

Le même tarif est appliqué au produit des bagages, finances et chiens, transportés par les voitures en service régulier. Les autres articles de messageries sont, depuis la loi de 1892, affranchis de tout impôt.

L'entrepreneur peut renoncer au bénéfice de la déduction légale du tiers pour places présumées vides, et réclamer l'assiette des droits à l'effectif, c'est-à-dire d'après le montant des recettes qu'il encaisse effectivement. Il est alors soumis à l'exercice des employés de la régie qui constatent, par l'examen de ses livres, les sommes devant servir à l'assiette de l'impôt.

L'entrepreneur peut aussi demander à contracter un abonnement. Cet abonnement est conclu pour un trimestre au moins (1), et pour une année au plus. En principe, il doit être basé sur les recettes passibles d'impôt, encaissées pendant l'exercice précédent, sauf à tenir compte des circonstances exceptionnelles susceptibles d'influencer les résultats de l'exploitation. Les abonnements sont discutés et reçus par les employés du service local ; mais ils ne sont définitifs qu'après approbation de la direction générale. Cependant, les abonnements dont le montant ne dépasse pas 150 francs sont approuvés définitivement par les directeurs, qui sont également compétents pour statuer sur la résiliation de ces contrats, lorsque l'entrepreneur a fait une déclaration de cesser.

L'article 33 de la loi de finances du 8 avril 1910 a modifié les dispositions des lois de 1833 et de 1879, aux termes desquelles les voitures ordinaires de terre ou d'eau, ne sortant pas d'une même ville ou d'un rayon de quarante kilomètres de ses limites (distance mesurée suivant une ligne droite tirée à vol d'oiseau), pouvaient être considérées comme des voitures en service d'occasion et assujetties, par conséquent, pour l'assiette et la perception de l'impôt aux règles que nous exposerons tout à l'heure. Le nouveau règlement accorde aux entrepreneurs de services réguliers, sans tenir compte du parcours effectué, la faculté de placer leurs voitures sous le régime du droit fixe des services d'occasion (2).

_____

(1) Il peut, toutefois, commencer dans le cours d'un trimestre ; la somme, exigible pour cette fraction de trimestre, est alors calculée en proportion du temps pendant lequel l'abonnement aura eu son effet.

(2) Avant la loi du 26 janvier 1892, l'assimilation du service régu-

Perception. — L'impôt sur les transports par voitures en service régulier est exigible de dix jours en dix jours, à moins que l'entrepreneur ne soit abonné, auquel cas le montant de l'abonnement est exigible par trimestre et d'avance.

Les droits sont constatés à la fin de chaque dizaine par les employés du service actif au vu des déclarations, registres et documents qui doivent leur être communiqués.

Afin d'assurer la régularité de ces constatations et la rentrée exacte de l'impôt, les entrepreneurs de voitures en service régulier ont été astreints à une série d'obligations dont les principales sont les suivantes :

La déclaration préalable à la régie (1) (et à la préfecture qui peut refuser l'autorisation) de toute entreprise nouvelle ou de toute modification survenue dans une entreprise ancienne ; — l'apposition, dans les bureaux et dans les compartiments de voitures, d'affiches indiquant le nombre et le prix des places ; — l'obligation de munir chaque voiture d'une estampille et d'un laissez-passer, délivrés l'un et l'autre par le receveur buraliste, au moment de la déclaration, moyennant le payement au comptant de droits spéciaux ; — la tenue d'une comptabilité régulière et la remise d'une feuille de route à chaque conducteur, avec obligation de mentionner sur cette feuille les chargements faits en cours de route.

Les employés des contributions indirectes s'assurent, par de fréquentes visites, que toutes ces prescriptions sont

lier au service d'occasion pouvait être réclamée également par les entreprises de chemins de fer et de tramways à traction mécanique, réunissant les conditions spécifiées par les lois de 1833 et de 1879. Mais cette loi a inauguré pour ces entreprises un régime nouveau. qui comporte la suppression, sauf dans un cas exceptionnel, du bénéfice de l'assimilation.

(1) Laquelle déclaration donne ouverture à un droit de licence exigible pour l'année entière et pour chaque voiture au moment de la déclaration.

observées, et constatent, au besoin, par des procès-verbaux, les fraudes et irrégularités qu'ils auraient découvertes.

Service d'occasion. — Les voitures publiques, dites *en service d'occasion ou à volonté*, sont celles qui sont mises à la disposition du public par les loueurs de profession.

Ces entrepreneurs doivent, pour chaque voiture mise en circulation, un droit fixe dont la quotité annuelle a été réglée par un tarif inséré dans la loi du 11 juillet 1879. Ce tarif, qui comporte huit catégories, est établi suivant une échelle dégressive, c'est-à-dire que, lorsque le nombre des places augmente, la taxe totale, applicable à la voiture, augmente également, mais la fraction à ajouter pour chaque place en sus va en diminuant d'une catégorie à l'autre.

Les voitures publiques automobiles faisant un service d'occasion avaient été assimilées, au point de vue de la taxe, aux autres voitures ordinaires de terre. L'article 32 de la loi de finances du 8 avril 1910 a modifié le tarif du droit fixe pour cette catégorie de voitures et les a divisées en cinq classes d'après le nombre de places qu'elles comportent. Le droit est de 5 francs par mois pour les voitures à 1 et 2 places, de 7 fr. 50 pour celles à 3 places, de 10 fr. pour celles à 4 places, de 12 fr. 50 pour celles à 5 places et de 15 francs pour les voitures comportant 6, 7 et 8 places. En édictant cette différence de traitement entre les voitures automobiles et les véhicules à traction animale, le législateur a eu l'intention de proportionner les charges fiscales des loueurs aux bénéfices que le nouveau mode de locomotion leur permet de réaliser. Quant aux voitures automobiles ayant plus de huit places, elles acquittent la même taxe que les voitures ordinaires.

L'impôt est exigible par mois et d'avance, et il est dû pour le mois entier, à quelque époque que commence ou

cesse le service. Les sommes dues pour chaque voiture, à raison de un douzième de la taxe annuelle fixée par le tarif sont constatées mensuellement par les employés du service actif, au vu des déclarations qui doivent être faites à la recette buraliste pour toute mise en circulation, interruption de service ou substitution d'une voiture à une autre. Elles sont ensuite prises en charge et recouvrées, dans la forme ordinaire, par les receveurs particuliers de la régie.

Les entrepreneurs de voitures en service d'occasion ne sont pas assujettis à la licence ; mais chacune de leurs voitures doit être munie d'une estampille et d'un laissez-passer, délivrés par le receveur-buraliste, au moment de la déclaration.

Service extraordinaire. — Le service extraordinaire comprend les voitures mises en circulation par les entrepreneurs dans des cas imprévus ou comme auxiliaires de voitures en service régulier (1).

Les droits exigibles pour chaque voyage sont calculés comme pour les voitures en service régulier, à raison de $\frac{3}{18}$ du produit brut imposable. Mais, pour déterminer ce produit brut imposable, il y a lieu de distinguer suivant que la voiture, déclarée en service extraordinaire, a été ou non déclarée antérieurement en service d'occasion. Dans le premier cas, c'est-à-dire lorsque la voiture paie déjà le droit fixe du service d'occasion, l'entrepreneur déclare seulement le prix de chaque place et l'impôt est assis, à raison de ce prix, sur le nombre de places déclaré antérieurement, déduction faite du tiers. Dans le second cas, c'est-à-dire lorsque la voiture n'est pas imposée, l'entrepreneur doit déclarer, à la fois, le prix et le nombre des

(1) L'autorisation de mettre en circulation des voitures sous le régime du service extraordinaire est une concession, qui ne repose sur aucune disposition législative et que la régie est, par conséquent, libre de retirer au besoin.

places qui seront occupées ; il doit, en outre, se munir d'une licence et d'une estampille spéciales pour cette voiture. Dans l'un et l'autre cas, la voiture doit être accompagnée d'un laissez-passer.

L'impôt est perçu au comptant par le receveur-buraliste, lors de chaque déclaration.

Service accidentel. — Les voitures *en service accidentel* sont celles qui sont mises en circulation à prix d'argent, *par des particuliers*, pour une circonstance exceptionnelle.

Chacune de ces voitures est imposable, lors de sa mise en circulation, à un droit calculé à raison de 15 centimes en principal (1), par place et par jour.

L'impôt est perçu au comptant au moment de la déclaration préalable qui doit être faite à la recette buraliste. Cette déclaration donne lieu à la délivrance d'un laissez-passer, dont la production peut être exigée en cours de route. Mais les voitures en service accidentel ne sont assujetties ni à la licence, ni à l'estampille.

II. — Chemins de fer

Assiette et quotité des droits. — Au point de vue de l'impôt, les entreprises de chemins de fer sont divisées par la loi du 26 janvier 1892 en deux catégories : les chemins de fer d'*intérêt général*, et les chemins de fer d'*intérêt local*.

En droit, le classement d'une voie ferrée comme chemin de fer d'intérêt général ou d'intérêt local, ou même comme tramway, résulte exclusivement de l'acte qui en autorise l'exécution et en déclare l'utilité publique (avis

_____

(1) 0 fr. 1875, décimes compris.

de principe émis le 6 août 1884, par la section des travaux publics du Conseil d'État). C'est donc à cet acte que
l'on doit se reporter pour connaître le mode d'assiette et
la quotité des droits imposables sur les produits d'une
ligne déterminée. Cependant l'article 12 de la loi de finances du 16 avril 1895 autorise l'application du régime de
faveur inauguré par la loi de 1892 pour les chemins de
fer d'intérêt local, aux entreprises de chemins de fer
d'intérêt général dont l'exploitation ne s'étend pas à une
longueur supérieure à 10 kilomètres et dont les concessions sont antérieures à la loi du 12 juillet 1865 sur les
chemins de fer d'intérêt local. Cette disposition a eu pour
but d'accorder à ces entreprises le bénéfice du régime
fiscal, qui leur aurait été appliqué aux termes de la loi de
1892 si, à l'époque de leur concession, la catégorie des
lignes d'intérêt local avait existé. D'autre part, l'administration a admis, à titre exceptionnel, que certains chemins de fer funiculaires, bien que dénommés chemins de
fer d'intérêt local dans leurs actes de concession, soient
néanmoins assimilés aux tramways à traction mécanique
et puissent, en conséquence, payer, ainsi que nous le verrons, le droit fixe des services d'occasion qui n'est jamais
applicable, depuis la loi de 1892, aux chemins de fer
proprement dits.

   L'impôt exigible sur les prix de transport varie à la
fois dans son objet et dans sa quotité suivant que le chemin de fer est d'intérêt général ou d'intérêt local.

   En ce qui concerne son objet, l'impôt est assis, dans le
premier cas, sur le prix des places de voyageurs, sur le
prix des transports de bagages en grande vitesse (y compris les 10 centimes d'enregistrement) et sur le prix des
transports, également en grande vitesse, des finances et
des chiens. Les autres transports en grande vitesse, de
messageries, denrées et bestiaux, de même que tous les
transports en petite vitesse, sans exception, sont affran-

chis de l'impôt. Dans le second cas, c'est-à-dire pour les chemins de fer d'intérêt local, l'impôt n'est assis que sur les deux premiers éléments ci-dessus spécifiés, à savoir le prix des places de voyageurs et celui des excédents de bagages ; les transports des finances et des chiens restent indemnes.

La quotité des droits a été fixée par la loi du **26 janvier 1892** à **12 pour 100** des prix nets pour les chemins de fer qui rentrent dans la première catégorie et à **3 pour 100** seulement pour ceux de la seconde. La taxe ne devant porter que sur les recettes nettes, les coefficients à appliquer aux recettes brutes, pour en déduire l'impôt, sont, ainsi que nous l'avons démontré, à propos des voitures ordinaires en service régulier, $\frac{12}{112}$ ou $\frac{3}{28}$ dans le premier cas, et, dans le second cas, $\frac{3}{103}$.

En résumé l'impôt est dû :

Par les chemins de fer d'intérêt général, à raison de $\frac{3}{28}$ des sommes brutes perçues pour le transport des voyageurs, des excédents de bagages, des finances et des chiens.

Par les chemins de fer d'intérêt local, à raison de $\frac{3}{103}$ des sommes brutes perçues pour le transport des voyageurs et des excédents de bagages.

Perception. — Les droits sont exigibles tous les dix jours comme pour les entreprises de voitures ordinaires en service régulier.

La constatation en est faite de la même manière, au vu des registres et documents communiqués au service. A cet effet, l'article 3 de la loi du **26 mars 1878**, complété par l'article 6 du décret du **21 mai 1881**, donne aux agents de la régie le droit de consulter tant au siège de l'exploitation que dans les gares, stations, dépôts et succursales, tous les documents de comptabilité, et notamment les feuilles quotidiennes de recettes dressées par les chefs de gares et les registres de dépouillement de ces recettes.

D'une manière générale, les compagnies de chemins de fer sont, d'ailleurs, astreintes aux mêmes déclarations et obligations que les entrepreneurs de voitures de terre en service régulier.

Les états de produits, dressés à la fin de chaque dizaine d'après leurs écritures, sont pris en charge et recouvrés par les receveurs particuliers de la régie, dans les mêmes formes et conditions que toutes les autres constatations en matière de contributions indirectes. Il a été jugé notamment (arrêt de la Cour de cassation du 4 mai 1881) que, bien que les compagnies de chemins de fer fussent autorisées par des tarifs homologués à majorer le prix des places du montant de l'impôt, aucune disposition légale ne permettait de leur attribuer la qualité d'agents collecteurs d'impôts pour le compte du Trésor, vis-à-vis duquel elles se trouvent placées dans la même situation qu'un redevable ordinaire. Elles peuvent donc, en particulier, opposer, le cas échéant, la prescription spéciale, édictée en matière de contributions indirectes par l'article 50 du décret du 1er germinal an XIII (1).

III. — Tramways à traction mécanique.

En principe, les tramways à traction mécanique sont assimilés, pour l'assiette et la perception de l'impôt, aux chemins de fer d'intérêt local. Les droits à percevoir sont donc généralement calculés à raison de $\frac{3}{103}$ de la somme brute perçue pour le transport des voyageurs et des excédents de bagages. Ils sont exigibles tous les dix jours dans

(1) Voir le chapitre traitant du contentieux.

la même forme que l'impôt sur les transports par chemins de fer.

Mais la loi du 26 janvier 1892 a prévu une exception en faveur des entreprises de tramways à traction mécanique, sur le réseau desquelles le prix des places ne dépasse pas 30 centimes. Ces entreprises peuvent, sur leur demande, être assujetties aux droits fixes applicables aux voitures de terre, en service d'occasion. Il est à peine besoin d'ajouter que, lorsqu'il en est ainsi, le droit du service extraordinaire est dû pour les voitures supplémentaires qui sont mises accidentellement en circulation. L'impôt est assis et perçu suivant les règles que nous avons exposées pour les voitures de terre en service d'occasion ou en service extraordinaire.

IMPOT SUR LES VINAIGRES

Jusqu'en 1875 aucun droit n'était perçu sur les vinaigres obtenus par quelque mode que ce soit (1). Les vins qui servaient à la fabrication étaient également exempts d'impôts par suite d'une tolérance administrative. En revanche, les bières utilisées pour le même objet acquit-

---

(1) Le vinaigre n'est autre chose que le produit de la fermentation acide de l'alcool, opérée sous l'influence d'un ferment spécial, le *mycoderma aceti*, qui décompose l'alcool en acide acétique et en eau. Jadis, on utilisait comme matières premières les vins d'une conservation difficile ou encore les cidres et les bières plus ou moins avariés. Sous l'action de l'air, le *mycoderma aceti* naissait et se développait. On en favorisait d'ailleurs l'éclosion en additionnant les matières premières de vinaigre déjà préparé.

Actuellement, les conditions de production ont quelque peu changé.

Le vinaigre est presque uniquement obtenu, non plus à l'aide de vin, mais bien au moyen de simples dilutions alcooliques dont on détermine l'acétification en les mélangeant avec d'autres liquides déjà transformés ou en voie de transformation.

taient intégralement le droit de fabrication. Quant aux alcools employés à la production du vinaigre, ils étaient soumis à la taxe spéciale de dénaturation.

La loi du 17 juillet 1875, qui n'a guère commencé à être appliquée qu'en 1884, a profondément modifié ce régime. Elle a affranchi de l'impôt les quantités de vin, d'alcool, de bières transformées en vinaigres. Elle a établi en même temps, sur les vinaigres de toute nature et sur les acides acétiques, un droit de consommation gradué par catégories. La loi distingue les vinaigres contenant 8 pour 100 d'acide acétique et au-dessous, pour lesquels le droit exigible est de 5 francs par hectolitre décimes compris ; les vinaigres contenant 9 à 12 pour 100 d'acide acétique, qui sont soumis à un droit de 7 fr. 50 par hectolitre, etc. L'acide acétique cristallisé compose la sixième et dernière catégorie. L'impôt est de 62 fr. 50, décimes compris, par cent kilogrammes d'acide acétique cristallisé.

Cette taxe est assise sur les quantités de vinaigre et d'acide acétique *produites et livrées à la consommation.* C'est donc un impôt de consommation, dont le recouvrement est assuré tant au moyen de l'exercice des diverses fabriques que par la surveillance exercée à la circulation et dans les magasins de gros.

1. — Surveillance à la production.

La surveillance à la production s'exerce dans les fabriques de vinaigre, dans les fabriques d'acide acétique.

Exercice des fabriques de vinaigre. — Les fabricants de vinaigre sont tenus, dix jours au moins avant le commencement des travaux, de faire à la recette buraliste une déclaration d'ouverture indiquant les procédés généraux de fabrication, le régime de l'usine quant aux jours et heures de travail, le nombre et la contenance des vaisseaux, qui reçoivent des numéros d'ordre. Tout changement dans les procédés de fabrication, toute modification dans l'outillage doit faire l'objet d'une déclaration nouvelle, quarante-huit heures d'avance. Les fabricants de vinaigre sont, en outre, soumis à la licence. Enfin, il leur est interdit d'exercer dans les dépendances de la vinaigrerie le commerce de vins, d'alcool, de cidre, ou de procéder à des distillations.

Les formalités préalables étant remplies, les employés sont à même de connaître l'existence des fabriques, où ils sont autorisés à pénétrer à toute heure du jour et même la nuit lorsque les établissements sont en activité.

Les employés de la régie tiennent les trois comptes suivants : un compte de matières premières, un compte de fabrication et un compte de magasin des produits achevés.

Le compte des matières premières s'applique aux quantités de vin, de cidre, d'alcool, de bière qui sont introduites dans les vinaigreries, et qui ne peuvent y parvenir qu'en vertu d'acquits à caution ; dans les fabriques qui mettent en œuvre des alcools, il est suivi pour le volume et l'alcool pur que les diverses boissons représentent. Ce compte est successivement déchargé, au fur et à mesure de leur emploi, des quantités dont la dénaturation est opérée. Les employés peuvent arrêter la situation des restes et opérer la balance du compte des matières premières aussi souvent qu'ils le jugent nécessaire. Les excédents que fait ressortir cette balance sont saisis par procès-verbal. Les manquants qu'elle fait apparaître sont soumis aux droits, sous réserve de la déduction réglementaire allouée aux marchands en gros.

Le produit des dénaturations est pris en charge, au compte de fabrication, dans les conditions suivantes : les employés connaissent les dénaturations par des déclarations que doivent faire les fabricants à la recette buraliste deux jours au moins à l'avance dans les villes et quatre jours dans les campagnes. Ils assistent aux opérations, vérifient le volume et le degré des alcools (1), des vins, des cidres ou bières mis en œuvre, s'assurent que le mélange du vinaigre et de la boisson à acétifier est régulièrement effectué. Ils sont ainsi à même de déterminer le volume des dilutions, la quantité d'alcool pur qu'elles renferment. Ils connaissent le rendement en acide acétique au moyen des déclarations du fabricant, qui ne peut l'évaluer au-dessous de 75 pour 100 de l'alcool pur contenu dans les liquides mis en œuvre. Ainsi, ils peuvent inscrire au compte de fabrication le volume des dilutions, la quantité d'alcool pur qu'elles contiennent, la quantité d'acide acétique qu'elles doivent produire. Le même compte est encore chargé des quantités de vinaigre et d'acide acétique employées à la dénaturation, aussi bien que des vinaigres imparfaits extraits du magasin pour être repassés à l'acétification. — D'autre part, il est déchargé des quantités de vinaigres achevés, retirés des appareils d'acétification et dont le soutirage doit être régulièrement inscrit tous les jours par le fabricant sur un registre spécial.

Il est annuellement procédé à un inventaire général des produits en cours de fabrication (2). Les quantités d'acide acétique qui apparaissent en excédent sont ajoutées aux charges, les manquants sont imposables dans des condi-

(1) Aux termes de la loi du 26 décembre 1908, les alcools employés en vinaigrerie doivent marquer au minimum 86 degrés alcoométriques à la température de 15 degrés centigrades et ne pas contenir plus de 300 milligrammes d'acide acétique par litre d'alcool pur.

(2) D'autres inventaires généraux ont lieu dans le cours de l'année, mais ils ont pour unique objet de permettre au service de suivre la marche des travaux et de s'assurer s'il ne se produit aucun incident de nature à motiver des investigations plus minutieuses. Les résultats de ces inventaires (excédents ou manquants) ne sont consignés que *pour mémoire*. Autrement dit, ils n'entrent pas dans les écritures du compte.

tions différentes selon la nature des matières premières mises en œuvre : dans les fabriques où l'on emploie des alcools, les manquants donnent lieu au payement des droits applicables aux spiritueux pour la quantité d'alcool que représente l'acide acétique manquant, à raison de cent litres d'alcool pur par 75 litres d'acide acétique ; — dans les usines où l'on ne soumet à l'acétification que des vins, des cidres et des bières, les manquants sont imposés comme vinaigres en comptant un hectolitre de vinaigre à huit degrés par huit litres d'acide acétique manquant.

Au compte de magasin sont pris en charge pour leur volume et pour la quantité d'acide acétique qu'ils représentent : 1° les vinaigres extraits des appareils d'acétification et dont il a été donné décharge au compte de fabrication ; 2° les vinaigres reçus de l'extérieur et régulièrement introduits dans l'usine.

Sont portés en décharge au même compte : 1° les vinaigres expédiés de l'usine ; 2° les vinaigres employés à la dénaturation ; 3° les vinaigres reversés dans les appareils pour être repassés.

Le compte de magasin des vinaigres achevés est tenu comme un compte de gros ordinaire. Les excédents constatés à la suite des recensements sont saisissables, les manquants, après allocation à titre de déchets de magasin d'une déduction de 7 pour 100 par an, sont soumis au droit applicable aux vinaigres à 8 degrés et au-dessous.

Exercice des fabriques d'acide acétique. — Tout industriel qui fabrique, à l'aide de procédés chimiques, des acides acétiques susceptibles d'être livrés en nature au commerce, quelle que soit d'ailleurs leur destination, est soumis à la déclaration préalable et au payement d'une licence. Chaque fabrication doit être précédée d'une déclaration indiquant la nature et la richesse des acétates traités, et, d'après le résultat normal de leur fabrication, leur rendement présumé en acide acétique.

Ces déclarations, qui sont faites à la recette buraliste, servent de base à un compte de fabrication, tenu par les agents. Il est chargé des quantités produites, déchargé des quantités sorties de fabrique, avec des titres de mouvement réguliers (1). A toute époque, les employés peuvent établir la balance de ce compte et opérer le recensement des produits achevés. Les excédents sont saisissables, les manquants soumis aux droits après allocation d'une déduction de 7 pour 100 l'an.

II. — Surveillance à la circulation

La surveillance à la circulation et dans les magasins de gros s'exerce dans des conditions différentes, suivant que les vinaigres sortent de fabrique libérés ou non libérés d'impôt.

Vinaigres non libérés. — On entend par vinaigres non libérés les vinaigres expédiés par des fabricants soit à d'autres fabricants, soit à des marchands en gros entrepositaires ; ces vinaigres circulent en vertu d'acquits à caution garantissant le payement du double droit de consommation. Les acquits sont déchargés après reconnaissance des produits à l'arrivée et pris en compte chez les destinataires.

Les comptes de l'espèce sont tenus chez les marchands en gros exactement comme les comptes des produits ache-

---

(1) En aucun cas, il ne peut être expédié des acides acétiques de production chimique à des fabricants de vinaigre qui mettent en œuvre des alcools. Cette interdiction a pour but d'empêcher qu'on ne masque des manquants de fabrication correspondant a des quantités d'alcool détournées en leur substituant des acides acétiques.

vés dans les fabriques. Les marchands en gros entrepositaires, c'est-à-dire ceux qui, vendant habituellement des
quantités supérieures à 25 litres, ont usé de la faculté qui
leur appartient de réclamer le crédit des droits pour les
vinaigres, sont d'ailleurs soumis au payement de la
licence, aux visites et à l'exercice des employés dans les
mêmes conditions que les marchands en gros de vins ou
d'eaux-de-vie. Les vinaigres qu'ils expédient à leur tour
circulent, soit en vertu d'acquits, s'ils vont dans d'autres
entrepôts, soit en vertu de congés, s'ils sont à destination
de simples consommateurs.

Vinaigres libérés. — Les vinaigres qui sortent des fabriques ou des magasins de gros et qui sont adressés soit à
de simples consommateurs, soit à des détaillants, soit à
des marchands en gros n'ayant pas demandé le crédit des
droits, circulent en vertu de congés dont la délivrance,
faite par les receveurs buralistes, entraîne la perception
immédiate de l'impôt.

Pour liquider la taxe, le service est obligé de rechercher, ou plutôt de contrôler, le degré des vinaigres mis en
circulation. Les vinaigres de consommation courante
n'ayant pas généralement plus de 7 à 8 pour 100 d'acide
acétique, la simple dégustation permet de s'assurer que
cette moyenne n'est pas dépassée. En tout autre cas, le
service recourt à l'emploi d'un instrument spécial : l'acé-
timètre Salleron, qui permet de déterminer la catégorie à
laquelle appartiennent les produits imposables.

Une fois l'impôt acquitté, les vinaigres sont dits libérés
et leur circulation ultérieure n'entraîne plus que la délivrance de passavants ou de laissez-passer (laissez-passer
pour les expéditions inférieures à 50 litres, passavants
pour les quantités supérieures). Les marchands en gros
non entrepositaires et les détaillants restent bien soumis
en principe à l'exercice, mais, en fait, l'action des employés
est limitée à des vérifications intermittentes ayant pour

objet de prévenir les introductions frauduleuses et surtout
les fabrications clandestines. Aucun compte n'est tenu
pour ces divers magasins.

III. — Exemptions

Les principaux cas d'exemption s'appliquent aux
vinaigres et acides acétiques exportés d'une part, aux
vinaigres employés à des usages industriels d'autre part.

I. — Les exportations de vinaigres ou d'acides acétiques
donnent lieu à des décharges au compte des assujettis
sans jamais motiver des restitutions de droit. Il n'y a donc
que les fabricants ou les commerçants placés sous le
régime de l'entrepôt qui puissent obtenir la franchise
pour les produits *non libérés* qu'ils exportent. Ces produits
circulent en vertu d'acquits garantissant l'impôt.

II. — Les vinaigres et acides acétiques employés à des
usages industriels peuvent être exemptés des droits si
l'emploi en est suffisamment justifié. A cet effet, toute
personne qui réclame l'exemption est tenue de subir les
visites des employés de la régie, de leur représenter à
toute réquisition les produits de toute nature restant dans
l'usine, d'opérer sous les yeux du service, d'après des procédés indiqués, la dénaturation préalable des vinaigres, si
l'administration juge à propos de l'exiger, d'inscrire à la
fin de chaque journée sur des registres à ce destinés les
résultats des dénaturations, enfin de rembourser au Trésor le montant des frais de surveillance.

IMPOT SUR LES BOUGIES

Les bougies et cierges provenant de mélanges d'acide stéarique ou de cire avec d'autres substances quelconques, ainsi que les chandelles de suif si leur mèche est tissée, tressée ou moulinée (c'est-à-dire tordue) et si, en outre, elle a subi une préparation chimique, sont passibles d'un impôt de 30 francs par 100 kilogrammes, établi par la loi du 30 décembre 1873.

À la différence de l'impôt sur les vinaigres, qui est une taxe de consommation, l'impôt sur les bougies est une taxe de fabrication. L'action du service pourrait donc, à la rigueur, être limitée à la surveillance des usines où l'on obtient soit la matière première (acide stéarique ou acides gras), soit le produit fabriqué. On a cependant jugé utile de compléter l'exercice des fabriques par une certaine surveillance à la circulation, à la vente et dans les magasins des commerçants en gros qui peuvent obtenir le crédit des droits, si bien que le recouvrement de l'impôt est assuré principalement par la surveillance à la production, subsidiairement par la surveillance à la circulation, à la vente, dans certains magasins de gros.

I. — Surveillance à la production

Les fabricants de bougies, cierges et articles similaires, les producteurs d'acide stéarique ou d'acides gras, lesquels ne sont autre chose que des acides stéariques de qualité inférieure, sont tenus de faire une déclaration d'ouverture indiquant la nature des produits fabriqués, le régime de l'usine quant aux jours et heures de travail, contenant la description de l'outillage. Toute modification ultérieure doit faire l'objet d'une déclaration nouvelle. Ils sont, en outre, astreints au payement d'une licence.

Les employés de la régie sont autorisés à pénétrer dans les fabriques à toute heure du jour et même de la nuit lorsque les établissements sont en activité. Leur contrôle s'exerce dans des conditions différentes, selon qu'il s'agit d'usines d'acide stéarique ou de fabriques de bougies.

Fabriques d'acide stéarique. — La surveillance dans les fabriques d'acide stéarique n'a d'autre objet que de permettre au service de connaître la destination des quantités produites, de telle façon qu'il soit impossible d'alimenter des fabriques de bougies clandestines.

Les agents se bornent donc à tenir un compte des produits fabriqués. Ils prennent en charge les quantités d'acide stéarique obtenues, qui sont déterminées tant par des vérifications distinctes à la suite de chaque fabrication, que par des recensements généraux. Ils portent en décharge les quantités expédiées, dont la sortie ne peut s'effectuer qu'après une déclaration d'enlèvement. Cette déclaration entraîne le plombage des colis et la délivrance d'un acquit à caution garantissant le quadruple droit sur une quantité de bougies correspondant à la quantité d'acide stéarique expédiée. — Les manquants qui apparaissent au compte de fabrication donnent lieu à procès-verbal, à moins qu'il n'en soit justifié par des nécessités de la fabrication.

Fabriques de cierges, bougies. — Les opérations industrielles dans les fabriques de bougies sont plus étroitement suivies. Trois comptes sont tenus par les fabricants, reproduits et contrôlés par le service : le compte des matières premières, le compte de fabrication et le compte des vignettes.

Au compte des matières premières figurent les quantités d'acide stéarique introduites sous le lien d'un acquit à caution et aussi les quantités de cire parvenues dans les usines. Les industriels doivent produire et représenter une quantité de cierges ou de bougies correspondant aux matières premières dont le rendement minimum fait l'objet d'une déclaration préalable (1).

Cette garantie essentielle étant prise, les fabricants de bougies sont dispensés de déclarer le détail de leurs opérations, mais ils doivent inscrire, à la fin de chaque journée, les quantités de bougies ou de produits similaires dont la préparation se trouve achevée, sur un registre qui est représenté aux employés à toute réquisition. Un autre registre à souches, qui est mis à la disposition des industriels par l'administration, mentionne tous les envois de bougies, cierges, imposables à l'enlèvement. Nulle sortie de bougies ne peut, en effet, être effectuée qu'en vertu d'un acquit à caution ou d'un laissez-passer détaché de ce registre, dont la souche, comme l'ampliation, mentionne la quantité expédiée, la date de l'envoi, le nom et le domicile du destinataire, le délai de transport, etc. Les agents ont ainsi tous les éléments nécessaires pour servir un compte de fabrication qui est chargé des quantités fabriquées, déchargé des quantités expédiées et dont le solde doit correspondre au reste en magasin. — Par des visites inopinées et des recensements périodiques dans les magasins, les employés s'assurent de la concordance entre les écritures et les quantités effectivement produites.

Ces garanties ont été complétées par l'institution des *vignettes*. Les bougies, les cierges et les produits assimilés, autres que ceux pour lesquels le payement de l'impôt est

---

(1) Les manquants qui apparaissent au compte des matières premières sont passibles de la quadruple taxe sur la quantité des bougies qui n'est pas représentée. Dans certains cas seulement il est alloué un déchet de fabrication.

suspendu, ne peuvent sortir des fabriques, être exposés ou vendus qu'en boîtes ou paquets d'un calibre déterminé scellés au moyen de vignettes délivrées par l'Etat, lesquelles portent la mention du poids des boîtes ou des paquets qu'elles enveloppent. Il est tenu un compte des vignettes remises aux fabricants. On inscrit aux charges les quantités de vignettes dont l'industriel est rendu comptable en les distinguant selon leur nature : vignettes pour paquets de 500 grammes, vignettes pour paquets de 1.000 grammes, etc. Le service dénombre, lors des recensements, les vignettes de chaque catégorie qui lui sont représentées. La différence entre les charges et les restes indique les sorties et, par une simple opération de calcul, les employés connaissent les quantités de bougies expédiées ; le total auquel ils parviennent doit correspondre exactement avec le chiffre des sorties qui figure au compte de fabrication et sur les souches dés laissez-passer.

II. — Surveillance à la circulation et dans les magasins de gros

Aucune quantité de cierges, bougies ou produits assimilés ne peut sortir d'une fabrique sans être accompagnée d'une expédition, qui est un laissez-passer si les produits vont à la consommation ou chez un marchand ne jouissant pas du crédit des droits, qui est un acquit à caution au cas où les produits sont envoyés dans une autre fabrique, dans un magasin de gros exercé, ou bien sont destinés à l'exportation. L'acquit à caution garantit le payement du double droit sur les quantités qui y sont énoncées.

Le crédit de l'impôt peut être accordé par l'administration aux marchands qui font habituellement des exportations à l'étranger ou aux colonies. Ils sont tenus, en ce cas, de payer licence, de donner caution, de prendre des expéditions, laissez-passer ou acquits, pour les quantités qu'ils livrent à la consommation et qu'ils doivent, au préalable, revêtir de vignettes. Ils sont en un mot soumis, dans la mesure de ce qui est utile, aux mêmes obligations que les fabricants.

Une fois sortis de la fabrique ou du magasin exercé avec des laissez-passer et parvenus à leur première destination, les bougies et cierges circulent librement.

Liquidation des droits. — Les droits sont liquidés tous les mois, chez les fabricants et chez les marchands exercés, par le service qui en établit le décompte au vu des souches des laissez-passer et après contrôle des vignettes employées. Si la somme due excède 300 francs, le redevable peut se libérer en souscrivant des obligations cautionnées.

III. — Exemptions

Les produits exportés sont seuls affranchis de l'impôt par voie de décharge au compte des fabricants ou des marchands assimilés aux fabricants. Les bougies, cierges, etc., livrés à l'exportation doivent toujours être accompagnés d'un acquit à caution ; ils circulent en vrac ou en paquets non revêtus de vignettes. Ce n'est qu'en vertu d'autorisations spéciales et sur des justifications toutes particulières qu'un fabricant ou un marchand exercé peut être admis incidemment à exporter, en franchise, des paquets déjà timbrés. Dans ce cas, les timbres sont, au lieu d'enlèvement, détruits ou oblitérés par le service, afin qu'ils ne puissent être réimportés et utilisés en fraude des droits.

IMPOT SUR LES HUILES VÉGÉTALES
ET ANIMALES

L'impôt sur les huiles établi par la loi du 31 décembre 1873 consiste en un droit d'entrée qui frappe les huiles de toute nature, sauf les huiles minérales, introduites ou fabriquées dans les communes ayant au moins 4.000 âmes de population agglomérée et *où ce produit est frappé d'une taxe d'octroi.*

La quotité du droit varie de 7 fr. 50 à 15 francs suivant la population.

Le recouvrement en est opéré dans des conditions toutes différentes selon que les conseils municipaux des communes intéressées souscrivent ou non une redevance.

I. — Le droit d'entrée disparaît lorsque les communes s'engagent à verser au Trésor tous les ans une somme égale à la moyenne des perceptions effectuées par l'Etat pendant les deux derniers exercices, sans toutefois que cette redevance puisse dépasser le produit du droit d'octroi sur les huiles. Pour payer la redevance, les communes sont autorisées à doubler leurs taxes d'octroi ; elles font, en résumé, fonction de collecteur d'impôt pour le compte de l'Etat.

Les traités que les administrations municipales sont autorisées à conclure sont passés entre le maire et le directeur des contributions indirectes ; ils sont approuvés par la direction générale.

Les redevances sont recouvrées par vingt-quatrièmes, de quinzaine en quinzaine.

II. — Quand la perception a lieu à effectif, l'impôt est

assis et recouvré dans les mêmes conditions qu'une taxe d'octroi communale.

Le payement des droits a lieu au moment de l'introduction dans le lieu sujet ou à l'issue de chaque fabrication effectuée dans l'intérieur de la ville. Les fabricants et les marchands peuvent prendre la qualité d'entrepositaires et leurs opérations sont alors suivies exactement comme celles des marchands en gros de boissons, avec cette unique différence que, seuls. les fabricants jouissent, pour les huiles nouvellement produites, d'une déduction dont la quotité est déterminée par le préfet en conseil de préfecture sur la proposition de l'administration des contributions indirectes. Les entrepositaires sont tous soumis à la licence.

Si les huiles ne font que traverser le lieu sujet, elles circulent en vertu d'un passe-debout.

Sont exemptées du droit : les huiles employées dans les établissements régis ou exploités par l'Etat et celles utilisées pour certaines industries, à la condition que les intéressés, qui sont notamment les filateurs de laine, les fabricants de savons, de toiles cirées, etc., acquittent les frais de la surveillance organisée dans leurs établissements.

DROIT DE GARANTIE

Dispositions générales. — La garantie des matières d'or et d'argent a été organisée, sous sa forme actuelle, par la loi du 19 brumaire an IV, dont les principales dispositions sont encore en vigueur.

Aucun ouvrage d'or, de platine (1) ou d'argent ne peut être fabriqué en France, s'il n'est aux titres prescrits par la loi, c'est-à-dire s'il ne contient une proportion déterminée de métal fin. De même les objets d'origine étrangère ne peuvent être introduits en France que s'ils remplissent les conditions de titre exigées pour les produits de l'industrie française.

Afin de rendre effectives ces prescriptions, la loi soumet au contrôle de l'État tous les ouvrages d'or, de platine et d'argent fabriqués en France ou importés de l'étranger. Des *bureaux de garantie* ont été institués à cet effet dans les principaux centres de population ; ils ont pour mission :

1° De faire l'essai des objets d'or, de platine ou d'argent et d'en constater le titre par l'apposition d'une marque légale ;

2° De percevoir à l'occasion de cette formalité un droit spécial appelé *droit de garantie* ;

3° De surveiller, les fabricants et les marchands d'ouvrages d'or et d'argent, ainsi que les officiers ministériels préposés aux ventes publiques, afin de s'assurer que tous les objets de cette nature qui se trouvent dans le commerce sont bien revêtus de la marque de contrôle.

1. — Organisation du service.

Jusqu'en ces derniers temps les bureaux de garantie relevaient, pour le service des essais, de l'administration des monnaies. Un décret du 18 mai 1909 les a placés,

---

(1) En raison de la grande valeur du platine et de l'emploi fréquent qui en est fait principalement en joaillerie, ce métal est depuis 1910 soumis au même régime que l'or et l'argent.

d'une manière générale, sous la direction de l'administration des contributions indirectes, sauf en ce qui concerne la direction et l'exécution de la fabrication des poinçons et bigornés de la garantie et l'examen des difficultés relatives au titre des lingots et des ouvrages soumis à l'essai, qui demeurent dans les attributions de l'administration des monnaies.

. La partie technique est rattachée au service des laboratoires du ministère des finances. Les essayeurs des bureaux de garantie sont placés sous les ordres du chef de ce service, qui est aussi chargé, aux lieu et place de l'administration des monnaies, de délivrer le certificat de capacité exigé des candidats à l'emploi d'essayeur de la garantie dans les localités où il n'existe pas de laboratoire du ministère des finances. Toutefois, les questions d'ordre administratif concernant l'exactitude du titre sont du ressort de l'administration des contributions indirectes.

II. — Essai et constatation du titre.

Titres légaux. — La loi du 19 brumaire an VI détermine trois titres légaux pour les ouvrages d'or et deux pour les ouvrages d'argent, savoir :

Pour l'or : 920 millièmes, 840 millièmes et 750 millièmes.

Pour l'argent : 950 millièmes et 800 millièmes.

Pour le platine le titre légal a été fixé à 950 millièmes.

Les fabricants peuvent employer, à leur gré, l'un ou l'autre de ces titres, quelle que soit la grosseur ou l'espèce des pièces fabriquées. Il leur est accordé une tolérance de 3 millièmes pour l'or et de 5 millièmes pour l'argent ; pour les objets creux et soudés en or, cette tolérance peut être portée à 20 millièmes.

Dans le but de faciliter la vente des produits français sur les marchés étrangers, la loi du 25 janvier 1884 a créé, pour la fabrication de boîtes de montres en or *destinées à l'exportation*, un quatrième titre légal à 583 millièmes.

Constatation du titre. Poinçons. — Le titre des ouvrages présentés aux bureaux de la garantie est reconnu par des essais et constaté par l'apposition d'une marque légale ou *poinçon*.

Les procédés employés pour déterminer le titre sont au nombre de trois : l'*essai au touchau*, la *coupellation* et l'*essai par la voie humide*.

Le procédé du touchau consiste à comparer entre elles les traces laissées successivement sur une pierre de touche par l'alliage à titrer et un métal de titre déjà connu, après en avoir fait disparaître le cuivre à l'aide d'un acide.

La coupellation consiste à séparer, par la fusion dans une *coupelle*, les métaux constituant l'alliage.

L'essai par voie humide repose sur la propriété que possède une dissolution de sel marin de précipiter l'argent contenu dans un alliage.

Les conditions dans lesquelles s'effectue le contrôle sont différentes, selon qu'il s'agit d'objets fabriqués en France ou d'objets importés de l'étranger.

Objets fabriqués en France. — Les objets de fabrication française sont soumis à la marque avant d'être complètement achevés (1). Ils doivent être préalablement frappés par les soins du fabricant d'un poinçon qui lui est propre et qui porte le nom de *poinçon de maître*. Ce poinçon a la forme d'un losange contenant un symbole et la lettre initiale du nom du fabricant ; il lui sert de signature et engage sa responsabilité quant au titre de l'ouvrage.

_____

(1) Ils doivent cependant être suffisamment avancés pour n'éprouver dans la suite aucune altération.

Lorsque, après essai, les ouvrages sont reconnus à un titre inférieur au plus bas des titres légaux, ils sont remis au fabricant après avoir été rompus en sa présence (1). Lorsque, au contraire, ils satisfont aux conditions de titre prescrites par la loi, ils sont frappés, par les soins des employés de la garantie, du poinçon de l'État.

Pour les ouvrages d'une certaine dimension, l'administration fait usage d'un poinçon, dit *poinçon de titre*, qui comporte un signe caractéristique spécial pour chacun des titres légaux (2). Les menus ouvrages qui ne pourraient, sans risque de détérioration. recevoir l'empreinte de ce poinçon sont marqués d'un poinçon de *petite garantie* qui atteste simplement que le titre est supérieur au plus bas des titres légaux.

Enfin les chaînes, jaserons et autres ouvrages en or du même genre sont frappés, en outre du poinçon de titre ou du poinçon de petite garantie dont les montures et autres pièces accessoires reçoivent l'empreinte, d'un poinçon *de remarque*, apposé de décimètre en décimètre.

Pour poinçonner les objets, les employés de la garantie les placent sur une petite enclume appelée *bigorne*, dont la surface est ornée de dessins représentant diverses séries d'insectes. Le même coup de marteau, qui insculpe la marque du poinçon, reproduit du côté opposé de l'objet le dessin de la bigorne : on obtient ainsi une contremarque, qui ajoute une difficulté de plus à la contrefaçon.

Objets importés. — Les objets d'or et d'argent importés de l'étranger sont, après acquittement des droits de douane, expédiés sous plomb et acquit à caution sur un bureau de garantie pour y être poinçonnés et soumis au droit de contrôle.

(1) Toutefois, il peut être procédé, sur la demande du fabricant, à un second essai.

(2) Lorsque le titre reconnu par l'essai ne correspond pas exactement à l'un des titres fixés par la loi, les objets sont marqués au titre légal immédiatement inférieur.

Les objets, autres que les ouvrages d'horlogerie, originaires des pays avec lesquels ont été conclues des conventions accordant aux ouvrages d'or et d'argent importés de ces pays le même traitement qu'aux objets similaires de fabrication française, reçoivent l'empreinte du poinçon dit de *charançon*. Les objets originaires des autres pays, ainsi que les ouvrages d'horlogerie de toute provenance, sont frappés de poinçons spéciaux dont l'emblème représente un hibou pour l'or, un cygne pour l'argent.

Quant aux objets de fabrication française réimportés en France, ils sont marqués d'un poinçon dit *de retour* créé par le décret du 24 décembre 1887 et destiné à les distinguer des objets de fabrication étrangère.

Exceptions. — Les règles qui viennent d'être énoncées relativement à la fabrication et à l'importation des ouvrages d'or et d'argent comportent un certain nombre d'exceptions.

Objets fabriqués en France. — Les médailles et jetons, autres que les médailles dites de sainteté, ne sont pas soumis aux formalités de la garantie (1). Il en est de même des objets en plaqué ou en doublé ; mais, afin d'éviter les abus auxquels cette tolérance pourrait donner lieu, la loi oblige les fabricants à marquer ces ouvrages d'un poinçon de maître particulier indiquant la quantité d'or ou d'argent qu'ils contiennent et portant, en toutes lettres, la mention « doublé ».

Enfin les ouvrages fabriqués en vue de l'exportation peuvent, sous certaines conditions, bénéficier d'un régime spécial.

1° La loi du 10 août 1839 autorise l'exportation, sans marque de poinçon, des ouvrages d'or et d'argent reconnus au titre légal : ces objets doivent, après essai, rester

---

(1) La fabrication des médailles et jetons ne peut, sauf autorisation spéciale, avoir lieu que dans les ateliers de la Monnaie.

déposés au bureau de la régie ou placés sous la surveillance des préposés de l'administration jusqu'au moment où ils sont exportés. L'expédition en est faite dans des caisses scellées et plombées et sous le lien d'une soumission cautionnée, qui doit être rapportée dans les trois mois revêtue du certificat de sortie de la douane.

Les fabricants peuvent, toutefois, être autorisés à conserver chez eux, à découvert, les objets qu'ils destinent à l'exportation, à condition de les déclarer et de les faire marquer, suivant les règles ordinaires d'essai et de contrôle, d'un poinçon spécial dit *poinçon d'exportation*. Les préposés de la régie tiennent un compte de ces objets.

2° La loi du 25 janvier 1884 a accordé de nouvelles facilités au commerce d'exportation en autorisant les fabricants d'orfèvrerie, de joaillerie, de bijouterie et de boîtes de montres à confectionner, *exclusivement en vue de l'exportation*, des ouvrages d'or et d'argent à tous titres. Ces ouvrages ne sont pas soumis à la garantie ; mais, afin d'empêcher qu'ils ne soient vendus à l'intérieur, l'administration a dû prendre des mesures de précaution très minutieuses, dont nous indiquerons plus loin l'économie.

Objets importés. — Sont dispensés des formalités de la garantie à l'importation :

1° Les objets appartenant aux ambassadeurs et envoyés des puissances étrangères ;

2° Les ouvrages d'or et d'argent à l'usage personnel des voyageurs et dont le poids n'excède pas 5 hectogrammes.

III. — Droit de garantie

Il est perçu au profit du Trésor, pour la marque des ouvrages d'or, de platine et d'argent, un droit appelé *droit de garantie*. Cet impôt n'a pas, ainsi qu'on le voit, un caractère exclusivement fiscal et peut être considéré comme représentant le prix des formalités de contrôle que la loi a prescrites dans le but d'assurer la sécurité du commerce des matières d'or et d'argent.

Quotité. — Le droit de garantie est perçu d'après le poids des objets soumis à la marque à raison de 37 fr. 50 par hectogramme d'or ou de platine et de 2 francs par hectogramme d'argent.

Recouvrement. — Le payement en est effectué dans les bureaux de la garantie après l'essai du titre et avant l'apposition des poinçons.

Exemptions et restitutions. — La marque des ouvrages d'or et d'argent ne donne pas lieu à la perception du droit de garantie dans les deux cas suivants : apposition du poinçon de titre sur les boîtes de montre en or au quatrième titre, — apposition du poinçon d'exportation sur les objets que les fabricants déclarent pour l'exportation en vertu de la loi du 10 août 1839 et sont autorisés à conserver chez eux (voir plus haut).

Il résulte d'autre part de la définition même du droit de garantie qu'il n'est exigible que sur les objets soumis à la marque de l'État et à raison même de l'accomplissement de cette formalité. Par suite, les ouvrages dispensés du contrôle et de la marque dans les conditions que nous avons indiquées précédemment bénéficient *ipso facto* de l'exemption de l'impôt.

En règle générale, les droits de garantie perçus pour la marque des ouvrages d'or et d'argent ne sont pas restitués (1). Exception est faite en cas d'exportation : lorsque

_____

(1) Lorsque des articles, ayant acquitté les droits de garantie, n'ont pu être vendus soit par suite de fautes commises dans les ateliers du fabricant, soit pour toute autre cause, l'administration ne restitue pas les droits, mais elle permet parfois, à titre exceptionnel, que ces articles, après avoir été brisés, soient remplacés par des articles neufs d'un poids identique, sans payement d'un nouveau droit.

des objets neufs de fabrication française sont exportés après avoir reçu l'empreinte des poinçons de l'État, l'administration restitue l'intégralité des droits de garantie qui ont été perçus. Mais afin d'empêcher que ces ouvrages, après remboursement de l'impôt, ne soient réintroduits clandestinement en France, les employés de la garantie les frappent du poinçon d'exportation et, en outre, lorsqu'il s'agit d'objets en or d'un certain poids, ou de montres en or, oblitèrent les marques de contrôle primitives (1) ; ces formalités sont opérées gratuitement.

Quant aux objets de fabrication étrangère qui, n'ayant pu être vendus en France, sont réexportés, ils ne bénéficient de la restitution des droits de garantie perçus à l'importation qu'autant qu'ils ont été frappés à l'entrée du poinçon de charançon, c'est-à-dire qu'ils sont originaires de pays soumis au tarif minimum ou liés à la France par des conventions spéciales. Ces ouvrages ne sont pas marqués du poinçon d'exportation, mais l'empreinte du charançon est oblitérée.

Droits d'essai. — Indépendamment du droit de garantie, encaissé au profit du Trésor, il est perçu pour chaque essai, à titre de rémunération du travail des essayeurs, une taxe spéciale appelée *droit d'essai*. Le tarif en est réglé par la loi de l'an VI et par des décisions ultérieures de l'administration. Dans les bureaux où les essais sont effectués par le service des laboratoires, le droit d'esai est perçu au profit du Trésor par l'administration des contributions indirectes.

(1) Certains objets, désignés par arrêté ministériel, tels que les menus objets et les objets fragiles, sont dispensés de l'apposition du poinçon d'exportation. Celui-ci peut également ne pas être appliqué, sur la demande de l'exportateur, lorsque l'empreinte des poinçons de titre et de garantie a été oblitérée.

IV. — Obligations des fabricants et marchands d'ouvrages d'or ou d'argent et des officiers ministériels
préposés aux ventes publiques.

La fraude en matière de droits de garantie est dommageable pour les particuliers encore plus que pour l'Etat.
On aperçoit, d'autre part, qu'il est relativement facile de
faire circuler des objets d'or ou d'argent, généralement de
petite dimension, qui ne soient pas revêtus des marques
prescrites et qui n'aient été, par suite, ni contrôlés, ni
taxés. Le législateur a dû prendre des précautions minutieuses pour prévenir ces abus ; il a obligé notamment les
fabricants et marchands d'ouvrages d'or et d'argent, les
officiers ministériels préposés aux ventes publiques, à
faire des déclarations, à fournir des justifications, à tenir
des registres, etc. ; en même temps il a édicté des pénalités particulièrement sévères.

Fabricants et marchands d'ouvrages d'or et d'argent. —
Les fabricants doivent faire une déclaration de profession
à la préfecture du département et à la mairie de leur commune. Ils sont également tenus de faire insculper dans
ces deux administrations leur poinçon particulier avec
leur nom sur une planche de cuivre à ce destinée. Les
marchands (bijoutiers, orfèvres, brocanteurs) ne sont
astreints qu'à une déclaration à la mairie ; ils sont dispensés d'avoir un poinçon.

Fabricants et marchands sont également obligés d'inscrire, sur un registre coté et parafé par le maire, la nature,
le nombre, le poids et le titre des matières et objets qu'ils
achètent et qu'ils vendent, avec le nom et la demeure de
leur vendeur ou de leur acheteur.

Enfin des visites et vérifications sont faites chez les fabricants, marchands, fondeurs ou apprêteurs d'or et d'argent, marchands de médailles en tous métaux, par les employés des contributions indirectes qui, depuis 1903, sont autorisés à procéder à ces actes de contrôle sans l'assistance d'un officier de police, obligatoire auparavant.

Fabricants de plaqué. — Les fabricants de plaqué sont obligés à une déclaration à la préfecture, à la mairie et, qui plus est, à l'administration des monnaies. Ils doivent également servir un registre de ventes.

Obligations des officiers ministériels. — Les notaires, huissiers, commissaires-priseurs et autres officiers ministériels qui ont qualité pour présider aux ventes publiques doivent faire la déclaration aux bureaux de garantie des ouvrages d'or et d'argent qu'ils veulent mettre en vente. Après la vente, ces objets sont présentés au contrôle pour être marqués, s'ils ne sont déjà revêtus du poinçon réglementaire.

L'inobservation de ces formalités n'engage pas la responsabilité pécuniaire des officiers ministériels, mais les rend passibles de peines disciplinaires qu'il appartient à l'administration de provoquer.

Poursuites. — Les poursuites à exercer en matière de garantie sont toutes différentes selon la nature de l'infraction.

Si la violation de la loi est considérée comme un crime de droit commun (falsification des poinçons, enture, etc.) elle est réprimée à la requête du ministère public, la régie n'intervenant que comme partie civile. En un mot, l'intérêt fiscal s'efface devant l'intérêt public. Les autres infractions sont poursuivies selon les règles ordinaires en matière de contributions indirectes et, depuis la loi de finances de 1905, les peines sont susceptibles de transaction.

II   9

IMPOT SUR LES CARTES A JOUER

L'impôt sur les cartes à jouer est un des plus anciens. de notre système fiscal. Il existait sous l'ancien régime. Supprimé par l'Assemblée constituante, il fut rétabli par un arrêté du 3 pluviôse an VI.

Le tarif actuel est fixé par la loi du 29 décembre 1895. Antérieurement à cette date, il ne comportait que deux quotités applicables, l'une aux jeux *à portrait français*, l'autre aux jeux dits *à portrait étranger*. La loi de 1895, tout en maintenant la distinction, a fait varier l'impôt suivant le nombre de cartes dont se compose chaque jeu. Elle a, en outre, créé une nouvelle catégorie de cartes, dites *cartes de cercles*, dont l'usage est exclusivement réservé aux cercles, clubs et casinos et qui sont soumises à un tarif spécial plus élevé que celui applicable aux cartes de consommation ordinaire (1).

Les tarifs sont les suivants :

1° Jeux à portrait français :

	Cartes ordinaires	*Cartes de cercles*
Jeux de 36 cartes et au-dessous .	0 fr. 75	1 fr. 50
Jeux de plus de 36 cartes. . .	1 fr. 25	2 fr. 50

2° Jeux à portrait étranger :

Quel que soit le nombre de cartes.	1 fr. 25	2 fr. 50

(1) Les cartes de cercles se distinguent des cartes ordinaires par des marques apparentes : 1° les figures portent le mot « cercles », inscrit sur la bande de perles qui les sépare en deux parties ; 2° le timbre spécial, dont il est question plus loin et qui est apposé sur l'as de trèfle, est rouge pour les jeux de cercles, bleu pour les jeux ordinaires.

Le recouvrement de l'impôt est assuré au moyen de l'exercice des fabriques, de la réglementation de la vente, de la surveillance des établissements dans lesquels il est fait usage des cartes.

I. — Exercice des fabriques

Les fabricants de cartes sont soumis à une réglementation très étroite. Ils ne peuvent s'établir que dans les villes où il existe une direction ou une sous-direction des contributions indirectes ; ils sont tenus de faire une déclaration à la régie, de payer licence, de fournir caution. Les agents peuvent pénétrer, toutes les fois qu'ils le jugent utile, dans leurs ateliers.

Les obligations qui leur sont imposées diffèrent suivant qu'il s'agit de cartes à portrait français ou de cartes à portrait étranger.

Cartes à portrait français. — Les cartes à portrait français sont exclusivement fabriquées sur du papier filigrané fourni par l'administration. Les feuilles destinées à la confection des figures ne sont délivrées aux fabricants qu'après avoir reçu l'empreinte des moules : on les désigne couramment sous le nom de feuilles de moulage. La régie imprime également sur les feuilles d'as de trèfle une marque distinctive qui consiste en une couronne de chêne, et elle y appose un timbre spécial.

Chaque jeu dont la fabrication est terminée doit être placé dans une enveloppe qui indique les nom, demeure, enseigne, porte la signature des fabricants et dont l'empreinte est déposée au greffe du tribunal de première instance et au bureau de la régie. L'as de trèfle est placé en tête du jeu : une découpure pratiquée dans l'enveloppe permet de constater la présence du timbre spécial sur cette carte.

Les jeux sont ensuite présentés aux employés de la régie, qui appliquent sur chacun d'eux une bande de contrôle à timbre sec. Ils apposent, en outre, sur cette bande un timbre humide dont l'empreinte doit porter en partie sur l'enveloppe du jeu (1).

Deux comptes essentiels sont tenus dans les fabriques de cartes : le compte d'emploi des bandes de contrôle, qui permet d'établir périodiquement le décompte des droits exigibles ; le compte des papiers filigranés, qui est un moyen de contrôle.

Tous les trimestres, il est procédé à l'inventaire des matières et des jeux existant dans les fabriques. Tout excédent constaté aux charges est saisi. Les manquants de papiers sont censés avoir été employés à la fabrication clandestine des jeux et imposés au double droit dans les conditions suivantes : s'il s'agit d'un manquant de feuilles de points, il y a lieu d'exiger le double droit afférent aux jeux de cercles de 36 cartes, calculé à raison d'un jeu par dix-neuf feuilles manquantes. Si le manquant est uniquement constitué par des feuilles de moulage ou par des feuilles d'as de trèfle ne portant pas les signes distinctifs des jeux de cercles, le tarif à appliquer est celui des jeux ordinaires de plus de 36 cartes, calculé à raison d'un jeu par douze cartes de figures ou d'un jeu par as de trèfle. Dans le cas enfin où le manquant porte exclusivement sur des feuilles de moulage ou sur des feuilles d'as de trèfle revêtus des signes distinctifs des jeux de cercles, le tarif est celui des jeux de cercles de plus de 36 cartes ; le nombre des jeux à imposer est également calculé à raison

---

(1) Cette prescription a pour objet d'empêcher les fabricants ou les détaillants d'utiliser, pour des jeux de carte fabriqués clandestinement, des bandes ayant déjà servi.

d'un jeu par 12 cartes de figures ou par as de trèfle (1).

Cartes à portrait étranger. — Tandis qu'il ne peut être fait usage, pour la confection des cartes à portrait français, que du papier spécial fourni par la régie, les cartes à portrait étranger sont fabriquées sur papier libre. Mais les fabricants sont tenus de faire agréer par l'administration les formes, dimensions, figures et dessins des cartes qu'ils se proposent de confectionner et dont ils doivent déposer les moules au bureau de la régie.

Les moulages sont tirés en présence des employés, qui en prennent charge au compte des fabricants. L'administration appose, en outre, le timbre spécial sur une carte de chaque jeu spécialement désignée.

Les formalités relatives à l'enveloppe, à la bande de contrôle, à l'apposition du timbre humide, sont applicables aux cartes à portrait étranger aussi bien qu'aux cartes à portrait français.

Payement des droits. — L'impôt sur les cartes à jouer, qui est une taxe de fabrication, est constaté et devient exigible au moment même de l'apposition des bandes de contrôle. Mais, en général, les décomptes ne sont établis et les recouvrements effectués que de mois en mois.

II. — Réglementation de la vente

La vente des cartes à jouer n'est pas libre : nul n'a le droit de vendre des cartes et d'en tenir entrepôt s'il n'est commissionné à cet effet par la régie.

---

(1) Dans la pratique, le calcul des droits exigibles est plus compliqué. Généralement les manquants se produisent à la fois sur des feuilles de points, des feuilles de moulage et des feuilles d'as de trèfle, de telle sorte qu'il y a lieu de combiner les règles que nous venons d'énoncer.

Les cartes ne peuvent être mises en vente que revêtues de la bande de contrôle.

La recoupe, qui consiste à réassortir des jeux dépareillés, est interdite aux marchands comme aux fabricants, ainsi que la vente, l'entrepôt, le colportage des cartes recoupées.

Les détaillants sont soumis aux visites des employés de la régie. Ils doivent tenir un registre, coté et parafé par le directeur des contributions indirectes, sur lequel ils inscrivent leurs achats et leurs ventes journalières.

III. — Surveillance dans les établissements où il est fait usage de cartes

La loi impose diverses obligations aux gérants des cercles, clubs et casinos, ainsi qu'aux exploitants de cafés, débits et autres établissements où il est fait usage de cartes et où le public est admis.

Il est interdit aux gérants de cercles, clubs et casinos de s'approvisionner, d'être détenteurs, de faire usage ou de laisser faire usage de cartes autres que celles dites de cercles. Ces cartes doivent être achetées directement chez les fabricants. Leurs acquéreurs ne peuvent obtenir livraison de nouveaux jeux de cartes qu'à la condition de rapporter en nombre égal les as de trèfle et valets de trèfle précédemment livrés; les as et les valets sont conservés par les fabricants jusqu'à la plus prochaine visite des employés et détruits en leur présence (1).

Les propriétaires ou gérants des établissements de la

(1) Cette disposition a pour objet d'empêcher les employés des cercles et casinos de revendre les cartes hors d'usage; avant qu'elle eût été édictée par la loi de 1895, ce genre de fraude était courant.

seconde catégorie peuvent faire leurs achats où ils l'entendent, mais il leur est interdit d'être détenteurs, de faire ou de laisser faire usage chez eux de cartes autres que celles de consommation ordinaire.

Les uns et les autres, les gérants de cercles aussi bien que ceux des cafés et débits, sont soumis aux visites des employés de la régie, auxquels ils doivent représenter les cartes en leur possession. Ils sont également tenus d'inscrire sur un registre, coté et paraphé par le directeur des contributions indirectes, tous leurs achats de jeux de cartes, avec indication du nom et du domicile des fabricants ou marchands qui les leur ont vendus.

IV. — Exemptions

Les cartes d'enfants, dites *carte-jouets*, sont exemptées de l'impôt à la condition qu'elles ne dépassent pas certaines dimensions et qu'elles ne soient ni cartonnées, ni lissées, ni passées au cylindre.

Les cartes à portrait français et à portrait étranger destinées à l'exportation bénéficient également de la franchise. Mais, pour prévenir les réimportations frauduleuses, diverses précautions ont été prises. Tout d'abord ces cartes doivent être expédiées dans des caisses ficelées et plombées par la régie, accompagnées d'un permis d'exportation qui est rapporté lorsqu'il a été revêtu par la douane du certificat de sortie. En outre, les bandes ne sont pas appliquées sur les jeux destinés à l'exportation, l'as de trèfle ni aucune carte ne porte le timbre spécial, de telle sorte que les agents des contributions indirectes peuvent facilement reconnaître, et à l'absence de bande, et à l'absence de timbre, les jeux qui, déclarés pour l'exportation, auraient été réintroduits frauduleusement en France.

TAXE DE FABRICATION SUR LES HUILES MINÉRALES

L'article **31** de la loi de finances du **31** mars 1903 a établi une taxe de fabrication de 1 fr. 25 par 100 kilogrammes ou de 1 franc par hectolitre sur les huiles minérales brutes à leur entrée en raffinerie.

Ces huiles venant presque entièrement de l'étranger, la taxe est perçue par le service des Douanes à titre définitif lors de leur entrée en France.

Aucune quantité d'huile brute ne peut être introduite dans une raffinerie sans être accompagnée d'un acquit à caution qui doit être remis aux employés des contributions indirectes au moment de la réception des produits.

Le produit de la taxe de fabrication sur les huiles minérales est évalué dans le budget de 1911 à 2 millions 239.000 francs.

IMPOT SUR LES VÉLOCIPÈDES

Jusqu'en 1906, l'impôt sur les vélocipèdes était établi au moyen de rôles dressés par le service des contributions directes et recouvré par les percepteurs. L'article 3 de la loi de finances du 17 avril 1906, complété par la loi de finances du 30 janvier 1907, a transformé cette taxe en un impôt indirect et l'a réduite à 3 francs.

Assiette de l'impôt. — L'impôt sur les vélocipèdes est annuel. La taxe est fixée : à 3 francs par place pour les

vélocipèdes ordinaires, c'est-à-dire pour ceux mus exclusivement par la force humaine ;

À **12** francs par place, pour les vélocipèdes munis d'une
machine motrice.

Le nombre des places est déterminé par le nombre de
selles ou de sièges fixés sur la machine ; si une voiturette
y est adaptée, les places de ce véhicule sont comptées.

Plaque de contrôle. — En échange du paiement de
l'impôt, il est délivré une plaque de contrôle par place.

Les plaques de contrôle doivent être renouvelées tous
les ans. Elles sont valables du 1ᵉʳ janvier au 31 décembre.
Elles portent gravé en chiffres apparents, le millésime
de l'année.

Les vélocipèdes doivent être munis d'autant de plaques
qu'ils comportent de places.

IMPOT SUR LES DISTRIBUTEURS AUTOMATIQUES

I. — L'article **39** de la loi du 8 avril **1910** assujettit au
paiement préalable d'une taxe de **10** francs les distributeurs de jetons, de marchandises, de tickets, tous appareils
dont le fonctionnement repose sur l'adresse ou le hasard,
destinés à procurer une *consommation* moyennant enjeu,
et, d'une manière générale, tous les appareils mis à la
disposition du public et fonctionnant au moyen de l'introduction d'une pièce de monnaie.

II. — Le paiement de la taxe donne lieu à la délivrance
d'une plaque fournie par l'administration des contributions indirectes. La plaque doit être renouvelée tous les
ans ; elle est valable du 1ᵉʳ janvier au 31 décembre.

Si l'installation de l'appareil a lieu après le **30** juin, la
taxe pour l'année courante est réduite à **5** francs.

III. — Les fabricants, marchands ou exploitants de distributeurs automatiques doivent tenir un répertoire des
appareils leur appartenant et déposés chez des tiers, ainsi
que des appareils vendus.

Pénalités. — Les contraventions aux dispositions de la
loi sont constatées et poursuivies comme en matière de
contributions indirectes, déférées aux tribunaux de simple
police et punies d'une amende de 50 francs, indépendamment du payement du droit fraudé.

TITRE III

CONTENTIEUX — ORGANISATION DE L'ADMINISTRATION DES CONTRIBUTIONS INDIRECTES

Nous rassemblerons en un même titre tout ce qui concerne le contentieux des contributions indirectes d'une part, l'organisation de l'administration d'autre part. Nous exposerons dans un premier chapitre les règles principales en matière de contentieux.

CHAPITRE PREMIER

CONTENTIEUX

Les affaires contentieuses dont l'initiative ou la poursuite appartiennent à l'administration des contributions indirectes se divisent en deux catégories, suivant leur objet :

1° Les affaires civiles ;

2° Les poursuites correctionnelles.

Dans le premier cas, l'action intentée ou suivie par la régie a pour but l'apurement des constatations devenues litigieuses, soit parce que le redevable refuse de s'acquitter, soit parce qu'après payement il introduit une demande en restitution de droits indûment perçus. Dans le second cas, la poursuite correctionnelle a pour objet la répression de la fraude, après qu'elle a été constatée dans les formes prévues par la loi.

Ces deux sortes de litiges diffèrent non seulement par leur objet, mais aussi, bien entendu, par les formes de la procédure que nous allons exposer.

Les affaires civiles et correctionnelles suivies par la régie sont portées devant la juridiction des tribunaux civils ou correctionnels de première instance. Ces tribunaux sont compétents pour statuer à la fois sur le bien fondé des droits, sur la validité des moyens d'exécution et sur l'application des peines inscrites dans la loi. Leur compétence s'étend même jusqu'à l'appréciation des dommages et intérêts dus par l'Etat, à raison de poursuites qui seraient déclarées nulles ou vexatoires.

1. — Affaires civiles

Les affaires civiles sont engagées soit par les particuliers qui assignent l'administration en restitution de droits
perçus, soit — et c'est le cas de beaucoup le plus fréque
— à la suite d'une contrainte, c'est-à-dire d'un comma
dement émané de l'autorité administrative. Ce comma
dement est décerné toutes les fois qu'il y a refus de pa
ment, que le refus soit ou non motivé par une contestati
sur le fond des droits ; il peut viser non seulement
recouvrement des droits simples, mais encore celui c
droits en sus régulièrement constatés. Les poursuites p
vent d'ailleurs être dirigées aussi bien contre la cauti
solidaire que contre le redevable direct.

La contrainte est rédigée et décernée par le receve
qui a la responsabilité du recouvrement ou par le dir
teur départemental. Elle doit être visée par le juge
paix, et naturellement timbrée et enregistrée. Régul
rement dressée et signifiée, elle a tous les caractères d
titre exécutoire, qui reste tel *nonobstant opposition et s
y préjudicier*. L'exécution peut donc en être poursui
malgré l'opposition formée par le contribuable et av
qu'il ait été statué sur le bien fondé de son oppositi
celui-ci ayant seulement le droit de réclamer des domn
ges-intérêts à l'État si les poursuites exercées viennen
être déclarées nulles.

L'opposition que peuvent former les redevables po
suivis est signifiée à la régie, au bureau de ses prépos
Elle porte assignation devant le tribunal civil de l'arr
dissement.

Compétence. Jugement. — Le tribunal de première i
tance statue sur toutes les affaires civiles sans qu'il y

jamais lieu, de quelque façon qu'elles soient engagées, à appel, les jugements rendus ne pouvant être attaqués que par la voie du recours en cassation.

L'instruction de l'instance est faite par simples mémoires respectivement signifiés et sans plaidoiries. Le ministère des avoués n'est pas obligatoire.

Les jugements sont rendus en chambre du conseil, sur le rapport d'un juge, fait en audience publique, et sur les conclusions du ministère public.

Privilège. — L'article 47 du décret du 1er germinal an XIII confère à la régie, pour le recouvrement des droits, un privilège, par préférence à tous autres créanciers, sur les meubles et effets mobiliers qui appartiennent au redevable. Ce privilège est toutefois primé : 1° par celui des frais de justice ; 2° par celui du propriétaire pour six mois de loyer échus ; 3° par celui du Trésor pour le recouvrement des contributions directes et des droits et amendes de timbre ; 4° par les porteurs de warrants agricoles.

2° Après deux ans à compter de la saisie pour la revendication des objets saisis.

Elle est acquise aux redevables :

1° Après quatre mois à dater de l'expiration des délais de transport pour le recouvrement des droits en sus garantis par la soumission d'un acquit à caution, même après quarante jours, s'il s'agit d'acquits à caution *recommandés* ayant accompagné des spiritueux ;

2° Dans tous les autres cas, après un an à compter de l'époque d'exigibilité des droits.

II. — Poursuites correctionnelles

Les poursuites correctionnelles ont *toujours* pour point de départ la constatation régulière de la fraude sous forme de procès-verbal, c'est-à-dire sous la forme d'un rapport énonçant les faits et circonstances qui motivent la poursuite.

Procès-verbaux. — Le droit de rapporter des procès-verbaux pour toutes contraventions aux lois et règlements en matière de contributions indirectes appartient aux employés de la régie majeurs, assermentés, et aux employés des octrois. Seulement, tandis que les employés des contributions indirectes peuvent dresser procès-verbal sur tout le territoire de la République, quelle que soit leur résidence, les agents des octrois ne jouissent des mêmes prérogatives que dans l'étendue de la commune où ils exercent leurs fonctions.

La plupart des agents de la force publique (agents des douanes, gendarmes, gardes champêtres, etc.) sont également habilités à rapporter des procès-verbaux en matière de contributions indirectes, mais seulement dans des cas déterminés, lorsque la loi l'a expressément spécifié.

Jusqu'en 1904, les procès-verbaux rédigés par les agents des contributions indirectes et des douanes devaient être établis selon des formes minutieusement décrites par le décret du 1er germinal an XIII. Depuis la loi du 30 décembre 1903, aucune formalité particulière n'est plus imposée pour la rédaction des procès-verbaux. Néanmoins les agents des contributions indirectes continuent à observer les règles prescrites par le décret de germinal. Les procès-verbaux doivent être enregistrés dans les quatre jours de leur date. Ils font foi, jusqu'à preuve contraire, des faits matériellement constatés. Par exception, les procès-verbaux qui seraient dressés par deux agents des douanes, conformément aux prescriptions du décret précité, font foi jusqu'à inscription de faux (loi du 21 juin 1873, art. 4). Il n'y a plus lieu à affichage ou notification du procès-verbal.

~ **Compétence. Jugement.** — Les énonciations du procès-verbal servent de base à l'action répressive de la régie, qu'elle exerce en portant l'affaire devant les tribunaux correctionnels.

Le tribunal est saisi par une assignation donnée au nom de la régie, dans les formes prescrites par le Code d'instruction criminelle, décernée, à peine de déchéance, dans les trois mois au plus tard de la date du procès-verbal et dans le mois si le contrevenant est détenu. L'instruction est faite et le jugement rendu dans les formes ordinaires.

Il peut être interjeté appel du jugement ou fait opposition selon les règles du droit commun.

L'arrêt de la Cour d'appel peut ensuite être déféré à la Cour de cassation dans les formes et délais habituels.

Des peines. — Les peines encourues sont fixées, dans chaque cas, par les lois spéciales à la matière. Elles peuvent être de trois sortes : la confiscation, l'amende, l'emprisonnement.

La confiscation au profit de la régie résulte de la validation de la saisie effectuée par procès-verbal. Cette validation doit toujours être demandée aux tribunaux, même lorsque le procès-verbal a été rédigé contre inconnu et qu'il y a ainsi impossibilité d'exercer d'autres poursuites.

L'amende est au minimum de 16 francs ; elle peut aller jusqu'à 20.000 francs. Les amendes acquises à la régie doivent être frappées de deux décimes et demi au profit du Trésor (1).

(1) Le produit net des confiscations, du principal des amendes et

Indépendamment de l'amende proprement dite, le législateur a, en outre, pour certains cas, édicté, une pénalité pécuniaire proportionnée au préjudice qui pouvait être causé au trésor : quintuple droit de consommation sur les alcools fabriqués, recélés, enlevés ou transportés en fraude, quintuple droit fraudé, en matière de taxes sur les vélocipèdes ; — amende complémentaire de 1.000 francs par kilogramme de saccharine ou de produits similaires ; — amende complémentaire de 2.000 francs par kilogramme de phosphore.

La peine de l'emprisonnement peut être prononcée dans des cas assez nombreux. Elle est notamment applicable à certains délits en matière d'alcool, de cartes à jouer, de tabacs, de poudres à feu, d'allumettes, de phosphore.

Circonstances atténuantes. —. Avant la loi du 30 mars 1888, il était fait défense aux tribunaux de modérer les amendes et confiscations encourues en matière de contributions indirectes. Les juges avaient simplement la liberté de fixer l'amende à tel chiffre qu'ils jugeaient à propos entre le minimum et le maximum déterminés dans chaque cas particulier par le législateur.

Les lois des 30 mars 1888 et 26 décembre 1890, modifiées par la loi du 29 mars 1897 et par celle du 6 août 1905, ont mis un terme à cet état de choses en disposant que les tribunaux pourraient admettre des circonstances atténuantes. La réduction des peines est subordonnée à l'admission de la bonne foi, sans que les juges soient obligés de motiver leur décision ; mais les circonstances

des quintuples droits est réparti comme suit : 1° si les verbalisants sont des agents de la régie, la totalité au Trésor ; — 2°, si ce sont des agents étrangers à la régie 58 pour 100 au Trésor et 42 pour 100 aux saisissants ; 3° si ce sont des agents de la régie et des agents étrangers la part du Trésor s'accroît de la part dévolue aux agents de la régie.

atténuantes ne peuvent jamais être admises s'il y a récidive dans le délai d'un an.

Quand les juges admettent des circonstances atténuantes, ils peuvent modérer l'amende dans la mesure où ils le jugent à propos, et même substituer à la confiscation, sauf s'il s'agit d'objets prohibés, une condamnation pécuniaire qui ne saurait être inférieure au montant des droits fraudés.

Les tribunaux sont enfin autorisés à faire application de la loi du 26 mars 1891 relative à la suspension des peines, aussi bien pour les peines pécuniaires que pour l'emprisonnement, sauf pour les confiscations. Toutefois, le sursis ne saurait être accordé pour les pénalités pécuniaires si l'inculpé a déjà été l'objet d'un procès-verbal suivi de condamnation ou de transaction pour une infraction punie par la loi d'une amende supérieure à 600 francs, en principal.

De l'extinction des actions. — L'action de l'administration s'éteint par le décès du prévenu (les peines sont personnelles), par l'effet de la prescription, par l'exercice du droit de transaction.

La prescription est acquise lorsqu'il s'est écoulé trois années sans acte d'instruction ou de poursuites, à dater du jour où la fraude a été commise.

L'administration a enfin le droit de transiger avant ou après jugement, c'est-à-dire de faire remise de tout ou partie des *peines pécuniaires* encourues ou prononcées. Il y a exception, toutefois, pour certaines fraudes en matière d'alcool. Les transactions sont rédigées par écrit. Pour être définitives et avoir l'autorité de la chose jugée, elles doivent être approuvées soit par le directeur départemental, soit par le directeur général en conseil d'administration, soit par le ministre, selon l'importance des pénalités encourues ou prononcées.

CHAPITRE II

ORGANISATION DE L'ADMINISTRATION DES CONTRIBUTIONS INDIRECTES

L'administration centrale des contributions indirectes se compose d'un directeur général, nommé par décret; de deux administrateurs, nommés également par décret, qui forment, avec le directeur général, le conseil d'admi nistration, et d'un personnel de chefs, de sous-chefs de bureau, de rédacteurs principaux ou ordinaires, de pré- posés expéditionnaires, nommés par le ministre des finances ou par le directeur général.

SERVICE DÉPARTEMENTAL

Le service de chaque département est placé sous l'auto rité d'un directeur entouré d'employés que dirige un pre mier commis. Le directeur est secondé par un ou plu sieurs inspecteurs qui contrôlent sur place la marche du service. Dans les départements ayant quelque impor- tance, il existe des sous-directions, c'est-à-dire qu'en dehors du directeur et au-dessous de lui il y a un ou plu- sieurs sous-directeurs qui résident dans les principaux chefs-lieux d'arrondissement, qui dirigent le service, exercent une partie des attributions du directeur dans les limites d'une circonscription territoriale qui leur est impartie et qui peut comprendre un ou plusieurs arron- dissements ou fractions d'arrondissement.

Tel est le personnel de direction et de contrôle.

Le cadre des agents d'exécution comporte : 1° un personnel comptable ; 2° un personnel chargé de la surveillance, sans maniement de deniers. Dans la première catégorie il faut ranger les receveurs de tout ordre : au sommet, les receveurs principaux ; au dernier échelon, les receveurs buralistes ; dans la seconde catégorie rentrent les contrôleurs, les chefs de poste, les commis principaux adjoints aux receveurs ambulants, les commis et préposés. Hâtons-nous d'ajouter que ces distinctions entre agents de surveillance et agents comptables n'ont de valeur que dans les villes. Dans les campagnes les attributions sont, le plus généralement, confondues.

A l'exception du directeur, qui est nommé par décret, tous ces fonctionnaires sont nommés soit par le ministre, soit par le directeur général. Le mode de nomination des receveurs buralistes, qui ne sont pas des fonctionnaires à proprement parler, fait l'objet de règles spéciales.

Nous exposerons tout d'abord les attributions du personnel comptable, ensuite celles du personnel de surveillance ; nous dirons enfin comment sont organisés les services de la direction et du contrôle.

Receveur buraliste. — A la base du service est le receveur buraliste, qui ne fait pas partie du personnel hiérarchisé, qui est une sorte d'agent hors cadre. Il n'est pas, en effet, soumis à la retenue pour les pensions civiles ; il ne bénéficie donc d'aucune retraite ; bien plus, il est nommé soit par le ministre, soit par le directeur du département, selon l'importance du poste auquel il est appelé, en dehors de toutes conditions d'âge ou de services antérieurs ; — simplement, une part notable des vacances dans le cadre des recettes buralistes doit être réservée aux sous-officiers réengagés dans les conditions de la loi militaire ; — il y a plus encore : le receveur buraliste est autorisé, ce qui est tout à fait exceptionnel, à exercer un commerce ; enfin, quoique comptable de deniers publics, il n'est pas astreint à fournir un cautionnement.

Ses fonctions n'en ont pas moins une très grande importance. Il n'est chargé de rien moins que : 1° de recevoir les déclarations et de délivrer les expéditions ; 2° de percevoir les droits au comptant ; 3° de participer à la répression de la fraude.

I. — Le receveur buraliste reçoit les déclarations de toute nature auxquelles les redevables sont tenus ; il rédige les expéditions qui lui sont demandées après avoir fixé les délais de transport et apprécié la solvabilité des cautions qui lui sont présentées lors de la délivrance des acquits et qu'il est libre d'accepter ou de refuser.

II. — Le receveur buraliste encaisse les droits au comptant. Cette perception reçoit des formes très diverses. Elle représente tantôt le prix d'un titre de mouvement : congé de boissons, laissez-passer de voiture, etc., délivré contre payement immédiat des droits ; tantôt le montant d'une licence réclamée par un nouvel assujetti ; tantôt un droit de timbre afférent à un acquit, un passavant, un laissez-passer ou à l'ampliation d'une déclaration de transit, de mise en entrepôt, de commencer ou de cesser ; tantôt une simple quittance remise à un débitant qui vient acquitter le droit de consommation sur des alcools reçus ou à un marchand en gros qui fait régler, au vu de ses registres de congés, le droit de circulation exigible sur les expéditions qu'il s'est délivrées à lui-même dans la dizaine pour ses vins et cidres.

III. — Vivant en contact journalier avec les assujettis dans des localités d'accès souvent fort difficile, le receveur buraliste se trouvait l'auxiliaire tout désigné du service actif pour la répression de la fraude. Chargé de la rédaction et de l'envoi de divers bulletins de contrôle, il est en outre investi du droit de verbaliser. Mais sa situation mal définie, sa connaissance trop souvent insuffisante du service, l'autorisation qui lui est donnée de juxtaposer un commerce à sa recette et à son débit de tabac, paralysent fréquemment son initiative.

Receveur particulier. — Au-dessus du receveur buraliste viennent le receveur particulier sédentaire et le chef de poste, dont les attributions sont, dans les petites localités, réunies sur la tête du receveur particulier ambulant.

Receveur particulier sédentaire. — Le receveur particulier est principalement chargé : 1° de centraliser les recettes effectuées par les receveurs buralistes ; 2° de recouvrer les droits constatés ; 3° de discuter les cautions des assujettis ; 4° d'approvisionner les recettes buralistes d'impressions timbrées.

I. — Le receveur particulier est avisé par le chef de poste des versements que doivent lui faire les receveurs buralistes de sa circonscription. Il les encaisse, les prend en charge dans sa comptabilité, en donne un reçu extrait d'un quittancier.

II. — Les droits constatés sont liquidés par le service actif d'après les comptes ouverts sur les portatifs aux différents assujettis. Au fur et à mesure de l'exigibilité de ces droits, par exemple au commencement de chaque trimestre ou de chaque année pour les licences, en fin de mois pour les brasseurs, les fabricants de cartes, lors de la constatation des manquants trimestriels chez les marchands en gros de boissons, le receveur particulier reçoit du chef de poste notification des sommes à recouvrer. Des états de produits récapitulatifs lui sont en outre adressés en fin de trimestre. Il est responsable du recouvrement de ces produits, qu'il doit faire toutes diligences pour assurer.

III. — La responsabilité pécuniaire du receveur particulier étant ainsi mise en cause, la discussion de la solvabilité des cautions lui appartient. Il accepte ou il refuse, comme il le juge à propos, les cautions qui lui sont présentées par les assujettis.

IV. — Le receveur particulier reçoit du receveur principal les impressions timbrées dont il a besoin personnellement ou que doivent utiliser les receveurs buralistes de sa circonscription. Il en tient la comptabilité détaillée de telle façon que les agents de contrôle puissent, par des vérifications et des recensements, reconnaître qu'aucun registre n'a été perdu ou dérobé. La disparition d'un registre de congés ou d'acquits n'est pas chose indifférente, cela se conçoit.

Chef de poste. — Le chef de poste, ainsi nommé parce qu'il dirige un poste d'employés, est l'agent actif par essence. Le chef de poste, le receveur ambulant, qui, dans les petites localités, remplit à la fois les fonctions de chef de poste et de receveur particulier, sont avec leurs commis principaux et commis les *chevilles ouvrières* de la régie.

Vérifications chez les receveurs buralistes, les receveurs d'entrée et d'octroi, dans les débits de tabac, — exercice et recensements chez les assujettis qui ne sont pas soumis à l'action permanente d'agents spécialement désignés à cet effet, tenue des comptes réglementaires, — surveillance incessante à la circulation, telle est la substance des travaux du chef de poste qu'il dispose en donnant tous les jours, avant chaque départ du poste, l'*ordre* à ses employés sur un registre à ce destiné.

I. — Chez les receveurs buralistes le chef de poste et son ou ses commis procèdent à la vérification intégrale de la comptabilité, sans oublier de recenser les impressions timbrées, s'assurent que le service est régulièrement fait, recueillent sur les registres de la recette ou au vu des soumissions les éléments nécessaires pour servir les comptes des marchands de boissons en gros, des débitants d'alcool, etc.

Dans les bureaux d'entrée ou d'octroi, les agents examinent la marche du service, vérifient la comptabilité des recettes du Trésor, des impressions timbrées.

Chez les débitants de tabac, ils retirent les factures (voir titre IV, page 183), s'assurent que les produits du monopole ne sont l'objet d'aucune falsification, qu'il n'est vendu ni tabac ni allumettes de fraude.

II. — En exposant les règles de l'assiette et du recouvrement de chacun de nos impôts indirects, et notamment des impôts sur les boissons, nous avons dit les formes que revêt l'intervention presque constante du service chez les assujettis. Nous rappellerons en quelques mots que le service procède à des recensements chez les marchands en gros de boissons, à des visites chez les débitants pour rechercher, notamment, les introductions frauduleuses d'alcools dans les débits situés dans les communes où il n'existe pas de surveillance effective et permanente aux entrées, que les brasseries ou distilleries doivent être vues le plus fréquemment possible, qu'il en est de même des vinaigreries, que les employés doivent assister aux dénaturations d'alcool, etc.

Au cours de ces opérations, le service retire les acquits dont il donne décharge et qu'il conserve pour les verser ultérieurement à la sous-direction. Les comptes de toute nature auxquels donnent lieu les exercices ou les recensements dans les usines et magasins sont décrits sur des portatifs que tiennent les commis et que vérifie le chef de poste.

III. — Mais, dans la plupart des postes, ce qu'on appelle les services spéciaux, c'est-à-dire les établissements industriels soumis à une surveillance particulière, sont rares. Ils sont concentrés dans certaines régions et souvent exercés par des agents spécialement affectés à cette tâche. La plupart des chefs de poste ont donc à s'occuper principalement du service général, et la surveillance à la circulation est la partie essentielle de leurs attributions.

A ce point de vue, l'initiative la plus grande est laissée au chef de poste, qui règle à son gré l'ordre de ses tournées, ses rondes de nuit, ses heures de surveillance, ses jours de repos et ses travaux d'écritures en s'inspirant des conditions les plus favorables à la répression de la fraude, qui demeure son objectif constant. Un marchand en gros détenteur d'un stock important d'alcool épuise-t-il intégralement sa déduction ? on recherchera si des livraisons ne sont pas effectuées sans expédition à des débitants voisins. Les jours de foires ou de marchés la surveillance s'exercera particulièrement sur les débitants extraordinaires et les voituriers. En pays producteur d'eau-de-vie de cru, le service s'ingéniera à rencontrer les bouilleurs ambulants, qui devront être munis d'un laissez-passer pour leur alambic. L'examen attentif du cahier-journal permettra d'en apprécier la sincérité et de découvrir, à l'occasion, des distillations de produits d'achat.

Receveur principal. Contrôleur. — La comptabilité de tous les receveurs particuliers sédentaires ou ambulants est rattachée à la recette principale, qui a son siège dans la ville chef-lieu de la sous-direction ou de la direction. Il y a donc autant de receveurs principaux qu'il y a de sous-directeurs et de directeurs. Sans avoir autorité sur les receveurs particuliers de sa circonscription, sans être responsable de leurs opérations, le receveur principal rassemble leurs recettes dans sa comptabilité, qui est soumise à la Cour des comptes. Il acquitte, en outre, les dépenses de la régie dans sa circonscription. Il autorise, sous sa responsabilité, le crédit des droits en matière d'obligations cautionnées. Enfin, il reçoit de l'administration les impressions et les registres qu'il livre ensuite aux receveurs particuliers. Le receveur principal cumule presque toujours ses fonctions avec celles de receveur particulier sédentaire d'une circonscription. Il est aussi le plus souvent entreposeur des tabacs (Voir titre IV, page 179).

Si tous les receveurs particuliers relèvent d'un receveur principal, les chefs de poste ne sont soumis à l'autorité d'un contrôleur que dans les villes d'une certaine importance. Ailleurs, ils dépendent du sous-directeur.

Les contrôleurs ont, généralement, sous leurs ordres plusieurs chefs de poste assistés de commis groupés par sections de deux employés. Le contrôleur distribue le travail journalier et prend part à l'exécution du service ; il vérifie en dernier ressort les portatifs et toutes les écritures en général. Son action s'étend sur les receveurs particuliers sédentaires.

Sous-directeur. — Le sous-directeur surveille de ses bureaux le travail du personnel de sa circonscription. Il procède à quelques vérifications sur le terrain. Il apure les acquits à caution. Il suit les affaires contentieuses.

Surveillance du personnel. — L'initiative laissée au service appelle un contrôle rigoureux de l'emploi du temps des agents. Le sous-directeur doit rechercher les fictions de service pour les réprimer. A cet effet, il utilise divers procédés de contrôle : notamment les bulletins de présence, l'examen des registres d'ordres, leur comparaison avec les portatifs, les carnets d'acquits, etc.

Il lui faut d'autre part vérifier la comptabilité des receveurs et les portatifs des agents, ceux du moins qui ne sont pas revus par un contrôleur.

Pour permettre ces opérations de contrôle, les employés produisent chaque mois, à une date que fixe le sous-directeur, leurs registres d'ordres, carnets, etc. Le tout est examiné, rapproché. La comptabilité des receveurs particuliers qui ne sont pas soumis à l'action d'un contrôleur est produite à la sous-direction à la fin de chaque trimestre et vérifiée en la présence des agents. Les receveurs buralistes versent en fin d'année leurs registres, qui sont revus par épreuves ; leur comptabilité est rapproché de celle des receveurs particuliers ; l'une se contrôle par l'autre. Enfin, les portatifs tenus dans les recettes ambulantes et dans les postes qui ne sont pas dirigés par un contrôleur sont versés en fin de trimestre ou en fin d'année dans les bureaux de la sous-direction, où ils doivent être complètement vérifiés.

Le sous-directeur doit, en outre, se préoccuper des résultats pratiques obtenus par le personnel, au point de vue de la rentrée de l'impôt et de la répression de la fraude. Il examine si le fléchissement des droits, quand il advient, et l'absence de procès-verbaux ne tiennent pas à la périodicité des tournées et des visites chez les assujettis, à l'insuffisance des rondes de nuit ou à une distribution défectueuse du travail. Le registre d'ordres donne, à cet égard, grâce à de nombreux tableaux annexes, la physionomie très exacte du poste ou de la recette et des conditions d'exécution du service.

Tournées. — Pour assurer plus complètement encore le contrôle de ses subordonnés, le sous-directeur fait quelques tournées d'inspection dans sa circonscription.

Il vérifie lui-même la recette principale, les entrepôts de tabacs.

Apurement des acquits à caution. — Les acquits sont apurés par la sous-direction d'origine. Déchargés à destination et annotés par le chef de poste ou le receveur ambulant du payement des droits ou de la prise en charge au compte d'un entrepositaire, ils sont versés chaque mois au sous-directeur, qui, après contrôle, les renvoie à son collègue de l'arrondissement d'origine. Celui-ci reçoit, d'autre part, à la fin de chaque mois, de chacune des recettes buralistes de sa circonscription, un relevé des acquits délivrés. Il n'a, dès lors, qu'à pointer les acquits qui lui font retour avec ces relevés, qu'il annote en conséquence.

La prescription des droits étant acquise contre la régie quatre mois après l'expiration du délai fixé pour le transport, le sous-directeur recherche, en suivant les relevés des recettes buralistes, les acquits en retard et avise les receveurs particuliers, qui, à défaut de payement, décernent contrainte contre les soumissionnaires avant que les quatre mois ne soient écoulés.

En cas d'acquit d'alcool recommandé, la prescription étant acquise après quarante jours, le buraliste doit, dès la délivrance de ce titre de mouvement, adresser un bulletin au sous-directeur, qui provoque de la part de son collègue de l'arrondissement destinataire des renseignements immédiats sur le sort de l'expédition.

Les boissons voyageant sous acquit peuvent être mises en transit. Les receveurs ou chefs de poste relèvent dans les recettes buralistes ces interruptions de transport et en avisent le sous-directeur du lieu d'origine par l'intermédiaire hiérarchique. La cessation du transit lui est signalée de même.

Affaires contentieuses. — Le sous-directeur est chargé de suivre les affaires contentieuses. Il dirige la procédure, si elles sont portées devant les tribunaux. Sinon, il formule des propositions de transaction.

Inspecteur. — Recevant des ordres du directeur, l'inspecteur a droit de vérification sur tous les agents du département, à l'exception des sous-directeurs, dont il n'examine le service que s'il est investi d'une délégation spéciale du directeur.

A son arrivée dans un poste ou une recette ambulante, il prend la direction du service auquel il concourt personnellement dans le double but de stimuler le zèle des employés et de découvrir les lacunes de leur instruction professionnelle.

Dans les villes importantes, un inspecteur sédentaire surveille l'action des contrôleurs et vérifie tous les services comptables. C'est par son intermédiaire, avec ses observations ou son visa, que tous les documents émanant de ces agents parviennent au directeur.

Directeur. — Le directeur exerce les attributions de sous-directeur dans la circonscription qui lui est dévolue et qui peut comprendre tout le département.

Chef du service dans le département, il est ordonnateur secondaire, c'est-à-dire qu'il mandate les dépenses de la régie ; il imprime au service une direction d'ensemble, donne des instructions aux sous-directeurs, aux inspecteurs, dispose, quand il y a lieu, des brigades de surveillance qui, composées d'un contrôleur ou d'un chef de poste et d'employés, sont exclusivement occupées à parcourir le département pour y réprimer la fraude (1).

Le directeur s'occupe particulièrement des affaires contentieuses. Il a le pouvoir de transiger lorsque le total des condamnations encourues n'excède pas 500 francs. Dans tous les autres cas, il formule des propositions de transaction.

(1) Il n'existe de brigades de surveillance que dans les départements où la fraude est le plus active.

TITRE IV

MONOPOLES

On entend par monopole un privilège exclusif conféré par la loi.

L'institution d'un monopole industriel ou commercial comporte une atteinte à la liberté du travail, qui n'est évidemment légitime qu'en vue de l'intérêt général. Cet intérêt peut être d'ordre exclusivement fiscal, lorsque l'établissement du privilège n'a d'autre but que de mieux assurer (en limitant la surveillance) la rentrée d'un droit de consommation sur un objet fabriqué ou vendu, tel que le tabac.

Au contraire, le but poursuivi peut être simplement de permettre, dans de meilleures conditions, l'exécution d'un service public. Il en est ainsi, par exemple, pour le monnayage de l'or et de l'argent, pour les transports par voie ferrée, etc.

Enfin, certains monopoles revêtent le double caractère d'être à la fois l'organisme d'un service public et un instrument fiscal. Tel est le monopole du transport des correspondances.

Il ne saurait être question, dans cet ouvrage, que des monopoles ayant un caractère fiscal, et nous ne nous occuperons *à cette place* que de ceux qui ont pour objet la perception d'un impôt de consommation.

Ils sont au nombre de trois :

Le monopole des tabacs ;

Le monopole des allumettes ;

Le monopole des poudres à feu.

Les monopoles fiscaux fournissent à l'Etat un produit considérable évalué au budget de 1911, à 566.696.400 francs qui se décomposent ainsi :

Produit de la vente des tabacs . . .   505.064.400 fr.

Produit de la vente des allumettes . .   39.786.200 fr.

Produit de la vente des poudres à feu.   21.845.800 fr.

Il convient de faire remarquer que l'acquisition des matières premières, les frais de fabrication et de perception entraînent une dépense qui dépasse le quart du rendement total.

CHAPITRE PREMIER

TABACS

L'assiette et la perception du droit de consommation sur le tabac fabriqué, sont assurées, en France, au moyen du monopole de la fabrication et de la vente (1), exploité directement par l'Etat. Le monopole ne s'étend pas à la culture même de la plante. Les opérations des planteurs sont seulement réglementées, c'est-à-dire qu'elles sont soumises à un ensemble de restrictions et de mesures, qui ont pour objet d'assurer la mainmise de la régie sur tous les produits, sans cependant que ce soient les agents mêmes de l'Etat qui se livrent à la culture.

Cette réglementation est, d'ailleurs, des plus étroites, comme on va le voir. Elle a nécessité l'organisation d'un service spécial chargé d'en assurer l'exécution, et qui, joint au service de la fabrication, constitue l'administration des manufactures de l'Etat. Cette administration a donc une double mission : la surveillance de la culture et l'exploitation du monopole de fabrication. Quant au monopole de la vente, il est exercé par l'administration des contributions indirectes:

Nous allons étudier successivement la réglementation de la culture, les conditions d'exercice du monopole de fabrication et celles du monopole de vente.

(1) Le privilège exclusif attribué à l'Etat par le décret du 29 décembre 1810, par la loi du 29 décembre 1814, confirmé par le titre V de la loi du 28 avril 1816, et dont la durée avait été successivement prolongée jusqu'au 1er janvier 1893, a été prorogé *sine die* par l'article 25 de la loi du 26 décembre 1892, c'est-à-dire qu'il continuera d'exister, à l'exemple du monopole des allumettes, jusqu'à ce qu'il en soit autrement ordonné par la loi.

I. — Culture

Notions générales sur la culture du tabac. — Les opérations diverses auxquelles doivent procéder les planteurs, sous la surveillance de la régie, peuvent être divisées en trois périodes principales : la période des semis et transplantations, la période de la culture proprement dite et la période de la récolte et des opérations accessoires, jusqu'à la livraison des tabacs récoltés aux agents de l'Etat.

Première période. — *Semis et transplantations.* — Tous les planteurs *autorisés* sont tenus d'établir des semis. Il leur est interdit de semer d'autres graines que celles qui sont distribuées par le service ; à cet effet l'administration fait cultiver sur différents points, par des planteurs qu'elle désigne, une quantité suffisante de plantes mères dont les graines sont recueillies par les agents. Pour tenir compte à ces planteurs des frais occasionnés par cette culture spéciale, il leur est accordé une indemnité variable suivant les départements.

Les semis sont établis soit sur couches demi-chaudes, soit en pleine terre ; les couches doivent être placées dans des lieux convenables, bien abrités et exposés au midi. On procède à l'ensemencement à la fin de mars (trois à quatre grammes de graines suffisent pour ensemencer cinq mètres carrés). Les plants inutilisés restant sur le semis doivent être détruits après la transplantation, au plus tard le **30** juin, sauf autorisation spéciale du directeur en cas d'année tardive.

En règle générale, la transplantation commence vers la fin de mai et doit être terminée, au plus tard le 1er juillet.

Après un dernier ameublissement du sol, on trace des alignements réguliers. Dans chaque rangée les jeunes plants, extraits des couches, sont repiqués à des distances égales calculées de manière à obtenir, aussi exactement que possible, la *compacité* réglementaire, c'est-à-dire le nombre de pieds à l'hectare fixé par l'administration. Cette compacité oscille entre **10.000** et **48.000** pieds suivant les régions et la variété cultivée.

Les pieds doubles ou jumeaux sont interdits, mais on tolère, jusqu'à une date déterminée et dans la proportion maxima de **3** pour **100** du nombre total des pieds plantés, l'existence de plantes intercalaires destinées à remplacer celles qui viendraient à périr. Ces pieds intercalaires ne peuvent être cultivés qu'aux extrémités et sur les côtés de la plantation. Ceux qui n'ont pas été utilisés pour remplacer des pieds disparus doivent être détruits à la date qui a été fixée.

Deuxième période. — Culture proprement dite. — En outre de binages et de sarclages, répétés autant qu'il en est besoin pour maintenir la terre dans les conditions les plus favorables au développement de la plante, les opérations de la culture proprement dite comprennent : le *buttage*, l'*écimage* et l'*épamprement*.

Le *buttage* consiste à former autour de chaque plant un petit monticule de terre destiné à consolider le pied, à augmenter les moyens de nutrition par le développement des racines adventices et à faciliter par le sillon creusé entre les rangées l'écoulement des eaux pluviales. Le buttage doit, en bonne règle, être précédé du nettoiement de la plantation, c'est-à-dire de l'enlèvement des feuilles séminales.

L'*écimage*, ainsi que son nom l'indique, consiste à découronner la plante en supprimant le bouton qui annonce la fleur. On cherche à réserver ainsi la puissance de végétation de la sève au développement exclusif des feuilles.

Les plantes doivent être écimées dès que les feuilles de couronne ont acquis quelque consistance ; l'opération doit être achevée le 15 août au plus tard.

L'*épamprement*, qui doit avoir lieu en même temps que l'écimage, consiste à supprimer, sur chaque pied, les feuilles rapprochées du sol qui sont sans valeur. Il est prescrit de détruire immédiatement ces feuilles et de laisser les débris dans les rangées. Cette prescription s'applique, d'ailleurs, aux feuilles séminales enlevées lors du nettoiement. L'écimage doit être fait, suivant les indications de la régie, en laissant un nombre à peu près égal de feuilles sur chaque plante. Deux ou trois écimages différents, au plus, sont tolérés dans les pièces à végétation inégale. On obtient ainsi une production normale et uniforme sur l'ensemble de la plantation, et on facilite, en même temps, le dénombrement ultérieur des feuilles à prendre en charge au moment de l'inventaire.

A toute époque, et surtout après l'écimage, les planteurs doivent enlever les bourgeons dès leur naissance, en ayant soin de ne pas endommager les feuilles.

La maturité du tabac se reconnaît aux premières marbrures qui apparaissent sur les feuilles.

Troisième période.— *Récolte et opérations accessoires.*— Les opérations de la troisième période comprennent : la *cueillette* des feuilles, la *dessiccation*, le *triage* et le *manoquage*.

La *cueillette* s'opère soit par tiges, soit feuille à feuille. Le premier mode de procéder est en usage dans les départements du sud-ouest ; ou coupe la tige de manière que toutes les feuilles y restent attachées ; parfois on enlève d'abord les feuilles basses qui sont détachées une à une, et on coupe la tige garnie des autres feuilles. Dans le second mode de procéder, on récolte successivement, d'après l'ordre de maturité, les feuilles basses, puis les feuilles de corps et enfin les feuilles de couronne. Les tabacs cueillis sont laissés plus ou moins longtemps exposés aux rayons du soleil, au milieu des sillons, de manière à subir un léger fanage qui facilite le transport au séchoir.

Les planteurs sont tenus d'arracher et de détruire immédiatement après la récolte les tiges et les souches.

Les séchoirs doivent être établis, autant que possible, à l'abri des variations de température. Les tabacs récoltés par tiges sont suspendus au séchoir, soit sur des ficelles tombantes, soit sur des perches ou fils horizontaux : lorsque la dessiccation est complète, on procède à l'effeuillaison et à la mise en masses. Les feuilles, récoltées une à une sont enfilées en chapelets sur une ficelle ; les guirlandes sont attachées par leurs extrémités à des perches ou à des fils de fer tendus qui permettent de rapprocher ou d'éloigner les feuilles les unes des autres, suivant les besoins. Après *dessiccation*, les tabacs enguirlandés sont descendus et mis en touffes compactes sur des perches mobiles.

Les planteurs, avant de livrer leurs tabacs, doivent procéder au *triage*, en assortissant les feuilles de même longueur, par couleur et par qualité. Ils en forment ensuite des *manoques* composées de 25 ou de 50 feuilles y compris la feuille de lien. On a soin, dans chaque manoque, d'aligner exactement les « caboches », c'est-à-dire les extrémités inférieures des feuilles.

Les manoques sont réunies en balles ou bottes, comprenant chacune un nombre déterminé de manoques (en général de 100 à 200), les caboches étant placées à l'extérieur, les pointes des feuilles à l'intérieur : les manoques d'une même balle doivent être de la même qualité.

Réglementation et surveillance des opérations de la culture. — La culture du tabac en France est réglementée, chaque année, par un arrêté du ministre des finances et par deux arrêtés préfectoraux dans chacun des départements où elle est autorisée.

L'arrêté ministériel indique quels sont les départements où la culture est autorisée, et, pour chacun d'eux, le nombre d'hectares qui peuvent être plantés. Il détermine, en outre, la compacité, c'est-à-dire, comme nous l'avons vu, le nombre de pieds à l'hectare (1), et fixe les prix auxquels seront payés les tabacs récoltés. L'échelle des prix comporte, pour chaque département, six catégories : les trois premières correspondent aux qualités de tabacs dits marchands ; les trois autres, aux classes de tabacs dits non marchands. Ne sont considérés comme marchands, dans les départements qui plantent les variétés de tabacs légers, que les tabacs fins, légers et combustibles ; les tabacs grossiers, communs, d'espèces abâtardies et incombustibles, ainsi que ceux avariés sur pied ou au séchoir, constituent les classes non marchandes. La distinction entre qualités marchandes et classes non marchandes s'établit d'après l'emploi dont les feuilles sont susceptibles. L'arrêté ministériel autorise, en outre, l'allocation d'une prime de 10 francs par 100 kilogrammes pour les tabacs de surchoix.

Des deux arrêtés préfectoraux pris à la suite de l'arrêté ministériel dans chacun des départements où la culture est autorisée, le premier a simplement pour but d'arrêter les formes et délais dans lesquels doivent être faites les déclarations des planteurs, à l'effet d'être autorisés à cultiver du tabac.

Il fixe les jours et heures où ces déclarations seront reçues devant les maires, par les employés de la culture, en indiquant les pièces à produire. Les déclarants doivent se présenter en personne, ou, en cas d'empêchement, se

---

(1) La compacité varie suivant la nature du sol et suivant la qualité des récoltes qu'on veut obtenir, les tabacs étant, en général, plus ou moins corsés, selon l'écartement des pieds.

faire représenter par un mandataire muni d'une délégation formelle. Les déclarations énoncent le domicile du cultivateur, les pièces de terre avec leur contenance et le nombre de pieds à planter. Les cultivateurs sont tenus de justifier par pièces authentiques qu'ils sont propriétaires ou fermiers des terres déclarées. A défaut de solvabilité attestée par la présentation du dernier avertissement du percepteur, ils doivent produire l'engagement d'une caution garantissant l'exécution de leurs obligations.

Le second arrêté préfectoral, dit arrêté de culture, est rendu en conseil de préfecture, sur l'avis de deux des principaux planteurs de chaque arrondissement et du chef du service de la culture. Il porte règlement général de la culture dans le département, fixe les dates auxquelles devront être terminés la transplantation, l'écimage et l'épamprement, indique les règles à suivre pour les inventaires, stipule en détail toutes les formalités et prescriptions obligatoires, tant pour la délivrance des permis de culture que pour les opérations ultérieures jusques et y compris la livraison de la récolte.

Nous allons analyser brièvement les dispositions essentielles des règlements de culture, qui diffèrent assez peu d'un département à l'autre, sauf en ce qui concerne les dates des différentes opérations ;

Ces dispositions peuvent être rapportées à quatre points principaux :

1° Les formalités à observer pour la délivrance des permis de culture ;

2° La surveillance de la culture proprement dite ;

3° Les inventaires ;

4° Les réceptions — nous en parlerons dans le paragraphe consacré à la livraison de la récolte.

1. — *Délivrance des permis de culture.* — Les listes des déclarations, reçues dans les mairies par les employés de la culture, sont remises, avec les pièces à l'appui, à des

commissions qui se réunissent aux chefs-lieux de préfecture et de sous-préfecture dans la seconde quinzaine de janvier. Ces commissions sont composées du préfet ou de son délégué, président ; du directeur ou du sous-directeur des contributions indirectes, du chef de service de la culture, d'un membre du conseil général et d'un membre du conseil d'arrondissement, ces deux derniers désignés par les conseils respectifs et devant réunir la double condition de résider dans l'arrondissement et de ne pas être planteurs.

Les autorisations de culture ne sont accordées que pour les terrains dont la contenance est égale ou supérieure à 10 ares, dont 5 au moins d'un même tenant. Les commissions prononcent sur l'admission, le rejet ou la réduction des déclarations. Elles peuvent rejeter ou réduire les demandes :

1° De ceux qui n'auraient pas justifié de leurs titres de propriétaires ou fermiers, de leur solvabilité ou de celle de leur caution.

2° De ceux dont la nature des terres ne se prête pas à la production de bons tabacs, ou dont les moyens d'exploitation et de dessiccation sont insuffisants ;

3° De ceux qui, pendant les trois dernières années normales, ont réalisé, pour leur récolte, un prix moyen inférieur de 10 à 20 pour 100 à la moyenne de l'arrondissement ;

2° De ceux à la charge desquels il a été relevé des procès-verbaux judiciaires ou administratifs pour contravention à la loi ou au règlement.

Les décisions des commissions sont sans appel.

Les permis de culture étaient autrefois rigoureusement personnels. Depuis 1872, les propriétaires des pièces de terre plantées peuvent les céder à leurs fermiers avec l'agrément de la régie ; mais, si le fermier n'est qu'un colon partiaire, le propriétaire reste, dans ce cas, personnellement et solidairement responsable des infractions qui pourraient être commises aux dispositions du règlement de culture.

Les permis de culture, délivrés par les commissions, sont remis aux planteurs par l'intermédiaire des maires, qui sont également chargés de notifier aux intéressés les interdictions totales ou partielles dont ils auraient été l'objet.

II. — *Surveillance de la culture*. — Les opérations des planteurs sont surveillées par les agents de la culture, dans les conditions prescrites par l'arrêté préfectoral. Pendant toute la durée de la culture, les employés doivent faire des visites fréquentes et inopinées chez les planteurs de leur circonscription, tant pour leur donner des conseils sur la façon de procéder aux différentes opérations, que pour surveiller la stricte exécution du règlement. Ils s'assurent notamment que le repiquage des jeunes plants a lieu en observant les espacements prescrits, que la transplantation est terminée à l'époque fixée par l'arrêté et qu'à cette date les plants inutilisés ont été détruits, qu'il n'existe sur les plantations ni pieds doubles ni pieds jumeaux, et que les pieds intercalaires ne sont cultivés que dans la limite des tolérances admises pour faciliter le remplacement. Ils surveillent l'écimage, l'épamprement et l'ébourgeonnement, et constatent, par des procès-verbaux administratifs ou judiciaires, toutes les infractions au règlement ou à la loi.

Les planteurs sont tenus de faire conduire les employés sur les pièces de terre affectées à la culture, d'assister à leurs opérations ou de tenir pour valables celles auxquelles ils auront été dûment invités à assister, de donner en tout temps, aux employés, accès dans leurs maisons, magasins ou séchoirs, depuis le lever jusqu'au coucher du soleil.

III. — *Inventaires*. — L'inventaire des tabacs sur pied

comprend deux séries d'opérations : la première a pour objet de reconnaître les superficies cultivées et le nombre de pieds plantés, la seconde d'arrêter le nombre de feuilles à prendre en charge au compte de chaque planteur.

La première partie des inventaires commence du 1er au 15 juillet. Les maires en sont informés huit jours à l'avance, avec invitation d'assister aux opérations ou de s'y faire représenter. Ils désignent un indicateur, généralement le garde champêtre, chargé d'accompagner les employés.

Les pièces de terre sont mesurées au cordeau métré. On évalue ensuite le total des pieds, soit en établissant une moyenne par le comptage d'un nombre de rangées variable suivant le plus ou moins de régularité des plan- tations, soit en comptant un à un les pieds qui ne forment pas des carrés réguliers. Tout excédent de plus d'un cin- quième, soit sur la superficie déclarée, soit sur le nombre de pieds résultant de la compacité réglementaire, donne lieu à la rédaction d'un procès-verbal. Une différence en moins de plus d'un quart expose simplement le cultiva- teur à l'interdiction de culture pour l'année suivante.

Le compte des feuilles, qui constitue la seconde partie des inventaires, commence dès que la première partie est terminée. Lorsque l'écimage et l'épamprement ont été faits d'une manière uniforme sur toute l'étendue de la pièce, il suffit de multiplier le nombre de pieds par le nombre de feuilles laissées sur chaque pied. Dans le cas contraire, on multiplie le nombre de pieds par une moyenne obte- nue en comptant les feuilles de plusieurs plantes sur divers points de la pièce. Les vérifications auxquelles donne lieu le compte des feuilles sont complétées par un classement approximatif permettant d'écarter, lors des livraisons, les feuilles qui ne seraient pas conformes à celles ayant fait l'objet des reconnaissances sur le terrain.

Les résultats, tant de la première que de la seconde

partie des inventaires, sont constatés par deux actes distincts inscrits sur des portatifs, qui sont cotés et parafés par le juge de paix. Ces actes doivent être signés par les maires et par les cultivateurs ; en cas de refus de ces derniers, il en est fait mention. Un extrait de l'acte qui le concerne est délivré à chaque planteur, ou, en son absence, au maire, qui doit le lui remettre, *sans aucun retard*.

En cas de contestation sur les résultats des inventaires, il en est référé au sous-préfet, qui désigne, s'il y a lieu, des experts. Les planteurs ont un délai de huit jours, à dater de la délivrance des actes d'inventaire, pour déposer dans les mairies une demande de contre-vérification. Les frais d'expertise sont à la charge de celle des parties dont l'évaluation s'éloignait le plus du résultat définitif.

A dater de la clôture des inventaires et jusqu'à l'apurement des comptes, les planteurs sont responsables, à l'égard de la régie, du nombre des feuilles prises en charge sur les portatifs. Pendant toute cette période, les avaries qui surviendraient à la récolte doivent être signalées aux maires dans les vingt-quatre heures, à peine de non-décharge. Ces avaries sont alors constatées et estimées de gré à gré par les employés de la culture, en présence du maire ou de son délégué. En cas de désaccord, l'évaluation est faite par voie d'expertise, dans la forme indiquée pour les réclamations concernant les inventaires.

Livraison de la récolte. — Les opérations de la livraison sont précédées, dans chaque département, d'un troisième arrêté préfectoral, rendu sur la proposition du chef du service de la culture. Cet arrêté détermine les formes et délais dans lesquels seront reçues les récoltes, en établissant un tour de roulement entre les différentes communes et, dans chaque commune, entre les planteurs. Il fixe en même temps la quotité pour 100 du nombre des feuilles prises en charge qui pourra être allouée en décharge, à titre de déchet, pour pertes et brisures résultant de la manutention.

La réception et le classement des tabacs récoltés sont effectués par les soins de commissions d'expertise, composées de cinq membres, savoir : deux agents de l'administration des manufactures de l'Etat et trois experts désignés par le préfet. Ces trois experts prêtent serment devant le sous-préfet ; ils ne doivent être ni planteurs pour leur compte, ni intéressés à un titre quelconque dans la culture.

Les opérations des commissions d'expertise commencent en général au début de janvier, par l'appel de douze planteurs de la région désignés parmi ceux qui ont les meilleures récoltes, à l'effet de choisir dans leurs récoltes les échantillons-types, qui serviront à classer les feuilles présentées par les autres cultivateurs, dans l'une des catégories fixées par l'arrêté ministériel (1).

L'échantillonnage terminé, les planteurs sont appelés un à un devant la commission. Les tabacs sont transportés du séchoir jusqu'au magasin où ils doivent être livrés, accompagnés d'un laissez-passer délivré par le receveur buraliste.

La réception de chaque récolte comprend la reconnaissance du nombre de feuilles représentées, le classement et la pesée des balles.

Le dénombrement des balles, le comptage par épreuves des manoques de chacune d'elles et la vérification par épreuves du nombre des feuilles des manoques permettent de reconnaître, dès l'arrivée des récoltes au magasin, si les tabacs représentés sont conformes aux prises en charge.

Chaque balle est ensuite expertisée et classée dans l'une

(1) Un exemplaire des feuilles-échantillons est adressé à Paris, à la manufacture de Reuilly, pour être examiné par une commission spéciale, dont les avis sont transmis aux entreposeurs.

des catégories tarifées par l'arrêté ministériel. Les commissions décident s'il y a lieu d'accorder la prime de surchoix; elles peuvent aussi prononcer des réfactions, notamment pour excès d'humidité, pour mélange de matières étrangères ou pour excès de caboches. Elles rejettent et font détruire, dans les formes prescrites, les feuilles impropres à la fabrication.

Aussitôt le classement prononcé, on procède à la pesée des balles; le poids est inscrit par qualité sur un tableau bien apparent et sur un carnet spécial tenu par l'un des trois experts étrangers à l'administration concurremment avec un employé de la régie.

Apurement définitif des comptes et paiement du prix de la récolte. — L'ensemble des charges inscrites sur les portatifs, au compte de chaque planteur, est comparé au total : 1° des quantités représentées; 2° des quantités dont la détérioration et la destruction ont été régulièrement constatées depuis l'inventaire ; 3° du nombre de feuilles correspondant au déchet alloué par l'arrêté préfectoral.

Il est établi immédiatement un décompte des sommes à payer pour les quantités livrées. Ces décomptes, signés par tous les membres de la commission d'expertise, sont payables à la caisse du receveur des contributions indirectes.

Lorsque la balance d'un compte fait ressortir un manquant, le déficit, converti en poids d'après la base de conversion fixée par l'arrêté préfectoral, doit être payé par le planteur à raison de 8 francs par kilogramme de tabac manquant. Le chef du service de la culture, dans le département, fait établir ultérieurement un rôle nominatif des planteurs à la charge desquels ont été constatés des manquants. Ces rôles, rendus exécutoires par les préfets, sont recouvrables par les agents de l'administration des contributions indirectes dans les mêmes formes que les rôles des contributions directes. Les réclamations auxquelles ils peuvent donner lieu sont soumises au conseil de préfecture.

Retenue d'un centime. — Une retenue d'un centime par kilogramme admis à payement est opérée au profit de l'Etat sur le montant de chaque décompte en vertu des lois des 24 décembre 1814 et 21 avril 1832. Autrefois le produit de ce prélèvement formait un fonds départemental, dit Caisse du centime, dont l'administration appartenait au préfet. Ce fonds spécial servait à payer, notamment, les dépenses suivantes : indemnités allouées aux planteurs qui cultivent les porte-graines, indemnités aux indicateurs, à l'époque des inventaires ; vacation des membres des commissions d'expertise étrangers à l'administration, indemnités pour dommages causés par la grêle et autres accidents, primes pour constructions de séchoirs, frais de livraison des tabacs au magasin, etc. Aujourd'hui, il est pourvu à ces dépenses au moyen de crédits ordinaires, inscrits dans la loi de finances.

Caisse d'assurance des planteurs. — L'article 44 de la loi du 16 avril 1895 a prévu l'institution facultative, sur le vote conforme du conseil général, d'une caisse d'assurance mutuelle entre les planteurs d'un même département contre les avaries provenant d'accidents de force majeure, tels qu'inondations, grêle, ouragans. Dans les départements où elle a été instituée, cette caisse est alimentée par une seconde retenue sur le prix des tabacs livrés par les planteurs. La quotité de cette retenue est fixée par le conseil général, dans la limite d'un maximum de 5 centimes par kilogramme admis à payement, et le produit en est versé, comme dans le cas précédent, entre les mains du receveur principal des contributions indirectes, chargé d'en effectuer le reversement à la caisse du trésorier-payeur général du département.

L'organisation et le fonctionnement de ces caisses sont

réglés, dans chaque département, par un arrêté préfectoral. Le préfet préside le conseil d'administration et le
directeur des contributions indirectes, le chef du service
des tabacs, le trésorier-payeur général, le conseiller général faisant partie de la commission des permis en sont
membres de droit.

Culture pour l'exportation. — La loi du 28 avril
1816 a autorisé les planteurs des départements où la
culture était maintenue à cultiver pour l'exportation,
moyennant certaines garanties et au prix de certaines
formalités.

Nous n'entrerons pas dans plus de détails à cet égard,
la culture pour l'exportation étant limitée au seul département du Pas-de-Calais où trois où quatre planteurs se
livrent à cette culture.

II. — Fabrication

Le cadre de cet ouvrage ne saurait comprendre une
étude détaillée des procédés techniques à l'aide desquels
le tabac, livré par les planteurs, est transformé en objet
de consommation. Cependant, comme l'exploitation du
monopole de fabrication est confiée à l'administration
des manufactures de l'Etat, qui compte au nombre des
grandes régies financières, nous croyons devoir donner
un aperçu très sommaire des phases successives de la
fabrication.

Nous commencerons par décrire les opérations prépara-
toires qui ont lieu dans les magasins de tabacs en feuilles.
Parallèlement, nous indiquerons dans quelles conditions
sont acquises, reçues, expédiées en manufacture les matières premières que la régie se procure à l'étranger.

Nous exposerons ensuite, succinctement, comment s'opère la fabrication proprement dite dans les manufactures.

Opérations des magasins de tabacs en feuilles. — Elles comprennent : le *battage*, le *triage*, la *mise* et le *séjour en masses*, l'*écabochage* et le *coupage*, l'*emballage*.

Le *battage* a pour but de dégager le tabac des parties terreuses et de détruire l'adhérence des feuilles entre elles.

Le *triage* rectifie le classement et sépare les manoques par catégories d'égale humidité.

Ces deux opérations préliminaires terminées, les manoques sont *mises en masses* par qualité. Le séjour en masses développe une fermentation que l'on s'attache à maintenir modérée, de façon à donner aux feuilles la coloration voulue, et dont on assure l'homogénéité en procédant de temps à autre à des retournements, dont l'un au moins, avec secouage. Lorsque les tabacs ont atteint un degré de siccité convenable, on procède au démontage des masses.

Les feuilles qui ont conservé de fortes caboches sont soumises alors à l'*écabochage*, qui enlève l'excès de la partie ligneuse. Tous les tabacs légers, exclusivement destinés au scaferlati, subissent le *coupage*, qui a pour objet de retrancher, un peu au-dessous du lien, l'extrémité de la manoque contenant la partie forte de la côte. Les caboches sont détruites ; les coupures sont emballées séparément pour être utilisées dans les scaferlatis à prix réduit.

Les tabacs en feuilles sont ensuite empaquetés en des balles d'un poids de 400 kilogrammes à 550 kilogrammes et dirigés sur les manufactures, suivant les indications de l'administration.

Achat des tabacs exotiques. Opérations des magasins de transit. — L'administration des manufactures est obligée d'acheter à l'étranger non seulement les espèces de luxe qu'elle livre directement au consommateur (cigares de la Havane, etc.), mais encore des matières premières qui sont destinées à couper les tabacs indigènes dont la qualité n'est pas telle qu'à eux seuls ils puissent donner des produits suffisants.

Les acquisitions ont lieu soit à la suite d'adjudications, soit par des marchés de gré à gré, soit par la voie d'achats directs que le ministre a la faculté d'autoriser.

Les tabacs sont livrés dans les magasins de transit, au nombre de cinq, situés dans les ports de mer, ou exceptionnellement dans des établissements de l'intérieur préalablement désignés. Ils sont échantillonnés boucaut par boucaut ou balle par balle ; les échantillons sont rapprochés par l'administration centrale (service de l'expertise) des types d'adjudication, classés, retournés au magasin de transit, qui prend alors en charge les fournitures.

A partir de la prise en charge, les matières ou les produits deviennent la propriété de l'administration, qui en dispose suivant ses besoins.

Opérations des manufactures. — Les balles de tabacs en feuilles (indigènes ou exotiques) reçues par les manufactures sont arrimées dans les magasins d'approvisionnement de manière à être livrées à la fabrication par ordre d'ancienneté.

En sortant de ces magasins les feuilles passent à l'atelier de composition, où elles sont mélangées suivant la fabrication à laquelle elles sont destinées, conformément aux *états de composition* adressés chaque année par l'administration centrale aux directeurs de manufactures.

Ensuite commence la fabrication à proprement parler, qui comporte, pour chaque espèce de produits, un mode de préparation et un outillage distincts, qui se prolonge pendant un temps très variable, limité à quelques jours pour certains tabacs à fumer, s'étendant jusqu'à vingt-deux mois pour la poudre ou tabac à priser.

Toutes les fabrications débutent cependant par la même opération, qui est l'humectation des feuilles afin de leur donner la souplesse nécessaire pour la manipulation et de leur incorporer une quantité d'eau indispensable aux fermentations. Cette humectation se fait à des taux variables et d'après des méthodes différentes, selon le produit que l'on veut obtenir. Elle a lieu soit à l'eau salée, soit à l'eau pure.

Ceci dit, voici en quelques mots comment se fabrique chaque produit :

Pour obtenir le *tabac à priser*, les feuilles, hachées grossièrement, subissent une première fermentation à air libre où la température monte jusqu'à 84 degrés et qui dure de quatre à cinq mois, puis les matières passent au râpage. Le râpé, une fois sec, est mouillé et emmagasiné dans de grandes chambres en bois où il subit une fermentation d'une durée de dix mois, coupée par des transvasements qui uniformisent la masse. Il devient alors râpé parfait, et il est mis en tonneaux. Le but de la première fermentation est de diminuer la force et de développer l'arome du tabac, celui de la deuxième est de développer le montant.

Les *tabacs à mâcher* ou rôles se divisent en gros rôles, menu-filés et carottes. Les gros rôles et menu-filés sont obtenus en filant le tabac, après la mouillade, exactement comme une corde, à l'aide de rouets mécaniques et en pressant ensuite le filé sous une presse hydraulique. Les carottes se composent de quatre à huit bouts de rôle agglutinés pour ainsi dire par une pression prolongée.

Les procédés de fabrication du *tabac à fumer* ou scaferlati sont des plus simples, lorsqu'il s'agit d'espèces fines, qu'on fabrique par petites quantités ; ils sont plus compliqués pour les espèces ordinaires, qui sont produites par grandes masses. Dans le premier cas, l'art du fabricant

II 12

consiste à bien choisir les crus, à trier les feuilles avec soin, à prendre des précautions étudiées pour assurer la conservation de l'arome. Tout se borne à une mouillade légère, à un hachage minutieux, auquel succède le boitage. Dans le second cas, la mouillade est plus intense, elle est parfois suivie d'un écotage, puis viennent une série d'opérations mécaniques : hachage, torréfaction, passage au sécheur et finalement paquetage.

Chaque *cigare* se compose de trois parties : la cape, la sous-cape et la tripe. La cape est la robe du cigare, elle s'enroule en hélice autour de la sous-cape, qui contient la tripe, mélange de feuilles préparé à l'avance pour intérieur de cigares. Jusqu'en ces dernières années les cigares étaient presque tous, sans distinction de prix, fabriqués à la main. Des essais de fabrication mécanique effectués récemment ayant donné de bons résultats ces procédés vont être à peu près généralisés pour les espèces d'un prix peu élevé.

Au contraire, les *cigarettes* sont presque exclusivement obtenues par des machines d'une rare perfection.

Les tabacs fabriqués sont emballés dans des fûts qui sont plombés, puis revêtus de marques indiquant leur poids brut, ainsi que l'espèce et le poids net des tabacs qu'ils contiennent. Ce poids net est le poids effectif pour tous les tabacs autres que les cigares, les cigarettes et les rôles menu-filés. Mais on compte uniformément, quel que soit leur module, 250 cigares et 1.000 cigarettes au kilogramme. Quant aux rôles menu-filés, ils sont divisés en rouleaux, dont chacun est compté, quel que soit son poids réel, pour un hectogramme ou pour 50 grammes.

III. — Vente

L'exploitation du monopole de la vente est confiée à l'administration des contributions indirectes.

Elle l'exerce par l'intermédiaire d'agents, appelés entreposeurs, qui ont pour mission d'approvisionner les débits où s'effectue la vente aux consommateurs, et de percevoir les prix de vente aux débitants, dont le total forme le produit brut du monopole à porter en compte au budget.

L'exercice de ce monopole comporte donc une double échelle de formalités : la vente aux débitants par les entreposeurs et la vente aux consommateurs par les débitants (1).

Entreposeurs de tabacs fabriqués. — Ces agents sont nommés tantôt par décret, tantôt par arrêté du ministre des finances, suivant l'importance de l'entrepôt.

Les entreposeurs joignent, en général, à leurs fonctions celles de receveur principal ou de receveur particulier des contributions indirectes. Dans certaines grandes villes seulement, il existe des entreposeurs spéciaux, dont les fonctions se bornent à la gestion de leur entrepôt.

Les entreposeurs doivent s'approvisionner exclusivement dans les manufactures qui leur sont désignées par l'administration ; ils règlent leurs demandes de manière à maintenir constamment leur stock en proportion avec l'importance de la consommation dans leur circonscription.

(1) Exceptionnellement, quelques espèces de cigares, cigarettes et tabacs peuvent être livrées directement par les entreposeurs aux particuliers sous certaines conditions. Mais le prix de vente, qui est alors perçu par l'entreposeur, est bien entendu celui de la vente aux consommateurs et non celui du tarif applicable aux achats faits par les débitants.

Les tabacs leur sont adressés accompagnés d'un acquit à caution qui est déchargé par les employés du service actif des contributions indirectes, en résidence au siège de l'entrepôt. Avant de rédiger l'acte de décharge, ces employés doivent reconnaître, avec soin, l'état des colis et des plombs et s'assurer de la conformité des poids avec ceux qui sont énoncés au titre de mouvement. Ils constatent par des procès-verbaux administratifs ou judiciaires, suivant le cas, les avaries survenues en cours de route par suite de causes accidentelles.

Mais, indépendamment de ces avaries accidentelles, le tabac, très hygrométrique de sa nature, est sujet à des variations de poids, dues à l'absorption de l'humidité atmosphérique ou à l'évaporation de l'eau qu'il contient. Les excédents ou déchets, résultant de cette cause naturelle, doivent être pris en charge ou admis en décharge dans la comptabilité de l'entreposeur, pour tous les tabacs dits *en garenne*, c'est-à-dire livrés en vrac à la consommation. Il est de règle, toutefois, que les différences ne dépassant pas un kilogramme soient négligées. Ces excédents ou déchets sont constatés : à l'arrivée, par les employés du service actif, chargés de la reconnaissance des colis ; à la mise en vente, par les mêmes employés, qui doivent être appelés pour assister à l'ouverture de chaque colis ; enfin, sur les colis ouverts pendant la vente, par les employés supérieurs des contributions indirectes, qui doivent faire des visites fréquentes et inopinées dans les entrepôts de leur circonscription.

Les fractions de kilogramme négligées, tant sur la tare des colis que sur le poids net des tabacs en garenne, au moment de leur entrée dans le magasin de l'entrepôt réservent à l'entreposeur un boni suffisant pour couvrir les pertes accidentelles inhérentes aux opérations de livraison à chaque débitant. D'autre part, les qualités hygrométriques du tabac fabriqué sont telles qu'à moins de circonstances spéciales les excédents doivent l'emporter notablement sur les déchets. Les constatations qui conduisent à un résultat inverse sont de nature à faire suspecter la gestion des entreposeurs.

Les scaferlatis de luxe, les cigares et les cigarettes doivent être conservés dans un magasin surélevé au-dessus du rez-de-chaussée ; ils doivent être tenus, autant que possible, à l'abri de l'air et de la lumière. Les autres produits doivent être conservés dans des locaux sains, frais, mais non humides.

Les tabacs étant sujets à s'avarier, par suite d'un trop long séjour en magasin, il est prescrit de les mettre en vente dans l'ordre même de leur arrivée à l'entrepôt.

Les tabacs sont livrés aux débitants au vu d'une demande écrite et signée par eux (1) ; le prix en est perçu au comptant ; il est rigoureusement interdit aux entreposeurs de faire aucune vente à crédit sous quelque prétexte que ce soit.

Les espèces de tabac vendues et les perceptions effectuées sont récapitulées par l'entreposeur pour chaque livraison, sur une facture, qui est remise immédiatement au débitant ou à son représentant. Cette facture tient lieu d'acquit à caution pour le transport du tabac de l'entrepôt jusqu'au débit. Le transport doit, en outre, être effectué dans des sacs fournis par les débitants, mais plombés par les soins de l'entreposeur.

Débitants de tabac. — La création et la suppression des débits de tabac sont du ressort de l'administration centrale ; l'emplacement en est fixé par le directeur des contributions indirectes du département.

La nomination des débitants appartient au préfet, sur la proposition du directeur des contributions indirectes, pour

---

(1) Le minimum de chaque achat est, en principe, de 10 kilogrammes ; il peut être réduit par le directeur pour les débits de peu d'importance.

tous les débits simples, c'est-à-dire non annexés à une recette buraliste, et dont le produit ne dépasse pas 1.000 francs. Les titulaires de tous les autres débits sont nommés par le ministre des finances.

Le classement des demandes est effectué, dans les départements, par une commission composée du préfet, président ; d'un membre du conseil général, désigné par ses collègues ; d'un membre du conseil de préfecture, désigné par le préfet ; d'un des directeurs des services financiers du département, également désigné par le préfet, et du directeur des contributions indirectes. La commission de classement, instituée près du ministre des finances, est composée de neuf membres, choisis parmi les membres du Parlement et parmi les conseillers d'Etat en service ordinaire ou extraordinaire.

En principe, les titulaires de débits simples sont astreints à la résidence et à la gestion personnelle. Cependant, sur l'avis conforme des commissions de classement, ils peuvent être autorisés soit à confier la gérance à un tiers, soit à résider en dehors de la localité où se trouve leur débit. Les gérants doivent être agréés par le préfet pour les débits dont il nomme les titulaires, par le directeur des contributions indirectes pour tous les autres. Une copie des conventions intervenues entre le titulaire et le gérant doit être remise, dans tous les cas, au directeur départemental.

Les débitants de tabac font partie de l'administration ; ils prêtent serment et sont soumis, en principe, aux mêmes incompatibilités que tous les autres fonctionnaires publics. Ils peuvent concourir à la répression de la fraude sur les tabacs, mais ils n'ont pas qualité pour verbaliser en toutes autres matières, par exemple, en matière de boissons, à moins qu'une commission spéciale ne leur ait été délivrée à cet effet et qu'ils n'aient prêté le serment prescrit par l'article 20 du décret du 1er germinal an XIII.

Les débitants ne peuvent vendre le tabac qu'aux prix et conditions fixés par le tarif de vente au public. Ils ne doivent livrer les tabacs, dits à prix réduits, qu'en se conformant aux dispositions adoptées en vue d'empêcher que ces tabacs ne soient détournés de leur destination.

Les tabacs à prix réduits sont : les tabacs de cantine, les tabacs d'hospice et les tabacs de zones.

Les tabacs de cantine ne peuvent être vendus qu'aux troupes ou à certaines catégories d'agents assimilés, tels que les préposés ou marins des brigades de douane, les gardes forestiers, etc.

Les tabacs d'hospice sont exclusivement destinés à la consommation des individus nécessiteux ou malades recueillis dans les établissements hospitaliers.

La vente des scaferlatis à prix réduits, connus sous le nom de tabacs de zones, a pour but d'enrayer, par une concurrence de prix, l'infiltration des tabacs de provenance étrangère dans les parties du territoire les plus exposées à la fraude par suite de leur situation géographique. Le nombre, l'étendue et la classification des zones, ainsi que les prix de vente des tabacs à l'intérieur de chacune d'elles, sont fixés par des règlements d'administration publique. Les zones sont actuellement au nombre de trois. Afin d'empêcher, autant que possible, l'introduction des tabacs à prix réduits dans les arrondissements où la vente n'en est pas licite, les entreposeurs ne sont autorisés à les livrer aux débitants que dans la limite d'un contingent maximum fixé annuellement pour chaque débit par le directeur des contributions indirectes, et par fractions au plus égales au vingt-quatrième du contingent annuel. De leur côté, les débitants ne doivent pas vendre, à un même acheteur, plus d'un hectogramme à la fois du tabac du prix le plus bas, dont la vente est autorisée dans la zone.

Les débitants de tabacs sont soumis à l'exercice des employés des contributions indirectes. Ils doivent leur représenter toutes les factures des achats faits à l'entrepôt depuis le dernier exercice (1). Ces factures sont prises en charge sur un livret *ad hoc* ; les employés constatent ensuite les restes en magasin et établissent, par différence, le montant des ventes. Ils s'attachent à reconnaître si les tabacs représentés sont conformes à ceux qui ont été livrés par l'entrepôt, si ces tabacs sont emmagasinés dans de bonnes conditions, si les poids et balances utilisés pour la vente aux consommateurs sont exacts et, d'une manière générale, si toutes les prescriptions réglementaires sont observées, notamment en ce qui concerne la vente des tabacs à prix réduits.

En outre des obligations générales résultant de la réglementation de la vente, les débitants sont encore astreints, à titre de charge d'emploi, à vendre, moyennant des remises proportionnelles, des allumettes chimiques, des timbres-poste, cartes postales, enveloppes et bandes timbrées et des timbres de quittances. La vente des autres papiers timbrés et figurines de timbre proportionnel n'est obligatoire (et n'est autorisée) que dans les débits dont les titulaires ou gérants ont été spécialement désignés et commissionnés à cet effet par l'administration de l'enregistrement. Les débitants, expressément désignés par le ministre des finances, sont, en outre, tenus de supporter l'installation et la garde de boîtes aux lettres.

_____

(1) Les factures, recueillies chez les débitants, sont transmises au directeur et au sous-directeur de la circonscription qui doit les rapprocher des livres de comptabilité de l'entreposeur.

CHAPITRE II

ALLUMETTES

L'impôt de consommation, établi sur les allumettes chimiques par la loi du 4 septembre 1871, est perçu à l'aide du monopole de la fabrication et de la vente, exploités l'un et l'autre directement par l'État depuis le 1er janvier 1890 (1).

Nous allons résumer succinctement, comme pour les tabacs, les conditions d'exercice de ces deux monopoles.

1. — Fabrication

La fabrication des allumettes, confiée à l'administration des manufactures de l'État, comporte principalement les opérations suivantes : la confection des tiges en bois ou en cire, la mise en presse, le soufrage ou le paraffinage, la

(1) Jusqu'en 1895 la préparation et la vente des matières premières entrant dans la composition des allumettes chimiques, n'étaient soumises à aucune réglementation spéciale. Depuis la loi du 16 avril 1895, la fabrication, la circulation, la vente et l'emploi du phosphore sont soumis à la surveillance de l'administration des contributions indirectes. Les fabriques sont exercées en permanence.

La loi du 30 juin 1907 a subordonné à l'autorisation préalable (qui a pour effet de soumettre leurs établissements à la surveillance intermittente des employés de la régie) tous les fabricants de bois d'allumettes blanches ou soufrées, de mèches d'allumettes de cire ou de stéarine. de matières propres à la préparation des pâtes chimiques, et enfin de boîtes vides ou cartonnages destinés à contenir des allumettes.

préparation des pâtes chimiques et le trempage, le séchage, le dégarnissage des presses, l'emboîtage, le paquetage et l'emballage.

Confection des tiges. — Les tiges carrées en bois sont en partie fabriquées en France, avec du bois de peuplier, et en partie achetées en Russie où elles sont faites avec le tremble. Les arbres, livrés en grume, sont écorcés, sciés en tronçons de deux mètres de longueur environ, débités enfin en madriers et en billots ayant la longueur des futures allumettes. Ces billots sont eux-mêmes découpés mécaniquement. Puis, les tiges ainsi obtenues sont séchées sur des claies, qu'on expose pendant une heure environ sous des sortes de tunnels ventilés à air chaud.

Les tiges en cire sont préparées en trempant, dans un bain de stéarine et de cire fondues, des fils de coton, préalablement enroulés sur un cylindre, en quantité plus ou moins grande, suivant le diamètre de la tige que l'on veut obtenir. Les mèches ainsi confectionnées, après avoir traversé plusieurs filières, sont enroulées par longueurs constantes sur des tambours et passent à la mise en presse.

Mise en presse. — La mise en presse pour allumettes en bois a lieu mécaniquement à l'aide de la machine Walch ou de la machine Sebold.

Dans le premier système, les tiges rangées à la partie supérieure appelée magasin tombent par couches horizontales séparées les unes des autres, sur des plaquettes mobiles garnies de drap. L'ensemble de ces plaquettes est maintenu dans un cadre en fer, qui constitue la presse proprement dite. Dans le second système, les tiges tombent du magasin dans une plaque à tubes qui les déverse entre les plaquettes de la presse que l'on serre ensuite avec une traverse mobile. La mise en presse des allumettes de cire se fait mécaniquement à l'aide de la machine Muzard, qui découpe les tiges à la longueur de l'allumette au fur et à mesure qu'elle garnit les plaquettes de presse.

Soufrage et paraffinage. — Cette opération a pour but d'enduire les tiges en bois de soufre ou de paraffine sur une partie de leur hauteur, afin de faciliter la combustion. Le paraffinage est réservé aux allumettes dites suédoises.

Préparation des pâtes et trempage. — Les tiges, toujours maintenues dans les presses, sont, après le soufrage ou le paraffinage, trempées dans la pâte chimique qui forme le bouton de l'allumette et qui est à base de chlorate de potasse et de sesquisulfure de phosphore.

Séchage. — Les presses, disposées sur des chariots, séjournent dans un séchoir le temps nécessaire pour que les boutons sèchent et durcissent ; puis, elles sont envoyées aux ateliers de dégarnissage.

Dégarnissage des presses. — Avant de dégarnir les presses, les ouvrières ont soin de les *épurer*, c'est-à-dire d'enlever les tiges dont l'extrémité aurait échappé à la trempe chimique. Elles rangent ensuite les allumettes, par poignées, dans des récipients appelés *bateaux* qui servent à les transporter à l'emboîtage. Les allumettes en cire sont emboîtées au fur et à mesure du dégarnissage et en nombre variable suivant la contenance des boîtes. Le dégarnissage s'effectue aussi parfois mécaniquement.

Emboîtage, paquetage et emballage. — L'emboîtage ou le paquetage, suivant les cas, ont lieu soit à la main, soit à la machine. Puis les boîtes, après avoir été vignetées, sont réunies en paquets de 20 ou 40 et emballées dans des caisses, prêtes à être expédiées aux négociants (**1**).

(1) Actuellement les manufactures d'Aubervilliers et d'Aix sont dotées de machines continues, inventées par deux ingénieurs des manufactures de l'Etat, MM. Sévène et Cahen. Ces appareils effectuent mécaniquement toutes les opérations de la fabrication. Les machines sont constituées par une chaîne composée de plaquettes métalliques, percées de trous dans lesquels sont fichés les tiges d'allumettes. Cette chaîne, dans son mouvement, fait successivement passer les tiges

II. — Vente

Le monopole de la vente des allumettes est exercé conjointement par l'administration des manufactures de l'Etat et par la régie des contributions indirectes.

L'administration des manufactures de l'Etat est chargée d'approvisionner directement les négociants en gros.

L'administration des contributions indirectes a pour mission de recouvrer le prix des commandes faites par ces négociants et de veiller à l'exécution des obligations imposées, dans l'intérêt du monopole, tant aux marchands en gros qu'aux simples détaillants.

On n'a pas jugé nécessaire de créer, pour l'exploitation du monopole des allumettes, des entrepôts de vente, analogues aux entrepôts de tabacs fabriqués, gérés par des agents de l'Etat. On a seulement divisé les commerçants en deux catégories distinctes, au point de vue de la réglementation de la vente : les négociants en gros, autorisés à s'approvisionner directement dans les manufactures, et les simples détaillants.

Marchands en gros. — Sont considérés comme marchands en gros d'allumettes et, par conséquent, soumis à toutes les obligations imposées à ces négociants, non seulement tous les commerçants qui s'approvisionnent d'allumettes dans les manufactures pour les revendre aux

dans les bassins où elles sont garnies successivement de soufre et de pâte chimique. Le séchage s'effectue pendant le trajet que parcourt la chaîne, avant que les allumettes soient dégarnies, c'est-à-dire, extraites des plaquettes pour tomber dans les tiroirs des boîtes coulisses, qui sortent de la machine remplies et fermées.

La main d'œuvre pour le service de cette machine est réduite à l'alimentation en tiges d'allumettes et en boîtes vides ; à la réception des boîtes pleines, et au remplissage des bassines à soufrer et à chimiquer.

détaillants, mais encore tous ceux qui se livrent à la vente
en demi-gros, c'est-à-dire qui achètent des allumettes pour
les revendre partie à des détaillants, partie à des consommateurs, alors même qu'au lieu de s'approvisionner directement dans les manufactures, ils font leurs achats chez
d'autres négociants.

Toutefois, lorsque des détaillants, syndiqués à cet effet,
font une commande collective à une manufacture, ils sont
admis à profiter du tarif de vente en gros sans que, par le
fait de la répartition ultérieure de la commande entre les
intéressés, ils se trouvent astreints aux obligations des
marchands en gros. De même lorsque, accidentellement,
un détaillant cède quelques paquets d'allumettes à un de
ses confrères qui en est dépourvu, ce fait, pourvu qu'il
soit exceptionnel, n'est pas considéré comme une vente en
gros.

Déclaration préalable. — Tous les négociants patentés
peuvent être admis à exercer le commerce en gros des
allumettes chimiques, à la charge seulement de faire une
déclaration préalable.

Cette déclaration, souscrite sur papier timbré, doit contenir l'engagement par le négociant de se soumettre à
toutes les obligations imposées par la loi et les règlements.
Elle est reçue et enregistrée par le receveur buraliste de
la régie, qui en délivre à l'intéressé une ampliation tenant
lieu de commission.

Approvisionnements et commandes. — Les marchands
en gros doivent avoir constamment en magasin un approvisionnement de tous les types d'allumettes, dites réglementaires, ainsi que des allumettes, dites de luxe, demandées par les consommateurs de la région. Afin de faciliter
aux commerçants l'accomplissement de cette obligation,
tout en leur évitant l'achat de caisses complètes pour des
types dont la vente est peu active, il a été créé une caisse
d'échantillons, renfermant quelques paquets de tous les

produits fabriqués par les manufactures, à l'exception toutefois des types de vente courante, dont le stock en magasin doit toujours être important.

Les marchands en gros doivent en principe s'approvisionner à la manufacture dans la circonscription de laquelle se trouve leur magasin. Ils ont cependant la faculté de tirer tout ou partie de leurs approvisionnements des magasins de leurs confrères (1).

La vente aux commerçants en gros par les manufactures s'effectue par caisses entières, comprenant, pour chaque commande, un poids minimum de 500 kilogrammes. Les prix présentent, sur ceux de la vente au public, une atténuation de 16 pour 100 pour les commandes formant un poids brut total d'au moins 5.000 kilogrammes et seulement de 14 pour 100 pour les achats de 500 à 5.000 kilogrammes. Les prix fixés comprennent la valeur des emballages, ainsi que les frais de transport par chemin de fer, ces derniers frais devant être payés directement par la manufacture à la compagnie après livraison des colis expédiés.

Les commandes sont remises, en double expédition, par le négociant au receveur local (sédentaire ou ambulant) des contributions indirectes. Le marchand en gros doit déposer en même temps, entre les mains de ce comptable, l'engagement écrit et dûment cautionné d'acquitter le prix des allumettes demandées, dans les huit jours qui suivront la date de l'*expédition*. Il peut être suppléé à cette dernière obligation par la présentation d'une caution annuelle, agréée, sous sa responsabilité, par le receveur principal des contributions indirectes, ou encore, par la consignation du prix de la commande.

Les receveurs locaux transmettent, sans retard, les

---

(1) Les quantités, ainsi transportées de magasin à magasin, doivent être accompagnées de laissez-passer délivrés par les receveurs buralistes de la régie.

commandes qu'ils reçoivent à la manufacture chargée de l'approvisionnement ; ils en avisent également le directeur ou le sous-directeur de la régie, par l'envoi de la seconde expédition.

L'administration du monopole se réserve, en principe, le délai d'un mois pour satisfaire aux demandes des négociants. Dès que les caisses ont été remises au chemin de fer, la manufacture expéditrice avise le directeur ou le sous-directeur du lieu de destination, et le prix de la commande devient alors recouvrable dans les mêmes formes que les constatations ordinaires en matière de contributions indirectes, sans qu'il y ait lieu d'attendre la remise des colis au destinataire. Le fait seul de l'envoi rend donc exigible le montant de la commande, l'administration se considérant comme déchargée par le fait de la remise au chemin de fer, et c'est au négociant qu'il appartient d'exercer, le cas échéant, son recours contre la compagnie chargée du transport, en se conformant aux usages commerciaux.

Les allumettes expédiées voyagent accompagnées d'une expédition, délivrée par la manufacture expéditrice, et qu'on désigne improprement sous le nom d'acquit à caution. Ce titre de mouvement est uniquement destiné à recevoir l'accusé de réception du destinataire ; il est retourné (sans avoir été déchargé par les employés de la régie) à la manufacture ; par la compagnie du chemin de fer pour le règlement des frais de transport.

Les commerçants sont admis, sous réserve de certaines garanties et après que la malfaçon a été dûment et régulièrement constatée par le service local, à renvoyer les allumettes dont la qualité aurait donné lieu à des réclamations. La manufacture d'origine, après expertise, accorde, s'il y a lieu, le remplacement des produits défectueux.

Vente aux détaillants. — En ce qui concerne la vente aux détaillants, les marchands en gros s'engagent expressément dans la déclaration préalable qu'ils remettent, comme nous l'avons vu, au receveur buraliste, à consentir une remise d'au moins 10 pour 100 à tous les détaillants qui s'approvisionnent dans leurs magasins, et à accorder des remises uniformes à tous les détaillants d'une même commune, sans exception. Les marchands en gros peuvent aussi adopter, pour la vente aux détaillants, une échelle de remises proportionnées à l'importance des achats, mais à la double condition que la plus faible des remises consenties soit au moins de 10 pour 100 et, qu'en outre, la même échelle soit appliquée, sans distinction, à tous les détaillants d'une même commune.

Registre d'entrées et de sorties. — Les marchands en gros doivent tenir un registre, sur lequel ils inscrivent, au fur et à mesure des opérations, toutes les quantités d'allumettes qu'ils reçoivent ou qu'ils livrent. On tolère, toutefois, que les jours où la vente est très active, les sorties ne soient inscrites qu'en bloc, à la fin de la journée. Le livre d'entrées et de sorties doit être représenté par le négociant à toute réquisition des fonctionnaires et employés ayant qualité pour effectuer chez lui des visites ou vérifications.

Visites et inspections. — Les marchands en gros d'allumettes s'engagent expressément à se soumettre aux visites et vérifications des inspecteurs des finances et des employés de l'administration des contributions indirectes.

Détaillants. — La vente au détail des allumettes chimiques, au lieu d'être réservée, comme pour les tabacs, à des débitants en nombre limité et ayant, en quelque sorte, le caractère de fonctionnaires publis, peut être effectuée par tout commerçant patenté, sous la seule condition d'une déclaration préalable.

Cette déclaration est reçue par le receveur buraliste de la régie, qui en délivre une ampliation aux intéressés, pour leur tenir lieu de commission.

Les détaillants ont la faculté de s'approvisionner chez tel négociant en gros ou demi-gros qu'ils jugent convenable, soit dans leur département, soit même en dehors du département dans lequel ils résident.

Les allumettes ne peuvent circuler et être mises en vente qu'en boîtes ou paquets fermés revêtus de la vignette de la régie.

La déclaration préalable n'est pas exigée des débitants de tabac, pour lesquels la vente au détail des allumettes est, ainsi que nous l'avons vu, une charge d'emploi (1).

(1) Au moment où ce livre est sous presse le Gouvernement vient de déposer un projet de loi instituant un impôt sur les briquets pyrogènes dont l'emploi porte préjudice au monopole. D'après ce projet, voté par la Chambre des députés le 15 décembre dernier, les fabricants de briquets pyrogènes devront obtenir de l'administration des contributions indirectes une autorisation *toujours révocable*. Ces industriels seront soumis aux visites des agents de la régie.

Les briquets en métal commun ne pourront être vendus que dans les débits de tabac. Ceux en or, en argent ou en platine pourront être vendus par les bijoutiers.

Les appareils n'ayant pas plus de 10 centimètres sur une quelconque de leurs dimensions seront frappés d'un impôt de 2 francs par appareil en métal commun, de 5 francs par appareil en argent, de 20 francs par appareil en or ou platine. Les appareils ayant une dimension supérieure seront frappés d'un impôt de 5 francs par appareil en métal commun, de 10 francs par appareil en argent, de 40 francs par appareil en or ou platine.

Le payement de l'impôt sera constaté par l'apposition d'une estampille sur chaque appareil fabriqué en France ou importé.

Toutes les fraudes seront punies des mêmes peines que les fraudes sur les allumettes et, en outre, du quintuple des droits fraudés.

Les appareils dont l'usage était toléré avant le vote de la loi tels, par exemple, que les briquets à silex, sont exempts du nouvel impôt.

CHAPITRE III

POUDRES A FEU

Le monopole de la fabrication et de la vente des poudres de chasse, de mine et de commerce, ainsi que celui du raffinage des salpêtres, est exercé par l'État depuis 1775. Il a été établi aussi bien dans un but de sécurité publique qu'en vue d'un intérêt fiscal.

Un décret du 9 novembre 1865 avait ajouté aux attributions de la direction générale des tabacs le service des poudreries et des raffineries de salpêtre. Mais, par un décret du 13 novembre 1873, ce service fut replacé sous l'autorité et la direction du ministre de la guerre. Le monopole de la fabrication des poudres à feu est donc exercé actuellement par une administration complètement étrangère au ministère des finances.

Quant au monopole de la vente, il est exploité par l'administration des contributions indirectes, absolument dans les mêmes conditions et par l'intermédiaire des mêmes agents que le monopole de la vente des tabacs. La seule différence consiste dans la limitation du nombre des agents, entreposeurs ou débitants, autorisés à cumuler la vente des poudres à feu avec celle des tabacs.

L'État a renoncé, en 1875, au monopole de la fabrication et de la vente de la dynamite. Depuis la loi du 8 mars 1875, la dynamite et les explosifs à base de nitro-glycérine peuvent être fabriqués dans les établissements particuliers, moyennant l'observation des mesures de sauvegarde prescrites par le décret du 15 octobre 1810 sur les établissements dangereux, incommodes et insalubres, et le payement d'un impôt de fabrication (~~1 fr. 50 par kilogramme~~), dont la perception est assurée par l'exercice permanent des fabriques. Les frais de cet exercice sont supportés par le fabricant et réglés annuellement par le ministre des finances. Le droit de fabrication sur la dynamite rapporte 2.740.000 francs à l'Etat (évaluation du budget de 1911).

CHAPITRE IV

CONTENTIEUX

Les règles générales que nous avons exposées en traitant du contentieux suivi par l'administration des contributions indirectes s'appliquent, dans leur ensemble, aux litiges dont l'objet se rattache à la gestion des monopoles. Cependant, sur quelques points particuliers, il convient de signaler de légères divergences.

Tout d'abord, il faut remarquer qu'il ne peut jamais y avoir lieu à une instance civile, parce que par le fait même du monopole conféré à l'Etat les objets imposables ont toujours supporté les droits avant leur introduction dans la circulation, hormis le cas de fraude, justiciable des tribunaux correctionnels. Toutes les affaires contentieuses en matière de tabacs, d'allumettes et de poudres à feu ont donc nécessairement pour origine une infraction aux lois et règlements qui définissent les droits du monopole.

Au point de vue de la suite qu'elles comportent, ces infractions doivent être distinguées en deux catégories :

1° Les contraventions au régime spécial de la culture autorisée ;

2° Les contraventions en matière générale de fraude.

I. — Contraventions au régime spécial
de la culture autorisée.

Ces contraventions sont celles qui sont constatées à la
charge de *planteurs munis de permis* pour violation des
dispositions générales de la loi ou des dispositions particulières de l'arrêté préfectoral portant règlement de la
culture dans le département ; telles sont les infractions
au règlement pour : plantations *non clandestines*, sur des
pièces de terre autres que celles qui avaient été déclarées, excédents de plantations au delà d'un cinquième,
inobservation ou observation tardive des dispositions concernant les semis, la transplantation, l'écimage, l'épamprement, l'ébourgeonnement, la dessiccation, le triage et
le manoquage, etc. La double condition que la fraude
soit commise par un planteur muni de permis et qu'elle
constitue une violation formelle d'un article de la loi ou
du règlement de culture est nécessaire pour que cette
fraude rentre dans la catégorie des contraventions au
régime spécial de la culture autorisée. Ainsi les plantations illicites faites par des particuliers non munis de
permis ne rentrent pas dans cette catégorie.

Les contraventions au régime spécial de la culture diffèrent des contraventions ordinaires en matière de contributions indirectes, en ce que la constatation de la
fraude et la suite *administrative* à donner au procès-verbal appartiennent, en principe, à l'administration des
manufactures de l'État (service de la culture et des magasins). La régie des contributions indirectes n'intervient
que si le procès-verbal comporte une suite judiciaire :
elle est alors chargée de diriger les poursuites dans les
formes que nous avons indiquées plus haut.

Ainsi, la constatation de la fraude doit être faite par des employés assermentés du service de la culture. Les procès-verbaux doivent être rédigés à la requête du directeur général des manufactures de l'État, mais aux poursuites et diligences du directeur des contributions indirectes du département, lequel fait élection de domicile chez l'employé supérieur des tabacs (directeur, inspecteur, entreposeur de tabacs en feuilles), chargé de la suite administrative de l'affaire. Ces procès-verbaux font foi en justice, jusqu'à preuve contraire.

Lorsque l'affaire doit être portée en justice, le dossier est remis au directeur des contributions indirectes. Mais le pouvoir de transiger, avant comme après jugement, appartient exclusivement à l'administration des manufactures de l'État ; il est exercé par le chef local du service de la culture ou par le directeur général, selon le montant des amendes et confiscations encourues.

Les pénalités sont fixées par les règlements de culture. Elles peuvent consister simplement dans l'interdiction de cultiver le tabac pendant une ou plusieurs années, lorsque la contravention relevée n'entraîne aucune présomption de fraude, et consiste uniquement dans une infraction aux dispositions purement administratives du règlement, telle que l'observation tardive des prescriptions concernant la transplantation, l'écimage, etc. Les interdictions de culture, momentanées ou définitives, sont prononcées, comme nous l'avons vu, par les commissions chargées d'examiner les déclarations.

. Les autres pénalités sont prévues par la loi et consistent, comme en matière de contributions indirectes, en confiscations et amendes, dont le produit est réparti entre le Trésor et les verbalisants. Ces pénalités peuvent, en outre, entraîner pour les planteurs l'interdiction de la culture pendant une ou plusieurs années.

II. — Autres contraventions

Toutes les autres contraventions au régime des monopoles, telles que les ventes ou fabrications frauduleuses,
le colportage, etc., rentrent dans la catégorie des contraventions ordinaires en matière de contributions indirectes,
et sont constatées et suivies dans les formes et conditions
que nous avons exposées. Il y a lieu de retenir, toutefois,
les dispositions spéciales aux primes d'arrestation et au
mode de réalisation du produit des objets saisis.

En général, l'arrestation d'un fraudeur en matière de
contributions indirectes ne donne lieu à l'allocation d'aucune prime, si ce n'est, le cas échéant, la prime de capture
accordée à tout gendarme chargé d'exécuter un mandat
d'amener. Mais, dans le but de pousser à la répression du
colportage et de la contrebande des tabacs et des allumettes, on a cru devoir, par exception, allouer une prime
spéciale à tout individu préposé ou non (à l'exception des
indicateurs, s'il en existe) qui participe à l'arrestation
d'un colporteur ou d'un contrebandier. Cette allocation est
de 15 francs ou de 10 francs par chaque personne arrêtée,
suivant que la fraude concerne le monopole des tabacs et
des poudres ou celui des allumettes. La prime n'est due
qu'autant que la légitimité de l'arrestation a été dûment
constatée par l'autorité compétente. Pour qu'elle soit
exigible, il faut donc que les fraudeurs aient été amenés
devant le juge et que celui-ci les ait retenus et fait
incarcérer, ou bien que, ayant été conduits devant le
directeur des contributions indirectes, ils n'aient été
relâchés qu'après avoir fourni caution ou après avoir signé
une transaction.

Le prix des objets saisis, lorsque la confiscation en a été

régulièrement validée, ne peut être réalisé par la voie
ordinaire d'une vente publique après saisie ; cette vente
aurait, en effet, pour conséquence d'introduire dans la circulation des produits non conformes aux types admis par
le monopole. On a donc dû organiser une procédure spéciale pour l'estimation de la somme à répartir entre les
intéressés.

Les tabacs saisis sont expertisés, autant que possible, en
présence des saisissants, par les soins d'une commission
composée du directeur des contributions indirectes (ou du
sous-directeur), président ; de l'entreposeur des tabacs et
d'un délégué du service de la culture, désigné par le
directeur des tabacs. Lorsque ce dernier service n'est pas
représenté dans la localité où a eu lieu l'expertise, la commission est complétée, à défaut d'un agent de la culture,
par un troisième agent des contributions indirectes désigné par le directeur du département. Les tabacs sont
classés dans l'une des quatre catégories suivantes : 1° tabacs
propres à la fabrication du tabac ordinaire ; 2° tabacs de
cantine ou de zone, propres à être vendus sans préparation nouvelle : 3° tabacs propres seulement à la fabrication
du tabac de cantine ; 4° tabacs impropres à toute fabrication et devant être détruits. Le décret du 1er octobre 1872
fixe les prix d'estimation qui doivent être attribués aux
tabacs classés dans l'une des trois premières catégories.
Ces prix sont répartis par moitié entre le Trésor et les
intéressés. Le même décret fixe la prime à allouer aux
saisissants lorsque les tabacs ayant été rangés dans la
quatrième catégorie doivent être détruits. Cette prime
leur est alors attribuée intégralement sans qu'il y ait
lieu à partage avec le Trésor.

Les poudres saisies sont envoyées dans les poudreries
ou détruites, s'il s'agit de quantités minimes. Leur valeur,
à raison de 3 francs le kilogramme, est répartie entre le
Trésor et les saisissants.

Les allumettes de fraude qui ont fait l'objet d'une saisie ne peuvent être ni vendues dans leur état actuel, ni remises en œuvre pour être utilisées dans la fabrication ; elles doivent donc toujours être détruites. La valeur en est répartie entre les parties prenantes ordinaires (Trésor et saisissants).

CHAPITRE V

ORGANISATION ET ATTRIBUTIONS DE L'ADMINISTRATION
DES MANUFACTURES DE L'ÉTAT

Comme toutes les grandes régies financières, l'administration des manufactures de l'Etat comprend une direction générale, sous les ordres immédiats du ministre des finances, et un service extérieur dans les départements.

I. — Administration centrale

Le personnel de la direction générale se compose d'un directeur général, de deux administrateurs, de deux ingénieurs en chef inspecteurs, tous nommés par décret, et d'un certain nombre de chefs et sous-chefs de bureaux, de rédacteurs principaux et ordinaires, qui sont nommés, suivant l'importance de leur grade, soit par le ministre des finances, soit par le directeur général.

Le directeur général, avec l'aide des administrateurs, conduit et centralise la gestion de la régie des manufactures ; il forme avec les administrateurs le conseil d'administration chargé de statuer sur toutes les questions intéressant le monopole.

Les ingénieurs en chef inspecteurs, placés sous les ordres immédiats du directeur général, assurent par des tournées fréquentes dans les départements le contrôle supérieur du service et du personnel ; ils sont chargés de l'étude des questions spéciales indiquées par le directeur général et à ce titre ils peuvent être envoyés en missions exceptionnelles soit à l'intérieur, soit à l'étranger.

A la direction générale se rattachent : 1° l'école d'application où les élèves ingénieurs et les vérificateurs stagiaires complètent leur instruction technique et professionnelle ; 2° le service central des constructions et des installations mécaniques, dirigé par un ingénieur en chef assisté d'ingénieurs, qui a pour mission d'assurer, avec le concours du personnel technique des manufactures, les constructions et les réparations des bâtiments, du matériel et de l'outillage ; 3° le service de l'expertise, à la tête duquel est un directeur assisté d'ingénieurs. Ce service est chargé de la réception des tabacs étrangers en feuilles ou en produits fabriqués, de la réception, de la conservation et de l'expédition des cigares de la Havane livrés par contrats spéciaux et, finalement, du contrôle des produits fabriqués dans les manufactures.

II. — Administration départementale

Les services extérieurs de l'administration des manufactures de l'Etat sont répartis entre un certain nombre de directions régionales qui se divisent en trois catégories : celles qui comprennent seulement une manufacture (de tabacs ou d'allumettes), celles qui comprennent seulement une circonscription de culture avec un ou plusieurs magasins de tabacs en feuilles et, enfin, celles qui comprennent à la fois une manufacture de tabacs et un service de culture et de magasins. Le chef de service porte, suivant les cas, le titre de directeur de manufacture, directeur de la culture et des magasins ou directeur des tabacs.

Les directeurs, nommés par décret, ont pour mission, notamment, de correspondre avec l'administration centrale au sujet de tous les incidents de service qui doivent être portés à sa connaissance, d'arrêter le chiffre des transactions dans les limites de leur compétence, de tenir le contrôle de leur personnel, et lorsqu'ils ont une circonscription de culture, de vérifier sur place la bonne exécution du service. Enfin, ils sont ordonnateurs secondaires, dans leurs circonscriptions, pour toutes les dépenses qui se rattachent au service de la régie.

L'organisation des directions régionales est nécessairement très différente suivant qu'il s'agit d'assurer un service de manufacture ou un service de culture et de magasins. Nous allons donc exposer la composition et les attributions du personnel de chacune de ces deux branches du service dans les départements.

Service des manufactures. — Le personnel des manufactures se subdivise lui-même en deux catégories, suivant la nature des travaux et opérations qui lui incombent, savoir : le personnel de la fabrication, le personnel du contrôle et de la comptabilité.

Le personnel de la fabrication est chargé d'effectuer toutes les opérations techniques qui permettent de transformer le tabac livré par les planteurs dans les manufactures de la régie ou acheté à l'étranger en objet de consommation, ou de fabriquer les allumettes chimiques. Ce personnel se compose pour chaque manufacture, en outre du directeur, d'un ingénieur, éventuellement d'un sous-ingénieur, et d'un certain nombre de commis, agents techniques du cadre secondaire, préposés et ouvriers (ou ouvrières). Les directeurs, ingénieurs, sous-ingénieurs et élèves ingénieurs se recrutent exclusivement soit par l'École polytechnique, soit parmi les agents techniques des manufactures remplissant les conditions fixées par le décret du 11 novembre 1899 et l'arrêté ministériel du

30 novembre 1899. Ils sont nommés par le ministre des finances. Les commis, les agents techniques se recrutent par voie de concours et sont nommés par le directeur général. Les préposés (chefs de service, contremaîtres, surveillants) sont recrutés, dans les conditions fixées par l'article 69 de la loi du 21 mars 1905, parmi les anciens militaires. A défaut de candidats militaires ils peuvent être admis à la suite de concours ouverts dans chaque manufacture et nommés également par le directeur général. Enfin, les ouvriers sont pris, conformément aux dispositions de la loi de 1905, précitée ou à défaut, parmi les candidats civils. Les ouvrières sont choisies par le directeur de chaque manufacture.

Le personnel du contrôle et de la comptabilité dans les manufactures a pour mission d'assurer l'exacte prise en charge des matières à mettre en œuvre, et de suivre, sous une forme comptable, l'emploi de ces matières jusqu'au moment où la manufacture s'en trouve régulièrement déchargée. Ce service est dirigé, dans chaque manufacture, par un agent supérieur, qui porte le titre de contrôleur de manufacture. La comptabilité des matières (réceptions, livraisons aux ateliers, emmagasinage et expéditions à l'extérieur) incombe également au contrôleur dans les manufactures de tabacs ; en sa qualité d'agent comptable, il est soumis à la juridiction de la Cour des comptes. Dans les manufactures d'allumettes, il n'existe pas de contrôleurs ; la comptabilité-matières est tenue dans ces établissements par un garde-magasin. Ces agents se recrutent par la voie du concours ; ils sont nommés par le directeur général, à l'exception des contrôleurs de manufactures, qui sont nommés par le ministre des finances.

La réunion des agents supérieurs, c'est-à-dire du directeur, de l'ingénieur et du contrôleur, auxquels est adjoint le sous-ingénieur, avec voix consultative, forme pour chaque établissement le *conseil de manufacture*. Ce conseil

est appelé à délibérer sur toutes les opérations intéressant la gestion de l'établissement, sur les procédés de
fabrication et la fixation des mises en œuvre, sur le projet
de budget, sur les marchés à passer, sur la vente des
objets hors d'usage, etc. Il se réunit, en outre, obligatoi-
rement, chaque jour, pour conférer sur la situation du
service et régler l'ordre des travaux. Les procès-verbaux
de ces conférences journalières sont envoyés, à la fin de
chaque mois, à l'administration centrale.

Service de la culture et des magasins. — Ce service
a pour mission, d'une part, la surveillance de la culture
du tabac et, d'autre part, la comptabilité et les opérations
des magasins de tabacs en feuilles, dans les conditions
que nous avons sommairement exposées.

Il est dirigé, dans chaque région, par un directeur, sous
l'autorité immédiate duquel sont placés un ou plusieurs
inspecteurs-entreposeurs, suivant que la direction comporte un ou plusieurs magasins. L'inspecteur-entreposeur
est le chef du magasin ; en outre, il seconde et supplée, au
besoin, le directeur dans toutes les parties du service qui
concernent spécialement la culture ou les magasins. L'inspecteur-entreposeur doit, enfin, vérifier l'exécution du service par de fréquentes tournées dans les sections d'exercice.

La surveillance de la culture est exercée sur place par
des sections, composées généralement d'un vérificateur ou
d'un commis de culture, qui sont réunies par groupe, sous
l'autorité d'un agent appelé contrôleur de culture. Ce
dernier agent se transporte alternativement dans chacune
des sections placées sous ses ordres ; il participe à leurs
travaux sur le terrain et procède à des contre-vérifications
pour s'assurer de la sincérité des opérations, notamment à
l'époque des inventaires.

Le service de chaque magasin est dirigé soit, comme il
a été dit, par un inspecteur-entreposeur de tabacs en

feuilles, soit, dans les magasins d'Algérie et de transit, par un entreposeur, qui est comptable des matières dont il a la garde et soumis, en cette qualité, à la juridiction de la Cour des comptes. L'entreposeur est encore chargé de faire donner aux tabacs indigènes certaines mains-d'œuvre que nous avons décrites sommairement.

A côté de l'entreposeur, chef responsable du service dans son magasin, se trouve placé un agent supérieur qui porte le titre de contrôleur principal. Il a pour mission de tenir la comptabilité administrative du magasin (comptes de salaires et fournitures, bordereaux mensuels des dépenses en argent, etc.). Il doit, en outre, rédiger un journal où sont consignées ses observations sur les méthodes de travail, les procédés de manutention, et, généralement, toutes les parties du service. Il adresse un rapport annuel à l'administration centrale. Les contrôleurs principaux attachés aux magasins de culture ont, en même temps, sous leurs ordres une circonscription de culture.

La réunion du directeur, de l'inspecteur-entreposeur et du contrôleur principal forme le *conseil de magasin*, qui se réunit et délibère dans les mêmes conditions que le conseil de manufacture. Les procès-verbaux des conférences journalières sont envoyés à l'administration centrale.

Tous les agents de *première série* du service de la culture et des magasins (directeurs, inspecteurs-entreposeurs, contrôleurs et vérificateurs) se recrutent au concours et sont nommés par le directeur général, à l'exception des directeurs qui sont nommés par décret. Les agents de *seconde série* (commis de culture) sont recrutés dans les conditions prévues par la loi du 21 mars 1905 parmi les sous-officiers comptant au moins dix ans de service. A défaut de candidats militaires, il peut être pourvu aux emplois disponibles par voie de concours. Ces agents sont nommés par le directeur général.

TITRE V

TAXES D'OCTROI

La majeure partie des communes tirent leurs ressources du produit des centimes additionnels, des taxes assimilées et de leur domaine. La plupart des grandes villes, beaucoup de petites villes, quelques communes rurales perçoivent en outre sur certains objets de consommation locale des taxes indirectes qui ont reçu le nom de droits d'octroi. Les octrois, qui existaient sous l'ancien régime et que la Révolution fit disparaître, furent rétablis par la loi du 5 ventôse an VII. Bien que l'on reproche, à juste titre, à ces impôts qui pèsent fréquemment sur des objets de première nécessité, d'être improportionnels, d'entraver les transactions commerciales, de gêner les simples particuliers aussi bien que les négociants, d'impliquer des frais de perception démesurés, leur suppression complète n'a pu encore être réalisée. Un premier pas a été fait, cependant, dans cette voie par la loi du 29 décembre 1897 qui a obligé les communes à dégrever dans une large mesure les droits sur les boissons hygiéniques. Bien que l'application de cette loi, qui ne laissait pas de présenter de sérieuses difficultés, ait été successivement ajournée par diverses lois de sursis, toutes les communes furent mises en demeure d'y obéir à partir du 1er janvier 1901. Certaines d'entre elles, allant au delà des obligations qui leur étaient imposées, firent disparaître toute taxe sur les boissons hygiéniques ; d'autres, telles que la ville de Lyon, supprimèrent complètement leur octroi, n'en gardant qu'une taxe sur l'alcool.

L'impulsion paraît être donnée et, dans quelques années, le législateur pourra, sans doute, abroger complètement des impôts vexatoires, improportionnels au premier chef, qui dans leur ensemble ne rapportent aujourd'hui aux 1.500 communes, environ, qui en bénéficient qu'une somme brute de 275 millions, à peu près, dont le neuvième est absorbé par les frais de perception (1).

Au reste si, quant à présent, le législateur a été conduit à maintenir les octrois contre son gré, il a toujours disposé qu'une tutelle très étroite serait exercée par les pouvoirs publics sur l'établissement, le mode d'assiette et de perception de ces impôts, non pas seulement parce qu'il est de principe que les finances locales soient surveillées par l'État, mais surtout parce que des taxes indirectes établies uniquement en vue de besoins locaux pourraient nuire à l'économie générale de la nation.

Nous verrons donc apparaître, de façon presque constante, l'intervention du pouvoir central au cours des développements qui vont suivre.

Nous traiterons successivement de l'établissement des octrois, de la fixation des tarifs, du mode d'assiette, du mode de perception, pour exposer en terminant le contentieux et l'organisation du service. Nous dirons, enfin, quels rapports existent entre les administrations des octrois et la régie des contributions indirectes, quelles redevances sont versées par les villes au Trésor, quelles rémunérations sont allouées par l'État aux agents des communes.

---

(1) Avant que la loi du 29 décembre 1897 fût appliquée en 1900, le produit des taxes d'octroi s'élevait à 355.408 980 francs, dont 173.275.384 francs pour la ville de Paris, le surplus se répartissant entre 1.503 communes. Les frais de perception dépassaient 29 millions.

1. — Etablissement des octrois.

Les communes sont autorisées à établir, sous le nom d'octrois municipaux et de bienfaisance, *des taxes locales frappant les marchandises destinées à être consommées dans l'intérieur du lieu sujet.* Telle est la définition classique des droits d'octroi qui n'ont donc pas, comme on a été parfois tenté de le croire, le caractère de droits de douane destinés à protéger l'industrie locale contre la concurrence des industries similaires, mais bien celui d'impôts de consommation.

Les taxes d'octroi sont établies par délibération du conseil municipal approuvée par décret rendu en Conseil d'État, après avis du conseil général. En votant l'institution d'un octroi, le conseil municipal ne doit pas se borner à en poser le principe ; il doit arrêter le règlement relatif à la perception, fixer le périmètre, déterminer le tarif, le mode de gestion, etc.

Dans le projet de règlement peuvent être insérées toutes dispositions que les autorités locales jugent à propos d'édicter, à la condition qu'elles soient en harmonie avec les prescriptions de la loi et des décrets. Une fois établis, les règlements ne peuvent plus être modifiés que par une délibération du conseil municipal approuvée dans les formes que nous venons d'indiquer.

Sous réserve de l'approbation à intervenir, les conseils municipaux déterminent comme ils l'entendent le périmètre de l'octroi, c'est-à-dire les limites du territoire auxquelles la perception s'étend. Ils ne sont nullement tenus d'accepter les limites de l'agglomération qui fixent la perception des droits d'entrée au profit du Trésor ; ils peuvent englober dans le rayon les dépendances rurales entièrement détachées du lieu principal, même les hameaux ; il leur est enfin loisible d'établir un double périmètre : le premier comprenant la partie agglomérée de la population et correspondant à un tarif complet, le second comprenant seulement les dépendances rurales, les habitations éparses ou les hameaux, correspondant à un tarif restreint ou moins élevé. Les grandes villes sont même autorisées, afin de circonscrire le champ de la fraude, à établir des perceptions dans les communes de leur banlieue, à la double condition que les recettes faites dans les banlieues appartiennent aux communes dont elles sont composées et que les conseils municipaux de ces communes soient consultés au préalable. Toute modification au périmètre de l'octroi doit être approuvée par décret en Conseil d'État.

Les communes qui ont établi un octroi peuvent naturellement le supprimer. Les délibérations prises dans ce sens par les conseils municipaux sont soumises à l'avis du conseil général et à l'approbation préfectorale.

II. — Fixation des tarifs.

Les délibérations qui portent établissement d'un octroi déterminent les objets auxquels s'applique l'impôt et le tarif des taxes conformément aux dispositions du tarif général ou tarif-type annexé au décret de 1870.

Tarif général. — Le tarif général présente la nomenclature des objets sur lesquels il peut être établi des taxes d'octroi ; en regard de chacun des articles il indique le maximum des droits applicables. Ce maximum varie selon la population agglomérée des communes, divisées à cet effet en six catégories : communes de moins de 4.000 habitants, de 4.000 à 10.000, de 10.000 à 20.000, de 20.000 à

50.000, de 50.000 à 100.000, villes au-dessus de 100.000 habitants.

Les objets imposables sont eux-mêmes répartis entre un certain nombre de classes : la première concerne les boissons et liquides, c'est-à-dire les vins, cidres, poirés, hydromels, bières, alcools, vinaigres et limonades gazeuses ; — la seconde s'applique aux comestibles et comprend notamment la viande de boucherie, la charcuterie, les volailles, le gibier, le beurre, les poissons, les fromages, les huiles ; — la troisième comprend les combustibles tels que le bois à brûler, le charbon, le coke, les bougies, etc. ; — la quatrième concerne les fourrages, c'est-à-dire le foin, la paille, l'avoine, le son et l'orge ; — dans la cinquième classe (matériaux), on rencontre la chaux, le ciment, le plâtre, les métaux et les bois destinés à la construction ; — enfin, sous le titre d'objets divers, figurent, dans la sixième classe, les savons, vernis, couleurs, etc.

Tarif local. — Un conseil municipal qui veut établir un octroi doit faire un choix parmi les articles compris dans la nomenclature du décret de 1870 et adopter pour chacun d'eux un tarif inférieur ou égal au maximum prévu. Toutefois, il *peut* être autorisé par décret rendu en Conseil d'Etat, après avoir pris l'avis du conseil général, à inscrire dans le tarif local, des objets qui ne figurent pas au tarif général ou dont l'imposition n'est pas prévue dans les villes de la catégorie à laquelle appartient la commune (1). Il peut également être admis, sous réserve de la même approbation, à appliquer des tarifs excédant les maxima. Le gouvernement a toute latitude pour accorder ou rejeter la demande que les conseils municipaux lui

---

(1) Ainsi une commune de moins de 10.000 âmes peut obtenir l'autorisation d'imposer les oranges et citrons, qui figurent bien au tarif général, mais qui, d'après le même tarif, ne doivent être taxés que dans les communes de plus de 10.000 âmes.

présentent dans ce sens. Il n'y accède qu'autant qu'il y a nécessité absolue, étant donné la situation financière des villes intéressées, de déroger aux dispositions du décret de 1870 et si les objets dont l'inscription au tarif d'octroi est réclamée ne sont pas des objets de commerce général, qu'ils n'ont pas davantage le caractère de denrées de première nécessité, enfin qu'ils ne sont pas déjà frappés de taxes élevées au profit du Trésor. Par exemple, les meubles ne sauraient être imposés parce qu'ils ne constituent pas, à proprement parler, des objets de consommation locale, mais bien des objets de commerce général susceptibles d'être exportés au dehors du périmètre de l'octroi (décret du 21 mai 1875). Les farines, les pâtes alimentaires, les légumes, le lait et les laitages ne doivent pas non plus être frappés de droits d'octroi parce que ce sont des denrées de première nécessité (décret du 20 novembre 1875). La jurisprudence a également rejeté toute imposition du sucre et de ses dérivés, du café, du thé, du poivre, des épices, etc., qui sont frappés de droits de diverse nature au profit du Trésor, par la raison que toute aggravation d'impôt aurait pour effet d'en restreindre la consommation et, par suite, de porter atteinte aux intérêts de l'Etat (décrets des 20 novembre 1875, 31 décembre 1876, 31 décembre 1877, etc.).

Des raisons analogues ont conduit à des dispositions particulières pour l'imposition des boissons et des huiles végétales et minérales. Les taxes d'octroi ne peuvent excéder le droit d'entrée perçu pour le compte du Trésor, en ce qui concerne l'alcool. Avant la loi du 29 décembre 1897, qui crée une législation tout à fait nouvelle sur les boissons hygiéniques, les taxes d'octroi sur les vins et cidres ne pouvaient dépasser le double du droit d'entrée, établi à l'époque au profit de l'Etat. Nous verrons quelques lignes plus loin que la loi de 1897 a encore abaissé très notablement ces limites. — Les communes qui veulent instituer des taxes plus élevées, notamment sur l'alcool, doivent demander la sanction législative, qui intervient par des lois spéciales autorisant la perception de ce qu'on appelle des *surtaxes*.

Les tarifs locaux, une fois approuvés, sont valables pour une période déterminée. Tous renouvellements, toutes modifications doivent être autorisés par décret rendu en Conseil d'Etat. Exceptionnellement, sont exécutoires par elles-mêmes les délibérations des conseils municipaux prononçant la prorogation ou l'augmentation des taxes d'octroi pour une période de cinq ans au plus, sous la réserve qu'aucune des taxes ainsi maintenues ou modifiées n'excède le maximum déterminé par le tarif général et ne porte sur des objets non compris dans ce tarif. Quant au renouvellement des surtaxes, il ne peut avoir lieu qu'en vertu d'une loi spéciale.

Législation nouvelle. — La loi du 29 décembre 1897 a profondément modifié la législation des octrois en ce qui touche la tarification des boissons. Cette loi, qui a été appliquée d'une manière générale depuis le 1er janvier 1901, a eu pour objet d'obliger les communes à abaisser les droits d'octroi sur les boissons dites hygiéniques, c'est-à-dire sur les vins, cidres, bières et eaux minérales, dans des proportions qu'elle détermine en fixant de nouveaux maxima.

Pour remplacer le produit des taxes diminuées ou supprimées, les conseils municipaux sont autorisés à établir, sous réserve de l'approbation préfectorale, certaines taxes désignées par la loi, savoir : 1° des droits d'octroi sur l'alcool pouvant atteindre le double du droit d'entrée, décimes compris ; 2° des licences municipales ; 3° un droit de 30 centimes au maximum par bouteille sur tous les vins en bouteilles ; 4° des taxes sur les chevaux et voitures, sur les billards, les cercles et les chiens.

Les communes peuvent en outre établir, dans les condi

tions de la loi du 5 avril 1884, de nouveaux centimes additionnels jusqu'à 20 au maximum. Enfin elles sont également autorisées à pourvoir au remplacement de leurs taxes d'octroi en organisant, selon les formes et conditions prévues par la loi municipale et sous réserve de l'approbation législative, des taxes directes ou indirectes.

La loi de 1897 interdit dorénavant la création ou l'élévation des taxes d'octroi sur les vins, cidres, bières et eaux minérales. Ce n'est qu'exceptionnellement que les tarifs actuels n'atteignant pas le maximum prévu par la loi pourront être portés à ce maximum en vertu de décrets rendus en Conseil d'Etat.

III. — Mode d'assiette

L'impôt des octrois est assis sur tous les objets compris au tarif local qui sont consommés à l'intérieur du lieu sujet, soit qu'ils viennent de l'extérieur, soit qu'ils soient récoltés, préparés ou fabriqués dans les limites du territoire soumis à l'impôt.

Deux cas sont donc à envisager : ou bien les objets sont introduits dans la ville, ou bien ils sont produits à l'intérieur du lieu sujet.

Objets introduits dans un lieu sujet à octroi. — Tout porteur ou conducteur d'objets compris au tarif de l'octroi est tenu de faire une déclaration quand il pénètre dans le lieu sujet au bureau de recette le plus voisin (1).

(1) Les compagnies de chemins de fer sont assimilées aux transporteurs ordinaires, seulement elles ne sont soumises à la déclaration qu'au moment de l'arrivée dans la gare où les objets imposés doivent être livrés aux destinataires et non lors de l'introduction dans la ville.

Les déclarants doivent indiquer la nature, la quantité, le poids ou le nombre des objets introduits. Ils sont tenus d'exhiber les lettres de voiture, connaissements, chartes-parties, ainsi que les expéditions délivrées par la régie. Les employés de l'octroi contrôlent les déclarations, font sur les bateaux, voitures et autres moyens de transport toutes les visites, recherches et perquisitions nécessaires pour reconnaître l'exactitude des déclarations.

L'impôt est liquidé d'après les déclarations ainsi vérifiées et il est immédiatement perçu, à moins que les objets introduits ne fassent que traverser la ville ou que le déclarant ait réclamé et obtenu la faculté d'entrepôt.

Transit. — Tout conducteur d'objets soumis à l'octroi qui veut traverser un lieu sujet doit en faire la déclaration à l'entrée et se munir d'une expédition appelée *passe-debout*. Le passe-debout est délivré moyennant le cautionnement ou la consignation des droits, ou encore, si les introducteurs ne peuvent ni faire cautionner, ni consigner l'impôt, à la condition que le chargement soit escorté depuis l'entrée jusqu'à la sortie de la ville.

Le passe-debout doit être apuré dans les trois jours, soit par la mise en entrepôt, soit par un certificat de sortie délivré dans les vingt-quatre heures par les préposés attachés à la surveillance des portes et barrières qui voient sortir les objets introduits et qui en attestent l'identité, soit enfin par le paiement des droits. En cas de séjour au delà de vingt-quatre heures d'objets introduits sur passe-debout dans le lieu sujet, le conducteur est tenu de faire, dans ce délai et avant tout déchargement, une déclaration de transit à l'un des bureaux d'octroi. Il indique le lieu où les objets sont déposés, s'engage à les représenter à toute réquisition, à les réexpédier dans les délais fixés par le règlement local. Pendant toute la durée du séjour, le passe-debout reste déposé au bureau et, par suite, la consignation ou le cautionnement du droit subsistent.

Si le passe-debout n'est pas apuré trois jours après qu'il a été délivré et s'il n'y a pas eu déclaration de transit, les droits exigibles sont retenus ou réclamés.

Entrepôt. — En matière d'octroi il existe deux sortes d'entrepôt : l'entrepôt commercial et l'entrepôt industriel.

L'entrepôt commercial est la faculté donnée à un commerçant résidant dans un lieu sujet à octroi de recevoir et d'emmagasiner, sans acquittement du droit, des marchandises qui y sont assujetties et auxquelles il réserve une destination extérieure. C'est l'analogue de ce que l'on appelle tout simplement l'entrepôt en matière de douane.

L'entrepôt industriel permet de recevoir en franchise, à domicile, les combustibles et les matières premières employés pour la fabrication ou la préparation de produits destinés au commerce général. C'est, dans une certaine mesure, l'équivalent de l'admission temporaire.

Entrepôt commercial. — Les règlements locaux déterminent les objets pour lesquels l'entrepôt est accordé, ils fixent également les quantités minima qu'il faut introduire une première fois pour avoir droit à l'entrepôt, qui peut être réel ou fictif.

L'entrepôt fictif, c'est-à-dire à domicile, est concédé à tous les marchands en gros ou en demi-gros qui en font la demande ; il peut être refusé aux détaillants par le règlement local. Les marchandises pour lesquelles la faculté d'entrepôt est réclamée sont déclarées dans les formes ordinaires à l'entrée. Seulement, au lieu de payer l'impôt, les déclarants prennent l'engagement d'acquitter le droit sur les quantités dont la sortie de la commune ne serait pas régulièrement établie. En échange, il leur est remis un bulletin d'entrepôt (1). Les agents de l'octroi

(1) Dans la pratique, on opère de façon quelque peu différente.

sont ainsi à même de prendre en charge sur des portatifs
les quantités entrées en entrepôt. Ils connaissent les quantités sorties par les déclarations que font les négociants,
au bureau de l'octroi, des objets entreposés qu'ils veulent
expédier au dehors. Ces déclarations donnent lieu à la
délivrance de bulletins qui accompagnent les objets jusqu'aux portes et barrières, où le retrait en est effectué après
annotation d'un certificat de sortie. Les préposés de l'octroi font à domicile toutes les vérifications nécessaires pour
constater les quantités restantes et dégager les manquants
qui représentent la consommation locale. Ils établissent
ensuite le décompte des droits dus.

L'entrepôt réel a lieu dans des magasins qui sont placés
sous la surveillance directe de l'administration municipale. Les objets y entrent dans les mêmes conditions que
les marchandises entreposées à domicile. Ils en sont retirés, soit pour être expédiés à l'extérieur, — et en ce cas
l'entrepositaire doit se munir d'une expédition et rapporter ensuite un certificat de sortie délivré par le préposé
aux portes, — soit pour être livrés à la consommation dans
la commune, alors le payement des droits doit être immédiatement effectué. Les précautions très minutieuses qui
sont prises à la sortie et pour la surveillance et la garde
des objets déposés dans l'entrepôt réel rendent inutile la
tenue de comptes détaillés.

Entrepôt industriel. — L'entrepôt industriel n'est pas
moins nécessaire en matière d'octroi que l'entrepôt commercial. S'il importe, en effet, de donner aux négociants
toutes facilités pour la circulation de leurs produits, il est
essentiel de permettre aux industriels établis dans un lieu

L'habitude s'est introduite de ne pas faire la déclaration d'entrepôt
au bureau d'entrée, de réclamer simplement un passe-debout et
d'apurer ce passe-debout par une déclaration d'entrepôt qui est reçue
au bureau central de l'octroi. On devine que ces errements ont été
adoptés pour simplifier le travail des écritures en centralisant dans
un même bureau toutes les déclarations d'entrepôt.

sujet de fabriquer à aussi bon compte que leurs concurrents de l'extérieur et, par suite il faut, de toute nécessité, leur accorder la franchise des droits sur le combustible
et les matières premières employées à la préparation ou à
la fabrication de produits taxés ou non taxés au tarif de
l'octroi. C'est pour cela que les décrets des 12 février 1870
et 19 juin 1888 disposent que, si les produits à fabriquer
ne sont pas taxés, les industriels sont affranchis de tout
droit d'octroi sur les matières premières aussi bien que sur
les produits fabriqués ; si, au contraire, les produits sont
taxés, les intéressés doivent payer les droits dus sur les
produits fabriqués livrés à la consommation à l'intérieur
du lieu sujet, mais non sur les matières premières. Une
seule restriction a été apportée à ce principe : l'entrepôt
n'est pas accordé pour les matières premières dans le cas
où la somme à percevoir, à raison des quantités pour
lesquelles elles entrent dans un produit fabriqué n'atteint
pas un quart pour cent de la valeur de ce produit.

Les décrets précités décident que l'exemption s'applique
aux établissements industriels et aux manufactures de
l'État. La question s'est fréquemment posée de savoir ce
qu'il fallait entendre par ces termes, et si l'on a généralement admis que dans l'expression « manufactures de
l'État », précisée, d'ailleurs, et étendue par divers autres
actes réglementaires, il fallait comprendre les arsenaux
de la guerre, de la marine, les magasins des diverses
administrations, on a longuement discuté la portée du
terme « établissements industriels ». La jurisprudence
permet aujourd'hui de conclure que l'expression s'applique à toutes les industries exercées dans un lieu sujet, du
moment où elles produisent des objets de commerce
général, c'est-à-dire des objets propres à la généralité des
consommateurs et non exclusivement affectés aux habitants de la commune. Ainsi un industriel qui répare, ajuste
ou fabrique sur commande des serrures ne peut prétendre

à la franchise pour le charbon qu'il consomme, alors qu'un industriel qui fabrique des serrures ou des objets de quincaillerie pour la vente en gros doit être admis à l'entrepôt pour le fer, le charbon, etc.

La concession de l'entrepôt industriel aurait pour conséquence de soumettre les ateliers de fabrication et les magasins à l'action des employés de l'administration, si le décret du 12 février 1870, afin d'éviter des vérifications très délicates et d'une exécution parfois impossible, n'autorisait la conclusion d'abonnements individuels, valables pour un an, qui doivent représenter l'équivalent des taxes dues sur toutes les matières premières et particulièrement sur les combustibles employés, non à la fabrication, mais à la consommation de maison et de famille. Grâce à cette faculté, dont usent toutes les municipalités, pour ainsi dire, les intéressés sont affranchis des exercices moyennant le payement d'une redevance fixée à forfait.

Objets récoltés, préparés ou fabriqués dans l'intérieur du lieu sujet. — Toute personne qui récolte, prépare ou fabrique, dans l'intérieur du lieu sujet, des objets compris au tarif est tenue d'en faire la déclaration et d'acquitter immédiatement le droit, si elle ne réclame pas la faculté d'entrepôt. Les préposés peuvent reconnaître à domicile les quantités récoltées, préparées ou fabriquées et faire toutes vérifications nécessaires pour prévenir la fraude.

Nous ne saurions sur ce point donner des détails plus étendus. Chaque règlement d'octroi renferme des dispositions particulières, variables selon les localités et selon la nature des produits.

IV. — Mode de perception

Les droits d'octroi sont, en règle générale, perçus au comptant, à l'entrée des lieux sujets. Ils ne sont constatés que dans le cas où il y a mise en entrepôt, et alors l'impôt est liquidé et perçu à la suite des recensements, ou encore quand il y a abonnement.

Nous venons de voir que les municipalités étaient autorisées à passer des abonnements avec les industriels pour les combustibles et les matières premières qu'ils consomment. Le montant doit en être versé par douzièmes et d'avance. En dehors de ce cas particulier, le législateur a, par crainte des abus, interdit tous abonnements individuels. Mais il a autorisé les abonnements collectifs avec une classe de redevables. Ces abonnements, qui ne sont exécutoires qu'après approbation préfectorale impliquent l'adhésion de toutes les personnes exerçant le même commerce. Les intéressés s'engagent à payer à la commune par douzièmes, de mois en mois et d'avance, une somme fixe dont ils sont solidairement responsables. Les abonnements ne sont valables que pour une période de trois années au plus.

V. — Contentieux

Les difficultés qui surviennent entre l'administration d'un octroi et les particuliers sont de deux natures différentes : elles peuvent porter sur une question de tarif, lorsqu'il y a contestation sur le fond même du droit, — elles peuvent, au contraire, résulter d'un procès-verbal rapporté par les agents.

Affaires civiles.— Les contestations sur l'application du tarif, sur la quotité du droit, les affaires civiles, en un mot, sont de la compétence des juges de paix. Par exception, les contestations qui se rapportent tout à la fois à l'octroi et aux contributions indirectes sont portées devant les tribunaux de première instance, qui prononcent en chambre du conseil, selon les formes prescrites pour les jugements en matière de droits d'enregistrement ou de contributions indirectes, sans que les parties intéressées aient le droit d'interjeter appel, la voie du recours en cassation leur étant seule ouverte.

Contraventions et délits. — Si les affaires civiles sont exceptionnelles en matière d'octroi, il n'en est pas de même des contraventions.

Toutes les contraventions doivent être constatées par procès-verbaux signés par un préposé au moins, affirmés par lui dans les vingt-quatre heures devant le juge de paix et enregistrés dans les délais voulus. Les procès-verbaux réguliers font foi jusqu'à preuve contraire.

L'initiative et la direction des poursuites appartiennent au maire lorsque l'affaire est exclusivement relative à l'octroi. Il a le droit de faire remise, sous l'approbation du préfet, par voie de transaction, de la totalité ou de partie des condamnations encourues, même après jugement. Lorsque, au contraire, il y a saisie commune, le directeur des contributions indirectes est compétent pour suivre ; il a également toute qualité pour transiger.

L'action est toujours du ressort du tribunal correctionnel qui statue sans pouvoir accorder de circonstances atténuantes, à moins qu'il ne s'agisse d'affaires communes à la régie et à l'octroi (1). Il peut être interjeté appel dans

---

(1) Depuis la loi du 25 février 1901, en cas d'affaires communes à

les dix jours conformément aux dispositions du Code d'instruction criminelle.

Le produit net des contraventions aux règlements de l'octroi est attribué moitié à la commune, moitié aux saisissants.

VI. — Organisation des octrois

Des systèmes très différents ont été et sont encore, dans quelque mesure, adoptés par les conseils municipaux pour la perception des droits d'octroi. Dans nombre de petites communes on afferme le produit des taxes, ou bien on organise ce qu'on appelle la régie intéressée, qui se rapproche singulièrement de la ferme. Le fermage et la régie intéressée sont en décroissance et sont remplacés par un traité passé entre les communes et l'administration des contributions indirectes, qui, moyennant une redevance fixée à forfait, se charge de l'assiette et de la perception des droits ; dans la plupart des villes de quelque importance on a recours au système de la régie simple.

Régie simple. — La régie simple est la perception de l'octroi sous l'administration immédiate du maire. C'est au maire qu'il appartient de diriger le service, de régler la composition du personnel, ses attributions. Il ne nomme pas cependant les préposés, mais il présente, pour chaque place vacante, trois candidats parmi lesquels le sous-préfet choisit. Il peut demander ou proposer des révocations, qui sont prononcées par le préfet.

Régie intéressée. Ferme. — La régie intéressée consiste à traiter avec un régisseur à la condition d'un prix fixe et

la régie et à l'octroi, les tribunaux peuvent faire application de l'article **463** du Code pénal.

d'une portion déterminée dans les produits excédant le prix principal et la somme abonnée pour les frais. En principe, la somme abonnée pour les frais ne peut excéder 12 pour 100 du prix fixe du bail.

La ferme est l'adjudication pure et simple des produits d'un octroi, moyennant un prix convenu, sans partage de bénéfices et sans allocation de frais.

Quel que soit le mode de perception adopté (ferme ou régie intéressée), il doit être procédé par voie d'adjudication, que préside le maire dans les villes de 5.000 âmes et au-dessus, le sous-préfet dans les autres communes, en présence du directeur des contributions indirectes ou de son délégué. Ne sont admises aux enchères que les personnes d'une moralité, d'une solvabilité et d'une capacité reconnues. L'adjudication n'est définitive qu'autant que l'adjudicataire a fourni les cautionnements exigés, qu'il a justifié du versement du premier mois d'avance, qu'enfin le résultat des opérations a été approuvé par le préfet.

Le traité une fois passé, pour une durée qui ne peut excéder trois ans, le prix stipulé n'est plus susceptible d'être modifié, à moins que des changements ne soient apportés au tarif ou que le rayon de la perception ne soit étendu ou restreint. Le cas échéant, le prix de l'adjudication est augmenté ou réduit par des conventions particulières entre la commune et le régisseur ou le fermier. Ces conventions sont soumises à l'approbation du préfet.

Les adjudicataires ont *naturellement* le libre choix de leurs préposés, qui doivent cependant tenir leurs commissions des préfets. Ils peuvent les révoquer à volonté, mais ce droit appartient également aux préfets, qui en usent sur la proposition des sous-préfets, maires, directeurs des contributions.

En ce qui concerne le contentieux, les pouvoirs des fermiers ou régisseurs sont des plus limités. Aucune instance ne peuve être introduite, aucune transaction ne

peuve être consentie sans l'autorisation des maires qui
conservent la faculté de modérer les pénalités. L'administration des contributions indirectes reste seule compétente pour suivre les affaires contentieuses toutes les fois
que les saisies ont été opérées dans l'intérêt commun
des droits d'octroi et des droits imposés au profit du
Trésor.

Mais ce régime — nous le répétons — tend à disparaître. Aujourd'hui les communes ou bien traitent avec
l'administration des contributions indirectes ou bien dirigent elles-mêmes le service.

Traités de gestion. — Les communes sont autorisées à
traiter de gré à gré avec la régie des contributions indirectes, non pour affermer le produit de l'impôt, mais pour
régler à forfait les frais de personnel. Ces conventions,
qui ne deviennent définitives qu'après avoir été approuvées
par le ministre des finances, ont pour conséquence de
remettre la perception et le service de l'octroi entre les
mains des agents des contributions indirectes. Si les chefs
de service de la régie jugent à propos de faire seconder
leurs employés par des préposés d'octroi, ils fixent eux-
mêmes le nombre et le traitement de ces préposés, dont la
nomination appartient au sous-préfet, le maire conservant
simplement son droit de présentation.

Préposés en chef. Surveillance de la régie sur les octrois.
— Les octrois sont placés sous la surveillance du ministre
des finances qui donne les instructions générales nécessaires pour assurer l'uniformité et la régularité du service, pour régler l'ordre de la comptabilité particulière à
ces établissements. C'est la régie des contributions indirectes qui veille à l'application de ces dispositions, tant
au moyen de vérifications périodiques faites par les inspecteurs départementaux que par l'examen des documents
que les administrations d'octroi transmettent périodiquement aux sous-directeurs et directeurs.

Afin d'assurer un contrôle permanent sur les octrois ayant quelque importance, la loi donne au ministre le droit d'instituer, même d'office, un préposé en chef dans toutes les communes où les produits annuels du droit d'octroi s'élèvent au moins à 20.000 francs et de fixer, sur la proposition du conseil municipal, le traitement de cet agent qui est payé par la commune. Le préposé en chef est nommé par le préfet sur une liste de trois candidats présentés par le maire ; il ne peut être révoqué que par le ministre. Ses attributions principales sont de surveiller toutes les parties du service et d'en rendre compte à l'administration dont il dépend. Toutefois, dans les octrois qui sont en régie simple, par la force des choses, son rôle se trouve étendu ; tout en restant le représentant officiel du ministre, il devient, en fait, le véritable directeur du service.

VII. — Rapport des octrois et de la régie. Redevances réciproques.

Il y a entre les administrations d'octroi et la régie des contributions indirectes un échange continuel de services.

I. — Les agents de l'octroi coopèrent au service des contributions indirectes en réclamant les expéditions, en vérifiant les chargements, en rapportant procès-verbal des fraudes ou contraventions qu'ils découvrent, en exigeant, à l'occasion de chacune des expéditions qu'ils délivrent, un droit de timbre de 10 centimes dont le produit advient au Trésor.

Dans les villes où des droits d'entrée sont établis, les receveurs d'octroi encaissent, en même temps que les taxes locales, le montant de ces droits dont ils sont comptables vis-à-vis de l'État. L'administration des contributions indi-

rectes en exige le versement à des intervalles aussi rapprochés qu'elle le juge à propos ; elle fait vérifier périodiquement les registres de perception par ses agents. De ce
chef, les préposés d'octroi reçoivent des remises calculées
proportionnellement aux recettes qu'ils perçoivent, suivant
un tarif décroissant.

II. — De leur côté, les employés de la régie concourent
au service des octrois en constatant tous délits relatifs aux
droits d'octroi et en suivant les exercices à l'intérieur du
lieu sujet chez les entrepositaires de boissons et chez les
brasseurs et distillateurs. Les règles d'exercice, les cas et
le mode de perception étant les mêmes (1), ils n'ont qu'un
seul compte à tenir. Ils constatent les droits d'octroi sur
leurs portatifs avec ceux du Trésor et en remettent des
états certifiés aux receveurs de l'octroi qui en opèrent le
recouvrement. Les communes tiennent compte au Trésor
des dépenses occasionnées par l'exercice des entrepositaires en versant à l'État une redevance qualifiée « indemnité pour frais d'exercice » qui est proportionnelle aux
produits constatés par la régie à leur profit.

VIII. — Prélèvements sur les communes pour frais de casernement.

Dans les villes pourvues d'un octroi où l'État entretient
une garnison, il est exigé annuellement de la commune
une redevance maximum de 7 francs par homme et de
3 francs par cheval, qui est désignée sous la dénomination

---

(1) Pour les bières, toutefois, le droit du Trésor est aujourd'hui
basé sur le degré hectolitre, et non sur le volume comme le droit
d'octroi ; aussi beaucoup d'octroi exercent-ils eux-mêmes les brasseurs.

de « prélèvement sur les communes pour frais de casernement » et qui a pour objet, d'une part, d'indemniser le
Trésor dans une certaine mesure du supplément de dépenses incombant au budget général par suite des droits locaux
sur les vivres et les fourrages consommés par les troupes,
d'autre part, de lui tenir compte des réparations et loyers
des casernes, ainsi que de l'entretien de la literie et de
l'occupation des lits militaires, qui, moyennant ce prélèvement, sont à la charge du gouvernement.

La redevance dont il s'agit a donc en réalité un double
caractère : celui d'une indemnité pour les frais de casernement supportés par l'État et en même temps celui d'une
compensation des droits d'octroi payés par lui pour la
consommation de la garnison.

Il faut remarquer que le taux de 7 francs par homme
et de 3 francs par cheval constitue un maximum et que
les communes peuvent obtenir des dégrèvements fondés
soit sur des cas de force majeure, soit sur l'insuffisance
de leurs ressources, soit sur les sacrifices qu'elles se sont
imposées dans l'intérêt du casernement. Dans ce cas, un
abonnement est conclu à raison d'une somme fixée par
homme de troupe et par cheval. Il est statué par décrets
sur le rapport du ministre de l'intérieur, après avis des
ministres de la guerre et des finances sur les demandes
des municipalités.

La régie est chargée d'opérer le prélèvement des frais
de casernement qui sont versés par le receveur municipal,
à la fin de chaque trimestre, et dont le montant est constaté
au préalable par les agents des contributions indirectes,
au vu des décomptes dressés par l'administration militaire.

QUATRIÈME PARTIE

IMPOT SUR LE SUCRE ET SES DÉRIVÉS

Deux administrations concourent à l'assiette et à la perception de l'impôt sur le sucre et ses dérivés : celle des contributions indirectes en ce qui concerne les sucres fabriqués en France ou *sucres indigènes*, et celle des douanes pour les produits importés de l'étranger ou des colonies.

Nous aurions pu décrire les taxes intérieures dans la partie de cet ouvrage qui concerne les contributions indirectes et les règles relatives à l'importation dans la partie qui a trait aux douanes. Mais nous avons pensé que la législation fiscale des sucres formait un tout, les dispositions douanières et celles applicables aux produits indigènes s'expliquant les unes par les autres et étant étroitement reliées entre elles, qu'elle devait, par suite, être présentée dans son ensemble. Nous en avons donc fait l'objet de la quatrième partie de ce livre.

Pas plus en matière d'impôt sur les sucres qu'en matière d'impôt sur les boissons, bien que pour des raisons quelque peu différentes, nous ne pourrons passer sous silence les évolutions successives de la fiscalité. L'histoire de l'impôt des sucres est indispensable à connaître, sommairement tout au moins, pour comprendre comment s'était constitué le régime compliqué, étrange, illogique qui fonctionnait avant 1903 et pour savoir comment s'est imposée aux pouvoirs publics une refonte complète du système qui avait son origine dans la loi de 1884.

CHAPITRE PREMIER

DES ÉVOLUTIONS SUCCESSIVES DANS LA FISCALITÉ
DES SUCRES

On désigne en chimie un assez grand nombre de substances sous le terme générique de sucres. Dans le commerce, il existe deux sortes de sucre : la *saccharose* et la *glucose*. La saccharose ou sucre cristallisable est l'espèce qui, dans le langage courant, est plus spécialement connue sous le nom de sucre. Elle s'obtient par le traitement des jus de betterave (1) ; on l'extrait aussi de la canne à

(1) La fabrication du sucre de betterave comprend les opérations suivantes :

1° *Extraction du jus.* — Les betteraves sont d'abord lavées, puis découpées en lamelles, appelées cossettes, au moyen d'un coupe-racines. Le jus sucré en est ensuite extrait par le procédé de la diffusion, qui consiste en un épuisement méthodique, mettant à profit les phénomènes d'osmose ;

2° *Défécation. Carbonatation.* — Au sortir des diffuseurs on traite les jus par la chaux afin de les purifier et, en particulier, de saturer les acides libres qu'ils contiennent. Sous l'action de la chaux le sucre se transforme en sucrate de chaux, que l'on décompose par l'acide carbonique ;

3° *Filtration.* — Les jus clarifiés sont ensuite soumis à plusieurs filtrations successives ;

Évaporation et cristallisation. — L'évaporation a pour objet de concentrer les jus et de les amener à l'état de sirops. Les sirops sont soumis à une nouvelle concentration ou *cuits* de façon à ce que, abandonnés à eux-mêmes, ils puissent cristalliser. La masse cuite est ensuite versée dans des turbines où, sous l'action de la force centrifuge, les cristaux se débarrassent du liquide sirupeux adhérent (mélasse).

On obtient ainsi ce qu'on appelle des *sucres de premier jet.* En concentrant de nouveau les sirops et en les faisant cristalliser, on obtient des sucres de deuxième et de troisième jets. Les sucres de premier jet peuvent être livrés directement à la consommation mais, en

sucre. — La glucose ou sucre incristallisable se prépare par la saccharification, au moyen d'acides étendus, des matières amylacées (fécule de pomme de terre ou amidon contenu dans le maïs, orge, riz, etc.) — Les glucoses sont d'un usage moins répandu que le sucre ; elles s'emploient pour la préparation des confitures, confiseries et liqueurs communes : elles sont également utilisées dans les brasseries pour la fabrication de la bière.

Il y a un siècle, ces distinctions étaient inconnues. On ne connaissait,- on n'utilisait que le sucre extrait de la canne à sucre qui parvenait en France à l'état brut et qui, à son importation, était frappé d'une taxe de douane ou, pour parler plus exactement, d'un droit d'accise, tout à fait analogue aux impôts qui pèsent aujourd'hui sur le café, le thé ou le poivre. Ce n'est qu'au commencement du dix-neuvième siècle, sous le premier Empire, que furent fondées des fabriques de sucre de betterave. Encouragé au début, exempt de toute taxe, le nouveau mode de production prit un développement inattendu qui ne tarda pas à susciter des plaintes de la part de nos colonies. Les colons se plaignirent, non sans raison, de l'exemption d'impôt dont jouissait la fabrication du sucre de betterave ; à un moment, exagérant leurs récriminations, ils allèrent jusqu'à demander l'expropriation de toutes les fabriques de sucre de betterave et l'interdiction d'en établir de nouvelles. Cette incroyable proposition, qui fut sérieusement discutée en 1843 au Parlement, n'aboutit heureusement pas et on se borna à soumettre, ce qui était rationnel, le

règle générale, les sucres bruts sortant des fabriques subissent l'opération du *raffinage*.

Les fabriques de sucre ne sont pas en activité pendant toute l'année : la mise en œuvre des betteraves commence d'ordinaire fin septembre pour finir dans le courant de décembre ; les travaux d'épuration des deuxième et troisième jets se poursuivent jusqu'en mars. Par *campagne*, on entend la période qui s'étend du 1er septembre au 31 août de l'année suivante.

sucre de betterave aux mêmes droits que le sucre de canne. Et, comme le sucre de canne était importé à l'état brut pour être raffiné en France, on taxa par assimilation les sucres bruts de betterave, alors qu'il eût été plus logique d'asseoir l'impôt sur le produit définitivement fabriqué à sa sortie des raffineries. Ainsi s'introduisit dans notre régime des sucres une première anomalie, légère en apparence, qui fut cependant l'origine de complications multiples.

Si, en effet, on avait été en mesure de déterminer exactement le rendement des sucres bruts en sucre raffiné, il n'y eût pas eu d'inconvénient, au contraire, à asseoir l'impôt sur le sucre brut. Mais pendant longtemps on ignora ou on voulut ignorer le saccharimètre ou le polarimètre, c'est-à-dire un instrument basé sur la propriété qu'ont les liquides sucrés de dévier le plan de polarisation de la lumière proportionnellement à la quantité de sucre pur qu'ils contiennent ; pour évaluer la composition d'un liquide sucré, ou s'en rapportait exclusivement à la nuance. C'était ce qu'on appelait le régime des types. Il en résultait qu'en cas d'exportation de sucres raffinés on restituait le droit d'après la quantité réelle de sucre expédiée à l'extérieur que l'on ne pouvait pas ne pas connaître, alors que l'impôt n'avait été perçu que d'après des évaluations de rendement approximatives que l'on maintenait au-dessous de la réalité pour en corriger l'arbitraire. Le Trésor remboursait donc, à la sortie, des sommes supérieures à celles qu'il avait encaissées ; les producteurs de sucre recevaient des primes auxquelles l'étranger ne tarda pas à opposer des primes égales ou supérieures qui faussèrent les conditions de la concurrence. La solution de ces difficultés ne pouvait être obtenue que par une conférence internationale dont la France provoqua la réunion et qui aboutit en 1864 à une union sucrière entre les grandes puissances productrices. Il fut entendu que l'assiette et la restitution des droits seraient réglées par tous les Etats signataires sur des bases identiques, scientifiquement déterminées.

Toutes difficultés eussent été écartées si l'union sucrière avait pu se perpétuer. Mais elle ne dura que dix ans. Lorsqu'elle arriva à expiration, en 1874, des tentatives furent faites pour la renouveler en l'étendant à deux autres pays, l'Allemagne et l'Autriche-Hongrie. Malheureusement ces efforts furent vains. L'Allemagne et l'Autriche-Hongrie venaient, en effet, d'adopter l'impôt sur la matière première, la betterave, comportant des primes non plus seulement au raffinage, mais bien à la fabrication. La question des sucres prenait ainsi un nouvel aspect. Les grandes puissances de l'Europe centrale entreprenaient de créer à coups de primes une industrie artificielle et se refusaient à un accord qui les eût obligées à renoncer à leurs projets.

Fidèle aux principes qu'elle avait mis en œuvre en 1864, la France n'en persista pas moins à maintenir une législation exclusive d'avantages directs ou indirects aux producteurs ; elle l'améliora même, en 1880, en utilisant pour l'assiette de l'impôt l'analyse saccharimétrique, de telle sorte que la perception de l'impôt fût assurée sur l'intégralité des sucres livrés à la consommation intérieure. Mais la perfection même de ce système fiscal ne tarda pas à devenir pour nos producteurs une cause flagrante d'infériorité. Privée des avantages dont bénéficiaient ses rivales, notre industrie se trouva bientôt hors d'état de soutenir la concurrence sur les marchés tiers ; insuffisamment protégé par les surtaxes de douane, le marché national fut lui-même envahi ; un grand nombre d'usines durent fermer leurs portes. Pour sauver la sucrerie française d'une ruine imminente, pour lui permettre de subsister et de conserver une partie de ses débouchés à l'étranger, nous crûmes devoir entrer dans la voie où d'autres pays nous avaient précédés et nous approprier les moyens mêmes que nos concurrents avaient employés pour développer leur industrie.

Tel fut l'objet de la loi de 1884 qui organisa en France un système d'impôt basé sur le poids des betteraves mises en œuvre, système dont le principe demeura en vigueur jusqu'en 1903. La quantité de sucre passible du droit était déterminée d'après une base de rendement forfaitaire et le sucre obtenu en sus de ce rendement bénéficiait d'une immunité totale d'impôt. Comme l'espérait l'auteur de la loi, la production indigène se développa rapidement dans les années qui suivirent le vote de la loi de 1884, mais, en même temps, le produit de l'impôt baissait dans des proportions inquiétantes. Les fabricants exportaient, en effet, avec exemption des droits, les sucres imposables et livraient à la consommation intérieure les sucres indemnes provenant des excédents de fabrication. Le déficit menaçait d'augmenter à mesure que se développeraient nos exportations. Aussi, dès 1887, le législateur dut-il prendre des mesures pour sauvegarder les intérêts du Trésor. Par la loi du 27 mai 1887, le droit de consommation sur les sucres, qui était de 40 francs par 100 kilogrammes de raffiné en 1880, qui avait été élevé à 50 francs par la loi de 1884, fut porté à 60 francs : les taux du rendement légal en sucre des betteraves furent élevés ; enfin les sucres indemnes provenant d'excédents furent frappés d'un droit de 10 francs par 100 kilogrammes de raffiné. Ces mesures furent encore insuffisantes et, en présence de nouveaux mécomptes budgétaires, on dut élever successivement le droit sur les bonis de rendement à 20 francs (loi du 24 juillet 1888), puis à 30 francs (loi du 5 août 1890).

Cette fiscalité suscita les plaintes des fabricants de sucre, dont les réclamations trouvèrent un écho dans le Parlement.

Le législateur ne revint pas cependant sur les dispositions intervenues, mais il organisa par la loi du 29 juin 1891 un système d'impôt plus souple, dont il se flatta d'avoir trouvé la formule définitive.

Aux termes de cette loi, les fabricants pouvaient se placer sous deux régimes différents : le régime de l'abonnement, qui était celui du droit commun, et celui de l'impôt à l'effectif ou régime du déchet, appliqué aux seuls industriels qui faisaient, avant le premier novembre de chaque année, une déclaration d'option en ce sens au bureau de la régie.

Dans les fabriques placées sous le régime du déchet, toutes les quantités de sucre produites étaient soumises au droit plein de 60 francs, à part 15 pour 100 de la production qui acquittait le droit réduit (30 fr.)

Dans les fabriques abonnées, n'étaient, au contraire, passibles du droit plein que les quantités de sucre correspondant à la prise en charge légale, fixée à 7 kilogrammes 750 de raffiné par 100 kilogrammes de betteraves mises en œuvre, et la moitié des excédents de rendement obtenus au delà de 10 kilogr. 500. Le surplus était passible du demi-droit. Ainsi, dans une usine abonnée où 100 kilogrammes de betteraves donnaient 14 kilogrammes de sucre raffiné, la régie devait imposer à 60 francs : 1° 7 kilogr. 750 ; 2° la moitié de la différence entre 10 kilogr. 500 et 14 kilogrammes, soit 1 kilogr. 750, — en tout 9 kilogr. 500. La différence entre ce chiffre et 14 kilogrammes, soit 4 kilogr. 500, était soumise au droit de 30 francs.

Il est aisé de calculer que les deux régimes étaient équivalents, c'est-à-dire donnaient lieu au même impôt, lorsque le rendement était de 9 kilog. 12 par 100 kilogrammes de betteraves. Pour les rendements inférieurs à ce chiffre, les fabricants avaient intérêt à se placer sous le régime du déchet ; l'abonnement était plus avantageux lorsque le rendement excédait 9 kilogr. 12.

On le voit, si le principe essentiel de la loi de 1884 sub-
sistait encore, il avait subi de nombreuses et graves
atteintes. L'immunité complète pour les sucres produits
en sus du rendement légal avait disparu quelques années
après sa naissance, et chacune des lois intervenues depuis
1884 jusques et y compris la loi de 1891, soit en élevant
le taux du droit réduit, soit en augmentant la proportion
des sucres soumis au droit plein, avait resserré les primes, avait rapproché la législation du système antérieur
à 1884. Qui voyait de loin aurait pu, dès 1891, prédire
avec certitude que les nécessités budgétaires, qui avaient
déjà imposé des modifications importantes à la loi de
1884, obligeraient, dans un laps de temps donné, le gouvernement et le Parlement à revenir au régime de la loi
de 1880.

Ce ne fut pas seulement la situation financière, ce fut
encore la situation économique, l'état de l'industrie
sucrière dans le monde, qui rendit cette solution inévitable,
en même temps que furent conduites à un accord d'une
importance et d'une portée singulières les grandes puissances de l'Europe.

Dès 1887 l'Allemagne et l'Autriche-Hongrie, lassées des
primes, proposaient aux autres grands pays de les supprimer d'un commun accord. Nous acceptâmes et un accord
fut signé à Londres, le 30 août 1888. L'opposition du parlement anglais l'empêcha d'aboutir. Cependant, les grandes puissances continentales, dont les budgets ne pouvaient s'accommoder d'impôts sur la matière première,
les supprimèrent en 1889 et instituèrent des primes directes à l'exportation destinées à disparaître le jour où tout
le monde se rallierait aux principes posés par la conférence de Londres. Quelques années plus tard, en 1896,
l'Allemagne et l'Autriche Hongrie, désespérant d'obtenir
une solution, ne se contentèrent pas de maintenir, mais
augmentèrent les primes directes à l'exportation. Le gou-

vernement français répondit en déposant un projet qui
devint la loi du 7 avril 1897, par laquelle aux primes indirectes résultant des bonis de rendement vinrent se super-
poser des primes directes à l'exportation. La dépense de
ces primes directes était couverte par le produit de deux
taxes accessoires : l'une de 4 francs par 100 kilogrammes
sur les sucres raffinés, l'autre de un franc par 100 kilogrammes sur les sucres bruts, de telle sorte que l'impôt à
la charge du consommateur se trouvait porté à 64 francs
par 100 kilogrammes de raffiné. A cette majoration des
primes en France, les fabricants de sucre étrangers ripos-
tèrent par l'institution de *cartels*, c'est-à-dire d'associations
de producteurs organisées dans le but d'élever artificiellement les prix à l'abri des droits de douane et d'employer
les bénéfices ainsi réalisés en primes à l'exportation. Les
coalitions étant interdites par notre loi pénale, que pouvaient faire nos fabricants pour se défendre ? Réclamer
une nouvelle augmentation des primes allouées par le
Trésor en exigeant des contribuables de nouveaux sacrifices ? L'étranger eût opposé de nouvelles augmentations
de primes. A quiconque voulait réfléchir connaissant la
question, il apparaissait que les peuples de l'Europe continentale étaient engagés dans une voie sans issue, dont
ils ne sortiraient qu'en se décidant à supprimer d'un commun accord tout l'échafaudage des primes directes ou
indirectes, des subventions avouées ou déguisées. C'est
à ce résultat, que l'on n'osait pas espérer, qu'aboutit
cependant, le 5 mars 1902, une conférence internationale
réunie à Bruxelles sur l'initiative du gouvernement
français.

Les traits dominants de la convention de 1902, sont :
la suppression de toutes les primes directes ou indirectes,
la limitation des taxes de douane à des chiffres tels que la
formation des cartels est rendue sinon impossible, du
moins difficile et fort peu profitable, l'institution de clauses

pénales contre les puissances qui tenteraient d'exporter des sucres primés.

Pour mettre cet accord en œuvre dans notre législation, le gouvernement fit adopter par le parlement une loi qui porte la date du 28 janvier 1903 et qui constitue un retour pur et simple, avec quelques modalités, au système de la loi de 1880. En faisant ainsi crouler l'édifice des primes directes et indirectes le législateur a pu abaisser le taux de l'impôt de 64 francs (taxe de raffinage comprise) à 27 francs et accorder au consommateur français un allégement de charges considérable sans dommage important pour le Trésor. En résumé, la loi de 1903 a réalisé pour le sucre ce que la loi de 1900 avait déjà fait pour le vin.

Nous exposerons sommairement le système actuel de nos impôts sur les sucres tel qu'il fonctionne aujourd'hui en distinguant le régime des sucres indigènes, le régime appliqué par la douane aux sucres coloniaux et étrangers, en traitant, enfin, des règles communes aux deux catégories de produits (admission temporaire, détaxe).

Le produit de l'impôt sur les sucres est évalué au budget de 1911 à la somme de 164.547.900 francs. En 1909 il a produit 153.559.000 francs, dont 128.706.000 ont été recouvrés par l'administration des contributions indirectes et 24.853.000 perçus par l'administration des douanes.

CHAPITRE II

La législation fiscale soumet les sucres et les glucoses à des régimes différents.

Les sucres sont passibles d'un impôt de consommation et d'une taxe de raffinage.

Les glucoses sont frappées d'un droit de consommation plus réduit.

Une taxe accessoire est enfin perçue sur les amidines de maïs et sur les maïs qui servent à la fabrication des glucoses.

1. — Droit de consommation sur les sucres.

La taxe de consommation, qui est fixée, comme nous l'avons dit, à **25** francs par **100** kilogrammes de sucre raffiné (**1**), *est exigible à la sortie des fabriques sur les sucres bruts d'après leur rendement présumé au raffinage.*

L'assiette de l'impôt comporte donc deux ordres d'opérations distinctes : la détermination des quantités de sucre obtenues dans les fabriques et qui en sont expédiées, la vérification de leur rendement au raffinage.

(1) Les sucres candis sont imposés au tarif du sucre raffiné à raison de 107 kilogrammes de raffiné pour 100 kilogrammes de candi. On admet, en effet, que la fabrication de 100 kilogrammes de sucre candi exige l'emploi d'une quantité du sucre équivalent à 107 kilogrammes de sucre raffiné.

Quantités de sucre produites. — Pour connaître les quantités de sucre brut obtenues on a recours à l'exercice des fabriques, qui est complété par des formalités à la circulation.

Exercice des fabriques. — Les fabricants de sucre sont tenus de faire, un mois avant le commencement de leurs opérations, une déclaration de profession au bureau de la régie, de déposer le plan des bâtiments, locaux et cours dont se compose leur usine et de se munir d'une licence. Avant l'application de la loi de 1903 ils devaient, en outre, rembourser à la régie les frais de surveillance dans leurs établissements, occasionnée par la constatation du poids des betteraves, en acquittant une taxe de 30 centimes par mille kilogrammes de betteraves mises en œuvre. Cette redevance a été supprimée par la nouvelle loi.

Les agents de la régie résident en permanence dans les établissements durant le temps où ils sont en activité. Ils doivent *constater les résultats définitifs de la fabrication ; vérifier les quantités expédiées.*

I. — Leur contrôle commence au moment où les jus sont extraits des diffuseurs pour être soumis aux opérations de défécation. Ils reconnaissent, alors, la densité des jus et en évaluent le volume d'après la contenance des appareils.

Le fabricant doit déclarer ses opérations de défécation au fur et à mesure qu'elles ont lieu. A cet effet, sur un registre fourni gratuitement par l'administration après avoir été coté et parafé par le contrôleur ou le chef de service attaché à la fabrique, l'industriel inscrit, sans interruption ni lacune, le numéro de chaque appareil de défécation, la date et l'heure du commencement de chacune des opérations, les heures auxquelles elles prennent fin. Le registre est arrêté tous les jours par l'employé de surveillance dans la fabrique.

A partir du moment où les sirops ont été soumis à la cuisson, le produit sucré est suivi sans interruption par les employés de la régie jusqu'au moment où, sous la forme de sucre brut, de sucre raffiné, de mélasses épuisées, il est livré à la consommation. A la garantie résultant de la prise en charge d'après le volume et la densité des jus, s'ajoute une constatation rigoureuse, aux turbines, du produit effectif de la fabrication. Ici, la surveillance est permanente et absolue pendant toute la durée d'activité desappareils. Elle se prolonge même aussi longtemps qu'il y a des sucres en dépôt dans l'atelier d'épuration.

Les employés tiennent deux comptes : le compte général de fabrication, le compte auxiliaire des produits achevés. Au compte de fabrication ils prennent en charge toutes les quantités produites d'après les déclarations du fabricant. Ce compte est déchargé : 1° des quantités expédiées, quelle que soit la nature ou la destination des produits ; 2° de celles représentées par les manquants du compte de magasin qui auront été soumis au droit. Le compte des produits achevés ne comprend que les sucres placés en magasin. Il est chargé des quantités extraites des turbines, et déchargé des quantités expédiées.

L'exactitude de cette comptabilité est périodiquement contrôlée au moyen d'*inventaires généraux* et de *recensements*. Les *inventaires généraux* portent sur tous les produits existant dans l'usine à l'état de sucres achevés ou en cours du fabrication. Il est fait trois inventaires généraux par campagne : le premier, au commencement de la campagne, sert à établir les quantités restantes, qu'on appelle les reprises ; le deuxième et le troisième, qui ont lieu à la fin des travaux de défécation et à la fin des travaux de fabrication, permettent au service de constater soit des excédents, soit des manquants, ou enfin de trouver la balance. Les excédents reconnus sont ajoutés aux charges, les manquants sont inscrits en sortie et passibles de l'impôt. Les *recensements* portent exclusivement sur les sucres en magasin et servent à contrôler le compte des produits achevés ; il sont effectués à des époques indéterminées. Les excédents constatés sont saisis, car ils ne peuvent provenir que d'introductions frauduleuses dans les magasins. Les manquants sont alloués en décharge lorsqu'ils sont inférieurs à 3 pour 100 ; au-dessus de cette quotité, ils sont soumis au paiement des droits ; lorsqu'ils sont supérieurs à 6 pour 100, ils donnent lieu à procès-verbal.

II. — La vérification du poids des quantités expédiées est effectuée, à la sortie des fabriques, par les employés de la régie en permanence dans chaque usine.

Formalités à la circulation. — Pour compléter ces garanties, pour éviter des fraudes toujours à redouter, la loi a disposé que les sucres ou les matières sucrées, qu'ils soient libérés ou non d'impôt, ne peuvent circuler sans être accompagnés d'une expédition de la régie, dans l'étendue de tout arrondissement où il existe une fabrique de sucre et dans les cantons limitrophes. Il n'y a d'exception que pour les quantités de moins de 20 kilogrammes sortant d'établissements non exercés et pour les quantités transportées dans l'intérieur des villes où, avant la loi de 1900, le droit sur les boissons était perçu aux entrées et où il n'existe pas de fabrique de sucre.

Les expéditions sont délivrées par les employés du service des sucres pour les produits qui sortent des établissements exercés, dans les autres cas par les receveurs buralistes. La pièce de régie est un acquit à caution ou un laissez-passer. L'acquit à caution est généralement obligatoire pour les sucres enlevés des usines ; les colis circulant sous acquit doivent être plombés.

L'acquit à caution implique la vérification des produits au lieu de destination : les destinataires sont tenus de les représenter, en mêmes quantités et qualités, sous cordes et plombs. Les sucres circulant sous laissez-passer ne sont pas soumis à la vérification à l'arrivée Mais, dans tous les cas, les expéditions doivent être représentées, dans toute l'étendue du rayon de surveillance, à la demande des employés des contributions indirectes, des douanes et des octrois ; l'administration peut, en outre, exiger que les acquits à caution ou le laissez-passer soient visés sur la route à un bureau des contributions indirectes, des doua- nes ou des octrois.

Détermination des rendements au raffinage. — Pour liquider l'impôt, il ne suffit pas de connaître les quantités produites, il faut encore déterminer leur rendement au raffinage.

A cet effet, lors de chaque expédition de sucre, les employés en permanence dans l'usine prélèvent un échan- tillon qu'ils adressent au laboratoire dont ils relèvent. Il existe un laboratoire central au ministère des finances, à Paris, et des bureaux d'essai dans les centres de production sucrière. Le laboratoire, saisi d'un échantillon en même temps que de la déclaration du degré faite par le fabricant, procède à l'analyse polarimétrique, basée, comme nous l'avons dit, sur la propriété qu'ont les liquides sucrés de dévier le plan de polarisation de la lumière proportion- nellement à la quantité de sucre pur qu'ils contiennent. Toutefois, ce n'est pas sur la proportion de sucre pur ou titre saccharimétrique, reconnue par l'analyse, que l'impôt est établi. Les procédés actuels du raffinage ne permettent pas, en effet, d'extraire des sucres bruts la totalité du sucre pur qu'ils contiennent ; de telle sorte qu'il est néces- saire de faire subir au degré saccharimétrique certaines corrections.

Tout d'abord les sucres renferment, entre autres sub- stances incombustibles, des sels dont la présence a pour effet d'immobiliser dans les résidus ou mélasses une cer- taine quantité de sucre pur évaluée à quatre fois le poids

. de ces sels. D'autre part, les sucres bruts contiennent de la glucose, qui est réputée occasionner au raffinage un déchet égal au double de son poids. La loi admet donc que, pour déterminer le rendement, il y a lieu de déduire des quantités de sucre pur correspondant au titre sacchamétrique quatre fois le poids des sels et deux fois celui de la glucose. C'est ce qu'on appelle les *réfactions des cendres et des glucoses*. Enfin, pour tenir compte des pertes matérielles que les sucres subissent au cours des opérations de raffinage, il est alloué sur le rendement une déduction ou déchet de raffinage de 1 et demi pour 100 (1).

Toutes les indications utiles sont envoyées, après l'analyse de chaque échantillon, par le service des laboratoires aux agents, qui libellent les acquits à caution en conséquence et liquident l'impôt. Au cas où le fabricant discute les résultats de l'analyse, la contestation est déférée aux commissaires-experts institués auprès du ministre du commerce par les lois de douane. Si les différences reconnues par l'expertise n'atteignent pas un degré, les titrages constatés par les laboratoires officiels doivent être maintenues (2).

Exercice des raffineries. — Il semble que l'assiette exacte de l'impôt soit assurée par l'ensemble de ces mesures savamment agencées. Elles suffiraient, en effet, si l'expérience n'avait conduit à constater que les réfactions des

---

(1) Quel que soit leur titrage, les sucres bruts ne peuvent être frappés des droits pour un rendement inférieur à 65 pour 100, le déchet de 1 1/2 pour 100 non compris.

(2) Il existe des fabriques de sucre auxquelles des raffineries sont annexées et qu'on dénomme fabriques-raffineries.

Dans ces établissements les droits sont liquidés à la sortie de la raffinerie sur les produits du raffinage qui sont imposés d'après leur poids effectif, s'ils sont parfaitement épurés, sinon d'après la quantité de raffiné qu'ils contiennent, déterminée par l'analyse saccharimétrique, sans qu'il y ait lieu naturellement d'opérer de réfactions ou de faire de déductions, puisque ces réfactions et ces déductions n'ont d'autre objet que de tenir compte des pertes au raffinage.

cendres et des glucoses étaient *parfois* exagérées et que, par suite, les raffineurs pouvaient réaliser des bonis importants sur le rendement présumé des sucres bruts. C'est pour permettre à la régie de saisir ces bonis et de les soumettre à l'impôt que la loi du 5 août 1890 a prescrit l'exercice des raffineries.

L'exercice a donc uniquement pour objet, dans l'espèce, de reconnaître si les quantités de sucre qui, à la sortie des raffineries, se trouvent immobilisées dans les bas produits sont bien équivalentes à celles qui, à l'entrée, ont été affranchies de l'impôt à titre de réfactions.

A cet effet, il est tenu dans chaque raffinerie un *compte de réfactions* présentant aux entrées les quantités de sucre correspondant aux réfactions accordées sur le titre polarimétrique des sucres bruts introduits, aux sorties les quantités de sucre incristallisable ou de glucose contenues dans les bas produits expédiés tels que les mélasses. La balance de ce compte est établie à la fin de chaque semestre. Si elle fait ressortir un excédent, c'est que les réfactions ont été trop largement calculées : le raffineur est redevable du droit plein sur cet excédent. Si au contraire les sorties sont supérieures aux entrées, le raffineur n'a droit à aucune restitution, l'impôt liquidé à la sortie des fabriques étant définitivement acquis au Trésor (1).

Institué par les lois des 5 août 1890 et 26 juillet 1893 ce système avait été maintenu par le législateur de 1903 qui le jugeait — non sans raison, ce semble — parfaitement conciliable avec le texte et l'esprit de la convention de Bruxelles. Il fut cependant critiqué par la commission

(1) Pour rendre effectif ce mode de contrôle, la loi interdit formellement toute introduction de mélasses ou de glucoses dans les raffineries. Sans cette précaution, les raffineurs auraient toute facilité de présenter à la décharge du compte des réfactions des mélasses autres que celles provenant de la mise en œuvre des sucres bruts introduits dans l'usine.

permanente internationale chargée de suivre l'exécution
de la convention. Elle remarqua que la surveillance des
raffineries, telle qu'elle était comprise en France, laissait
en dehors de tout contrôle le déchet industriel de 1 et
demi pour 100, qui pouvait donner lieu à la réalisation
d'un boni.

Pour répondre à cette objection le gouvernement fit
voter une loi, qui porte la date du 9 juillet 1904, soumet-
tant à la surveillance permanente des agents des contributions indirectes les raffineries, où le contrôle du service
ne s'était exercé jusqu'alors qu'à l'entrée et à la sortie, et
reportant à la sortie de ces établissements la liquidation
des droits.

Le nouveau régime, *qui coexiste avec le régime ancien*,
fonctionne de la façon suivante : le montant des droits est
perçu ou garanti à l'entrée des sucres bruts d'après les
bases anciennes ; ces droits sont inscrits au crédit d'un
compte de liquidation ; au débit du même compte, on fait
figurer les droits exigibles sur *tous* les produits du raffinage sortant de l'établissement. S'il y a excédent du débit
sur le crédit, c'est qu'il a été réalisé un boni et il devient
imposable.

Mais, comme cette éventualité n'aurait pu se produire
que dans un avenir très éloigné, lorsque les excédents de
rendement réalisés par le raffineur auraient dépassé le
montant de ses stocks, la loi prescrit un inventaire annuel.
Si les droits afférents aux quantités reconnues à l'inventaire augmentés des droits portés au débit du compte de
liquidation excèdent le montant du compte créditeur, la
différence est imposable (1).

---

(1) Pour éviter que des erreurs qui peuvent être aisément commises
au cours d'opérations aussi complexes que celles de l'inventaire d'une
raffinerie ne portent préjudice aux industriels, la loi de 1904 décide
que les excédents ne seront constatés qu'à titre provisoire tant qu'ils
ne dépasseront pas 5 pour 100 des produits existant dans l'usine.

En résumé, le compte des réfactions est conservé et continu à être servi comme par le passé. La nouvelle loi établit une garantie complémentaire en instituant un contrôle permanent sur la sortie des sucres enlevés des raffineries et en organisant un compte de liquidation.

Nous indiquerons, en outre, que les raffineurs sont astreints à des obligations analogues à celles imposées aux **fabricants** : paiement d'une licence, déclaration de profession, interdiction de communication entre les usines et les maisons voisines, enfin remboursement à la régie des **frais de surveillance** par le versement d'une taxe de huit centimes par 100 kilogrammes de sucre raffiné.

Exigibilité et payement des droits. — Les droits sont donc, en règle générale, exigibles à la sortie des fabriques. Ils sont, en principe, *payables au comptant avant l'enlèvement,* à la caisse du receveur des contributions indirectes de la circonscription. Toutefois, les receveurs principaux peuvent accorder aux redevables, qui souscrivent à cet effet une soumission cautionnée, ce qu'on appelle un crédit d'enlèvement; c'est-à-dire la faculté d'enlever des sucres, jusqu'à concurrence de quantités déterminées, sans acquittement préalable de l'impôt. D'autre part, pour les payements de 300 francs et au-dessus, les redevables sont autorisés, dans la généralité des cas, à présenter des obligations cautionnées à quatre mois d'échéance.

Enfin, le législateur a admis que le payement de l'impôt pourrait être différé dans les cas suivants :

1° Les sucres bruts peuvent être expédiés, en suspension des droits, d'une fabrique sur une autre fabrique, à condition d'être pris en charge au compte du destinataire pour une quantité égale à celle qui a été portée en décharge au compte de l'expéditeur ;

2° Les fabricants ont la faculté de placer les sucres sous le régime de l'entrepôt, à la sortie des usines ; les droits ne sont exigibles sur ces sucres que lorsqu'ils sont retirés de l'entrepôt et livrés à la consommation.

L'entrepôt est toujours *réel*, c'est-à-dire qu'il ne peut être constitué que dans des magasins placés sous la garde de la régie. Les sucres ne doivent pas rester en entrepôt plus de trois ans ; ceux qui n'auraient pas été retirés à l'expiration de ce délai sont soumis aux droits.

Exemptions. — Les sucres sont exemptés de la taxe de consommation dans les trois cas suivants :

1° Lorsqu'ils sont exportés ;

2° Lorsqu'ils sont employés dans certaines industries ;

3° Lorsqu'ils sont destinés à l'alimentation du bétail.

Sucres exportés. — Les sucres peuvent être exportés soit à la sortie des fabriques ou des entrepôts à l'état de sucres bruts, soit après raffinage.

Dans le premier cas, ils bénéficient du crédit de l'impôt et circulent sous le lien d'un acquit à caution jusqu'à ce que, la sortie ayant été effectivement constatée, l'acquit soit déchargé.

Dans la seconde hypothèse, l'impôt ayant déjà été perçu, il devrait y avoir lieu à restitution. Mais le législateur a écarté le système du drawback et, pour concilier le principe de l'exportation en franchise avec le régime de l'impôt sur le sucre brut, il a accordé à certains industriels la faculté de recevoir des sucres bruts, en suspension des droits, à condition d'exporter, dans un délai déterminé, des quantités équivalentes de sucre sous forme de raffinés, de chocolats, de fruits confits, de bonbons ou de préparations sucrées diverses. C'est ce qu'on appelle l'*admission temporaire*, dont nous décrirons plus loin le fonctionnement.

Les intérêts du Trésor sont garantis par des soumissions cautionnées qui contiennent l'engagement, à défaut d'exportation dans les délais réglementaires, d'acquitter avec les intérêts de retard les droits exigibles sur les sucres bruts soumissionnés.

Sucres employés dans l'industrie. — L'article 40 de la loi de finances du 8 avril 1910 a exonéré de tout droit les sucres, glucoses et mélasses employés par certaines industries, généralisant ainsi des dispositions antérieures prises en faveur du sucre utilisé dans la fabrication de la bière et des mélasses employées dans l'industrie.

Le législateur a entendu favoriser, par cette mesure, des emplois nouveaux du sucre, sans que le rendement de l'impôt fût pour cela diminué. Aussi la loi a-t-elle stipulé que le bénéfice du dégrèvement ne serait pas accordé aux produits susceptibles d'entrer dans la consommation humaine.

Des mesures rigoureuses ont été prises pour empêcher que les produits dégrevés ne soient détournés de leur destination. Les industriels qui désirent bénéficier de l'exemption des droits doivent adresser une demande à l'administration des contributions indirectes en faisant connaître la nature des produits pour la préparation desquels le sucre sera utilisé, les procédés de fabrication employés pour la mise en œuvre des sucres ou de leurs dérivés, le mode de dénaturation employé ou, si la dénaturation préalable n'est pas possible, les garanties offertes pour y suppléer, les quantités de sucres, de mélasses ou de glucoses qui seront employées annuellement. Les sucres et les glucoses doivent provenir directement des fabriques ou des entrepôts réels, les mélasses ne peuvent être expédiées que des dépôts ou des établissements producteurs. Les uns et les autres ne peuvent circuler qu'accompagnés d'acquits à caution et ils doivent être conservés sous le plomb de la régie jusqu'au moment de leur dénaturation ou de leur mise en œuvre, lorsqu'il s'agit de sucre ou de glucose.

Les industriels doivent tenir des comptes distincts pour les sucres et glucoses et pour les mélasses.

Les frais de surveillance sont à la charge des industriels et remboursés par eux à l'administration sur le vu d'états de frais établis mensuellement.

Sucres employés à l'alimentation du bétail. — Les sucres cristallisés polarisant moins de 95 degrés saccharimétriques et les sirops provenant du turbinage qui sont utilisés à l'alimentation du bétail sont affranchis de tous droits.

Les sucres doivent être dénaturés par le fabricant de sucre et ne peuvent circuler qu'avec un laissez-passer pour les quantités inférieures à 5.000 kilogrammes ou avec un acquit à caution s'il s'agit de quantités supérieures.

Sucres destinés au sucrage des vins, cidres et poirés. Règles relatives à la circulation et à la détention des sucres. — En 1884, alors que le vignoble français était particulièrement éprouvé par le phylloxéra, on donna, par une loi, la faculté aux vignerons d'employer, pour remonter le degré des vins et pour faire des vins de seconde cuvée, du sucre au droit réduit de 24 francs par 100 kilogrammes de raffiné. Lorsque le vignoble eut été reconstitué, on proscrivit au contraire les vins de sucre (loi de 1897). Il y avait, dès lors, une contradiction entre la loi de 1884 et la loi de 1897 que fit cesser la loi du 29 décembre 1900 en disposant que le bénéfice du droit de 24 francs serait réservé à la fabrication des boissons nécessaires à la consommation familiale des producteurs.

La réduction du droit disparut tout naturellement à la suite de la réforme de 1903. Elle devenait sans intérêt, puisque l'impôt était abaissé de 60 francs à 25 francs par 100 kilogrammes de sucre brut. Mais les représentants du midi firent observer, non sans raison, que, du fait du dégrèvement, des facilités exceptionnelles allaient être données à la production des vins artificiels de sucre. Ils réclamèrent à grands cris et ils obtinrent le vote de dispositions législatives réglementant à nouveau le sucrage. Quelques années plus tard, les plaintes redoublant, les lois des 6 août 1905 et 29 juin 1907 intervinrent successivement pour accuser et compléter l'œuvre de la loi du 28 janvier 1903.

L'emploi du sucre en première cuvée est limité à 10 kilogrammes par 3 hectolitres de vendange et le sucre ainsi versé dans les moûts est frappé d'une taxe complémentaire de 40 francs par 100 kilogrammes de raffiné perçue au moment où l'opération du sucrage a lieu. Les sucres employés en deuxième cuvée ne sont frappés d'aucune surtaxe, mais on ne peut faire usage de plus de 20 kilogrammes de sucre par 3 hectolitres de vendange par membre de la famille ou domestique, et de plus de 200 kilogrammes par exploitation. Enfin les boissons ainsi obtenues doivent être exclusivement réservées à la consommation familiale. Les récoltants qui veulent procéder à des sucrages doivent en faire la déclaration trois jours au moins à l'avance à la recette buraliste. L'opération ne peut avoir lieu qu'à certaines époques de l'année suivant des dispositions arrêtées par l'autorité préfectorale.

Ces prescriptions législatives auraient pu être de nul effet si l'on n'avait donné à l'administration les moyens de suivre les sucres.

Dans ce but il a été disposé que les envois de sucre ou de glucose par quantités de 25 kilogrammes et au-dessus devaient être accompagnées d'une expédition de régie si les destinataires n'exerçaient pas une industrie comportant l'emploi de ces produits ou s'ils n'en faisaient pas le commerce. Toute personne convaincue d'avoir méconnu cette disposition en livrant des sucres sans expédition est assujettie temporairement à l'exercice.

Toute personne détenant du sucre en quantité supé-

rieure à **25** kilogrammes; concurremment avec des vins
destinés à la vente, des vendanges, moûts, lies ou marcs
de raisin est obligée d'en faire préalablement la déclaration et de fournir des justifications de l'emploi de ce sucre.
Enfin, quiconque ne faisant pas le commerce de sucre ou
n'exerçant pas une industrie qui en comporte l'usage
détient plus de **200** kilogrammes de sucre ou de glucose
est astreint à en faire la déclaration et à se soumettre
aux visites et vérifications des agents de la régie.

Mélasses. — Indépendamment des sucres et de leurs
dérivés, les fabriques et les raffineries produisent ce qu'on
appelle des mélasses épuisées, c'est-à-dire des résidus
dont on ne peut plus retirer de sucre par les procédés
ordinaires de cristallisation.

Jadis, entre **1884** et **1903**, sous le régime des primes,
on avait été conduit à prendre des mesures d'une complication extrême pour éviter que, dans des fabriques spéciales dénommées sucrateries, on ne se livrât à l'extraction
du sucre contenu dans les mélasses épuisées. Onéreuse au
point de vue industriel l'opération se résolvait cependant en un bénéfice pour les fabricants parce que, sous
l'empire de la loi de **1884**, le sucre ainsi produit était
indemne de droits (1). Toute cette législation factice étant
tombée, la réglementation de l'emploi des mélasses est
devenue beaucoup plus simple.

A leur sortie des usines les mélasses sont portées en
décharge au compte de fabrication pour une quantité de
5 kilogrammes de sucre raffiné par **100** kilogrammes.
Elles sont exonérées de toute taxe si elles sont exportées,
expédiées en distillerie, employées en agriculture ou,
depuis la loi de finances d'avril **1910**, utilisées à des usages
industriels. Les résidus de l'espèce acquittent au contraire

---

(1) Pour de plus amples détails, voir la première édition des *Impôts
en France*.

le droit du sucre sur la base de 5 kilogrammes de raffiné par 100 kilogrammes de mélasses du moment où ils sont livrés à la consommation. Ils servent, notamment, à la fabrication de pain d'épice ou de bonbons communs.

Les mélasses expédiées de fabrique à fabrique sont portées en décharge au compte de fabrication de l'usine qui fait l'expédition et prises en charge au compte de fabrication de l'usine qui reçoit l'envoi à raison de 30 p. 0/0 de leur poids. On a jugé que cette proportion correspondait mieux à la teneur réelle en sucre.

A l'exception des quantités de 100 kilogrammes et au-dessous qui, lorsqu'elles sont libérées d'impôt, peuvent circuler en vertu de simples laissez-passer dans le rayon de surveillance autour des fabriques, les mélasses, qu'elles proviennent de fabriques de sucre ou de raffineries, sont placées sous le lien d'un acquit à caution.

II. — Taxe de raffinage

Indépendamment de l'impôt de consommation, les sucres produits en France sont frappés d'un droit de raffinage de 2 francs par 100 kilogrammes de raffiné. Cette taxe est due, en principe, sur les sucres raffinés de toute sorte, mais, de même que la taxe de consommation, elle est exigible sur les sucres bruts à raison de la quantité de raffiné qu'ils contiennent. Seulement, elle est exigible à l'entrée dans les raffineries et non à la sortie des fabriques.

III. — Impôt de consommation sur les glucoses

Les glucoses indigènes sont passibles d'un droit de consommation de 5 fr. 60 par 100 kilogrammes, qui est exigible à la sortie des fabriques sur les quantités constatées.

Exercice des fabriques.— Le recouvrement en est assuré au moyen de l'exercice des fabriques.

De même que les fabricants de sucre, les fabricants de glucoses sont soumis à la déclaration de profession et à la licence. Ils doivent, en outre, déclarer les introductions de matières premières, ainsi que les opérations de saccharification et les entonnements, afin de permettre au service d'y assister et d'en contrôler les résultats.

Trois comptes sont tenus dans les fabriques : le compte des matières premières, le compte général de fabrication et le compte de magasin.

Au compte de fabrication la prise en charge est effectuée à raison de 125 kilogrammes de glucoses par 100 kilogrammes de fécule anhydre contenue dans les fécules mises en œuvre. Dans les fabriques n'employant pas de fécule, le rendement minimum des matières premières est fixé de gré à gré entre la régie et le fabricant.

Le service effectue un inventaire général tous les ans, à la clôture des travaux de fabrication et, à des époques indéterminées, des recensements de magasin. — Les excédents constatés au compte des matières premières sont saisis comme provenant d'introductions sans déclaration ; les manquants sont convertis en glucose et pris en charge au compte de fabrication. — Les excédents au compte de fabrication, c'est-à-dire les quantités obtenues en sus du rendement minimum, font l'objet de prises en

charge supplémentaires. Quant aux manquants, l'administration peut en accorder la décharge lorsqu'il est établi
qu'ils proviennent d'une insuffisance de rendement due à
la mauvaise qualité des matières premières ou à la concentration élevée des sirops. — Tout excédent constaté
au compte de magasin est saisi. Les manquants peuvent
être alloués, à titre de déchets de coulage ou d'évaporation, lorsqu'ils ne dépassent pas 5 pour 100. Au-dessus
de cette quotité, ils sont imposables et peuvent même
donner lieu à procès-verbal quand ils paraissent provenir
de soustractions.

Formalités à la circulation. — Les dispositions concernant la surveillance à la circulation des sucres sont applicables aux glucoses granulées, c'est-à-dire aux glucoses
qui ont l'aspect de sucre cristallisé. Pour les glucoses à
l'état de sirops ou de masses concrètes, la surveillance ne
s'exerce que dans un rayon d'un kilomètre autour des
fabriques. Les enlèvements ont lieu avec un simple laissez-
passer.

Exemptions. — Sont affranchies de l'impôt :

1º Les glucoses exportées ;

2º Les glucoses employées à la fabrication des bières
dans les conditions que nous avons indiquées ;

3º Celles destinées à des usages industriels ou à la préparation de produits sucrés destinés à l'exportation.

Les glucoses peuvent être placées en entrepôt. L'exigibilité de la taxe est alors suspendue.

IV. — Droit sur les amidines

Dans le but de favoriser, au détriment du maïs, l'emploi
de la fécule de pommes de terre pour la fabrication des

glucoses, la loi du 31 mars 1896 établit, à l'entrée en glucoserie, un droit spécial sur les amidines autres que celles
provenant des blés, des seigles, des orges et du riz, c'est-
à-dire, d'une manière générale, sur les amidines de maïs.
Ce droit est de 4 francs par 100 kilogrammes d'amidine
sèche et par 150 kilogrammes d'amidine verte.

Mais certains fabricants trouvèrent le moyen d'éluder le
payement de la taxe en traitant directement le maïs au
lieu de l'employer sous forme d'amidine. Aussi la loi de
finances du 13 avril 1898 a-t-elle stipulé que le droit de
4 francs serait perçu à l'entrée en glucoserie non seulement sur les amidines, mais encore sur les maïs, les
farines de maïs et tous autres dérivés du maïs. Ces
matières sont imposées à raison de la quantité d'amidine
qu'elle peuvent produire.

Ces taxes sont, en fait, de véritables droits de douane
destinés à protéger la pomme de terre nationale contre le
maïs.

CHAPITRE III

DROITS A L'IMPORTATION

Le tarif des douanes distingue : les sucres, les mélasses, les dérivés du sucre, parmi lesquels on classe les glucoses.

Sucres. — Les sucres de toute origine, importés en France pour la consommation, sont passibles des droits exigibles sur les sucres indigènes (droit de consommation de 25 francs et taxe de raffinage). Ils sont en outre assujettis, dans certains cas, au payement d'une surtaxe de douane.

Droit de consommation et taxes accessoires. — Les sucres importés des pays étrangers sont imposables en totalité au droit de consommation et supportent, en outre, la taxe de raffinage et la redevance de 8 centimes par 100 kilogrammes de raffiné lorsqu'ils sont importés à l'état de sucre raffiné ou candi. Les sucres originaires des colonies et possessions françaises supportent les mêmes impôts.

L'impôt est liquidé à la frontière selon les règles applicables aux sucres indigènes. Toutefois, les sucres raffinés de toute nature et les sucres bruts étrangers dont le rendement au raffinage est supérieur à 98 degrés sont imposés sur leur poids effectif. En second lieu, les sucres d'origine européenne ou importés des entrepôts d'Europe ne peuvent être taxés pour un rendement inférieur à 80 pour 100.

Surtaxes de douane. — En la matière, on entend par surtaxes de douane tout simplement de véritables droits

de douane destinés à protéger sur le marché intérieur les
sucres indigènes et coloniaux contre la concurrence des
sucres étrangers. Les surtaxes sont calculées sur le poids
net effectif des sucres importés.

La convention internationale de Bruxelles comporte, de
la part des pays qui y ont pleinement adhéré, un double
engagement : ils ne peuvent fixer les surtaxes qu'ils jugent
à propos d'exiger à des chiffres supérieurs à 6 francs par
100 kilogrammes pour les sucres raffinés et les sucres assi-
milables au raffiné et à 5 fr. 50 par 100 kilogrammes
pour les autres sucres — ils doivent frapper d'un droit
compensateur ou de prohibition absolue les sucres provenant d'un pays qui aurait maintenu ou qui établirait, sous
quelque forme que ce soit, des primes à la production du
sucre.

La France a adopté les chiffres de 6 francs et de 5 fr. 50
pour ses surtaxes.

Mélasses. — A l'entrée en France, les mélasses sont
soumises à deux régimes différents, suivant leur destination :

1° Les mélasses pour la distillation sont admises en
franchise lorsqu'elles sont originaires des colonies et possessions françaises et importées directement en France ;
lorsqu'elles ont une autre origine, elles sont taxées par
degré de richesse saccharine.

2° Les mélasses non destinées à la distillation sont taxées
d'après leur poids. Le tarif comporte deux quotités distinctes, suivant que la richesse saccharine est supérieure
ou non à 50 degrés.

Dérivés du sucre. — On désigne ainsi des produits
dans la composition desquels entre une notable proportion de sucre cristallisé (sirops, bonbons, fruits confits, etc.). Les sirops, bonbons, fruits confits sont taxés
aux droits du sucre raffiné ; les biscuits sucrés et les confitures à la moitié des droits du sucre raffiné. Les

dérivés du sucre sont également passibles de la taxe de raffinage.

Perception des droits. — Tous ces droits sont perçus dans les mêmes conditions que les autres droits de douane. Les sucres, de même que tous les produits importés, peuvent être placés sous le régime du transit, de l'entrepôt, bénéficier de l'admission temporaire dans certains cas (voir chapitre IV.).

CHAPITRE IV

ADMISSION TEMPORAIRE. — DÉTAXES

Nous rassemblerons en un même chapitre les règles relatives à l'admission temporaire d'une part, aux détaxes d'autre part, dont l'application incombe tout à la fois à l'administration des douanes et à celle des contributions indirectes.

I. — Admission temporaire

En matière de douane on entend par « admission temporaire » la faculté accordée à certains industriels d'importer *de l'étranger*, en franchise de droits, des matières premières destinées à recevoir en France un complément de main-d'œuvre, à charge par eux de réexporter, dans un délai déterminé, une quantité correspondante de produits fabriqués. L'admission temporaire, en matière de sucres, a un autre caractère. Elle consiste bien dans la faculté accordée aux raffineurs de travailler, en franchise de droits, des sucres bruts en vue de l'exportation, mais elle s'applique principalement aux sucres bruts indigènes et coloniaux, accidentellement aux sucres bruts étrangers. Elle a pour objet beaucoup moins de permettre à nos industriels de raffiner des sucres étrangers, que de faciliter l'exportation des sucres français raffinés en évitant le régime du drawback. Nous distinguerons l'admission temporaire pour le raffinage et la préparation des fruits confits, bonbons, confitures, etc., et l'admission temporaire pour la fabrication du chocolat, le travail en entrepôt des produits sucrés.

Admission temporaire pour le raffinage, etc. — Peuvent être placés sous le régime de l'admission temporaire les sucres non raffinés indigènes ou coloniaux et les sucres bruts étrangers, lorsqu'ils sont importés directement des pays hors d'Europe. Sont au contraire exclus, à titre absolu, les sucres d'origine européenne et ceux importés des entrepôts d'Europe.

Les sucres admis temporairement sont pris en charge, au compte des raffineurs, pour les quantités de sucre raffiné qu'ils sont réputés pouvoir fournir. Leur rendement s'établit suivant les règles applicables aux sucres destinés à la consommation; il ne peut être inférieur à 65 pour 100, le déchet de 1 et demi pour 100 non compris.

Les intérêts du Trésor sont garantis par des soumissions cautionnées qui doivent être apurées dans le délai de deux mois. Les soumissionnaires et leurs cautions s'engagent solidairement à exporter ou à mettre en entrepôt, avant l'expiration de ce délai, des quantités de sucre équivalentes en raffiné à celles qui ont été prises en charge ou à payer, avec intérêts de retard du jour de l'obligation, les droits exigibles sur les sucres bruts soumissionnés. La loi admet également les importateurs à se libérer de leurs engagements par l'exportation ou la mise en entrepôt de sucres bruts.

Les sucres exportés sont admis à la décharge des comptes pour la quantité de raffiné qu'ils contiennent; les diverses préparations sucrées telles que fruits confits, etc., sont admises pour la quantité de sucre qu'elles renferment (1).

_____

(1) Jusqu'en 1903, la décharge ne comprenait que le sucre cristalli-

Lorsque l'apurement des obligations n'a pas lieu dans le délai de deux mois, le Trésor poursuit, outre le recouvrement de l'impôt et de l'intérêt de retard, le payement des intérêts à raison de 4 pour 100 l'an à partir de l'expiration de ce délai.

Il peut arriver que des sucres, après avoir été constitués en entrepôt à la décharge des comptes d'admission temporaire, soient retirés ensuite de l'entrepôt et livrés à la consommation ; ils acquittent, dans ce cas, les droits exigibles sur les quantités de raffiné exprimées dans les obligations à l'apurement desquelles les certificats de mise en entrepôt ont été imputés.

L'exportation ou la mise en entrepôt effectuées dans les délais voulus donnent lieu à la délivrance de certificats d'exportation ou de mise en entrepôt, qui servent de titres pour la décharge des obligations d'admission temporaire.

Ces certificats étant négociables, le bénéfice de l'exportation en franchise des droits n'est pas limité aux raffineurs qui ont soumissionné des sucres bruts. Le commerce libre peut présenter à l'exportation des sucres raffinés libérés d'impôt et obtenir la délivrance d'un certificat qu'il cède à des industriels ayant souscrit des obligations d'admission temporaire. Le jeu des certificats équivaut donc, en fait, à une véritable restitution. Le système que nous venons de décrire est, en résumé, une heureuse adaptation du mécanisme du drawback au régime de l'admission temporaire.

---

sable ; cette disposition était loin d'être équitable. Il n'est pas doudouteux, en effet, que pour les confitures et les fruits confits la quan- tité de sucre cristallisable existant dans les produits est sensiblement inférieure à celle employée à leur fabrication. La loi du 28 janvier 1903 a mis un terme à ces errements en donnant aux industriels la faculté de travailler en entrepôt. D'autre part, divers décrets postérieurs ont admis la décharge pour le sucre cristallisable et pour le sucre inverti provenant de saccharose.

Admission temporaire pour la fabrication du chocolat. — Peuvent être admis temporairement les sucres bruts indigènes et ceux importés des pays hors d'Europe. Ils sont pris en charge d'après leur rendement présumé au raffinage.

Le délai d'apurement des soumissions est de quatre mois. Ne peuvent être reçus à la décharge de ces soumissions que les chocolats remplissant certaines conditions réglementaires. La quantité de saccharose à porter en décharge est déterminée par l'analyse.

Produits sucrés fabriqués en vue de l'exportation. — Les sucres employés dans la préparation de produits alimentaires (confitures, fruits confits) destinés à être exportés peuvent être reçus et travaillés en franchise des droits dans des établissements spécialement affectés à cette fabrication. Ces établissements, érigés en entrepôts réels, sont soumis à la surveillance permanente des employés des contributions indirectes. Les frais de cette surveillance sont à la charge des industriels.

Les établissements doivent travailler uniquement pour l'exportation et les sorties ne peuvent être effectuées qu'à destination de l'étranger sous le lien d'acquits à caution délivrés après reconnaissance et pesée des produits par le service.

II. — Détaxes

La suppression des primes à l'industrie des sucres aurait dû, en même temps, entraîner la disparition de toutes les taxes qui avaient avec elles une relation directe. Mais il n'en a pas été ainsi. On a maintenu la taxe de raffinage, dont nous avons déjà indiqué l'économie, par la raison qu'on avait conservé aussi à nos sucres nationaux

l'un des avantages dont ils bénéficiaient avant la loi
de 1903 : les détaxes de distance dont nous allons exposer brièvement l'histoire et montrer le mécanisme.

On sait dans quelles conditions fut votée la loi du
7 avril 1897 qui institua des primes directes à l'exportation des sucres. La même loi éleva le taux des surtaxes de douane et les étendit aux sucres coloniaux
étrangers, qui, jusque-là, en avaient été exempts. Mais,
afin de ne pas compromettre les intérêts des raffineries des ports qui mettaient en œuvre chaque année
environ 40 mille tonnes de sucres coloniaux étrangers,
le législateur stipula que les sucres des colonies françaises et les sucres indigènes destinés à l'approvisionnement de ces raffineries bénéficieraient, sous certaines
conditions, d'allocations spéciales appelées *détaxes de
distance.*

Il devait être pourvu au paiement des primes et des
détaxes au moyen de ressources nouvelles produites par
une taxe de fabrication sur les sucres bruts (supprimée
en 1903) et par la taxe de raffinage. Afin que la dépense
n'excédât par la recette, ou, pour mieux dire, afin que les
choses fussent agencées de telle sorte que l'excès des
dépenses d'une année fût compensé l'année suivante par
un égal excédent de recettes, et réciproquement, le législateur institua, par une loi du 2 juin 1897, un compte spécial qui devait être crédité des recettes nouvelles, débité du
montant des primes et des détaxes, et dont le solde devait
en fin d'année être reporté à un compte budgétaire. Il disposa, en outre, que le déficit ou l'excédent d'une année
serait, l'année suivante, ramené à balance par des modifications apportées dans le taux des primes d'exportation. L'évé-
nement démontra que toutes ces précautions étaient illusoi-
res. Il advint en effet que, dès l'expiration de la première
année, le compte spécial fut en déficit. On essaya de
remédier à la situation l'année suivante en calculant les

primes de telle façon que le découvert fût récupéré si les quantités exportées n'augmentaient pas. Mais, comme il y eut un notable accroissement des exportations, un nouveau déficit naquit, s'ajoutant au précédent et ainsi de suite, tant et si bien que le compte spécial présentait en 1907 un solde débiteur considérable. La loi de finances du 30 janvier 1907 a supprimé le compte spécial et stipulé que les recettes provenant du droit de raffinage et les dépenses résultant de l'allocation des détaxes de distance seraient comprises dans les recettes et les dépenses générales du budget.

Le gouvernement français a, en effet, obtenu de la conférence de Bruxelles le droit de conserver, *à titre exceptionnel*, des détaxes de distance, qu'il a représentées, non sans quelque apparence de raison, comme une question de législation intérieure n'ayant nul rapport avec l'exportation. La loi de janvier 1903 dispose seulement que les détaxes de distance seront dorénavant allouées à raison du montant effectif des frais de transport, sans pouvoir, toutefois, dépasser les taux fixés par la loi de 1897.

Ces taux, qui sont encore en vigueur, sont les suivants :

Pour les sucres coloniaux, **2 fr. 25** ou **2 fr. 50** par 100 kilogrammes de raffiné, suivant qu'ils proviennent des colonies de l'Atlantique ou des autres colonies. La détaxe coloniale est acquise définitivement *quelle que soit la destination des sucres*. Elle a donc pour objet, non seulement de faciliter l'approvisionnement des raffineries des ports, mais encore de tenir compte aux producteurs coloniaux de l'infériorité que crée pour eux leur éloignement de la métropole.

Pour les sucres bruts indigènes la détaxe est de **2** francs par 100 kilogrammes de poids effectif. Elle est acquise aux sucres expédiés dans les raffineries des ports de l'Atlantique ou de la Méditerranée, soit par cabotage des ports français de la mer du Nord ou de la Manche, soit par voie ferrée, à la condition que la distance à parcourir soit de 250 kilomètres au moins. La détaxe est encore attribuée aux sucres expédiés dans les raffineries de l'intérieur, pourvu que la distance soit de plus de 300 kilomètres en ligne directe. Le bénéfice de la détaxe accordée aux sucres indigènes est, dans tous les cas, subordonné à la condition que les sucres seront exportés après raffinage.

Mode de payement. — Les détaxes sont allouées sous forme de *bons de droits* délivrés, suivant le cas, par les agents des douanes ou par ceux des contributions indirectes.

Les bons de droits sont reçus, comme numéraire, pour l'apurement des obligations d'admission temporaire de sucres indigènes et coloniaux français.

Les bons sont transmissibles par endossements. Ils doivent être employés dans un délai de deux mois à dater du jour de leur délivrance.

CHAPITRE V

CONTENTIEUX. — ORGANISATION DE L'ADMINISTRATION

Les règles du contentieux en matière d'impôt sur les sucres sont tantôt celles que nous avons décrites en traitant des contributions indirectes, tantôt celles que nous exposerons dans la partie consacrée aux douanes, selon que les taxes sont perçues par l'une ou par l'autre de ces deux administrations.

Les agents chargés d'asseoir et de recouvrer l'impôt font partie des cadres soit des douanes, soit des contributions indirectes, et nous pourrions, ici encore, nous borner à de simples références, s'il n'existait un service spécial des sucres, ou plus exactement des sucres et des distilleries, dont nous dirons brièvement l'organisation.

Dans chaque fabrique de sucre, dans les entrepôts, dans les raffineries et dans les distilleries exercées, un certain nombre d'employés sont attachés en permanence et placés sous l'autorité d'un chef de poste qui participe au service et le surveille. Pendant le chômage des usines, ces agents concourent au service général ou sont déplacés pour renforcer le personnel d'autres postes du service spécial.

Des contrôleurs spéciaux ont mission de surveiller le service dans un certain nombre de fabriques et de distilleries. Ils font des tournées aussi fréquemment que possible, ils vérifient les opérations des industriels et les écritures tenues par les employés. Ils tiennent un journal mensuel de l'emploi de leur temps, dressent chaque année

deux rapports généraux : l'un après la cessation des travaux de râpage, l'autre en fin de campagne.

Dans les départements où le service des sucres et distilleries a une grande importance, les contrôleurs sont
placés sous l'autorité d'inspecteurs du service spécial qui
dirigent l'ensemble du service et s'assurent de sa régularité. Ailleurs, les contrôleurs sont subordonnés aux sous-
directeurs.

CINQUIÈME PARTIE

DOUANES

L'administration des douanes est chargée de l'assiette et de la perception des droits de douane et de quelques taxes complémentaires qui frappent les marchandises importées et exportées.

Elle doit assurer le recouvrement des taxes accessoires (droits de navigation, taxes sanitaires) dont l'existence est liée au régime de la navigation, tel qu'il est réglé par des dispositions légales que la même administration concourt à faire observer.

Enfin, par la nature même de sa tâche, par les investigations qu'elle exerce, par les moyens d'action dont elle dispose, la douane est particulièrement bien placée, tant pour renseigner le public sur l'importance et l'étendue du mouvement des échanges internationaux que pour prêter un concours utile à diverses administrations publiques. Il lui est ainsi conféré tout un ensemble d'attributions qui élargissent le cadre de sa mission.

Le produit des douanes est évalué dans le budget de 1911 à la somme de 543.512.000 francs, se décomposant comme suit : 485 millions environ à provenir des droits à l'importation, 29 millions et demi de taxes accessoires (droits de statistique, droits de navigation, droits sanitaires, etc.), 25 millions de la taxe de consommation des sels.

TITRE PREMIER

DROITS DE DOUANE ET TAXES COMPLÉMENTAIRES

On entend par droits de douane les taxes indirectes qui frappent les marchandises à leur entrée ou à leur sortie du territoire.

Ces taxes sont établies dans un double but : protéger l'agriculture et l'industrie nationales, procurer des ressources au Trésor. Selon les époques, selon les circonstances économiques ou politiques, c'est l'une ou l'autre de ces deux considérations qui a prévalu dans la fixation des tarifs. Tantôt on n'a voulu voir dans l'impôt des douanes qu'une source de recettes pour le Trésor; on a diminué les tarifs de façon à leur enlever tout caractère protecteur ; tantôt, au contraire, on a eu égard aux intérêts de la production nationale, on a cherché à lui réserver le marché intérieur, à en exclure les produits étrangers.

Pas plus que les autres pays, la France n'a été, depuis un siècle, à l'abri de ces vicissitudes dans la politique commerciale.

Lorsque l'Assemblée constituante, par la loi du 5 novembre 1790, prononça l'abolition des traites à l'intérieur, c'est-à-dire des droits à l'entrée et à la sortie de certaines provinces, des droits locaux, des innombrables péages qui rendaient la législation douanière de l'ancien régime à ce point embrouillée et confuse que « à peine un ou deux hommes par génération venaient à bout d'en posséder la science » (1), lorsqu'elle remplaça ces droits multiples par

(1) Necker, *Administration des finances.*

un impôt unique perçu à la frontière et qu'elle donna ainsi la formule définitive de l'impôt des douanes tel que nous le concevons aujourd'hui, le tarif qui fut créé à la suite de ces réformes fut conçu dans un esprit relativement libéral (loi du 15 mars 1791). En même temps était votée la loi des 6-22 août 1791, qu'on a appelée le code des douanes et qui, de fait, après un siècle, forme encore la base de notre législation douanière.

Mais, bientôt, les nécessités politiques forcèrent le législateur de la Révolution, et plus tard l'Empereur, à revenir sur l'œuvre de la Constituante. Les tarifs furent augmentés dans des proportions souvent considérables, on multiplia les prohibitions, on aggrava les pénalités. Créée pour l'état de guerre, cette législation n'eut qu'un temps. Les lois des 17 décembre 1814, 28 avril 1816, etc., atténuèrent la rigueur des peines qui réprimaient la contrebande, organisèrent des mesures de surveillance plus libérales, abaissèrent quelque peu les tarifs. Néanmoins, pendant toute la durée de la Restauration et du gouvernement de Juillet, pendant les premières années du Second Empire, les droits de douane, bien que successivement réduits, n'en restèrent pas moins fixés à un taux élevé.

Ce n'est qu'en 1860 que prévalurent de nouvelles théories. La politique de protection fut abandonnée par la volonté expresse de l'empereur Napoléon III, qui signa avec l'Angleterre le traité des 23 janvier-12 octobre 1860. Ce traité de commerce, bientôt suivi de conventions analogues avec les autres pays d'Europe, inaugura en France le régime du libre-échange. Les pouvoirs publics restèrent fidèles, jusqu'en 1880 environ, à cette nouvelle politique économique.

Mais, vers cette date, commença à se dessiner dans le pays un mouvement d'opinion d'abord timide, ensuite plus prononcé, en faveur d'un retour à la politique de protection.

Un nouveau tarif général adopté en 1881 (loi du 7 mai), bien que très libéral en apparence, trahit cependant par certains côtés des tendances protectionnistes. Quelques années plus tard, les Chambres instituent un droit protecteur à l'importation des blés. Dès lors le mouvement est donné, les appétits sont mis en éveil, les intérêts particuliers s'agitent. On réclame un relèvement général des droits de douane, on proteste en même temps contre tout renouvellement des traités de commerce. Après quelque résistance, le gouvernement obéit aux injonctions qui lui sont adressées, il dénonce les conventions commerciales qui venaient toutes à échéance le premier février 1892 et propose au parlement un nouveau tarif des douanes qui prend corps dans la loi du 11 janvier 1892. La nomenclature du tarif ainsi créé comprend un grand nombre d'articles précédemment exempts; il implique, en outre, une élévation considérable dans le taux des droits.

Ainsi commence une ère nouvelle qui a pour caractéristiques : le retour à la politique de protection, la suppression ou plutôt la transformation des conventions commerciales. Les quelques lois de détail votées postérieurement à la loi de 1892, pour ajouter au tarif ou le modifier sur certains points, portent l'empreinte de cette double tendance qui s'affirme encore dans la loi de révision douanière du 29 mars 1910.

La loi de 1910 a eu pour objet de mettre au point le tarif de 1892, c'est-à-dire de régler de façon à tenir compte des transformations industrielles, des découvertes scientifiques, des évolutions dans la production économique et aussi des changements apportés par les peuples étrangers à l'économie de leurs tarifs de douane.

Bien qu'elle implique quelques réductions de droits sur certains produits, elle se traduit dans l'ensemble par une aggravation du tarif minimum. Elle augmente en même temps l'écart existant entre celui-ci et le tarif général, afin de fournir au gouvernement des armes qui lui permettent de discuter avec les pays étrangers dans de meilleures conditions. Le même souci de défense économique a conduit le législateur de 1910 à accorder au gouvernement le droit de compenser par des surtaxes les primes indirectes à l'exportation que certains États, en autorisant les trusts ou les cartels, permettent à leurs nationaux d'organiser.

Au cours des développements qui vont suivre, nous indiquerons tout d'abord ce qu'est le tarif qui règle l'assiette de l'impôt, quels suppléments de taxes, quels droits accessoires s'y ajoutent, quelles sont les exceptions, en quoi consistent les régimes spéciaux. Dans un second chapitre consacré aux *déclarations et vérifications*, nous montrerons comment l'impôt est toujours assis d'après les déclarations des redevables vérifiées par les agents des douanes. Au chapitre III, nous exposerons comment s'effectue le recouvrement des droits à l'importation, dans quelles conditions, sous quelles réserves il est provisoirement suspendu. Parallèlement, l'exportation peut entraîner la décharge, voire même le remboursement des droits de douane ou des taxes intérieures. Nous dirons (chapitre IV) à quelles conditions sont subordonnées ces exonérations ou ces restitutions de taxes.

CHAPITRE PREMIER

DU TARIF

Bien que ce soit un des principes fondamentaux de notre droit public qu'aucun impôt ne peut être établi que par une loi, comme les taxes de douane n'ont pas un caractère exclusivement fiscal, comme les intérêts généraux du pays peuvent exiger des relèvements ou des diminutions immédiats dans les tarifs, il a fallu conférer au pouvoir exécutif la faculté de se substituer *provisoirement* au législateur, qui conserve toujours le droit de prononcer *définitivement*.

Pour exposer quelles prérogatives ont été ainsi concédées au gouvernement, il convient de distinguer : 1° les cas où le pouvoir exécutif peut élever les droits inscrits au tarif ou tels d'entre eux à son gré ; 2° les conditions dans lesquelles il peut frapper de surtaxes les produits d'une nation déterminée ; 3° les circonstances où il est autorisé à abaisser les droits.

1° Il est disposé depuis 1814 (loi du 17 décembre 1814) que des décrets du chef de l'Etat peuvent provisoirement et en cas d'urgence : prohiber l'entrée des marchandises de fabrication étrangère ou augmenter les droits de douane à l'importation, taxer ou même interdire l'exportation des produits du sol et de l'industrie nationale (1). Les décrets à intervenir doivent être présentés, en forme de projet de

(1) Ni l'une ni l'autre de ces deux dispositions n'est applicable à certaines denrées alimentaires, notamment aux grains (Loi du 15 juin 1861).

loi, au parlement, avant la fin de la session si les chambres sont assemblées, à la session la plus prochaine si elles ne le sont pas.

Le gouvernement a rarement usé de la faculté que la loi de 1814 lui a conférée, et dont le maintien en vigueur a même semblé douteux à certains auteurs. Aussi a-t-il paru au législateur préoccupé, à tort ou à raison, de certains abus de la spéculation, qu'il convenait *d'obliger* le pouvoir exécutif à opérer, dans quelques cas limités, des relèvements temporaires de droits par voie de décret. Il a pensé qu'il fallait prévenir, dans la mesure du possible, les approvisionnements que font les spéculateurs quand une élévation de droits de douane est annoncée et qui ont pour résultat d'atténuer ou même d'annuler pendant quelque temps les effets des nouveaux droits. C'est dans ce but qu'est intervenue la loi du 13 décembre 1897, dite loi du « cadenas » qui dispose que tout projet de loi *présenté par le gouvernement* et tendant à un relèvement de droits de douane *sur les céréales ou leurs dérivés, les vins, les bestiaux ou viandes fraîches de boucherie* sera suivi d'un décret dont une disposition spéciale ordonnera l'exécution immédiate. Le gouvernement prendra les mesures nécessaires pour que ce décret, dès le lendemain de la présentation du projet de loi, soit inséré au *Journal officiel* et affiché avant l'ouverture des bureaux de douane. Par exception aux règles générales de notre droit, le décret devient exécutoire sans délai aussitôt après la publication et l'affichage prescrits, et les droits proposés par le gouvernement sont immédiatement applicables à titre provisoire (1). Toutefois le supplément de taxe, provisoirement perçu et consigné à la douane, n'est définitivement acquis au Trésor

---

(1) Le bénéfice de l'ancien tarif est cependant accordé aux marchandises embarquées directement pour un port français ou mises en route directement d'Europe à destination de France avant le dépôt du projet de loi.

public qu'après le vote de la loi. Si le projet du gouvernement est retiré ou rejeté par les chambres ou adopté seulement en partie, la différence entre le droit perçu et celui qui est légalement maintenu ou établi doit être remboursée aux déclarants.

2° A lire ce qui précède, on remarque que les mesures à prendre par le gouvernement en vertu des lois susvisées doivent avoir un caractère général, qu'elles ne peuvent être spécialement appliquées aux produits de tel pays déterminé. Le gouvernement n'aurait donc pas disposé des moyens de représailles nécessaires contre une nation qui serait venue à élever les droits frappant les marchandises françaises, si l'article 8 de la loi du 11 janvier 1892 n'avait autorisé le pouvoir exécutif à appliquer des surtaxes ou le régime de la prohibition à des marchandises originaires des pays qui appliqueraient des surtaxes ou le régime de la prohibition à des marchandises françaises. Cet article même a été jugé insuffisant. L'article 3 de la loi du 29 mars 1910 qui le remplace, dispose que le gouvernement pourra appliquer des surtaxes, pouvant atteindre jusqu'au double des droits inscrits au tarif général ou égales à la valeur de la marchandise, à tout ou partie des marchandises originaires de pays qui appliqueraient à des marchandises françaises des surtaxes ou des droits particulièrement élevés ; qu'il aura le droit de frapper de surtaxes équivalentes tout ou partie des marchandises originaires de pays qui traiteraient les produits français moins favorablement que ceux d'autres Etats.

Dans les deux cas précédents, le gouvernement pourra frapper d'un droit *ad valorem*, jusqu'à concurrence de 50 pour 100, tout ou partie des articles exempts d'après le tarif.

Pour répondre aux mesures vexatoires que subissent nos exportateurs de la part de certaines administrations douanières, pour user de réciprocité à l'égard des Etats qui frappent directement ou indirectement nos marchandises de taxes spéciales ou qui allouent des primes, le même article stipule que le gouvernement pourra assujettir, par réciprocité, telles ou telles marchandises étrangères à des droits, taxes ou formalités de toute nature identiques ou analogues, selon les cas, à ceux qui, dans les pays d'origine, seraient applicables à telles ou telles marchandises françaises; qu'il pourra établir sur les marchandises, taxées ou non, qui bénéficient dans leur pays d'origine ou de provenance d'une prime directe ou indirecte à l'exportation, un droit compensateur égal au montant de ladite prime. Ces mesures doivent être soumises à la ratification des chambres, immédiatement si elles sont réunies, sinon, dès l'ouverture de la session suivante.

3° Toutes les dispositions que nous venons de résumer ont été conçues de façon à assurer à l'agriculture et à l'industrie la protection que le législateur a entendu leur accorder. Elles donnent au gouvernement le pouvoir d'élever les tarifs, non de les abaisser. Exceptionnellement, en vertu de la loi précitée de 1814, le gouvernement peut réduire les droits sur les matières premières nécessaires à l'industrie, mais c'est encore afin de préserver la production nationale que cette faculté a été concédée. Dans l'intérêt plus général des consommateurs, le législateur n'a pris qu'une seule disposition, inscrite dans la loi du 29 mars 1887, qui a établi des relèvements de droits pour quelques produits alimentaires. Au cas où le prix du pain vient à s'élever à un taux menaçant pour l'alimentation publique, le gouvernement peut, en l'absence des chambres, par décret rendu en conseil des ministres, réduire ou suspendre les droits de douane sur le blé, la farine, le pain, etc. Les décrets de l'espèce doivent être

soumis à la ratification législative aussitôt les chambres
réunies (1).

Le tarif général des douanes, tel qu'il est réglé par le
législateur, indique successivement en un certain nombre
de tableaux désignés par les lettres A, B, C, D, les taxes
qui frappent les marchandises à l'importation, à l'exportation, les surtaxes qui atteignent les produits étrangers.

Pour résumer à notre tour l'économie du tarif de 1910,
nous ne pouvons mieux faire que de suivre ces divisions.

I. — Importations

Le tableau A, qui fixe les droits à l'importation, présente la liste *complète* de *toutes* les marchandises avec,
en regard, la mention de la prohibition, l'indication des
droits qui les frappent, ou le qualificatif « exempt ».

On distingue ainsi les marchandises prohibées, tarifées,
exemptes.

Marchandises prohibées. — Si l'on prenait le mot « prohibé » dans son sens littéral, on serait amené à penser
qu'aucune des marchandises auxquelles le tarif général
applique cette mention ne peut pénétrer sur le territoire
français et l'on aurait peine à comprendre que tels ports,
tels bureaux de douane puissent être ouverts, comme nous
le verrons plus loin, à l'*importation* des marchandises
prohibées. Il paraîtrait que les mots jurent entre eux. En
réalité, il y a deux catégories de marchandises prohibées :

(1) Nous verrons ultérieurement en parlant des régimes spéciaux
que le gouvernement a également la faculté de prononcer des exemptions ou des détaxes en faveur des produits de la Corse et de certaines
colonies.

les unes sont complètement exclues du territoire français pour des motifs d'ordre public ou de police. Notamment, les contrefaçons de librairie et tous produits étrangers, naturels ou fabriqués, portant, soit sur eux-mêmes, soit sur des emballages, caisses, ballots, enveloppes, bandes, étiquettes, etc., une marque de fabrique ou de commerce, un nom, un signe ou une indication quelconque de nature à faire croire qu'ils ont été fabriqués en France ou qu'ils sont d'origine française ne peuvent, *en aucun cas*, entrer en France. Des interdictions analogues frappent le bétail en cas d'épidémie. Les marchandises prohibées qui rentrent dans la seconde catégorie peuvent, au contraire, soit traverser la France, soit même y séjourner dans certaines conditions (Voir au chapitre III : transit, entrepôt). Il est simplement interdit, en règle générale, de les livrer à la consommation. Ces prohibitions concernent particulièrement les objets sur lesquels l'État exerce un monopole, tels que les tabacs, les poudres, les allumettes.

Dans leur ensemble, les prohibitions, aussi bien celles qui sont édictées pour des raisons d'ordre public que celles qui sont destinées à défendre des taxes intérieures, sont actuellement en nombre limité.

La plupart des marchandises étrangères peuvent être admises sur notre territoire.

Marchandises tarifées. — Mais un grand nombre des produits à importer sont soumis à des droits dont le taux est variable selon *la nature des objets* et selon le *lieu d'origine*.

Bien que, aujourd'hui, les droits de douane, à de très rares exceptions près, aient tous le caractère de droits spécifiques, c'est-à-dire qu'ils soient assis sur le poids, le volume, les dimensions, etc., des marchandises, sans qu'il soit tenu compte de leur valeur, le législateur ne s'en est pas moins efforcé de maintenir, autant que possible, les règles de la proportionnalité des charges. A cet effet, non seulement des marchandises qui ne sont pas de même nature sont soumises à des taxes différentes, mais encore des produits semblables sont classés par le tarif général dans des catégories distinctes suivant les résultats que donne l'analyse plus ou moins complète qui en est faite. Par exemple, on distingue les tissus de coton pur, unis, écrus, d'après leur poids au mètre carré et d'après le nombre de fils simples qu'ils contiennent en chaîne et en trame dans un carré de cinq millimètres de côté, etc. En un mot, le législateur a multiplié les subdivisions pour remédier, dans une certaine mesure, à l'improportionnalité des droits spécifiques.

Pour connaître le droit applicable à une marchandise importée, il ne suffit pas cependant de déterminer l'article du tarif qui la qualifie ; il faut encore tenir compte du pays d'origine.

Il existe, en effet, depuis 1860 une double échelle de droits, deux tarifications que la loi du 11 janvier 1892 a laissé subsister, tout en modifiant leur caractère et en changeant leur dénomination. De 1860 jusqu'au premier février 1892, le tableau des taxes de douane contenait : d'une part le tarif général dont chaque article était discuté et voté par les Chambres, qui s'appliquait aux pays n'ayant pas traité avec la France ; d'autre part un second tarif dit « tarif conventionnel » où étaient inscrits les droits figurant dans les traités de commerce intervenus entre la France et les divers États. Bien que portant sur des points et sur des articles différents, les traités de commerce aboutissaient à la formation d'un tarif unique parce que chaque concession accordée à une nation quelconque était étendue à tous les autres pays contractants en vertu de ce qu'on appelait « la clause de la nation la plus favorisée ». Cette clause, qui était devenue un article de style dans les actes diplomatiques, s'entendait en ce sens que toute réduction de droits, tout avantage consenti à une nation, quelle qu'elle fût, devenait *ipso facto* applicable aux pays liés à la France par des traités de commerce où le traitement de la nation la plus favorisée était stipulé. Comme nous l'avons indiqué, il se produisit dans le pays un mouvement d'opinion contre les traités de commerce, qui impliquaient, d'une part, des réductions de droits que les Chambres ne pouvaient débattre, qu'elles devaient accepter ou rejeter en bloc, qui liaient, d'autre part, les parties contractantes pendant un laps de temps plus ou moins long. Le pays manifesta l'intention de rester maître, par l'intermédiaire de ses représentants, des tarifs de douane. Pour répondre à ces vues, le gouvernement dénonça les traités qui constituaient le tarif conventionnel de la France. Ainsi, la liberté des tarifs était rendue au législateur. Mais cela ne suffisait pas : sous peine d'entraver le développement de notre commerce d'exportation, il fallait obtenir des nations étrangères certains avantages et naturellement leur accorder, en retour, des réductions de droits. On y parvint grâce à une combinaison basée sur la coexistence de deux tarifs : le tarif général, qui constitue le droit commun, le tarif minimum, qui n'est appliqué qu'aux marchandises originaires des nations faisant bénéficier les produits français d'avantages corrélatifs et leur appliquant leurs tarifs les plus réduits. Le tarif minimum apparaît donc comme une sorte de tarif conventionnel, avec cette double différence qu'il est discuté et voté article par article et que le Parlement peut, à tout instant, le modifier à son gré.

Le principe une fois établi et consacré par la loi de 1892, le gouvernement engagea avec les puissances des négociations qui conduisirent à passer, non pas des traités de commerce à proprement parler, mais des conventions commerciales admettant, à charge de réciprocité, la plupart des nations européennes et beaucoup de pays extra-européens au bénéfice du tarif minimum, disposant que

pour d'autres pays (États-Unis, Canada) l'application du
tarif minimum serait limitée à certains produits. En vertu
de l'article 2 de la loi du 2 décembre 1891, le gouvernement fut autorisé à signer de telles conventions, sans les
soumettre à l'approbation des Chambres, étant entendu,
toutefois, que le droit de dénoncer ces instruments diplomatiques par une notification faite douze mois à l'avance
serait toujours expressément réservé. Sous les mêmes conditions le gouvernement conserve la faculté d'étendre,
par voie de décret, le bénéfice du tarif minimum à telle
nation avec laquelle nous n'avons pas encore traité, pourvu
que, en retour, le pays contractant applique ses tarifs les
plus réduits aux produits français. Le pouvoir exécutif
jouit également du droit, qu'il tient de la Constitution, de
passer de véritables traités de commerce, mais, le cas
échéant, les traités qu'il signerait devraient être soumis à
l'approbation des chambres.

Notons encore que l'article 8 de la loi du 29 mars 1910
autorise le gouvernement à maintenir exceptionnellement
et à titre transitoire le bénéfice du tarif général antérieur (1892) à tout ou partie des marchandises originaires
des pays qui n'assujettissent pas les produits français à un
traitement différentiel quelconque.

On comprendra à la suite de cet exposé que, à une même
marchandise, il faille appliquer tantôt le droit inscrit au
tarif général, tantôt celui qui résulte du tarif minimum,
suivant son pays d'origine. Reste à se demander ce que
l'on entend par « le pays d'origine d'une marchandise ».
Faut-il admettre que toutes les marchandises importées
d'un pays, *qu'elles y aient ou non été produites*, doivent
être considérées comme en étant originaires ? Ou bien
doit-on réserver ce qualificatif aux marchandises qui y
ont été réellement *récoltées ou fabriquées* ? En principe,
c'est cette seconde interprétation qui a prévalu. Les pays
admis au tarif minimum ne bénéficient de ce tarif que

pour les produits naturels ou fabriqués de leurs terri-
toires. Une seconde condition est même imposée : il faut
que les marchandises soient transportées en droiture (1).
Ces règles comportent, toutefois, quelques tempéraments.
Notamment, il n'est pas nécessaire, pour qu'un objet
manufacturé soit considéré comme originaire d'un Etat,
que la matière première soit elle-même originaire de
cet Etat, pourvu que le travail qu'elle a subi constitue une
transformation complète ou encore qu'il ait eu pour résultat de le faire passer dans une catégorie plus fortement
taxée. On admet également, que les produits d'un pays
bénéficiant du tarif minimum peuvent, sans perdre leur
droit à ce tarif, emprunter la voie d'un pays tiers, si ce
pays tiers a droit lui-même au tarif minimum.

Marchandises exemptes. — Un grand nombre de marchandises sont exemptes de droits, de quelque contrée
qu'elles soient originaires. On ne saurait cependant en
conclure qu'elles échappent à toute taxation. Comme nous
le verrons, elles sont toujours frappées d'un droit particulier, le droit de statistique, et elles acquittent parfois des
taxes spéciales appelées surtaxes.

Marchandises non dénommées. — Bien que le tarif doive
contenir la liste complète de toutes les marchandises, il
peut arriver et il arrive fréquemment, que des produits y
soient omis. Le cas échéant, les agents des douanes *assi-
milent* ces marchandises aux objets dont elles se rappro-
chent le plus par leur nature. Le droit d'assimilation qui
appartient à l'administration des douanes consiste uniquement à déclarer que telle marchandise doit, à raison de
l'analogie, supporter les droits applicables à tel autre produit en vertu d'un article déterminé du tarif.

(1) Nous verrons ultérieurement (§ III, supplément de taxes à l'importation) ce qu'il faut entendre par l'expression « transport en
droiture ».

II. — Exportations

Il n'existe plus aujourd'hui de droits de sortie, et le tableau B, qui devait en présenter la liste, comprend, en tout et pour tout, trois articles dont l'un prohibe, dans l'intérêt de la répression de la fraude, l'exportation par la frontière de terre des chiens de forte race, dont l'autre contient une interdiction analogue, inspirée par des motifs d'ordre public, en ce qui concerne les contrefaçons de librairie, dont le dernier déclare toutes les autres marchandises exemptes de droits.

Mais encore faut-il remarquer que le mot « exempt » ne saurait être pris dans son sens littéral. Il faut l'interpréter en ce sens que les marchandises exportées sont affranchies de tout droit de douane, non du droit de statistique.

III. — Suppléments de taxes à l'importation

Indépendamment des droits de douane proprement dits (1), les marchandises importées peuvent être passi-

(1) En théorie, il devrait être perçu deux décimes par franc et une taxe additionnelle de 4 pour 100 en sus des droits de douane Mais, l'impôt ayant été établi par la loi double décime et taxe additionnelle compris, le tableau des droits présente cumulativement le droit principal et les taxes additionnelles.

Des dispositions légales particulières ont également affranchi le droit de statistique et les principales taxes accessoires des décimes, qui ne portent plus aujourd'hui que sur le droit de permis et sur les droits de navigation, exception étant faite pour le droit de quai et les taxes sanitaires. Les droits de navigation et le droit de permis ne sont d'ailleurs majorés que de deux décimes ; la taxe additionnelle de 4 pour 100 ne leur est pas applicable.

bles de taxes spéciales qualifiées à tort « surtaxes ». En
outre, elles supportent les impôts intérieurs de fabrication,
de circulation ou de consommation qui pèsent sur les
produits similaires de l'industrie ou de l'agriculture
française.

Surtaxes ou droits d'entrepôt. — Les tableaux C et D
présentent la nomenclature des surtaxes, appelées surtaxes
d'entrepôt et surtaxes d'origine.

Bien que figurant dans les statistiques de l'administration parmi les droits d'importation, les surtaxes d'entrepôt
ou d'origine n'ont pas le caractère de droits de douane.
Elles ne frappent les marchandises qu'à raison des conditions de leur transport, sans tenir compte, en règle
générale, de leur valeur. C'est ainsi qu'elles imposent
dans les mêmes proportions des produits dont le prix de
vente est minime et des marchandises qui ont une grande
valeur. Bien plus, elles n'ont aucune relation nécessaire
avec les droits de douane, elles se perçoivent indifféremment sur les marchandises exemptes comme sur les marchandises tarifées. Ce sont, en réalité, des taxes spéciales,
improprement dénommées surtaxes, et qu'il eût été plus
juste d'appeler droits d'entrepôt, puisque, tout en s'appliquant aux marchandises, elles ne visent que les conditions
dans lesquelles elles ont été importées et qu'elles n'ont
d'autre objet que de favoriser nos relations directes avec
les pays d'importation.

Surtaxes d'entrepôt. — *Tous les produits* d'origine extra-
européenne, à quelques exceptions près, dont l'énumération limitative est donnée par le tableau C, sont passibles
d'une surtaxe d'entrepôt quand ils sont importés d'un pays
d'Europe.

Surtaxes d'origine. — *Un petit nombre* de produits européens sont également passibles de surtaxe lorsqu'ils arrivent d'un pays autre que celui dont ils sont originaires. Le

tableau D donne là nomenclature des produits, avec l'indication des surtaxes qui les concernent.

Différences entre les surtaxes d'entrepôt et les surtaxes d'origine. — On voit ainsi que les surtaxes d'entrepôt et d'origine n'ont pas les mêmes bases d'assiette. Les produits d'origine extra-européenne échappent à la surtaxe d'entrepôt quand ils sont importés d'un pays situé hors d'Europe, fût-il autre que le pays d'origine. Les marchandises inscrites au tableau D ne sont affranchies de la surtaxe d'origine qu'autant qu'elles viennent du pays même où elles ont été produites et qu'elles y ont été prises à terre.

Mais, dans tous les cas, l'exemption de surtaxe n'est acquise qu'à la condition formelle qu'il y ait eu *transport en droiture*. Nous en arrivons ainsi à indiquer le sens qu'il faut attacher à cette expression dont nous nous sommes déjà servis.

Transport direct par mer. — Le transport en droiture par mer s'entend du transport effectué par un même navire, depuis le lieu de départ jusqu'au lieu de destination, sans escale ou avec accomplissement des conditions auxquelles la faculté d'escale est subordonnée.

Le transport direct n'est pas interrompu par des relâches forcées survenues à la suite d'événements de mer, pourvu qu'il en soit justifié par des rapports d'un consul de France ou, à défaut d'autorité consulaire française, par des certificats des douanes ou des autorités locales. Le bénéfice du transport direct est également accordé aux marchandises importées par des navires ayant effectué des escales, avec ou sans opérations de commerce, pourvu que les marchandises ayant droit à un régime de faveur n'aient pas quitté le bord et qu'il n'en ait pas été chargé de similaires, passibles de droits plus élevés dans les ports d'escale. On admet même que *les compagnies de bateaux à vapeur à services réguliers*, ayant ou non leur tête de ligne en France, puissent charger dans les pays européens compris dans leur itinéraire, sans perdre le bénéfice du transport en droiture pour les marchandises extra-européennes qui sont à bord, des marchandises similaires de celles qui ont été prises au lieu de premier départ. Cette facilité est subordonnée à la condition que les marchandises embarquées dans les pays hors d'Europe aient été transportées par le même navire depuis le dernier port extra-européen de départ jusqu'au port français de destination et qu'elles n'aient été mises à terre dans aucune des escales effectuées en Europe (1).

La preuve du transport direct est administrée par la production des connaissements, livres et autres papiers de bord et notamment par un rapport de mer fait en douane dans les vingt-quatre heures de l'arrivée. Ce rapport est contrôlé, si le service le juge à propos, par l'interrogatoire des gens de l'équipage.

Transport direct par terre. — Les marchandises transportées par voie de terre sont considérées comme importées en droiture, du moment où il n'y a eu ni emprunt de la mer, ni entrée en entrepôt, de quelque façon d'ailleurs et par quelque voie qu'elles aient été transportées, alors même qu'il aurait été opéré des déchargements et rechargements en cours de route, pourvu que la France soit la destination initiale de la marchandise.

Les écritures des chemins de fer et les lettres de voiture suffisent habituellement pour justifier des conditions du transport.

Taxes intérieures. — En règle générale, le soin de percevoir ou d'assurer les droits intérieurs, qui frappent les

(1) Exceptionnellement, on va jusqu'à autoriser les compagnies françaises ou étrangères, qui exploitent entre la France, le Levant et les pays hors d'Europe une ligne principale de bateaux à vapeur à laquelle se rattachent des lignes secondaires, à transborder sur les navires de la ligne principale les marchandises apportées par les bateaux des lignes secondaires.

marchandises importées de l'étranger aussi bien que les produits français, est laissé à l'administration des contributions indirectes. La douane ne peut cependant permettre l'enlèvement des marchandises sans qu'il lui ait été justifié que ces droits sont acquittés ou garantis.

Toutefois, pour les sucres, pour la bière et les savons transparents fabriqués à l'alcool, la taxe de régie est perçue par la douane et à titre définitif. Elle figure par ce motif au tableau des droits cumulativement avec le droit de douane.

La douane perçoit aussi la taxe intérieure, mais distinctement et pour le compte de l'administration des contributions indirectes, *dans certaines conditions d'importation*, sur les bougies, les chandelles à mèche tissée et la dynamite.

IV. — Exceptions

Il est de principe que les marchandises étrangères qui sont importées soient soumises, sans distinction d'aucune sorte, au régime qu'a indiqué le tarif. La loi les a-t-elle taxées ? Les droits sont uniformément appliqués dans tous les cas. De même, il y a prohibition du moment où, au tarif, en regard de tel produit déterminé, on lit le mot : « Prohibé. »

Telle est la règle à laquelle il a fallu cependant apporter des tempéraments. La nécessité d'observer certains usages diplomatiques, le désir de faciliter les communications internationales ou de favoriser le développement du commerce ont conduit à créer des exceptions au tarif général ou, si l'on veut, des exemptions *spéciales* et *relatives* qu'il faut bien distinguer des exemptions *générales* et *absolues* qui résultent des termes mêmes de la loi de tarif.

Privilège diplomatique. — Les objets destinés à l'installation des ambassadeurs étrangers ou des membres du corps diplomatique directement accrédités auprès du gouvernement français, à leur usage et à celui de leur maison, sont dispensés de tout droit de douane et même de la visite.

Les mêmes immunités sont étendues aux dépêches que les gouvernements étrangers échangent par l'intermédiaire des courriers de cabinet avec leurs représentants.

Effets à usage. — Mobilier du voyageur. — Les effets des voyageurs ne sont soumis à aucun droit lorsqu'ils portent des traces d'usage et que les quantités sont en rapport avec la position sociale des propriétaires. Cette immunité doit être accordée même quand les effets n'accompagnent pas les voyageurs. Sont également admis en franchise de droits, en tant qu'ils sont en cours d'usage, les objets de toute nature composant le mobilier des étrangers qui viennent s'établir en France ou des Français qui rentrent dans leur patrie. Le terme « mobilier » doit être pris dans son sens le plus large. Notamment l'exemption s'applique aux matériels agricoles et industriels (à l'exclusion des machines proprement dites, c'est-à-dire des machines motrices), aux trousseaux de mariage. Elle est également étendue aux chevaux et voitures importés temporairement, aux vélocipèdes des touristes, sous réserve la consignation ou de la garantie des droits, même à l'argenterie présentant des traces d'usage et importée par des étrangers qui ne doivent séjourner que temporairement en France (1).

Toutefois, afin de placer sur le pied d'égalité, au point

(1) Dans ce dernier cas, il doit être fait consignation des droits de garantie dont le montant est restitué lors de la réexportation à intervenir dans un délai maximum de trois ans.

de vue de l'impôt, les étrangers qui viennent séjourner temporairement en France et ceux qui y résident toute l'année, l'article 7 de la loi de finances du 8 avril 1910 soumet à une taxe spéciale, représentative de la taxe directe à laquelle ils sont assujettis en France, les véhicules automobiles importés par des personnes venant séjourner temporairement dans notre pays.

Cette taxe comprend un droit fixe qui est, par année, de 50 francs pour les voitures à une ou deux places et de 90 francs pour celles à plus de deux places, et une taxe proportionnelle à la force du moteur. Ces taxes sont perçues selon la durée du séjour des voitures en France, en comptant toute période de moins d'un mois pour un mois plein.

Les voitures faisant en France, un séjour de moins de 4 mois consécutifs sont affranchies de tout impôt.

Marchandises de retour. — Les produits de fabrique française qui sont restés invendus à l'étranger ou dans les colonies et établissements français hors d'Europe peuvent être réadmis en franchise, lorsque la sortie antérieure en est dûment justifiée et que leur origine nationale est reconnue par le service. Les réadmissions ont lieu en vertu d'autorisations spéciales qui doivent être demandées dans le délai de deux ans à dater de l'exportation. Le bénéfice du retour est exclusivement réservé aux produits *fabriqués* dont l'origine française peut être reconnue. Il est refusé, en règle générale (1), aux produits naturels de consommation, aux produits d'usine et de laboratoire qui peuvent être identiques partout.

Certaines marchandises de fabrique française, nommément désignées, sont réadmises *d'office*, sans qu'il y ait lieu de demander d'autorisation, si le fabricant a eu le soin

---

(1) Exception est faite pour les vins, qui sont réadmis en franchise sous certaines justifications.

de faire à la sortie des réserves de retour et de réclamer la délivrance d'un passavant descriptif qui accompagne les produits. La réimportation doit, en ce cas, avoir lieu dans le délai d'un an.

Échantillons. — Il est de principe que les échantillons sans valeur marchande soient exonérés des droits.

Quant à ceux qui pourraient être utilisés comme marchandises, ils ne bénéficient de la franchise que sous certaines conditions, qui diffèrent selon qu'il s'agit d'échantillons de marchandises étrangères ou de marchandises françaises.

Les échantillons de marchandises étrangères ne peuvent être importés que moyennant la consignation des droits exigibles. Le montant en est restitué lors de la réexportation, qui doit avoir lieu dans le délai de six mois, ou, en ce qui concerne les échantillons importés par les voyageurs de commerce de certains pays bénéficiant du tarif minimum, dans le délai d'un an.

Les échantillons de marchandises françaises circulent en franchise à la condition qu'ils aient été présentés, avant l'exportation, à la douane qui prend les précautions nécessaires pour contrôler au besoin leur identité et délivre un passavant. Ce passavant accompagne les échantillons ; il reste valable pendant une année quel que soit le nombre des réimportations et réexportations successives. Il suffit qu'il soit visé à chaque entrée et à chaque sortie.

Envois par la poste. — En principe, les objets prohibés ou passibles de droits ne peuvent être importés par la voie de la poste. Exception est faite pour les lettres *fermées, pesant* 150 *grammes ou moins,* contenant des tissus, qui peuvent être livrées en franchise aux destinataires.

Avitaillement des navires. — Par objets d'avitaillement, on entend les vivres et provisions de bord destinés soit à être consommés par l'équipage, soit à être utilisés pour le service du bord.

Tous les navires français ou étrangers, à l'exception de ceux qui se livrent au cabotage ou à la pêche côtière, peuvent, pendant la durée des voyages, consommer en franchise des droits, des vivres et des provisions de bord acquis à l'étranger. Mais cette faculté cesse dès que les voyages sont terminés. Il en résulte que, aussitôt qu'un navire français est revenu dans un de nos ports et que son déchargement a pris fin, les vivres et provisions d'origine étrangère doivent être soumis aux droits ou réservés pour un voyage ultérieur. Au contraire, en ce qui concerne les navires étrangers, leur voyage ne pouvant avoir pour terme un port de France, les équipages sont autorisés à consommer en franchise les provisions existant à bord, pendant toute la durée de leur séjour dans les eaux françaises.

Toutes les précautions utiles doivent être prises pour prévenir la fraude.

Pacages. — L'introduction en France de bestiaux étrangers envoyés en pâturage est exempte de droits. La réexportation en est simplement assurée par un acquit à caution que l'importateur est tenu de lever et qu'il doit apurer dans un délai maximum de six mois, sans qu'il ait la faculté de se libérer de ses engagements par le paiement des droits. Seules, les jeunes bêtes mises bas pendant le pacage, restent en France en exemption de tous droits.

Les troupeaux français qui vont pâturer à l'étranger sont également réimportés en franchise, y compris le croît de ces troupeaux, au vu d'un passavant délivré lors de la sortie.

Propriétés limitrophes. — Sous certaines conditions, l'exemption des droits de douane est accordée aux produits des propriétés limitrophes, c'est-à-dire des propriétés que les Français possèdent à l'étranger dans une zone d'étendue variable selon les frontières ou que les étrangers possèdent en France dans les limites analogues. Comme on l'aperçoit, le législateur a voulu rendre plus supportables les conséquences que des rectifications de frontière peuvent avoir au point de vue des droits de douane ; il a cherché à concilier, temporairement, des situations acquises avec un nouvel ordre de choses.

Il en résulte, naturellement, que le régime des propriétés limitrophes diffère selon les cas et que, pour en exposer l'économie, il convient de distinguer successivement les frontières de Belgique, de Suisse et d'Allemagne, d'Italie, d'Espagne.

Belgique. — Il existe sur la frontière de Belgique deux zones : l'une créée par l'ordonnance du 13 octobre 1814 et qui s'étend de chaque côté à une profondeur de 5 kilomètres ; l'autre, plus récemment établie par une loi du 17 février 1893, et dont la profondeur est réduite à 2 kilomètres.

Dans la zone de 5 kilomètres, le bénéfice de l'admission en franchise à l'importation est acquis aux récoltes des biens-fonds qui étaient propriété française *au moment de la délimitation du territoire,* c'est-à-dire lors des traités de 1814, et qui depuis ont été transmis par hérédité, en vertu de la loi et en ligne directe. Pour l'exportation, il suffit que les terres situées en France dans le rayon de 5 kilomètres soient possédées *actuellement* par des étrangers. — L'immunité n'est accordée qu'autant que les possesseurs de propriétés limitrophes ont justifié de leur qualité et qu'ils procèdent chaque année, durant la saison des récoltes, à une déclaration générale indiquant la nature et les quantités approximatives des produits qu'ils se proposent de faire entrer ou sortir. Ces produits ne sont admis qu'à l'état naturel.

Afin de prévenir les inconvénients que présentait, pour les exploitations agricoles situées à proximité de la frontière ouverte de la Belgique, le relèvement des droits de douane édictée par la loi du 11 janvier 1892, la loi du 17 février 1893 avait disposé que les cultivateurs, établis en France dans un rayon de 2 kilomètres au plus de la frontière, qui exploitaient en même temps des terres sur le territoire belge dans un rayon de 2 kilomètres, soit comme propriétaires, soit comme locataires, en vertu de titres réguliers et ayant date certaine, *passés avant le 1er février* 1892, seraient admis à importer en franchise les produits desdites terres, à la condition qu'ils fussent présentés dans l'état où ils avaient été récoltés.

Cette immunité a été étendue par la loi du 29 décembre 1901 au cas de location postérieure au 1er février 1892, pourvu qu'il soit établi que le propriétaire actuel ou ses ascendants possédaient les biens-fonds avant le 1er février 1892 et qu'ils n'ont pas cessé de les posséder depuis.

Suisse et Allemagne. — La zone privilégiée a 10 kilomètres de largeur de chaque côté de la frontière suisse ou allemande. L'immunité des droits est acquise, en vertu du traité de Francfort et de la convention franco-suisse du 23 février 1882, à toute une série de produits énumérés dans ces actes, à la seule condition qu'ils proviennent de biens-fonds situés dans la zone.

Italie. — En vertu du traité du 7 mars 1861, il existe sur la frontière italienne une zone de 5 kilomètres dont le régime est semblable presque de tout point à celui de la première zone belge (1).

En outre, certaines portions du territoire italien comprises entre la crête des Alpes et la ligne des douanes françaises ou situées dans les parages du Mont-Cenis constituent de véritables zones franches dont les produits sont admis librement en France, à quelque distance de la fron-

---

(1) Indépendamment des récoltes des propriétés, on admet en franchise certains produits tels que la laine, le lait, le fromage. En outre, on n'exige pas que les propriétés situées en Italie et appartenant à des Français lors de la délimitation du territoire (traité du 24 mars 1860) aient été transmises par décès, *en ligne directe*, depuis cette date. Le privilège s'étend aux héritiers *en ligne collatérale au premier degré.*

tière que soient situés les biens-fonds, que ces biens appartiennent à des Français ou à des Italiens.

Espagne.— Le régime des propriétés limitrophes n'existe
pas, pour ainsi dire, sur la frontière d'Espagne. Il est simplement admis que les produits provenant des propriétés
coupées par la frontière à la suite de l'acte de délimitation
du 26 mai 1866 soient affranchis de droits de douane
tant à l'entrée qu'à la sortie, en France aussi bien qu'en
Espagne.

V. — Droit de statistique. — Droits accessoires.

En dehors des droits de douane, toutes les marchandises
qui traversent la frontière sont, en principe, passibles d'un
droit qualifié de droit de statistique. Elles peuvent également donner lieu à la perception de diverses taxes accessoires (1).

Droit de statistique. — Le droit de statistique a été créé
par l'article 3 de la loi du 22 janvier 1872 qui est ainsi
conçu : « Il est établi, *pour subvenir aux frais de la statistique commerciale,* un droit spécial de dix centimes par
colis... Ce droit *indépendant de toute autre taxe,* sera perçu
tant à l'entrée qu'à la sortie, quelle que soit la provenance
ou la destination ».

Quoique le législateur ait cherché à établir entre la sta-

(1) Nous laisserons de côté dans ce paragraphe les droits de garde
et de magasinage qui concernent exclusivement les dépôts en douane
dont il sera question au chapitre III, et les droits de timbre qu'il nous
a paru préférable de classer, à raison de leur nature particulière, dans
le titre III.

Enfin, l'exposé des taxes diverses qui frappent les navires français
ou étrangers fréquentant dans nos ports se trouve tout naturellement
lié à l'étude que nous ferons du régime de la navigation.

tistique commerciale et la taxe qu'il instituait une corré-
lation dont on n'aperçoit pas la raison d'être et qui a
simplement déterminé le qualificatif du nouvel impôt, la
vérité est que les exigences budgétaires seules expliquent
et justifient la création d'un droit qui a un caractère
exclusivement fiscal.

Il est, en effet, perçu indifféremment à l'importation
comme à l'exportation ; il frappe toutes les marchandises,
quelle que soit leur valeur, qu'elles soient tarifées,
exemptes ou prohibées ; il pèse sur les produits qui ne
font que traverser le territoire, aussi bien que sur les
objets destinés à la consommation. Seules, les marchandises qui sont expédiées en cabotage d'un port français
dans un autre port français ou de France en Algérie (loi
du 28 décembre 1895) et réciproquement, en sont exemptes
parce qu'on considère qu'elles ne sont ni exportées dans
le véritable sens du mot lors de leur sortie, ni importées
lors de leur retour. Les opérations de transit, dont nous
parlerons plus loin et qui constituent à la fois une importation et une exportation, devraient, en règle stricte, donner
lieu à une double perception dont la première aurait
lieu à l'entrée des marchandises en France, la deuxième
à la sortie. Néanmoins, pour empêcher que certains courants commerciaux ne se détournent de la France, on a
décidé que les transports de l'espèce seraient, à la condition de n'être pas interrompus, considérés comme
constituant une seule opération et n'entraîneraient que
la perception du simple droit. Ce droit est encaissé, dans
tous les cas, au bureau de destination. La même règle
s'applique aux marchandises réexportées ou transbordées
immédiatement par le bureau ou dans le port où elles
ont été importées.

Assiette du droit. — Le droit est, depuis la loi du
8 avril 1910, de quinze centimes par colis sur les marchandises en futailles, caisses, sacs ou autres embal-

lages, de quinze centimes par mille kilogrammes ou fractions de mille kilogrammes, par mètre cube ou fraction de mètre cube, sur les marchandises en vrac, de quinze centimes par tête sur les animaux vivants ou abattus. Par exception, en vertu d'un décret du 14 mai 1910, les céréales, les engrais et diverses autres marchandises, qui sont habituellement transportées en vrac, ne sont imposées qu'à raison de quinze centimes par mille kilogrammes, lorsque, accidentellement, elles sont emballées. D'autre part les colis de légumes, de fruits et d'autres produits qui sont fréquemment réunis en masses ne sont taxés qu'à raison de quinze centimes par fardeau de dix colis, alors même que le fardeau n'a pas été formé.

Toutefois le droit n'est que de dix centimes pour les animaux et les marchandises ayant simplement transité ou qui sont transbordés dans un port français, à destination de l'étranger.

Exemptions. — Comme les droits de douane, le droit de statistique comporte des exemptions, dont les unes s'appliquent à certains objets exemptés de droits de douane, dont les autres sont particulières au droit de statistique.

Sont exemptés du droit de statistique.

Les objets adressés aux membres du corps diplomatique ;

Les colis de bagage, *à la condition qu'ils accompagnent les voyageurs ;*

Les produits des zones franches admis en exemption des droits de douane ;

Les récoltes des propriétés limitrophes ;

Les bestiaux envoyés au pacage ;

Les provisions de bord embarquées sur les *navires de guerre* français ou étrangers ;

Les échantillons sans valeur marchande ;

Les colis postaux ;

Les poissons de pêche française ;

Les objets de toute nature embarqués sur les navires pêcheurs ou débarqués de ces navires ;

Les envois de fonds du Trésor, etc.

Les animaux et marchandises réexportés d'entrepôt et qui auront déjà payé le droit à l'entrée en entrepôt.

Droits de permis et de certificat. — « Il ne peut être chargé sur les navires ou en être déchargé aucune marchandise sans le congé ou la permission par écrit des préposés de la régie » (loi des 6-22 août 1791). La délivrance de chacun de ces permis est subordonnée au paiement d'un droit de 0 fr. 60, décimes compris, qui apparaît ainsi comme une sorte de droit fixe d'importation ou d'exportation par mer.

Sont exempts du droit de permis les débarquements et embarquements ayant pour objet :

1° Les opérations de toute nature entre ports français ;

2° Les provisions de bord ;

3° Les bagages des voyageurs ;

4° Les colis postaux, etc.

Le droit de permis n'est pas perçu à Marseille (ordonnance de 1817).

Le droit de certificat, s'élevant à **0 fr. 60** comme celui de permis, se perçoit en cas de délivrance d'attestations à produire en vertu d'un ordre de justice, soit pour une partie, soit pour la totalité des cargaisons arrivées par mer. Il n'est pas dû à Marseille (ordonnance de 1817). Ce droit est indépendant du coût du papier timbré.

Taxes de plombage et d'estampillage. — Toutes les fois que, en vertu d'une disposition réglementaire, il est apposé des plombs soit sur des marchandises, soit sur des véhicules, soit même sur les écoutilles d'un bateau, il est perçu une taxe de plombage qui, en règle générale, est de 50 centimes par plomb. Dans certains cas exceptionnels, les plombs ne se payent que 25 centimes, ou même

10 centimes, parfois 3 centimes. Toutefois, pour les vélo-cipèdes français ou nationalisés accompagnant des voyageurs qui se rendent temporairement à l'étranger, il existe un plomb spécial de retour, de petit format, dont l'apposition est gratuite.

Les estampilles et cachets, apposés comme moyens de reconnaissance de l'identité des marchandises, donnent également lieu à la perception d'un droit qui est tantôt de 10 centimes, tantôt de 5 centimes, voire même de 2 centimes, de 1 centime, de 0 c. 5.

Les colis postaux sont exemptés des taxes de plom-bage et d'estampillage, non de la formalité.

VI. — Régimes spéciaux.

Le tarif des douanes ainsi complété, ainsi surchargé, pourrait frapper indistinctement tous les produits impor-tés et exportés, quand même ils seraient originaires ou à destination de nos colonies. Il pourrait également être appliqué dans toute la France et même dans les terri-toires qui prolongent la patrie au delà des mers.

Mais, il a paru que de telles règles seraient trop rigoureuses, qu'il convenait d'y apporter des tempéra-ments. Pour favoriser le développement de nos posses-sions, on a donc accordé à leurs produits importés en France certaines exonérations d'impôts dont la nomencla-ture fait l'objet d'un tableau annexé au tarif général : le tableau E. D'autre part, le législateur a pensé qu'on ne pouvait appliquer à des pays en voie de formation un tarif fait pour la métropole, qu'il fallait adapter notre régime douanier au degré de développement auquel nos colonies sont parvenues.

De là une réglementation fort complexe dont nous ne retiendrons que ce qui concerne les importations en France de marchandises originaires ou provenant de nos possessions. Nous laisserons de côté la question du régime douanier dans les colonies, qu'il ne rentre pas dans notre plan d'exposer. Nous indiquerons, en revanche, dans ce même paragraphe, les régimes spéciaux dont bénéficient, pour des raisons historiques, diverses régions qui font cependant partie intégrante de la France, ou qui sont enclavées dans notre territoire.

Colonies et possessions françaises. — Deux catégories de produits peuvent être importés des colonies en France : 1º des marchandises étrangères qui ont pénétré dans les colonies en acquittant les droits de douane spéciaux ; 2º les produits du cru ou de la fabrication coloniale.

La règle est très simple en ce qui concerne les marchandises de la première catégorie qui sont toujours passibles à leur entrée en France des droits du tarif métropolitain (tarif général ou tarif minimum selon le pays d'origine), sauf les denrées coloniales qui, ayant acquitté des taxes spéciales dans les colonies, sont soumises au droit du tarif général sous déduction de la taxe déjà payée. Une seule exception est faite en faveur de l'Algérie. Les marchandises étrangères, acquittant, en principe, à leur entrée en Algérie, les mêmes droits qu'en France, pénètrent en franchise dans la métropole quand elles y sont expédiées. Seuls, les produits qui bénéficient en Algérie d'un tarif réduit sont passibles de la différence entre les droits du tarif métropolitain et les droits qu'ils ont acquittés.

Pour exposer le régime fait aux produits originaires de nos possessions, il faut distinguer les colonies en deux groupes, savoir : celles qui sont soumises au tarif métropolitain, celles auxquelles ce tarif n'est pas applicable. Enfin, l'Algérie et la Tunisie doivent être mises à part.

Colonies soumises au tarif de la métropole. — Les produits originaires des colonies et possessions françaises qui composent le premier groupe, telles que les Antilles, la Réunion, la Guyane, l'Indo-Chine, etc., sont admis en franchise à leur entrée en France à la condition qu'ils y soient transportés en droiture. Toutefois, les denrées coloniales acquittent une fraction des droits du tarif, en règle générale, la moitié. Les sucres sont soumis aux mêmes droits que les sucres indigènes (voir sur ce sujet : troisième partie, chapitre III).

Colonies non soumises au tarif de la métropole. — Les produits de ces possessions (Inde française, Tahiti, etc.), sont passibles des droits du tarif minimum à leur importation dans la métropole, sous la double réserve suivante : 1° les sucres originaires de ces colonies profitent des mêmes détaxes que ceux des colonies rentrant dans le premier groupe ; 2° des exemptions ou des détaxes de quotité variable peuvent être accordées à d'autres produits par décret rendu en Conseil d'Etat (art. 3 de la loi du 11 janvier 1892). En fait, il est intervenu, aux dates des 30 juin, 27 août 1892, 25 octobre 1895, etc., des décrets créant un régime de faveur pour certains produits et pour certaines colonies. Les exemptions ou les détaxes ainsi accordées sont subordonnées à la condition de l'importation en droiture et à la production d'un certificat d'origine émanant des autorités locales. En outre, dans la plupart des cas, le maximum des quantités à admettre au bénéfice de la franchise ou de la détaxe est fixé chaque année par décret.

Tunisie. — Le régime douanier applicable aux marchandises d'origine tunisienne importées en France a été réglé par les lois des 19 juillet 1890 et 19 juillet 1904. La loi de 1890 dispose qu'un certain nombre de produits tunisiens tels que les huiles, le bétail vivant, les volailles et le gibier, seront admis en franchise dans les limites annuellement déterminées par décret, à la condition qu'ils soient transportés *directement et sans escale, par navire français,* et qu'ils sortent d'un des ports de la Régence désignés à cet effet. Sous les même conditions, les autres produits tunisiens sont passibles de droits spéciaux ou des droits les plus favorables sur leurs similaires étrangers. En vertu de la la loi de 1904, les céréales et leurs dérivés, d'origine tunisienne, bénéficient de l'admission en franchise sans limitation de quantités, sous réserve de l'accomplissement des conditions prévues à la loi de **1890.**

Algérie. — En principe, le régime général des douanes est étendu à l'Algérie, qui est considérée comme partie intégrante de la métropole.

Il en résulte que les produits naturels ou fabriqués, originaires de l'Algérie, importés en France en droiture, y sont admis en franchise. Il convient toutefois de remarquer que les produits algériens sont prohibés, ou frappés, à leur entrée en France, de taxes intérieures, du moment où les objets similaires français sont assujettis à un monopole ou soumis à des impôts indirects.

Territoires soumis à des régimes spéciaux. — Pour diverses raisons, dont la plupart ont un caractère historique, le pays de Gex et la Savoie neutralisée, l'île de Corse, la principauté de Monaco sont soumis à des régimes spéciaux.

Pays de Gex et Savoie neutralisée. — Le pays de Gex et une partie de la Savoie forment une zone franche placée en dehors de la ligne des douanes. Les produits étrangers y entrent donc en franchise, aussi bien que les marchandises françaises. Les produits naturels ou manufacturés de cette portion du territoire sont également admis en France en exemption des droits de douane, mais dans certaines limites déterminées chaque année par le ministre des finances, de concert avec le ministre du commerce et sous certaines conditions.

Ile de Corse. — Le tarif des douanes est appliqué en Corse comme sur le continent. Cependant, certaines marchandises étrangères bénéficient, à leur importation dans l'île, de détaxes calculées de façon différente selon les cas (loi du 21 avril 1818).

Toutes les marchandises françaises ou nationalisées en France par le payement des droits pénètrent librement en Corse. D'autre part, les produits naturels ou manufacturés de la Corse, dont la nomenclature est donnée par divers textes de loi, complétés et modifiés au besoin par des décrets, peuvent être importés en France en exemption des droits de douane, à la condition qu'ils entrent par certains ports désignés par la loi ou par décret.

Principauté de Monaco. — La principauté de Monaco qui est enclavée, comme on le sait, dans le territoire français, est liée à la France par une union douanière (convention du 9 novembre 1865, arrangement additionnel du 10 mars 1899). Le tarif des douanes est donc appliqué à Monaco exactement dans les mêmes conditions que sur tous les autres points de la France. Les marchandises françaises sont exemptes de tous droits à leur entrée dans la principauté et, réciproquement, les produits monégasques pénètrent librement en France, à la condition d'acquitter. s'il y a lieu, les taxes intérieures (1), pour la garantie desquelles un rayon douanier spécial a été créé autour de la principauté.

(1) Un petit nombre seulement de nos impôts de consommation sont, en effet, applicables dans la principauté. Les habitants sont notamment exempts de tout impôt sur les boissons hygiéniques. De même les taxes indirectes n'existent qu'à l'état exceptionnel en Corse. La loi de finances du 29 mars 1897 a, cependant, établi un droit de consommation de 90 francs par hectolitre d'alcool pur et rendu applicable la législation sur les cartes à jouer. — Dans le pays de Gex et dans les zones franches de la Haute-Savoie, le régime des contributions indirectes est en vigueur, sous quelques réserves. Il va de soi que les produits de la Corse ou des zones franches du pays de Gex et de la Haute-Savoie qui bénéficient d'un traitement de faveur sont soumis au droit commun, de même que les produits monégasques, à leur entrée en France.

CHAPITRE II

DES DÉCLARATIONS ET VÉRIFICATIONS

L'impôt des douanes est assis, conformément au tarif légal dont nous venons de résumer l'économie, d'après les déclarations des redevables, contrôlées par les vérifications du service. Ainsi, toute importation, toute exportation comporte deux opérations distinctes : la déclaration, la vérification.

1. — Déclarations

Les formes des déclarations sont arrêtées par des dispositions législatives que le gouvernement a le pouvoir de modifier par voie de décret. Elles varient, d'ailleurs, suivant la nature des opérations, si bien qu'on est conduit à distinguer : les importations par mer, les importations par terre, les exportations par mer, les exportations par terre.

Importations par mer. — Les importations par mer donnent lieu à une double déclaration. Les marchandises doivent d'abord être inscrites au manifeste du navire, pour être ensuite déclarées en détail.

Manifeste. — *Le manifeste est l'état général du chargement complet d'un bateau.* — C'est un acte très important pour la douane, qui constitue à la fois le point de départ et la base de toutes les opérations. — Il doit indiquer : le nombre des colis formant la cargaison du navire, les

marques et numéros en toutes lettres de chacun des caisses, balles, barils, etc., *la nature*, (non *l'espèce*) ou *la qualité* des marchandises. Autrement dit, les produits doivent
être désignés individuellement, en termes suffisamment
clairs dans le langage courant, sans qu'il soit nécessaire
d'adapter leur dénomination aux distinctions du tarif.

Le capitaine d'un navire quelconque est tenu de déposer, dans les vingt-quatre heures de son arrivée, son
manifeste au bureau des douanes, où il doit être immédiatement enregistré.

Déclarations en détail. — Tandis que le manifeste n'a
d'autre objet que de fournir à la douane la liste complète
des marchandises importées par un même bateau, quel
que soit le régime auquel ces marchandises doivent être
soumises, les déclarations en détail, qui sont présentées
de façon distincte pour chaque lot de marchandises, ont
pour but d'assigner un régime aux produits et de faire
connaître en même temps quel est le droit qui, d'après
l'importateur, leur est applicable.

Les déclarations doivent donc indiquer tout d'abord si
les marchandises sont destinées à la consommation ou si
elles sont placées sous l'un des régimes de suspension des
droits (entrepôt, transit, admission temporaire, réexportation ou transbordement) ; elles doivent, en outre, contenir toutes les indications nécessaires pour l'application
immédiate ou éventuelle du tarif : la nature, l'espèce et
la qualité des marchandises, leur origine, leur provenance,
leur destination, leur poids, leur mesure, leur nombre ou
leur valeur, selon le mode de taxation, doivent y être
mentionnés (1).

---

(1) Par exception, l'indication du poids ou de la mesure, qui forme
en général l'une des parties principales des déclarations, n'est pas exigée pour les marchandises sujettes à coulage.

La valeur à déclarer est celle que les marchandises ont dans le lieu
et au moment où elles sont présentées à la douane.

Afin de mettre les propriétaires et consignataires des marchandises à même de s'acquitter de ces obligations et de fournir des déclarations exactes et complètes, le service des douanes peut les autoriser à examiner les marchandises avant toute déclaration. Ils ont, d'ailleurs, la liberté de rectifier leurs déclarations quant au poids, au nombre, à la mesure ou à la valeur dans les vingt-quatre heures de ces déclarations et avant la visite. Mais, ce délai écoulé, toute demande en rectification doit être repoussée.

Dès que la déclaration en détail est faite, le permis de débarquer est donné. Il est inscrit en marge de la déclaration. En principe, c'est seulement après l'accomplissement de ces formalités que le débarquement des marchandises peut avoir lieu, sous la surveillance des préposés du service des douanes. Néanmoins, comme dans la pratique il serait impossible d'exécuter ces dispositions sans retarder outre mesure les déchargements et, par suite, sans entraver le mouvement de la navigation, on a admis que les débarquements commencent dès la production du manifeste, à la condition que les marchandises soient emmagasinées, sous la surveillance du service, dans des locaux fournis par les intéressés, agréés par la douane. Ces locaux, qui ont pris le nom de *tente* ou de *magasin-cale*, sont considérés comme la cale même du navire. Les capitaines, armateurs, compagnies de navigation restent responsables de toutes les irrégularités constatées à la sortie des magasins-cale ou au cours des recensements auxquels il peut être procédé, exactement comme si ces irrégularités avaient été relevées lors de la mise à terre ou à bord du bateau.

Apurement des manifestes. — Les marchandises indiquées au manifeste comportent toutes une déclaration de détail. En comparant les manifestes avec les déclarations de détail successivement intervenues, les agents des douanes sont à même de s'assurer que toutes les marchandises ont reçu une destination régulière. Ce travail de rapprochement, dont il est inutile de faire ressortir l'importance, a reçu le nom, dans la pratique, d'*apurement des manifestes.*

Importations par terre. — Sur les frontières de terre, la formalité d'une déclaration sommaire équivalant à la production d'un manifeste n'est pas obligatoire, en principe du moins. Les voituriers qui transportent *directement* des marchandises de la frontière au premier bureau d'entrée sont simplement tenus de former une déclaration de détail dès l'arrivée des marchandises au bureau. Mais toutes les fois que les marchandises doivent être *dédouanées*, c'est-à-dire déclarées en détail au second bureau du rayon frontière ou dans un des bureaux de l'intérieur (1), il doit être déposé au premier bureau une déclaration sommaire relatant le nombre de balles, caisses ou futailles, comportant la production des lettres de voiture, où la nature des marchandises, les marques, numéros et poids séparés de chaque colis sont mentionnés. Et, comme l'autorisation de dédouaner au second bureau est demandée en fait, sous une forme ou une autre, pour presque tous les transports par voie ferrée, on aperçoit que l'exception est devenue la règle, que, dans la majeure partie des cas, une déclaration sommaire intervient au premier bureau. Cette déclaration entraîne la délivrance d'un acquit à caution qui accompagne la marchandise jusqu'au bureau auquel la vérification est attribuée. Les déclarations en détail sont faites dans le second bureau suivant les formes que nous avons dites (2).

(1) Comme nous le verrons ultérieurement en traitant de l'organisation du service, il existe sur les frontières de terre deux lignes de bureaux. Pour faciliter les opérations, on a également établi des bureaux dans quelques villes de l'intérieur, à Paris notamment.

(2) Indépendamment des mentions que nous avons énumérées, les déclarations en détail sur les frontières de terre doivent contenir le nom, la profession, le domicile de la personne à qui les marchandises sont adressées.

Exportations par mer. — Les exportations par mer donnent lieu, comme les importations, au dépôt de déclarations de détail et à la formation d'un manifeste, dit manifeste de sortie. Mais, tandis que, dans le cas d'importation, le manifeste *précède* les déclarations de détail, en matière d'exportation il n'est formé qu'après le dépôt en douane de toutes les déclarations de détail dont il présente le tableau. En un mot, le manifeste de sortie n'est qu'un papier de bord, dont l'utilité est incontestable au point de vue de la répression de la fraude, mais qui ne concourt nullement à assurer l'exacte déclaration des marchandises. — Quant aux déclarations en détail, elles doivent contenir les mêmes indications que celles exigées à l'entrée.

Exportations par terre. — Pour les exportations par terre, il n'est formé que des déclarations en détail qui sont déposées au bureau frontière, à moins que les intéressés n'accomplissent cette formalité dans une des douanes de l'intérieur.

Du lieu des déclarations. — Des restrictions. — On comprend facilement que tous les bureaux de douane ne soient pas également organisés pour recevoir toutes les déclarations, pour procéder à la vérification des marchandises de toute nature. Il a donc fallu apporter, dans le nombre des bureaux ouverts à l'entrée ou à la sortie de certains produits, des restrictions que le gouvernement a la faculté d'étendre ou de limiter par voie de décret (1). Il existe également des restrictions d'emballage et des restrictions de tonnage qui sont de moindre importance.

---

(1) Les restrictions d'entrée et de sortie que nous allons résumer ont été établies en vue des marchandises destinées à la consommation. Il existe d'autres restrictions pour les marchandises placées sous le régime du transit ou de l'admission temporaire. Nous les indiquerons dans le chapitre III quand nous traiterons de l'un et de l'autre de ces deux régimes.

Restrictions d'entrée. — La restriction qui a le caractère le plus général s'applique aux marchandises prohibées ou taxées à l'entrée à un droit de plus de 20 francs par 100 kilogrammes et à un certain nombre d'autres produits énumérés au tarif qui sont frappés de droits inférieurs, mais dont la vérification comporte des difficultés particulières. Ces marchandises ne peuvent être importées que par certains bureaux, dont la nomenclature telle qu'elle résulte des lois ou décrets, est donnée par les observations préliminaires du tarif.

Quelques autres marchandises, telles que les fils de laine, les huiles minérales, les lins, l'horlogerie, etc., ne peuvent être importées que par un très petit nombre de bureaux *spécialement* désignés pour chaque catégorie de ces produits.

Enfin, les produits des colonies et possessions françaises (*l'Algérie exceptée*), qui jouissent d'une modération de droits ou de la franchise, ne sont, en raison de cette origine, importés que par les ports d'entrepôt. D'autres marchandises, dont le tarif donne la liste et qu'on qualifie généralement de « denrées coloniales de premier ordre », sont soumises à une restriction d'entrée identique, quand elles sont importées par mer.

Restrictions de sortie. — Il ne paraît pas, au premier abord, qu'il y ait quelque utilité à édicter des restrictions de sortie, puisque le seul droit exigible à l'exportation est le droit de statistique, que tous les agents du service des douanes sont à même de liquider.

Mais, comme l'exportation de certains produits entraîne soit l'allocation de primes, soit le remboursement des droits de douane, ou encore l'exonération de taxes intérieures, il a été nécessaire, pour sauvegarder les intérêts du Trésor, de limiter à certains bureaux les sorties de telles marchandises. Des considérations d'ordre public ont également conduit à établir des restrictions de sortie ayant trait à la police sanitaire du bétail et aux mesures relatives au phylloxéra.

Restrictions d'emballage. — Pour éviter que des mélanges de marchandises prêtent à des fraudes ou, tout au moins, donnent lieu à des difficultés excessives de vérification, on a interdit de présenter comme unité, dans les manifestes ou déclarations, plusieurs caisses ou ballots différents réunis en un seul colis de quelque manière que ce soit.

Les outils, les tissus de coton, les fils, les toiles de toute sorte, ne peuvent pas non plus être importés, en règle générale, autrement que dans des paquets séparés ne contenant chacun que des objets de la même espèce.

Restrictions de tonnage. — Les navires d'un faible tonnage ont des facilités particulières pour approcher des côtes et effectuer des versements frauduleux. Aussi la loi du 5 juillet 1836 a-t-elle décidé que toutes les marchandises prohibées et certaines marchandises fortement taxées « ne pourraient arriver dans les ports qui leur sont ouverts par des navires n'ayant pas un certain tonnage ».

Il existe des restrictions analogues, inspirées par les mêmes motifs, pour la réexportation de quelques marchandises étrangères et pour l'exportation des sels d'origine française.

II. — Vérifications

Toute marchandise qui traverse la frontière *doit* donner lieu à une déclaration, elle *peut* être visitée « si les préposés de la régie l'exigent » (loi des 6-22 août 1791). La déclaration est donc obligatoire, la vérification n'est que facultative. Si le service s'abstient de procéder à la vérification, c'est d'après les termes de la déclaration que les droits sont perçus. Si les marchandises sont examinées, l'impôt est liquidé d'après les résultats de la visite qui doit être faite en présence du déclarant ou de son représentant.

La visite des marchandises a un double objet : permettre aux agents de déterminer la nature et, au besoin, l'origine des produits et, par suite, de fixer le taux du droit applicable, fournir aux préposés les indications matérielles nécessaires (poids, volume, dimensions) pour le calcul de l'impôt.

Vérification de la nature des marchandises. — Bien que, nous le répétons, la loi donne aux agents des douanes le droit de s'abstenir de tout acte de vérification quand ils le jugent à propos, dans la pratique, conformément aux recommandations de l'administration centrale, la nature des produits, c'est-à-dire leur qualité, leur origine et leur espèce est toujours contrôlée, au moins par épreuves (1).

La vérification de la nature des marchandises conduit à l'un ou à l'autre des résultats suivants : ou la déclaration est reconnue exacte, — ou le service constate qu'elle est fausse, — ou bien, enfin, les agents éprouvent, suivant les termes de la loi, des doutes sur l'exactitude de la déclaration.

Si les vérificateurs obtiennent, par le simple examen de la marchandise, la certitude absolue que la déclaration est fausse en tout ou partie, c'est-à-dire que, au cas où les termes en auraient été admis, le droit perçu eût été inférieur au droit dû, il leur appartient de rapporter procès-verbal de la contravention et de retenir la marchandise jusqu'à ce qu'une solution intervienne.

_____

(1) Par exception, les marchandises présentées à l'exportation et dont la sortie effective n'implique pour le Trésor aucun intérêt pécuniaire sont généralement affranchies de toute visite.

Mais, dans la généralité des cas, le service ne *peut* avoir de conviction absolue et l'intervention d'experts devient indispensable. D'après la loi, l'administration des douanes d'une part, le déclarant d'autre part, doivent faire choix chacun d'un expert pris sur une liste dressée tous les ans par le ministre du commerce et le ministre des finances, après consultation des chambres de commerce (1). Les deux experts tombent-ils d'accord? leur décision est définitive. Sont-ils en désaccord? la question est portée devant des commissaires experts institués près du département du commerce, qui remplissent le rôle de tiers arbitres et décident en dernier ressort (2).

Vérification du poids, de la mesure, etc., des marchandises. — La seconde partie de la tâche des vérificateurs est sans doute la moins compliquée, mais c'est aussi celle qui exige le plus de temps. Les difficultés en seraient insurmontables si l'administration n'autorisait ses agents à procéder par épreuves pour tous les lots d'objets de même nature, compris dans une même déclaration, quand ces objets ou ces colis ont un poids, un volume ou une contenance uniformes et qu'ils portent les mêmes marques, ou, dans le cas contraire, quand il a été remis à l'appui de la déclaration une note du poids ou de la mesure séparés de chaque colis (note de détail) (3).

Quand les vérifications ont lieu par épreuves, on calcule

(1) Dans le cas où l'une des parties refuserait de désigner son expert, cette désignation serait faite, à la requête de l'autre partie, par le juge de paix du canton dans lequel est situé le bureau de douane.

(2) Le système de l'expertise légale a été étendu par la loi du 7 mai 1881 aux contestations relatives à la valeur des marchandises, quand les droits sont *ad valorem*.

(3) Il va de soi que les agents s'abstiennent, en général, de toute vérification matérielle de la quantité ou du poids : à l'entrée, quand les marchandises sont exemptes de droit, à la sortie quand leur exportation n'entraîne ni prime, ni drawback, ni exonération des taxes intérieures. Reconnaître le poids ou la mesure de telles marchandises serait une opération sans intérêt.

le poids total du lot de marchandises en appliquant les règles suivantes : pour les colis d'un poids et d'une contenance uniformes, la moyenne du poids ou de la contenance constatés par la visite sert de base pour toute la partie. Pour les colis qui ont donné lieu à une note de détail, quand le poids ou la contenance reconnus sont supérieurs à ceux de la note de détail, l'excédent est appliqué proportionnellement à toute la partie. Si, au contraire, il y a déficit, on ne tient compte du déficit que pour les colis vérifiés et la déclaration est admise pour conforme quant au surplus (1).

Dans tous les cas, le déclarant n'est pas tenu d'accepter, comme base de la liquidation des droits, les calculs effectués par le service suivant les règles que nous venons d'indiquer. Il peut toujours mettre les agents en demeure de procéder à une vérification complète qui conduit nécessairement à des chiffres indiscutables.

Que les résultats des épreuves aient été admis par les déclarants ou que la vérification intégrale ait eu lieu, il semble que la tâche du service soit terminée du moment où il y a accord entre la douane et les intéressés sur le poids et le volume des marchandises. Il en serait ainsi si les questions d'emballages et de tares ne venaient prolonger la visite et compliquer la liquidation des droits.

Emballages et tares. — Pour les marchandises qui sont tarifées au poids brut, il n'y a pas à se préoccuper des emballages, en règle générale du moins. Le poids brut est, en effet, celui qui résulte de la pesée cumulée du contenu et du contenant. Il comprend, dès lors, outre le poids des marchandises elles-mêmes, le poids des futailles, caisses, vases, etc., dans lesquels elles sont renfermées (2).

(1) Cette dernière règle est appliquée *en sens inverse* pour les exportations avec prime, drawback, etc., en un mot toutes les fois qu'il y a intérêt pour le Trésor à ce que le poids ou la contenance reconnus soient aussi faibles que possible.
(2) Exceptionnellement, les emballages sont imposables séparément

Mais toutes les marchandises tarifées à plus de **10 francs** les **100 kilogrammes** et un certain nombre d'autres produits nommément désignés acquittent les droits sur le poids net seulement. Il y a donc lieu de se demander 1° comment se détermine le poids net ; 2° quel régime est appliqué aux emballages.

I. — Le poids net est réel ou légal. Le poids net réel est le poids effectif de la marchandise dépouillée de tous ses emballages. Le poids net légal se calcule en déduisant du poids brut des colis la tare légale, c'est-à-dire un tant pour cent dont la quotité est fixée, selon le mode d'emballage ou l'espèce des marchandises, par la loi ou par un décret.

Les droits doivent toujours être liquidés au net réel pour un certain nombre de produits tels que les cafés (en caisses ou futailles) des pays étrangers, les dentelles, etc. Dans tous les autres cas, les déclarants ont la faculté d'opter entre l'application de la tare réelle ou de la tare légale.

Les agents déterminent la tare légale par une simple opération d'arithmétique. Ils procèdent à des vérifications par épreuves pour établir le poids net réel.

II. — Toutes les fois que les marchandises sont taxées au net, les emballages sont imposés séparément suivant le droit qui leur est propre. Ceux qui n'ont pas, par eux-mêmes, une valeur marchande, tels que les caisses ou futailles en bois commun, sont admis en franchise.

---

quand ils ont une valeur marchande et qu'ils renferment des marchandises taxées au brut à un droit *notablement* inférieur à celui qui leur est applicable.

CHAPITRE III

DE LA SUSPENSION, DE L'EXONÉRATION
DE L'ACQUITTEMENT DES DROITS

Toutes les marchandises importées doivent être déclarées dès leur arrivée, vérifiées si le service le juge à propos, dans les mêmes formes, selon le même mode, sans qu'il soit établi de distinctions d'aucune sorte. Mais il ne s'ensuit pas que les droits de douane deviennent immédiatement exigibles. Ils ne sont dus au moment de l'importation que si les marchandises sont déclarées pour la consommation. Toutes les fois qu'elles sont *entreposées, expédiées en transit, ou enfin déclarées pour l'admission temporaire en franchise* (1), l'exigibilité des droits est provisoirement suspendue et, selon les cas, les produits importés peuvent être ultérieurement soit exonérés de toute taxe, soit soumis à l'impôt des douanes dont ils ont été momentanément affranchis.

On est ainsi conduit à distinguer le régime de l'entrepôt, celui du transit, celui de l'admission temporaire qui, dans le domaine des idées générales, se ramènent à un seul : le régime du séjour fictif en territoire étranger. Nous envisagerons, enfin, les dépôts en douane qui se produisent dans certains cas particuliers et nous conclurons en indiquant comment s'effectue l'acquittement des droits, à quelque époque qu'il ait lieu.

(1) Il y a exception à cette règle pour les blés importés sous le régime de l'admission temporaire, comme nous l'établirons plus loin.

I. — Entrepôts.

Définition. — La faculté d'entrepôt s'entend de la facilité accordée aux commerçants de conserver dans des locaux spéciaux ou dans leurs propres magasins des marchandises passibles de droits ou même prohibées, sans autre obligation que celle d'acquitter les droits ou de réexporter les produits dans un délai déterminé.

Le commerce d'un pays n'aurait ni l'activité dans les opérations, ni la variété dans les ressources, s'il n'était admis à constituer, à l'abri des tarifs de douane, des approvisionnements, qui excèdent sans doute les besoins immédiats de la consommation, mais qui permettent de faire face aux événements à naître soit sur le marché intérieur, soit sur les marchés de l'étranger. C'est pour permettre la formation de ces stocks de marchandises que l'on avait institué, jadis, des ports francs placés en dehors des rayons de douane. Soustraire ainsi des villes entières à la loi commune ne laissait pas, cependant, de présenter certains inconvénients qui ont conduit à substituer au régime des ports francs celui des entrepôts. Les entrepôts, le terme étant appliqué aux locaux où le commerce est autorisé à emmagasiner des marchandises momentanément indemnes des droits (1), ne sont autre chose que des ports francs enserrés dans des limites plus étroites. De

---

(1) Comme on le voit, le mot « entrepôt » a, en droit fiscal, des significations différentes. On désigne par ce terme aussi bien une faculté accordée au commerce que les locaux où cette faculté est mise à profit. On qualifie encore d'entrepôts les ports étrangers situés dans les limites géographiques de l'Europe. — Enfin, en matière de contributions indirectes on fait usage du même mot en y attachant un sens différent (voir 3e partie).

même que les ports francs étaient en nombre restreint, il n'existe d'entrepôts que dans certaines localités auxquelles cette faculté est concédée par la loi ou par un décret. De même que les ports francs, les entrepôts sont réputés territoire étranger.

Règles générales. — Toutes les règles générales qui gouvernent la matière découlent de cette assimilation entre les entrepôts et le territoire étranger.

Il en résulte, notamment, que les marchandises importées qui sont déclarées pour l'entrepôt sont considérées comme allant de l'étranger à l'étranger et que le transport s'effectue en principe sous les conditions générales du transit. On imagine de même que les produits, qui sortent d'un entrepôt pour être réexportés ou dirigés sur un autre entrepôt, viennent de l'étranger pour se rendre à l'étranger, et ils circulent dans des conditions identiques.

Il en résulte encore que la taxe à percevoir pour les marchandises qui, à la sortie de l'entrepôt, sont livrées à la consommation est celle qui est en vigueur au moment où elles sont déclarées pour l'acquittement des droits, quel que fût le tarif existant à l'époque de l'entrée en entrepôt (1), puisqu'elles sont censées n'être entrées en France qu'au moment où elles sortent de l'entrepôt. Toutefois, par dérogation à cette règle, les denrées coloniales (autres que le sucre et ses dérivés, le cacao et le tabac), entreposées comme originaires d'un pays jouissant du tarif minimum au moment de l'entrée en entrepôt, bénéficient de ce tarif à leur sortie, alors même qu'à cette époque leur pays d'origine serait soumis au tarif général.

On pourrait également conclure que, l'entrepôt étant

(1) La seule différence qui existe entre les sorties d'entrepôt et les importations directes de l'étranger c'est que, comme la reconnaissance des produits a lieu à l'entrée en entrepôt, les marchandises qui en sortent pour être livrées à la consommation peuvent être soumises aux droits d'après les quantités primitivement reconnues, sans qu'il soit nécessaire d'effectuer une seconde vérification.

territoire étranger, toutes les marchandises indistinctement peuvent y être admises. C'est là, en effet, le principe,
auquel deux exceptions sont, cependant, apportées. Comme
les raisons d'ordre public conservent toujours leur prédo-
minance, le législateur a exclu de l'entrepôt les marchandises prohibées de façon absolue (voir chapitre I, p. 279).
L'entrepôt est également refusé aux marchandises exemptées de droits, parce que l'exercice de cette faculté ne
présenterait, dans l'espèce, aucun intérêt pour le commerce (1).

Distinction entre les entrepôts. — De ce que *toutes* les
autres marchandises ont accès dans les entrepôts, il ne
faut pas conclure que *tous* les entrepôts indistinctement
leur soient ouverts.

Une distinction essentielle est à établir entre les entrepôts qualifiés d'entrepôts réels qui existent dans tous les
ports de quelque importance et dans quelques villes de la
frontière ou de l'intérieur, et les entrepôts dits fictifs, qui
ne se rencontrent que dans les ports (2). Entrepôts réels
et entrepôts fictifs diffèrent à tous points de vue : au point
de vue des marchandises admises, de la surveillance exercée, des garanties exigées.

Entrepôts réels. — L'entrepôt réel est établi dans un
local gardé par la douane. Il est généralement ouvert aux
marchandises prohibées (à l'exception, bien entendu, de
celles dont l'entrée en France est interdite d'une façon
absolue) aussi bien qu'aux marchandises tarifées ; il peut
n'être ouvert qu'aux marchandises tarifées dans les lieux

(1) Toutefois, bien qu'exempts des droits, les rhums et tafias des
colonies sont admis à l'entrepôt, lorsque la demande en est faite pour
garantir l'origine des produits.

(2) Par une exception assez remarquable, les grains, farines, y compris les sons et les légumes, peuvent être mis en entrepôt fictif dans
*tous les ports où il existe un bureau de douanes et dans quelques
villes de l'intérieur* ·Cette faveur a été étendue dans de certaines
limites aux houilles, aux fontes et aux fers en barre.

où le commerce n'a pas une activité suffisante pour que les importations de prohibé soient fréquentes (1).

L'entrepôt réel doit former un seul corps de bâtiments, isolé de toute autre construction, et dont toutes les issues sont fermées à deux clefs différentes ; l'une de ces clefs reste entre les mains des agents de la douane, l'autre est conservée par le commerce.

Dès que les marchandises sont arrivées dans un entrepôt réel, elles sont prises en charge sur divers sommiers. Elles sont ensuite reconnues périodiquement par le service des douanes. Ces recensements ont à la fois pour objet de constater les manquants, que les directeurs des douanes ont la faculté de tolérer quand ils proviennent de déchets naturels, et d'assurer l'exacte observation des prescriptions administratives qui interdisent, sauf autorisation soit de l'administration centrale, soit d'un agent, supérieur des douanes, selon les cas, les déballages, divisions ou réunions de colis, les mélanges de marchandises, les coupages et autres opérations analogues.

La durée du séjour en entrepôt réel est limitée à trois ans. A l'expiration de ce délai, que les directeurs des douanes sont toujours autorisés à prolonger, les droits sont liquidés d'office sur les marchandises tarifées et sommation est faite aux intéressés de réexporter les marchandises prohibées. Si les propriétaires des marchandises entreposées n'obtempèrent pas à ces injonctions, les produits sont vendus et le montant de la vente est versé, net des frais et après prélèvement des droits de douane, à la Caisse des dépôts et consignations pour être remis aux propriétaires, s'il est réclamé dans l'année à partir du

---

(1) Quelques entrepôts réels, dits entrepôts spéciaux de la Manche et de la mer du Nord, ne peuvent recevoir qu'un très petit nombre de marchandises et pour une destination déterminée. Ils sont soumis à une réglementation spéciale.

jour de la vente. À défaut de réclamation dans ce délai, la somme déposée advient au Trésor.

Entrepôts fictifs. — L'entrepôt fictif est constitué dans les magasins particuliers des intéressés, autrement dit, les commerçants conservent eux-mêmes les produits entreposés, qu'ils peuvent déposer dans les locaux qu'ils occupent.

La contre-partie de ces avantages, c'est, d'une part, que les marchandises prohibées sont exclues de l'entrepôt fictif qui est réservé aux marchandises tarifées et encore à certaines marchandises tarifées dont l'énumération limitative est donnée par les lois et règlements en vigueur. D'autre part, la douane, n'ayant pas les produits entreposés sous sa clef, exige en échange certaines garanties dont la principale consiste dans l'engagement cautionné, souscrit par l'entrepositaire, de représenter les produits à toute réquisition et de les réexporter ou de payer les droits avant le terme fixé.

Les recensements, qui ont lieu dans les magasins des entrepositaires au moins une fois par trimestre, peuvent conduire le service des douanes à constater des déficits qui, sauf des cas très exceptionnels, doivent toujours donner lieu au payement intégral des droits. Les agents s'efforcent également de veiller à ce qu'il ne soit pas procédé sur les marchandises en entrepôt à d'autres opérations que les manipulations nécessaires pour en prévenir la détérioration. Mais il faut bien dire que la latitude laissée au commerce, qui dispose librement des marchandises en entrepôt fictif, rend cette prescription à peu près illusoire.

La durée du séjour en entrepôt est de deux ans, en ce qui concerne les grains, d'un an pour les autres marchandises (1). Lorsque, à l'expiration des délais, l'entrepôt n'a

_____

(1) En matière d'entrepôt fictif comme en matière d'entrepôt réel,

pas été complètement apuré, les droits sont liquidés d'office sur les quantités restantes et contrainte serait décernée pour le payement s'il n'était pas immédiatement effectué.

11. — Transit.

Définition. — On entend par transit la faculté du transport en franchise, à travers le territoire d'une nation, de marchandises passibles de droits de douane ou frappées de prohibition. Dès que les relations internationales ont pris quelque extension, il est devenu indispensable d'accorder au commerce l'exercice d'un droit aussi légitime, qui lui avait cependant été refusé durant de longs siècles.

Mais, une fois le principe admis, on s'est aperçu qu'on pourrait tirer parti du transit, non seulement pour le transport des marchandises d'une frontière à l'autre, mais encore pour déplacer et, par cela même, pour faciliter les opérations en douane. Au lieu d'obliger les intéressés à déclarer et à faire vérifier au bureau frontière les marchandises importées pour la consommation intérieure, on a eu l'idée d'en autoriser le transport, de la frontière au lieu même de destination, sous le régime du transit, selon les règles applicables aux marchandises qui ne font que traverser le territoire. On est ainsi parvenu à reporter les opérations de vérification et de liquidation de la frontière au lieu de destination, à l'avantage du commerce,

---

les directeurs des douanes ont la faculté d'accorder des prorogations de délai.

A Marseille la durée de l'entrepôt fictif est de deux années. La liste des produits qui peuvent y être admis est plus étendue que dans les autres localités.

qui a toutes facilités pour veiller à ses intérêts ; à l'avantage de l'administration, qui dirige sur les grandes douanes pourvues d'un personnel nombreux et expérimenté la plupart des produits importés.

En élargissant ainsi le cadre des opérations du transit, on a accentué les analogies qui existaient déjà entre ce régime et le régime de l'entrepôt. Le transit n'a, en somme, d'autre objet que de placer les produits étrangers à l'abri de la loi de douane pendant un laps de temps plus ou moins long ; il apparaît donc comme une forme de l'entrepôt, comme une application nouvelle de l'idée du séjour fictif en territoire étranger.

Règles générales. — De ces remarques, on doit déduire que les règles générales qui s'appliquent à l'entrepôt sont étendues au transit. Et c'est en effet ce qui a lieu.

De même que les marchandises livrées à la consommation en sortant des entrepôts, les marchandises en transit déclarées pour l'acquittement des droits sont soumises à l'impôt d'après le tarif existant au moment même de la déclaration, quelles que fussent les taxes en vigueur à l'époque du passage de la frontière, puisque les produits sont réputés à l'étranger tant que dure le transit.

D'autre part, toutes les marchandises sont admises au transit aussi bien qu'à l'entrepôt, exception étant faite pour celles qui sont prohibées de façon absolue et pour les produits exempts de droits, auxquels le bénéfice du transit est refusé, *en principe tout au moins.*

Enfin, de même que l'entrepôt n'est concédé qu'à certaines localités, le nombre des bureaux ouverts au transit est limité.

Distinctions entre les divers modes de transit. — On peut poursuivre cette assimilation en observant que, s'il existe des distinctions entre les entrepôts, il y a, de même, un régime dit du transit ordinaire qui se rapproche quelque peu de l'entrepôt fictif, un autre, dit du transit international, qui, complété par les expéditions avec visite sommaire, présente quelque analogie avec l'entrepôt réel.

Ces analogies apparaîtront au cours de l'exposé que nous allons faire des divers modes de transit.

Transit ordinaire. — La caractéristique du transit ordinaire, c'est que la douane suit et surveille la marchandise même qui fait l'objet du transit et qu'elle rend son propriétaire apparent ou réel responsable de sa conservation, tout comme elle exige que le commerçant qui a des marchandises en entrepôt fictif en garantisse l'intégrité.

Ce principe étant établi, on comprendra que le mode de transport des objets déclarés en transit ordinaire importe peu à la douane et que, par suite, le transit puisse s'effectuer par toutes les voies indistinctement (chemins de fer, routes de terre, fleuves et canaux), l'emprunt de la mer étant excepté.

A la différence de l'entrepôt fictif, le transit ordinaire peut être appliqué aux marchandises prohibées comme aux marchandises tarifées. Mais, parmi les bureaux, en nombre limité, comme nous l'avons dit, où les opérations de transit sont reçues, les uns sont ouverts à la fois aux marchandises prohibées et tarifées, d'autres ne sont ouverts qu'aux marchandises tarifées.

Formalités. Mesures de surveillance. — Les marchandises placées sous le régime du transit ordinaire, après avoir été déclarées en détail et vérifiées dans les mêmes conditions que la généralité des produits importés, sont expédiées sous acquit à caution du bureau d'entrée. au bureau de destination. L'acquit comporte l'engagement cautionné de représenter la marchandise intacte au lieu d'arrivée dans un délai fixé selon la distance. La loi exige, en outre, que les colis soient plombés par la douane ; si les produits ne peuvent être emballés, l'administration prélève des échantillons qui accompagnent les marchandises ; certains produits sont même soumis soit à un double emballage, avec double plombage, soit, si les intéressés le préfèrent, au simple plombage avec prélèvement d'un échantillon.

A l'arrivée au lieu de destination, une double tâche incombe au service. En premier lieu, il examine l'acquit à caution qui lui est remis, s'assure que l'expédition est régulière, qu'elle est présentée au bureau désigné, dans les délais impartis (1). En second lieu, les agents vérifient l'état du plombage, reconnaissent l'identité des marchandises en quantité et qualité, soit, si les circonstances l'exigent, par une vérification intégrale, soit, plus habituellement, au moyen de simples épreuves.

Si l'opération paraît régulière sous tous les rapports, il est donné suite au transit : l'expéditeur est libéré de son engagement primitif et admis à faire la déclaration du régime définitivement applicable aux marchandises. Si, au contraire, il semble qu'il y ait eu soustraction ou substitution, la décharge de l'acquit est refusée et l'expéditeur est tenu de payer les droits d'entrée, si les objets étaient tarifés, ou leur valeur en cas de prohibition, sans préjudice des pénalités portées par les lois de douane et, le cas échéant, par les lois sur les contributions indirectes. Enfin, au cas où le service, sans douter de l'identité des colis, reconnaîtrait l'existence d'un déficit, ce déficit peut être alloué en franchise, s'il n'a pas grande importance ; il ne donne lieu qu'au payement du simple droit, s'il ne dépasse pas le dixième du poids ; en tout autre cas, il entraîne une pénalité..

Transit international. — Le transit international s'effectue exclusivement par les chemins de fer. En pareil cas,

_____

(1) Les chefs locaux ont la faculté d'autoriser l'accomplissement du transit quand bien même ces deux dernières conditions ne seraient pas remplies, pourvu que les changements de destination ou le retard leur paraissent suffisamment justifiés.

ce n'est qu'à titre tout à fait exceptionnel que la douane peut être amenée à procéder à des actes de vérification des marchandises ; dans la pratique, elle limite sa surveillance aux wagons qui les renferment, qui sont véritablement des entrepôts réels mobiles placés sous la responsabilité des compagnies de chemins de fer. Ces entrepôts mobiles, de même que les entrepôts réels mis à la disposition du commerce, peuvent recevoir toutes les marchandises prohibées ou tarifées sans distinction, exception étant faite pour les produits exclus à titre absolu. Même, à la différence du régime des entrepôts, le transit international peut être appliqué aux marchandises exemptes de droits.

Formalités. Mesures de surveillance. — Les formalités diffèrent selon que le transit prend naissance à l'étranger, à la frontière ou à l'intérieur de la France.

Si les marchandises sont déjà placées par la douane étrangère sous le régime du transit international, le service se borne à apposer un plomb sur le wagon à côté du plomb de la douane étrangère ; si le transit international a pour point de départ la frontière française, la douane dénombre les colis, en surveille la mise en wagon, plombe ensuite les wagons, qui peuvent être escortés par des préposés, soit à titre permanent, soit par intervalles. Dans l'un comme dans l'autre cas, les compagnies de chemins de fer, qui répondent des marchandises, sont tenues de remettre à la douane une feuille de route distincte par lieu de destination, et des déclarations de gros qui présentent la liste de tous les colis avec leurs marques et numéros, qui indiquent sommairement l'espèce des marchandises, le poids brut ou la contenance, parfois la valeur, etc. Les compagnies souscrivent en outre une soumission, distincte par lieu de destination, de représenter les marchandises à la douane d'arrivée.

A l'arrivée au bureau de destination, la mission du service consiste tout d'abord à vérifier le bon état du plombage (1). S'il n'était pas intact, on devrait considérer le transit comme n'étant pas accompli et refuser, ou n'effectuer que sous réserves, la décharge des soumissions. La douane s'assure ensuite que la sortie effective a lieu ou que les produits sont régulièrement déclarés pour la consommation, l'entrepôt, le transit ou l'admission temporaire, comme à l'arrivée immédiate de l'étranger.

Le transit international prend naissance dans certains bureaux de l'intérieur, tels que celui de Paris, où les commerçants sont autorisés à déclarer et à faire vérifier les marchandises qu'ils exportent et qui circulent dès lors, de l'intérieur à la frontière, en entrepôt mobile. Après déclaration et vérification, les produits sont placés dans des wagons plombés et récapitulés sur des relevés spéciaux que la compagnie de chemin de fer fournit à la douane. A la frontière, l'intégrité des plombs est reconnue et le passage effectif à l'étranger est constaté.

Expéditions avec visite sommaire. — Sous la dénomination d'expéditions avec visite sommaire, on comprend diverses facilités accordées au commerce et dont l'unique objet est de reporter les formalités de douane du bureau frontière sur un autre bureau.

Nous avons déjà dit que l'administration pouvait excepter, à l'importation par terre, de la déclaration en détail et d'une visite complète au premier bureau telles marchandises qu'elle jugeait à propos. Les formalités de douane sont, en ce cas, remplies au second bureau du

---

(1) Lorsqu'une rupture de plombage survient en cours de route ou que des accidents rendent un transbordement nécessaire, les faits doivent être constatés par les préposés des douanes s'ils se trouvent sur les lieux, ou, à leur défaut, par le commissaire de surveillance administrative, le juge de paix, le maire, un autre officier municipal ou par le chef de la gendarmerie. — Exceptionnellement, il est admis que les marchandises arrivées à Paris en transit international puissent y rompre charge dans tous les cas, sous certaines conditions.

rayon frontière, où les produits parviennent sous acquit à caution.

Le même régime a été exceptionnellement étendu à certaines expéditions sur la douane centrale de Paris ou sur les autres douanes intérieures. Ainsi, les marchandises invendues à l'étranger, l'argenterie et les objets mobiliers de voyageurs peuvent être dirigés, sans visite, sur la douane de Paris ou sur les autres douanes intérieures, parfois même sur les bureaux des frontières de terre ou de mer ouverts au transit. De telles expéditions ont lieu soit aux conditions du transit international, soit par acquit à caution spécial avec double plombage. Dans chaque cas particulier intervient une autorisation émanant soit de l'administration, soit du chef du service local.

Enfin on peut comprendre sous la même rubrique les tolérances locales dont bénéficient certains transporteurs qui ont le privilège de « dédouaner » dans un bureau de l'intérieur. La plus notable de ces exceptions est celle qui est connue sous le nom de « régime des chalands de la Seine » et qui a pour effet d'autoriser le transport direct des marchandises, entre Paris et l'étranger, par la voie de la Seine, sans visite au bureau des douanes de Rouen.

Emprunt du territoire étranger. — Nous ne saurions clore ces développements sur le transit sans faire remarquer que le législateur a dû non seulement assurer le passage en franchise à travers notre territoire des marchandises étrangères, mais qu'il a dû encore permettre à nos commerçants de transporter les produits nationaux d'un point de la France à l'autre en empruntant, *quand cela est indispensable*, le territoire étranger, sans acquitter pour cela de taxes de douanes lors de la réintroduction en France.

Le passage en franchise sur le territoire étranger est

donc *exceptionnellement* et *spécialement* autorisé entre
deux points de la frontière, lorsque, entre ces deux localités, il n'existe pas en France de moyens de communication directs de même nature. Le cas échéant, les marchandises sont déclarées et vérifiées au bureau de sortie,
qui délivre un passavant descriptif destiné à assurer la
reconnaissance de leur identité lors de leur rentrée en
France.

III. — Admissions temporaires

Il ne suffisait pas de faciliter les opérations commerciales en organisant le régime de l'entrepôt et celui du
transit ; il fallait, sous peine de placer nos industriels dans
une situation d'infériorité vis-à-vis de leurs concurrents
étrangers, exonérer des droits de douane les matières
premières qui entrent dans la fabrication des produits
exportés.

Pour y parvenir, on institua tout d'abord le régime des
primes à la sortie ou du drawback qui consistait à resti-
tuer, lors de l'exportation des produits fabriqués, les droits
perçus sur les matières premières au moment de leur
introduction. Mais, de même que l'on renonça aux ports
francs pour organiser le régime de l'entrepôt, de même
on abandonna presque complètement le système du
drawback (1), qui impliquait des recettes et des dépenses
budgétaires fictives, qui obligeait le commerce à des
avances de droits onéreuses, pour en venir au régime de
l'admission temporaire qui n'est, en principe, que l'entrepôt appliqué aux opérations industrielles.

(1) Comme nous le verrons plus loin, les lois des 11 janvier 1892 et
4 février 1902 ont fait revivre le système du drawback dans certains
cas.

Définition. — L'admission temporaire consiste, en effet, à affranchir de droits d'entrée les marchandises étrangères destinées à recevoir un complément de main-d'œuvre en France (1), sous la condition que, après avoir été transformées, elles seront réexportées ou réintégrées en entrepôt dans un délai déterminé. Comme on le voit, et suivant une expression qui a été employée à la tribune du Parlement, l'admission temporaire n'est autre chose que « le travail en entrepôt », de même que le transit n'est qu'un entrepôt mobile, de telle sorte que, comme nous l'avons fait prévoir, les trois régimes dont il vient d'être successivement question se ramènent en réalité à un seul : le régime de l'entrepôt ou, pour mieux dire, le régime du séjour fictif en territoire étranger.

Toutefois, par cela même que l'admission temporaire, au lieu de s'appliquer comme l'entrepôt à des opérations commerciales simples dans leur principe, doit s'adapter à des travaux industriels dont la multiplicité et la diversité sont infinies, le législateur et le gouvernement ont rencontré, pour organiser ce régime, des difficultés particulières dont la solution les a conduits à se départir dans une certaine mesure des principes qui gouvernent le système des entrepôts et qui auraient dû être étendus à l'admission temporaire.

En effet, l'admission temporaire ne devant être, en quelque sorte, qu'une manipulation en entrepôt, c'est la marchandise même qui a été introduite en franchise qui devrait être réexportée sous une autre forme. Or, on assure bien, à l'aide des règles générales que nous allons indiquer en premier lieu, la réexportation de produits dans la fabrication desquels il est entré une quantité de matières premières correspondant à celle qui a franchi la

(1) La seule dérogation à ce principe concerne les pongées, corah, tussah et tussor destinés à être mis en vente pour la réexportation (loi du 29 mars 1910).

frontière en exemption de droits, mais on est souvent dans l'impossibilité d'obliger les importateurs à réexporter à l'étranger la marchandise *même* qu'ils y ont achetée. Dans beaucoup de cas on a été forcé de tolérer et même d'admettre que les industriels compensent la matière importée par un produit fabriqué avec une matière française de même nature et de quantité correspondante. Ainsi, peu à peu, s'est altéré dans quelque mesure le régime de l'admission temporaire.

Règles générales. — C'est pour circonscrire autant que possible ces déformations et arrêter les abus qui peuvent s'y rattacher que le législateur a, par la loi du **11** janvier 1892, enlevé au gouvernement la faculté qui lui appartenait précédemment de déterminer les produits et les industries susceptibles de bénéficier de l'admission temporaire. Il a entendu se réserver cette désignation et il a simplement laissé à l'administration le pouvoir de statuer sur les demandes d'introduction sans importance ou ayant un caractère individuel et exceptionnel.

Il n'y a donc actuellement que les seuls produits dont la loi du **11** janvier 1892 ou les lois subséquentes donnent la nomenclature qui puissent être importés sous le régime de l'admission temporaire.

Pour chaque catégorie de ces produits, des décrets, intervenus spécialement en exécution de la loi, désignent les bureaux ouverts à leur importation, indiquent l'état dans lequel ils doivent être représentés à la sortie, établissent leur rendement, déterminent les bureaux où l'opération doit se résoudre, fixent les délais de réexportation. Pour mieux nous faire comprendre, nous citerons un exemple : L'admission temporaire du brome destiné à là fabrication du bromure de potassium est autorisée par la loi du **11** janvier 1892. L'importation doit en être effectuée par les bureaux de Paris ou des ports ayant des entrepôts réels ; on doit réexporter 145 kilogr. **200** de bromure de potassium pour 100 kilogrammes de brome par la douane de Paris, dans un délai de trois mois au plus.

Ainsi, il existe, pour chaque classe de marchandises, une réglementation particulière qui comporte des règles variables ; néanmoins les formalités éventuelles restent les mêmes, à peu de chose près, pour tous les produits. Nous les résumerons de la façon suivante.

Entrée des matières premières. — Les déclarations et vérifications des matières premières importées sont soumises aux dispositions réglementaires que nous avons indiquées précédemment. Seulement, comme les décrets dont il vient d'être question exigent le plus souvent certaines justifications, les déclarations doivent présenter, indépendamment des énonciations générales, ces indications spéciales, et les vérifications doivent être faites en conséquence.

Aussitôt la vérification terminée, l'importateur peut disposer de ses produits sous la garantie de l'engagement cautionné qu'il a pris par sa déclaration de donner une solution à l'admission temporaire dans un délai variable selon les cas, mais qui ne peut jamais dépasser six mois (1). Un acquit à caution lui est délivré en conséquence.

Sortie des produits fabriqués. — Avant que les délais ne soient expirés, le soumissionnaire est tenu d'exporter effectivement ou de constituer en entrepôt une quantité de produits fabriqués correspondant, d'après les proportions admises par les règlements dans chaque cas particulier, aux matières premières introduites.

Nous examinerons successivement comment se réalisent l'une et l'autre de ces conditions :

1° Les produits fabriqués qui viennent à être exportés

---

(1) Par dérogation à la règle, le délai a été porté à un an pour les pongées, corah, tussah et tussor.

doivent être présentés au bureau ou dans l'un des bureaux de douane désignés à cet effet. La vérification en est effectuée et il est donné décharge de l'acquit à caution qui accompagne les marchandises et qui a dû être visé au bureau de seconde ligne. Bien entendu, la décharge n'intervient qu'après que les agents des douanes ont l'assurance que les produits ont été réellement exportés, soit par le bureau même où a eu lieu la vérification, soit par un bureau quelconque (1). — Si l'exportation n'avait pas lieu dans les délais, si elle était incomplète, etc., l'importateur serait passible des pénalités édictées par la loi du 5 juillet 1836 ;

2° Dans les limites du délai imparti, le déclarant peut apurer la soumission qu'il a souscrite en mettant en entrepôt les produits fabriqués, qui se trouvent dès lors placés, pour la destination qu'ils peuvent recevoir, dans la même condition que les autres marchandises entreposées, à cette différence près que, en cas de mise à la consommation, ils acquittent le droit applicable, non pas au produit tel qu'il se présente, mais à la matière première importée, d'après le tarif en vigueur au moment de la sortie de l'entrepôt (2).

Les produits ne peuvent entrer en entrepôt que dans les bureaux désignés par les actes qui règlent l'admission temporaire des matières premières.

Règles particulières à quelques catégories de produits. — Toutes les précautions utiles sont donc prises pour assurer l'exportation, sous forme de produits fabriqués,

---

(1) Il n'est pas, en effet, indispensable que les produits fabriqués soient effectivement exportés par l'un des bureaux désignés ; il suffit, pour l'accomplissement de cette obligation, qu'ils y aient été représentés et vérifiés.

(2) Cette règle souffre quelques rares exceptions. Il est admis, par exemple, que les essences provenant de clous de girofle ou de graines d'anis soient livrées à la consommation sous le payement du droit applicable au produit fabriqué.

d'une quantité de matière première égale à celle qui a été admise en exemption de droits. Mais, les règles générales que nous venons de résumer laissent à l'industriel toute liberté de substituer aux marchandises étrangères qu'il a reçues temporairement en franchise des marchandises de production nationale.

A vrai dire, on n'aperçoit pas qu'il y ait grand inconvénient à lui donner une telle latitude. En laissant de côté la question de principe, qu'importe qu'un industriel compense les matières importées avec des matières françaises de même nature ? Il n'est causé de la sorte nul préjudice au Trésor et il ne paraît pas que l'intéressé puisse réaliser un bénéfice illicite. En effet, si d'un côté, en vendant des marchandises étrangères en exemption des droits de douane, il s'approprie le montant de ces droits, d'un autre côté, en achetant des marchandises indigènes pour fabriquer les produits qu'il exporte, il subit une perte correspondant exactement au profit qu'il a réalisé.

C'est par de telles considérations que le gouvernement a été conduit, après avoir imposé pendant un certain nombre d'années l'obligation de *l'identique*, à admettre la compensation *à l'équivalent* dans le régime des admissions temporaires. Cette tolérance que le décret du 14 janvier 1850 introduisit dans notre droit fiscal fut généralisée par des actes ultérieurs : décrets des 14 février 1852, 6 janvier 1855, 17 juillet 1856, 15 février 1862, etc. Mais, si pour la plupart des marchandises, cette dérogation aux principes ne donna pas lieu à des plaintes, il n'en fut pas de même pour deux catégories de produits : les blés et les métaux. Ces plaintes devinrent si vives qu'on se crut obligé de revenir dans de certaines limites au système de l'identique, d'adopter des mesures restrictives différentes selon les cas, dont nous allons résumer l'économie.

Métaux. — Les compensations à l'équivalent en matière de métaux eurent l'inconvénient d'apporter quelque perturbation dans certains marchés de matières premières. En effet, les industriels du centre de la France qui réclamaient l'admission temporaire pour les fontes brutes, par exemple, nécessaires à leur fabrication, au lieu de transporter ces matières jusqu'à leur usine, les vendaient dans les départements avoisinant la frontière et exportaient des produits fabriqués avec des fontes nationales acquises au lieu même où était leur centre de production. L'opération ainsi combinée avait un double résultat : au regard de l'industriel, elle s'analysait par un bénéfice plus ou moins légitime, puisque, en évitant de transporter les matières premières à son usine, il faisait l'économie des frais de transport qui, en tout autre cas, auraient grevé son budget : au contraire, au regard des maîtres de forge travaillant dans la zone d'importation, l'admission temporaire ainsi pratiquée était dommageable, car le marché local était encombré par les fontes d'admission temporaire, et si le marché général était soulagé par une sortie égale sur quelque autre point, cette compensation à distance s'accomplissait en lésant l'industrie de la zone d'importation. De là, des récriminations, des plaintes fondées dans l'espèce (il faut le reconnaître) contre ce qu'on appelait « le trafic des acquits à caution (1) », de là des antagonismes entre les industries des différentes régions.

(1) Les choses ne se passaient pas, en effet, avec la simplicité à laquelle nous les avons ramenées pour en faire mieux saisir l'agencement. Dans la pratique, les grands industriels du centre de la France demandaient des crédits d'admission temporaire qu'ils « vendaient » à des intermédiaires dont le rôle se bornait à acheter à l'étranger et à écouler dans les régions avoisinant la frontière les matières admises temporairement en franchise des droits. En exportant des produits de fabrication nationale les industriels apuraient les soumissions souscrites. En un mot, l'opération se trouvait décomposée, le bénéfice partagé entre plusieurs intéressés et cela grâce au mécanisme des acquits à caution qui devenaient de véritables valeurs de bourse.

Le gouvernement y mit un terme par les décrets des 9 janvier 1870 et 24 janvier 1888, qui réglementent de façon complète l'admission temporaire de la plupart des métaux, tels que les fers, les fontes d'affinage, etc. Ces actes édictent un certain nombre de règles spéciales dont les plus importantes ont trait à l'ouverture des crédits d'importation, au transport des matières premières à l'usine, à l'apurement des soumissions.

1° Les maîtres de forges, les constructeurs de machines et les fabricants d'ouvrages en métaux peuvent seuls jouir de l'admission temporaire. Les importations n'ont lieu qu'en vertu de crédits ouverts par des décisions concertées entre le ministre du commerce et le ministre des finances, après avis du comité consultatif des arts et manufactures, sur la demande des intéressés qui, dans certains cas, doivent justifier de commandes à l'étranger. Un délai de trois ans est accordé pour faire usage de ces crédits ;

2° Les métaux ainsi importés doivent être transportés dans les usines qui sont autorisées à les mettre en œuvre (1). Le transport est fait sous l'escorte de la douane, quand les usines sont établies dans les localités mêmes où se trouve le bureau d'importation. Si les usines sont situées sur d'autres points, l'escorte a lieu jusqu'à la gare du chemin de fer ou jusqu'au bateau par lequel doit s'effectuer le transport et les intéressés s'engagent à justifier, dans un délai déterminé, de l'arrivée à destination, soit par un certificat du bureau de douane, s'il en existe un dans la localité, soit, dans le cas contraire, par un certificat du chef de la gare d'arrivée ou par la représentation de la lettre de voiture du batelier revêtue du visa de l'autorité locale ;

(1) Le transport à l'usine n'est pas, toutefois, obligatoire pour la fonte de moulage.

3° A la sortie et à l'appui des demandes de décharge d'acquits à caution, il est présenté, par le permissionnaire, des bordereaux détaillés des objets à exporter, qu'il certifie et signe, et où il atteste que les objets proviennent bien de sa propre fabrication.

Ainsi, par l'ensemble de ces dispositions, dont la plus essentielle est le convoyage à l'usine, la douane oblige les intéressés à transporter les matières premières au lieu de production, et si elle ne peut empêcher que, à l'intérieur des établissements, des substitutions ne soient encore effectuées, du moins assure-t-elle « l'identique relatif » qui, laissant les frais de transport à la charge des titulaires des crédits, sauvegarde suffisamment les intérêts mis en péril par les errements antérieurs.

Blés. — En ce qui concerne les blés, le système de l'équivalent sans restriction admis par le décret du 14 janvier 1850 avait également engendré des abus analogues à ceux que nous venons de signaler. Les blés importés par les ports du Midi étaient livrés sur place à la consommation et compensés par l'exportation de farines indigènes tirées des régions du nord et de l'ouest. Il en résultait un abaissement anormal du prix du blé dans la région du midi au préjudice de l'agriculture locale.

Le gouvernement se borna d'abord à imposer aux soumissionnaires l'obligation de réexporter par l'un des bureaux de la direction de douanes dans laquelle l'importation du blé avait eu lieu; il trouva ensuite que cette disposition avait un caractère trop restrictif et, par des décrets de 1896, il substitua aux limites des directions de douanes quelques grandes zones territoriales comprenant dans leurs périmètres les bureaux de plusieurs directions. Enfin, un décret du 9 août 1897 abrogea le régime des zones en disposant comme contre-partie que les soumissions d'admission temporaire ne pourraient être souscrites que par des meuniers et que les déclarations de réexportation devraient être signées par les soumissionnaires des acquits.

Mais il apparut que cette réglementation était tout à fait insuffisante et, convaincu, peut-être à tort, qu'il rendrait grand service à l'agriculture en supprimant le trafic des acquits à caution, le législateur vota la loi du 4 février 1902 qui exige « l'identique relatif » en matière de blés comme en matière de métaux, et qui, allant plus loin, transforme l'admission temporaire des blés en un véritable drawback.

Elle dispose en effet que, à l'avenir, les droits ne seront plus garantis par des soumissions cautionnées, mais effectivement consignés dès l'importation ; ainsi — et c'est le but que l'on a voulu obtenir — les importateurs ne bénéficient plus du crédit de l'impôt et ne peuvent plus accumuler en franchise des stocks de blé qui, prétendait-on, pesaient sur les cours.

En échange du versement provisoire des droits, les meuniers importateurs reçoivent un titre qui est *incessible*, de telle façon que le trafic en devient irréalisable, et qui ne donne droit au remboursement qu'autant que le bénéficiaire justifie : 1º que les blés introduits ont été directement conduits à son usine ; 2º que les produits fabriqués proviennent de son moulin.

Enfin la restitution n'a lieu qu'en cas d'exportation, non en cas de mise en entrepôt. Elle ne porte d'ailleurs que sur le droit d'entrée à proprement parler, à l'exclusion de la surtaxe d'entrepôt, qui reste, en toute hypothèse, acquise au Trésor.

IV. — Dépôts en douane.

Toutes les fois que les importateurs ne réclament pas pour leurs marchandises le bénéfice du séjour fictif en territoire étranger sous l'une ou l'autre des formes que nous venons d'indiquer, ils doivent acquitter les droits de douane. Il est néanmoins des cas où l'impôt, quoique exigible, ne peut être perçu. Les marchandises sont alors mises en dépôt et leur sort est réglé de façon différente suivant les distinctions que nous allons établir.

Marchandises non déclarées en détail à l'importation. — Il peut tout d'abord arriver que les marchandises débarquées d'un navire ou importées par la voie de terre ne soient pas déclarées en détail dans le délai légal. Elles sont alors constituées en dépôt, inscrites sur un registre spécial, dit registre de dépôt, tenu par les agents des douanes, et si, dans le délai de deux mois à dater de cette inscription, la déclaration en détail n'est pas intervenue, elles deviennent la propriété de l'État et, à ce titre, sont vendues sans l'intervention de la justice (1).

Marchandises dont l'abandon est fait par écrit. — Les droits de douane n'étant dus qu'à raison des marchandises qui en sont le gage, les déclarants sont libérés envers l'État quand, après déclaration et vérification, ils en font l'abandon par écrit. Les marchandises de cette catégorie ne sont mises en dépôt que pour la forme ; elles appartiennent, dès que l'abandon en est fait, à l'État, dont les préposés peuvent immédiatement procéder à la vente.

Importations accidentelles de marchandises prohibées. — Lorsque des marchandises prohibées à la consommation, mais admises au bénéfice de l'entrepôt ou du transit, sont importées dans des ports dont l'accès leur est interdit, ou que les navires sur lesquels elles sont chargées n'ont pas le tonnage réglementaire, il y a lieu de déposer lesdites marchandises en douane. Certains délais sont impartis pour procéder à leur réexportation ; faute de

(1) Par suite d'une tolérance administrative, la mise en vente des marchandises non déclarées n'a généralement lieu qu'une année après la constitution du dépôt.

ce faire, la vente en est effectuée suivant ce qui est prescrit pour les marchandises non retirées de l'entrepôt réel (voir page 319).

Marchandises laissées en douane dans tout autre cas. — Les marchandises qui sont restées en douane dans tout autre cas doivent être mises en dépôt à l'expiration d'un certain délai, et si elles n'ont pas été réclamées pendant un an à dater de la constitution du dépôt, elles sont vendues. Par exemple, des marchandises déclarées en détail, mais qui n'ont pas été vérifiées par suite de l'absence du déclarant, ou encore qui n'ont pas été retirées des magasins de visite à la suite de la vérification, sont mises au dépôt huit jours après leur arrivée et, un an après la constitution du dépôt, la douane demande au juge de paix de la circonscription l'autorisation de procéder à la vente. Cette vente a lieu aux enchères publiques, en présence du receveur ou d'un des chefs de la douane. Le produit net de la vente est versé à la Caisse des dépôts et consignations et y demeure durant un an à la disposition des réclamants qui justifient de leur propriété. Si personne ne se présente, la somme déposée est acquise à l'État.

Conditions de vente. Droits de garde et de magasinage. — Les marchandises qui viennent à être vendues peuvent être livrées par la douane, soit *libres de droits* et, en ce cas, le produit de la vente inscrit en recette par le comptable tient lieu des taxes qui ne sont pas perçues, soit à charge par les acquéreurs d'acquitter l'impôt. En ce cas, les droits applicables sont ceux en vigueur le jour de la vente.

A ces droits vient s'ajouter parfois une taxe accessoire que les propriétaires des marchandises sont également tenus de payer, quand ils les retirent en temps utile des dépôts. Cette taxe accessoire, que le législateur désigne tantôt sous le nom de droit de garde, tantôt sous le nom de droit de magasinage, et dont la quotité, très faible d'ailleurs, varie suivant l'origine du dépôt, constitue une sorte de redevance pour frais d'occupation de tout ou partie d'un bâtiment de l'État. A défaut de texte de loi, les règles de l'équité, voire même du simple bon sens, commandent donc de n'exiger cette redevance que sur les marchandises déposées dans les magasins qui appartiennent à la douane ou sont loués pour son compte. Quand les dépôts ont lieu, comme c'est le cas le plus fréquent, dans les locaux détenus par les sociétés privées, les perceptions de ce genre, n'ayant plus de cause, ne sauraient être effectuées.

V. — Acquittement des droits.

Les droits de douane exigibles au moment du dépôt des déclarations de mises en consommation par les redevables, d'après le tarif en vigueur à la date à laquelle les déclarations *en détail* ont été inscrites au registre du bureau, sont perçus avant que les marchandises ne soient enlevées, la douane ne se désaisissant de son gage qu'après payement des droits. Pour faciliter les opérations commerciales, une exception a été cependant apportée à ce principe : on autorise certains déclarants à enlever les produits après visite, mais avant liquidation et, par suite, avant payement des droits, moyennant consignation d'une somme jugée suffisante pour couvrir le montant de la quittance à établir, ou encore moyennant une soumission cautionnée par laquelle ils s'engagent à régler dans les trois jours de la liquidation. Les redevables qui sont admis à bénéficier de ce régime, connu dans la pratique sous le nom de *crédit d'enlèvement*,

doivent payer, en sus des droits, une remise d'un pour
mille de leur montant, qui est attribuée par parties égales
au Trésor et au receveur pécuniairement responsable des
crédits qu'il consent.

De ce que le payement doit, en règle générale, précé-
der l'enlèvement des marchandises, il ne faut pas conclure que les droits sont toujours immédiatement réglés
en numéraire. Les redevables peuvent être autorisés à
présenter, *pour le payement des droits d'importation seulement, et non des taxes accessoires*, des obligations cautionnées à quatre mois d'échéance, lorsque la somme à
payer, d'après chaque décompte, s'élève à 300 francs au
moins. On considère comme formant un seul décompte
les liquidations d'une même journée (1).

Ces obligations sont souscrites à l'ordre du receveur
principal des douanes et garanties par une ou plusieurs
cautions s'engageant solidairement au même titre que le
principal obligé. La responsabilité des crédits pèse exclusivement sur le receveur principal, qui, le cas échéant,
doit solder de ses deniers les obligations impayées. A titre
de compensation, cet agent a droit à une allocation sur le
montant des crédits qu'il accorde. Cette allocation est à la
charge des souscripteurs d'obligations cautionnées, tenus
de verser, indépendamment d'un intérêt de retard fixé à
3 pour 100 l'an et dont l'intégralité advient au Trésor,
une remise qui est actuellement d'un tiers pour 100 du
montant des droits dus et que le receveur principal partage avec l'État dans des proportions qui varient suivant
l'importance des crédits concédés.

_____

(1) Les droits de douane peuvent encore être soldés au moyen de
mandats sur le Trésor ou de mandats sur la Banque de France.

CHAPITRE IV

DES DÉCHARGES, DES RESTITUTIONS DE DROITS
A L'EXPORTATION (1)

Depuis que les droits de sortie ont été supprimés, l'exportation de la généralité des marchandises n'est pas suivie, pour ainsi dire, par le service des douanes, qui se borne à liquider et à percevoir *au comptant* le droit de statistique.

Il en est tout autrement quand la sortie effective des produits entraîne la décharge ou la restitution soit de droits de douane, soit de taxes intérieures. Les intérêts du Trésor exigent alors que l'exportation des marchandises soit entourée de formalités que nous décrirons : nous indiquerons en même temps les principaux cas dans lesquels il y a lieu à remboursement ou à exonération des droits de douane ou des taxes intérieures.

Décharges et restitutions de droits de douane. — Il y a décharge des droits de douane toutes les fois qu'on réexporte des marchandises importées avec le crédit des droits, c'est-à-dire des marchandises placées en entrepôt, déclarées pour le transit, des produits fabriqués provenant de matières premières admises temporairement en franchise, etc.

Si les cas de décharge sont ainsi très fréquents, les restitutions de droits sont au contraire exceptionnelles. Même, après avoir occupé une large place dans les opéra-

---

(1) Nous rappellerons une fois de plus que nous laissons de côté tout ce qui a trait aux sucres, dont nous avons déjà exposé le régime fiscal.

tions de douane quand le système du drawback proprement dit était en vigueur, elles avaient complètement disparu de notre législation. Nous avons vu que la loi du 4 février 1902 avait rétabli le drawback en matière d'admission temporaire des blés. Auparavant la loi du 11 janvier 1892 avait fait revivre les restitutions dans une espèce toute particulière, en leur donnant une forme nouvelle : A la suite du vote du nouveau tarif, on a pensé que les fabricants de tissus de coton ne pourraient exporter leurs produits s'ils devaient payer les droits sur les matières premières. On a jugé, d'autre part, que l'application du régime de l'admission temporaire aux fils de coton porterait, à raison des inévitables compensations à l'équivalent, un coup funeste à l'industrie de la filature. Pour concilier ses intérêts opposés, on en est venu à adopter ce qu'on a appelé « le système du drawback à forfait ».

Les caractéristiques de ce nouveau régime sont les suivantes : les commerçants qui exportent des tissus rentrant dans une des catégories dont la loi donne l'énumération limitative (tissus mélangés en soie et coton, mousselines, tulles, dentelles, etc.), fabriqués en coton pur ou renfermant 50 pour 100 au moins de coton, exceptionnellement 25 pour 100, ont droit, *quelle que soit l'origine des fils*, à une restitution, ou exactement à une allocation qui est fixée à 60 pour 100 des droits de douane acquittés ou qui auraient pu être acquittés lors de l'importation des fils de coton formant matières premières. Ces remboursements partiels de droits sont calculés non pas rigoureusement, mais d'après des moyennes. Ainsi, un tissu de coton composé de fils ayant un numéro quelconque entre le numéro 1 et le numéro 49, fera l'objet d'une prime liquidée comme si tous les fils portaient le numéro 50 ; du numéro 50 au numéro 99 la restitution sera déterminée d'après le droit d'entrée du fil 75, etc. Enfin, le droit qui

152

sert de base au remboursement est toujours celui du tarif minimum (1).

Que l'exportation des marchandises entraîne la décharge des droits ou donne lieu à une allocation, le service des douanes a mission de s'assurer tout d'abord, par une vérification suffisamment approfondie, de la conformité entre les pièces de douane (déclarations ou acquits) et les produits à exporter. Il lui faut, en outre, suivre les marchandises jusqu'à leur embarquement ou jusqu'au passage de la frontière. C'est seulement lorsque la sortie effective du territoire français a été attestée que les soumissionnaires des acquits à caution sont déchargés de leurs obligations, ou que le conseil d'administration des douanes arrête la liquidation des remboursements et en autorise le payement sur la caisse du receveur qui a reçu la déclaration.

Décharges et restitutions de taxes intérieures. — L'administration des contributions indirectes accorde le plus généralement le crédit des droits aux marchandises soumises à des taxes intérieures que les fabricants et les entrepositaires déclarent exporter.

Dens deux cas, en matière de sels, il y a lieu à restitution. Les beurres et les viandes salés d'origine française, les conserves de cornichons destinés à l'exportation bénéficient d'un drawback équivalent à la taxe de consommation qui a été perçue sur le sel employé à leur préparation. La quantité de sel utilisé se calcule à forfait en tenant compte du poids net effectif des salaisons et de leur destination.

Qu'il y ait décharge ou restitution de droits, c'est à l'administration des douanes que la régie des contributions indirectes confie le soin d'affirmer la réalité de l'exportation. Les agents des douanes doivent donc reconnaître

---

(1) Ces règles très délicates sont encore compliquées par des exceptions et des exclusions dans le détail desquelles nous ne saurions entrer.

avec toute l'attention nécessaire l'identité des marchandises exportées et constater leur passage effectif à l'étranger. Les agents des contributions indirectes n'opèrent la décharge des expéditions qu'au vu des attestations consignées par le service des douanes sur les acquits à caution.

TITRE II

DROITS DE NAVIGATION. TAXES SANITAIRES

Sans qu'il y ait lieu d'entrer dans des détails qui n'ont pas leur place dans un traité consacré aux impôts, il nous paraît indispensable de donner sur le régime de la navigation en France des notions sommaires qui serviront de préface à l'étude des droits de navigation. Les mêmes raisons nous conduiront à exposer en un deuxième chapitre les grandes lignes du régime sanitaire, pour traiter ensuite des redevances que sa mise en application conduit à percevoir.

CHAPITRE PREMIER

NAVIGATION

Il convient d'envisager successivement quelles mesures de contrôle et de tutelle sont prises à l'égard de la navigation française, quelle situation est faite dans nos ports aux navires étrangers, quelles faveurs sont accordées aux navires français, de quels privilèges ils bénéficient. Nous en viendrons ensuite à l'exposé des droits de navigation.

1. — Surveillance à la navigation française

Généralités.— Le navire de mer a, comme les individus, une nationalité et il ne peut prendre la mer sans en porter le signe extérieur. Le titre qui permet aux navires français d'arborer le pavillon national est désigné sous le nom d'acte de francisation.

Le même acte donne au navire de mer un nom qui, en principe, ne peut être changé qu'avec l'autorisation du ministre des finances, dans des cas tout à fait exceptionnels.

Enfin, chaque navire français a un domicile qui est le port d'attache, dont le propriétaire du bateau fait librement choix. C'est au port d'attache que le navire est immatriculé sur les registres des deux administrations, celle des douanes et celle de la marine, qui se sont partagé les attributions de l'ancienne amirauté (1).

C'est encore l'acte de francisation qui indique le port d'attache du navire.

Francisation.— On le voit, l'acte de francisation exprime *l'état civil* du bâtiment, dont il donne la description, dont il mentionne le propriétaire.

Il n'est délivré que sous certaines conditions dont les deux plus essentielles sont : que le navire à franciser appartienne pour moitié au moins à des Français (2), — qu'il ait été construit s it en France, soit dans les possessions françaises, ou encore qu'il ait été nationalisé par le payement des droits à l'importation, s'il est de construction étrangère.

Le propriétaire d'un navire qui veut obtenir la francisation est tenu d'affirmer sous serment que ces conditions se trouvent remplies ; il lui faut encore s'engager par soumission cautionnée à ne faire aucun usage illicite de l'acte de francisation, à le rapporter si le bâtiment vient à être perdu ou vendu à un étranger. Enfin il doit acquitter un droit de francisation, qui est déterminé d'après le tonnage légal du bateau tel qu'il résulte des opérations de jaugeage conduites par les agents des douanes (3).

Ces formalités accomplies, il est établi par le service des douanes un projet d'acte de francisation au vu duquel le ministre des finances signe et délivre le titre définitif.

---

(1) L'Administration des douanes, qui nous occupe plus particulièrement, tient notamment, au moyen de registres et de dossiers, le contrôle des bâtiments qui constituent notre flotte de commerce.

(2) Lorsque les navires appartiennent à des sociétés anonymes ou autres, celles-ci doivent avoir dans leur conseil d'administration ou de surveillance une majorité de citoyens français. Le Président du conseil d'administration, l'administrateur-délégué ou le gérant doivent être français.

(3) Indépendamment du droit de francisation à proprement parler, on exige celui du timbre de l'acte et le remboursement du prix du parchemin.

C'est sur l'acte ainsi formé que tous les événements qui, dans la suite, viendront modifier les conditions d'existence du navire seront relatés. Le propriétaire du bateau désire-t-il changer le port d'attache, comme il a la liberté de le faire ? Il procède à une déclaration en douane, et l'acte de francisation est annoté en conséquence. Le bâtiment vient-il à être vendu en tout ou en partie ? Le receveur des douanes doit encore opérer les annotations nécessaires au vu de l'acte de vente qui lui est représenté. Que le bâtiment vienne à périr, à être vendu à l'étranger, l'acte de francisation doit être rapporté au bureau des douanes du port d'attache, dont le receveur tient pour chaque navire un dossier où viennent se classer les actes, les papiers affectant la fortune du bateau.

Exemptions. — La règle que l'acte de francisation est la pièce essentielle dont tout bâtiment français doit être muni pour circuler au large souffre quelques exceptions : certaines catégories de navires sont dispensés de la francisation, soit parce que, à raison des trajets qu'ils accomplissent habituellement, ils sont présumés ne pas se livrer à la navigation maritime, soit parce qu'ils ne procèdent à aucune opération commerciale, soit enfin parce qu'ils ont un très faible tonnage.

Papiers de bord. — Dès qu'un navire français arrive dans un de nos ports, l'acte de francisation est déposé au bureau des douanes, où il est conservé jusqu'au départ du bateau. Le capitaine doit encore tenir à la disposition des agents de la marine ou de la douane divers papiers ou registres dont les principaux sont : le manifeste, — les pièces de douane (passavants, acquits, etc.), s'il y a lieu, — les connaissements, — le rôle d'équipage, — l'inventaire du bateau, — le livre de bord, — enfin le congé qui est délivré par la douane et qui nous intéresse plus particulièrement (1).

(1) Le rôle de l'équipage est l'acte dressé par le commissaire de

Congé. — Le congé est une sorte de titre de mouvement sans lequel aucun bâtiment français ne peut sortir d'un port.

Toutes les embarcations, quand bien même elles seraient affranchies de la francisation, y sont soumises du moment où elles ne peuvent être considérées comme formant une dépendance d'un autre navire et qu'elles n'appartiennent pas à l'État.

La délivrance d'un congé a parfois lieu gratuitement. Le plus généralement, elle est subordonnée au payement d'un droit gradué selon le tonnage, le conditionnement des bateaux et la nature de la navigation.

Le congé est valable pour un an, lorsque le même navire fait plusieurs voyages dans l'année, et pour toute la durée du voyage lorsqu'il doit excéder une année.

II. — Navires étrangers

Le régime applicable aux navires étrangers est réglé par des traités de navigation, qui, à la différence des conventions commerciales, n'ont pas été dénoncés à partir du 1er février 1892 et dont les dispositions unifiées ont été au contraire étendues à la presque universalité des nations avec lesquelles nous nous trouvons en relations. Ces traités disposent que, tant au point de vue des marchandises qu'ils importent ou qu'ils exportent, qu'au point de vue des droits de navigation qu'ils ont à acquitter, l'assimilation sera complète entre navires étrangers et navires français ; ils stipulent encore que la nationalité des bâtiments sera admise de part et d'autre d'après les lois et

l'inscription maritime du port d'armement pour constater le contrat intervenu entre les hommes d'équipage et l'armateur. L'inventaire du bateau se définit de lui-même. Le livre de bord est le registre où sont consignés tous les événements survenus durant la traversée.

règlements particuliers à chaque pays, au moyen des titres
de patente délivrés par les autorités compétentes aux
capitaines, patrons et bateliers.

Ainsi, les navires étrangers justifient de leur nationalité,
de leur port d'attache, etc., en produisant à la douane
française des documents analogues à notre acte de francisation. Leurs capitaines sont tenus, comme les capitaines
de navires français, de déposer leur manifeste, de présenter les connaissements ; ils peuvent être requis d'exhiber leur livre de bord. En un mot, ils sont obligés de
produire, *dans les eaux françaises*, la plupart des papiers
de bord exigés des navires français. Toutefois, le congé
qui est, comme nous l'avons dit, le titre de mouvement
délivré par la douane, n'est remis qu'aux bâtiments français. En son lieu et place, les bâtiments étrangers obtiennent, lorsqu'ils sortent d'un port français et toutes les fois
qu'ils en sortent, un passeport, c'est-à-dire un permis de
mettre en mer, qui constate la régularité des opérations
effectuées sur notre territoire. De la définition même que
nous venons de donner, il résulte que le passeport doit
être renouvelé, sauf dans des cas tout à fait exceptionnels,
lors de chaque sortie d'un port français. Le droit de passeport est fixe pour tous les navires étrangers, quel que
soit leur tonnage. *Il est de 1,20*

III. — Privilèges accordés aux navires français

Il y aurait égalité presque absolue de traitement entre
les navires étrangers et les navires français si le législateur, pour favoriser le développement de notre marine et
pour compenser les charges d'ordre général qui sont
imposées à notre flotte de commerce, ne lui avait accordé
certains privilèges dont les principaux sont : le monopole

du cabotage, — des faveurs et des facilités particulières pour l'exercice de la pêche, — des primes à la construction et à la navigation.

Cabotage. — Le cabotage est le transport des marchandises d'un port français à un autre port français, l'Algérie comprise. Les opérations de l'espèce sont exclusivement réservées aux navires battant pavillon français (1).

Pour faciliter l'exercice de ce privilège, en même temps que pour prévenir les abus, la loi dispose que les marchandises expédiées par cabotage devront être préalablement déclarées en douane tout comme si elles étaient destinées à l'exportation. La déclaration qui est présentée au bureau de départ constitue, une fois qu'elle a été vérifiée et visée par le service, le passavant de cabotage. Ce passavant accompagne la marchandise et en assure la réintroduction en France en exemption des droits. A l'arrivée, les agents des douanes se bornent en effet, hors le cas de soupçon d'abus, à s'assurer que les marchandises débarquées sont régulièrement relatées sur les passavants qui sont représentés (2).

Pêche. — Les faveurs accordées aux navires français qui se livrent à la pêche diffèrent selon qu'il s'agit de ce qu'on appelle la grande pêche ou de ce que l'on qualifie de petite pêche.

Grande pêche. — On comprenait jadis sous la dénomination de « grande pêche » la pêche de la baleine, du cachalot et des autres cétacés, et la pêche de la morue. Nos marins ne se livrant plus depuis longtemps à la pêche des cétacés, les faveurs légales ont été restreintes à la

---

(1) Par exception, les navires monégasques peuvent participer au cabotage.

(2) Lorsque l'expédition s'effectue en suspension d'un droit de consommation intérieure, l'acquit à caution délivré par le service des contributions indirectes doit être annexé au passavant de cabotage.

seule pêche de la morue. En droit maritime aussi bien
qu'en droit fiscal, les expressions « grande pêche » et
« pêche de la morue » sont donc aujourd'hui synonymes:

Les encouragements réservés à ce genre de pêche sont
au nombre de trois : les produits de la pêche sont admis
en exemption des droits de douane à leur entrée en France,
— les sels destinés à la salaison de la morue sont exempts
de la taxe intérieure de consommation, — enfin, il est
alloué aux armateurs des primes d'armement et des primes pour les produits de la pêche.

I. — Tandis que les morues de pêche étrangère sont
frappées de droits très élevés, les pêcheurs français peuvent
introduire leurs produits en franchise sous diverses conditions, pourvu, notamment, que les bâtiments soient reve-
nus directement des lieux de pêche en France.

II. — Il est permis d'embarquer sur les navires allant
à la pêche de la morue telle quantité de sel français que
les armateurs jugent convenable. Ces sels sont exempts
de la taxe de consommation. Les sels étrangers que les
navires pêcheurs importent, ou dont ils font l'acquisition
sur les lieux de pêche, sont également affranchis du droit
de douane, sauf dans un cas : les sels étrangers embarqués
pour la pêche le long des côtes de Terre-Neuve sont soumis à un droit de douane de 0 fr. 60 par 100 kilogrammes
et 4 pour 100 en sus.

A leur retour, les capitaines sont tenus de déclarer les
quantités de sel qui ont été employés à la salaison du
poisson et celles qu'ils rapportent en nature. S'ils revien-
nent de Terre-Neuve, ils doivent, en outre, justifier de
l'origine nationale du sel employé ou du payement préalable du droit de 0 fr. 60 par 100 kilogrammes.

Les sels rapportés en nature peuvent être conservés à
bord des navires, en entrepôt, jusqu'à la prochaine campagne de pêche. S'ils sont débarqués, ils doivent être placés
dans un entrepôt spécial.

Dans certains cas, les pêcheurs ont droit, même après leur retour sur le territoire français, à des allocations supplémentaires de sels neufs ou de sels dénaturés, dits sels de coussin, qui peuvent être nécessaires pour la conservation des morues. — Les sels ne doivent être employés qu'en présence des préposés des douanes et, en général, au moment du débarquement.

III. — En dernier lieu, il est accordé à chaque bâtiment pêcheur, une fois par saison de pêche, une prime d'armement dont le taux est fixé d'après la destination du navire et qui est proportionnée au nombre d'inscrits maritimes embarqués. L'obtention de cette prime est subordonnée à une déclaration préalable d'armement que les armateurs doivent faire au commissaire de l'inscription maritime et à diverses autres conditions.

Enfin, des primes sont allouées pour les morues sèches réexportées et pour les rogues de morues qui sont importées en France (1). Ces primes sont proportionnées au poids.

Dans l'un comme dans l'autre cas, les primes sont liquidées et ordonnancées par les soins du ministre du commerce.

Petite pêche. — On entend par « petite pêche » ou « pêche cotière » toute pêche autre que celle de la morue.

Les mesures de protection prises en faveur de la petite pêche sont les suivantes :

1° Il est interdit aux pêcheurs étrangers de se livrer à leur industrie dans la mer territoriale dont l'étendue est, à cet égard, fixée à trois milles :

2° Un droit de douane est établi sur le poisson de pêche étrangère ; *affeté à coussant imbursat invultu*

---

(1) Les rogues de morues sont nécessaires, comme appâts, à l'industrie de la pêche de la sardine. C'est pour cela que le législateur en encourage l'importation.

3º L'immunité du droit de consommation intérieure est acquise au sel français employé à la conservation du poisson et une réduction du droit d'importation est accordée dans quelques cas au sel étranger ayant la même destination. — A la fin de la saison de pêche, les comptes des ateliers de salaisons sont réglés ; les manquants qui peuvent ressortir de la comparaison des entrées et des sorties de sels sont, en principe, soumis aux droits ; les excédents sont repris en charge si l'atelier est maintenu en activité ; dans le cas contraire, ils doivent acquitter la taxe ou être réintégrés en entrepôt. Les sels restant à bord des bateaux doivent être également ou soumis aux droits, ou constitués en entrepôt, dans les mêmes conditions que les sels provenant de la grande pêche.

Primes à la construction et à la navigation. — Si l'on fait exception pour une période de quinze années qui s'est écoulée depuis 1866 jusqu'en 1881, l'industrie des constructions navales d'une part, la marine marchande d'autre part, ont toujours été l'objet d'une protection dont les formes ont varié suivant les époques, et qui se traduit actuellement par l'allocation de primes.

Primes à la construction. — L'industrie des constructions navales n'aurait pu subsister si, d'une manière quelconque, on n'avait exonéré les matières qui entrent dans la composition d'un navire des droits de douane. On aurait pu autoriser la construction des bateaux en entrepôt ou en port franc ; on a préféré allouer des primes calculées de façon à compenser la charge résultant de l'application du tarif. Ces primes sont réglées d'après le tonnage brut des bâtiments ; le taux en est naturellement plus élevé pour les navires en fer que pour les navires en bois. Les constructeurs de machines motrices, chaudières ou appareils auxiliaires placés à bord des navires tant à voiles qu'à vapeur, ont également droit à une prime, qui est proportionnelle au poids des appareils.

Mais ce principe, expressément rappelé dans la loi du 30 janvier 1893, d'une compensation des charges imposées par le tarif douanier, n'est pas le seul dont la législation actuelle fasse état. On a voulu évaluer, après une enquête approfondie sur la situation comparative des chantiers en France et à l'étranger, les diverses charges sepplémentaires grevant l'industrie nationale et l'on a déterminé de la sorte des primes théoriques en supposant toutefois une réorganisation de notre industrie sur des bases rationnelles. Seulement, il fallait laisser à nos constructeurs le temps de procéder à cette réorganisation ; aussi la loi du 19 avril 1906 a-t-elle constitué un système d'allocations décroissantes qui, très supérieures, au début, aux primes théoriquement nécessaires, s'y trouvent ramenées au bout de la dixième année pour demeurer ensuite invariables jusqu'au terme de la loi, en 1918.

Ces primes, destinées aux bâtiments de commerce et que la loi de finances du 8 avril 1910 a étendues aux remorqueurs, aux dragueurs et aux bateaux de plaisance, sont sensiblement plus élevées que les allocations antérieures. Elles ne sont plus soumises aux limitations que dans l'intérêt des finances publiques la loi de 1902 avait imposées à ses bénéficiaires en fixant un maximum de tonnage primé et un maximum de dépense totale. Elles ne supportent pas enfin la retenue imposée en faveur d'œuvres de marins aux constructeurs placés sous le régime des lois de 1893 ou de 1902 : c'est l'État qui vient directement en aide à ces œuvres au moyen de subventions calculées sur les mêmes bases et versées à leur profit à la caisse des Invalides de la Marine.

Par contre, la loi de 1906 ne donne pas aux navires construits en France pour les marines marchandes étrangères les mêmes avantages qu'aux navires affectés à notre flotte de commerce : si les 7/10 des primes sont payés aux uns comme aux autres lors de la francisation ou de la prise des expéditions, les dixièmes complémentaires sont acquis seulement, sous certaines conditions, aux navires battant pavillon français et constituent un encouragement direct à la marine nationale.

On notera, enfin, que la loi de 1906 a posé le principe d'une protection à l'industrie maritime coloniale : des primes à la construction pourront être allouées aux navires construits dans nos possessions lointaines mais les budgets locaux en feront les frais.

Primes à la navigation et compensation d'armement. — Si l'existence d'une industrie des constructions navales est chose importante, chose plus importante encore est l'existence d'une flotte de commerce. On a donc dû se préoccuper de compenser par des allocations spéciales les charges imposées aux armateurs par nos lois et notamment par les lois sur l'inscription maritime.

La loi du 30 janvier 1893 avait bien établi des allocations de cette nature, calculées d'après le genre de navigation (long cours ou cabotage international) d'après le nombre de milles parcourus et d'après le tonnage et l'âge des navires. Mais par une singulière méconnaissance du but à atteindre, elle les réservait aux navires construits en France, excluant de toute allocation les bâtiments achetés à l'étranger. Elle accordait, d'autre part, des primes exagérées aux voiliers dont le nombre s'est accru au grand détriment du Trésor, bien au delà des besoins véritables.

La loi du 7 avril 1902 remédia en partie à ces inconvénients. Elle réduisit les primes des voiliers et en même temps institua, sous le nom de compensation d'armement, des primes spéciales basées sur le tonnage et sur le nombre de jours d'armement administratif en faveur des vapeurs de construction étrangère armés sous pavillon français et jaugeant plus de 100 tonneaux. Mais comme on ne modifiait pas les primes à la construction, on fut amené à maintenir le régime des primes à la navigation pour les navires construits en France. Toutefois le tonnage appelé à bénéficier de la loi était limité à 500.000 tonneaux dont 200.000 pour les navires de construction étrangère, la dépense totale ne devant pas dépasser 50 millions.

Ce crédit-argent de la loi de 1902 ne correspondait pas au crédit-tonnage et une nouvelle loi dut être préparée presque aussitôt. Ce fut la loi du 19 avril 1906.

On a vu que cette loi assurait des primes équitables aux constructeurs ; elle pouvait donc unifier le régime de l'armement, sans distinguer entre les navires d'après leur origine et le système des compensations d'armement fut généralisé sous certaines conditions. On voulait avec raison une marine rapide et véritablement marchande : les allocations furent donc subordonnées dans leur quotité ou même dans leur existence à la réalisation de certaines vitesses aux essais et en même temps les navires durent, pour recevoir la prime, justifier du transport d'un minimum de marchandises sur un minimum de parcours. Mais les limitations en tonnage et en argent de la loi de 1902 ne furent pas renouvelées et les retenues imposées en faveur d'œuvres aux marins disparurent dans les mêmes conditions que celles sur les primes à la construction.

Les primes et les compensations d'armement cessent douze ans après la francisation.

Enfin, des primes à l'armement peuvent être accordées aux navires ayant leur port d'attache dans une colonie, celle-ci devant en supporter la charge.

Liquidation des primes. — Les primes à la construction sont liquidées par l'administration des douanes ; les primes à la navigation et les compensations d'armement le sont par le ministère du commerce. C'est ce dernier département qui ordonnance toutes les primes.

Les mandats de paiement remis aux constructeurs ou aux armateurs sont payables par les comptables directs du Trésor ; toutefois les primes à la construction peuvent être payées par les receveurs principaux des douanes.

IV. — Droits de navigation

En dehors des quelques redevances (droits de francisation, de congé, de passeport) qui sont exigées tantôt des navires français, tantôt des navires étrangers dans certaines occasions, il existe des droits de navigation auxquels sont soumis tous les navires sans distinction de pavillon, quand ils pénètrent dans nos ports.

Ce sont les droits de quai et, accidentellement, les taxes de péage perçues pour le compte des départements, des' municipalités ou chambres de commerce.

Droits de quai. —«Tous navires, quelle que soit leur nationalité, chargés en totalité ou en partie, venant de l'étranger ou des possessions françaises autres que l'Algérie, supportent, sous le prétexte de frais de quai, une taxe qui était jadis de 0 fr. 50 ou de 1 franc par tonneau de jauge, suivant que le navire venait des pays d'Europe et du bassin de la Méditerranée ou qu'il arrivait des autres pays extra-européens et qui, depuis la loi du 23 décembre 1897, est réglée de façon fort compliquée en tenant compte à la fois de la provenance des navires, de leur tonnage de jauge et du tonnage d'affrètement.

Le droit reste calculé d'après le nombre de tonneaux de jauge nette des navires, mais le taux en est plus ou moins élevé selon le rapport qui existe entre le nombre total de tonnes métriques de marchandises débarquées ou embarquées et la jauge nette des navires. Ainsi, il est de 1 franc par tonneau de jauge nette si le nombre total des tonnes métriques de marchandises débarquées ou embarquées est supérieur à la moitié de la jauge nette du navire ; il est de 0 fr. 50 par tonneau si le nombre correspondant, est égal ou inférieur à la moitié et supérieur au quart de la jauge (1), etc. Le droit est réduit de moitié pour les navires qui embarquent des marchandises à destination d'un port situé dans les limites du cabotage international ou qui débarquent des marchandises chargées dans un de ces ports.

Le droit de quai est perçu d'après les bases que nous venons d'indiquer dans chaque port, tant à l'entrée qu'à la sortie de tous les navires, sous réserve des cas d'exemption. Les bâtiments qui, au cours du même voyage, fréquentent plusieurs ports sont donc assujettis au droit de quai autant de fois qu'ils opèrent d'escales. Les perceptions sont toutefois limitées par des maxima : *en aucun cas, le total des droits à percevoir sur un navire pour un voyage, même s'il comporte plusieurs escales, ne peut dépasser 1 franc par tonneau de jauge nette ou 50 centimes pour les navires en cabotage international.*

Plus spécialement, en ce qui concerne les paquebots affectés au transport des voyageurs, *le droit de quai ne peut dépasser dans un même voyage 1 franc par voyageur 2 francs par cheval ou par tête de gros bétail, 3 francs par voiture à deux roues, 4 francs par voiture à quatre roues et 1 franc par tonne de marchandises se trouvant à bord à l'entrée du navire dans les eaux françaises, pourvu que le poids total de ces marchandises, exprimé en tonnes de mille kilogrammes, ne dépasse pas le vingtième de la jauge nette du navire.*

Exemptions. — Le droit de quai n'est pas applicable

---

(1) Dans le calcul du tonnage d'affrètement, chaque passager embarqué ou débarqué est considéré comme équivalent à une tonne de marchandise. Il en est de même pour chaque tête de gros bétail. Chaque tête de petit bétail équivaut à un quart de tonne. Les bagages des voyageurs ne sont pas comptés.

aux navires faisant le cabotage, aux navires entrant sur
lest, alors même qu'ils prennent du fret de sortie, aux
navires entrant chargés et sortant sans avoir fait d'opérations de commerce, aux navires de guerre, aux yachts de
plaisance, aux bateaux de pêche, aux remorqueurs. On
notera enfin que les opérations de ravitaillement et d'approvisionnement de charbon ne sont plus considérées,
depuis la loi de 1897, comme opérations de commerce.

Droits de péage. — A la différence du droit de quai, qui
est perçu pour le compte de l'État, les droits de péage
sont établis au bénéfice des départements, communes ou
chambres de commerce dans les conditions suivantes :

Une commune, une chambre de commerce, etc., qui
contracte un emprunt en vue de subvenir à la création, à
l'extension, à l'amélioration d'un port et de son accès ou à
l'organisation de mesures de sauvetage, de sécurité, de
propreté, de police ou de surveillance, peut être autorisée
par décret rendu dans la forme des règlements d'administration publique à instituer dans le port un péage local
temporaire pour assurer le service dudit emprunt.

Le décret qui autorise la perception d'un tel droit en
arrête le tarif, qui doit être le même pour les navires
français et les navires étrangers. Il est réglé en raison du
tonnage de jauge des bâtiments, des quantités de marchandises et du nombre des voyageurs embarqués et
débarqués. Les droits ne peuvent dépasser des maxima
édictés par la loi, à moins qu'il n'intervienne une autorisation spéciale du législateur.

Les péages locaux sont recouvrés par le service des
douanes, dans les mêmes formes que les droits de douane
et de navigation, pour le compte des établissements publics
simplement tenus d'indemniser l'administration des frais
de perception.

En dehors des droits de péage, il existe dans quelques
ports des taxes, généralement minimes, ayant pour la plu-

part une origine ancienne et qui sont destinées à subvenir à des besoins spéciaux, telles que les taxes de sauvetage. Le mode d'assiette de ces taxes est variable, la perception en est toujours confiée à l'administration des douanes.

CHAPITRE II

1. — Police sanitaire

Littoral. — Afin d'éviter la propagation des épidémies, tout navire qui pénètre dans un port français doit, en principe, être reconnu par l'autorité sanitaire. Cette opération prend le nom de « reconnaissance » dans le cas où, le navire étant exempt de suspicion, elle constitue une simple formalité. Elle est qualifiée « arraisonnement » quand un examen plus approfondi devient nécessaire.

Si, au cours de la reconnaissance ou de l'arraisonnement, rien de suspect n'est remarqué, le navire visité est admis à la libre pratique, à moins qu'il n'ait ce qu'on appelle une patente de santé brute. Les capitaines des navires venant des pays hors d'Europe et de la Turquie, ou encore d'une contrée accidentellement contaminée, sont en effet assujettis à représenter une pièce, dite patente de santé, qui, délivrée avant le départ, fait connaître l'état hygiénique du pays de provenance, de l'équipage, des passagers. La patente de santé est brute quand la présence d'une maladie pestilentielle y est signalée, elle est nette en tout autre cas.

Tout navire pourvu d'une patente brute ou qui, à la suite de l'arraisonnement, inspire des craintes à l'autorité sanitaire est soumis à une quarantaine plus ou moins rigoureuse selon qu'il est réputé *indemne*, *suspect* ou *infecté*. Les navires indemnes ou suspects, c'est-à-dire ceux qui proviennent d'une circonscription contaminée ou à bord desquels il s'est produit des cas de maladie pestilentielle, mais qui, au moment de l'arrivée, ne comptent plus de malades depuis quelque temps déjà, sont simplement assujettis à la visite médicale pour les passagers et l'équipage, à la désinfection du linge sale, des effets à usage, des objets de literie, etc., parfois du navire. En ce qui concerne les navires infectés, les malades sont isolés jusqu'à leur guérison, les autres personnes sont soumises à une observation dont la durée varie selon l'état sanitaire du navire et selon la date du dernier cas de maladie, enfin il est procédé à la désinfection du navire, du linge sale, des effets à usage et de tous autres objets considérés comme contaminés. Ces mesures sont prises dans les stations sanitaires ou dans les lazarets.

_ La police sanitaire du littoral est exercée par des agents relevant du ministère de l'intérieur et par des conseils sanitaires locaux. Le littoral est divisé à cet effet, en circonscriptions sanitaires dont chacune compte un ou plusieurs conseils composés de hauts fonctionnaires et un directeur de la santé, qui a sous ses ordres des agents choisis autant que possible parmi les employés des douanes.

Frontières de terre. — Il n'y a pas de service sanitaire organisé en permanence sur les frontières de terre. Simplement, le gouvernement peut prendre à l'égard des marchandises ou des voyageurs provenant d'une région contaminée des mesures accidentelles telles que visites médicales, désinfection des bagages.

II. — Taxes sanitaires

Les taxes sanitaires, qui sont presque toujours perçues dans les ports, portent soit sur les navires, soit sur les personnes ou sur les choses. Tous les bâtiments y sont soumis à l'exception des navires de l'État, des bateaux en relâche forcée ou volontaire, des bateaux de pêche français ou étrangers, des bâtiments allant faire des essais en mer des bâtiments hospitaliers, en temps de guerre.

Parmi les taxes sanitaires, l'une seulement, le droit de reconnaissance, a un caractère général ; les autres ne sont exigibles que dans des cas particuliers.

Droit de reconnaissance. — Le droit de reconnaissance est perçu à l'arrivée de tout navire français ou étranger dans le port de prime abord exclusivement. Il est proportionnel au tonnage des bâtiments ; la quotité en est déterminée par les conditions de la navigation suivant un tarif assez compliqué et auquel nous ne pouvons que renvoyer le lecteur (1).

En dehors des navires qui, d'une façon générale, sont exempts des taxes sanitaires, les bâtiments qui font le cabotage entre ports français dans la même mer, l'Algérie comprise, sont spécialement affranchis du droit de reconnaissance.

Droit de station. — Le droit de station s'applique à tous les navires soumis à une quarantaine. Il est proportionnel au tonnage et au nombre de jours de quarantaine.

Droit de séjour dans les lazarets. — Ce droit porte sur les passagers qui subissent un séjour dans les stations sanitaires. Il est calculé par jour et par personne. La quotité varie selon la classe à laquelle appartiennent les voyageurs. En sont exempts : les militaires, les marins, les enfants au-dessous de sept ans, les indigents.

Droit de désinfection. — Suivant que les opérations de

---

(1) Les navires faisant, dans certaines limites, un service régulier entre deux ou plusieurs ports peuvent contracter des abonnements de six mois ou d'un an pour le droit de reconnaissance L'abonnement est calculé d'après le tonnage du bateau, sans qu'il soit tenu compte du nombre de voyages accomplis.

désinfection portent sur les effets des voyageurs, sur les marchandises à bord, sur le navire même, le droit à percevoir est calculé de façon différente. Il est fixé tantôt d'après le nombre des voyageurs débarqués et la classe à laquelle ils appartiennent, tantôt d'après le poids des marchandises, tantôt d'après le tonnage du bateau.

Taxes diverses. — On peut faire rentrer dans la catégorie des droits sanitaires certaines taxes spéciales de quotité variable, relatives à la visite du bétail importé ou à l'inspection sanitaire des viandes à la frontière. A la différence des autres taxes sanitaires, dont l'assiette aussi bien que la perception est toujours confiée aux agents des douanes, les taxes en question sont liquidées par les vétérinaires désignés pour procéder à la visite ; le montant en est encaissé par les receveurs des douanes.

APPENDICE

Au cours des développements qui précèdent, nous nous sommes trop souvent servi des expressions « tonnage d'un bateau », « tonnage légal », etc., pour que nous n'en indiquions pas le sens précis.

Le tonnage légal d'un navire est l'expression officielle de sa capacité intérieure utilisable pour le transport des marchandises. Pour déterminer ce chiffre, il faut calculer tout d'abord le tonnage brut total du bâtiment à l'aide des opérations de jauge. On y arrive en suivant les procédés imaginés par l'amiral Moorsom d'après des données scientifiques. Du chiffre obtenu on retranche : les logements de l'équipage, les espaces dits « de navigation », les « water-ballast », enfin le volume des machines et chaudières. On obtient ainsi le tonnage net ou légal qui sert de base à la perception des droits de navigation et qui est relaté sur les actes de francisation. Ce sont des employés des douanes qui conduisent ces opérations.

Pour l'assiette des droits de navigation, il suffit donc de se reporter aux actes de francisation en ce qui concerne les navires français. — Pour les navires étrangers, il suffirait de consulter les titres de nationalité qui correspondent à l'acte de francisation, si le tonnage avait été calculé partout suivant les mêmes règles. Mais, comme entre le mode d'opérer suivi en France et dans quelques pays étrangers il y a des différences qui pourraient entraîner des inégalités de traitement, on a été obligé d'établir des distinctions : on liquide les droits de navigation sur le tonnage porté aux papiers de bord pour les navires appartenant à certains pays étrangers qui, de temps immémorial, ont usé des procédés de jaugeage employés en France. — La même prérogative est accordée aux navires d'autres États si les papiers de bord qu'ils présentent sont postérieurs aux dates à partir desquelles la méthode Moorsom a été appliquée dans ces États. — Dans tout autre cas, le tonnage des navires étrangers doit être calculé par les agents de la douane française suivant les règles admises en France.

TITRE III

DES ATTRIBUTIONS CONFÉRÉES
A L'ADMINISTRATION DES DOUANES
QUI SORTENT DU CADRE NORMAL DE SA MISSION

Le rôle de l'administration des douanes ne saurait consister uniquement à liquider et à percevoir les taxes de douane et les droits de navigation. Sans doute c'est là l'objet principal de sa mission, mais ce n'est pas l'objet unique. La douane dispose de moyens d'investigation si puissants, elle compte un tel nombre d'agents rassemblés sur des parties du territoire nécessitant, à des points de vue divers, une surveillance continue, que les préposés de l'administration ont été tout naturellement appelés à seconder les autres services publics et particulièrement les régies financières.

Pour des raisons analogues, l'assiette et la perception de certains droits de timbre et de la taxe de consommation sur les sels lui ont été confiés.

Enfin, on a été conduit à charger la douane de classer et de coordonner les faits commerciaux qu'elle est appelée à constater, dont l'ensemble compose ce qu'on appelle la statistique commerciale. De même, on a pensé que les agents des douanes étaient tout désignés pour conserver les hypothèques sur les navires de la marine marchande dont le contrôle leur est confié.

CHAPITRE PREMIER

Les douaniers sont agents de la force publique, et à ce titre chargés, comme tous les fonctionnaires qui ont la même qualité, de veiller à l'application des lois de police générale, de procéder à l'arrestation des déserteurs, des réfractaires, de s'opposer aux embarquements ou aux débarquements de personnes suspectes, etc.

En dehors de cette mission générale, les douaniers prennent part à la police sanitaire le long des frontières de terre et de mer. Il leur appartient également de constater certaines catégories d'infractions en matière de pêche maritime, de participer, conjointement avec les agents du ministère de l'intérieur, aux vérifications de la librairie et de signer les procès-verbaux qui peuvent être rapportés, de veiller à l'application des règlements spéciaux concernant le phylloxéra et le doryphora, de concourir à la protection du balisage dans les eaux maritimes, de signaler aux ingénieurs des ponts et chaussées les occupations illicites du domaine public maritime, etc.

La douane prête son concours aux régies financières : 1° en collaborant à la répression de la fraude, particulièment à l'entrée et à la sortie du territoire, 2° en percevant accidentellement certains impôts directs ou indirects.

1. — Obligés de participer à la police générale, les préposés des douanes sont tenus de constater les contraventions aux lois fiscales toutes les fois que ce droit est

reconnu aux agents de la force publique. Plus spécialement, nombre de lois d'impôts leur donnent le pouvoir de
rapporter procès-verbal dans des cas déterminés, par
exemple en matière de tabacs, d'allumettes, de poudres à
feu, de cartes à jouer, pour certains droits de timbre, etc.
Ils exercent la mission qui leur est ainsi confiée en quelque lieu qu'ils rencontrent la fraude et la constatent, sans
manquer de surveiller de très près les marchandises soumises à des taxes intérieures qui entrent en France ou qui
en sortent (Voir titre I, chapitres 1 et II).

II. — *Accidentellement*, la douane perçoit à la frontière,
au lieu et place des autres administrations financières,
quelques taxes qui ont parfois le caractère d'impôts directs,
qui sont parfois des droits de timbre, qui représentent le
plus souvent des impôts de consommation.

En matière de contributions directes, le service des
douanes est autorisé à délivrer des patentes à certaines
catégories de commerçants étrangers dont la douane est
mieux à même que l'administration des contributions
directes de découvrir l'existence. Ainsi, elle établit et
encaisse les droits de patente dus par les bateliers étrangers, par les commis-voyageurs venant représenter en
France des maisons étrangères, par les marchands forains
ou colporteurs étrangers entrant sur notre territoire pour
y exercer leur profession, par les entrepreneurs de
halage, de flottage et de bateaux à vapeur domiciliés hors
de France.

Pour des raisons analogues, la douane perçoit, par
l'apposition de timbres mobiles, le droit de timbre de
10 centimes sur les colis postaux expédiés *de l'étranger*,
les droits sur les connaissements, sur les lettres de voiture, sur les récépissés créés *à l'étranger*. (Voir volume I,
IIᵉ partie.)

Enfin, dans certains cas, la douane ne se contente pas de
placer sous le lien d'une pièce de régie les marchandises

soumises à des taxes de consommation qui viennent à être importées, elle recueille parfois, en même temps que les droits de douane, les impôts exigibles (Voir : titre I, chapitre I, page 288.)

CHAPITRE II

La douane intervient ainsi pour percevoir des impôts directs ou indirects, mais seulement dans des circonstances *accidentelles* lorsque le fait générateur de l'impôt se produit à la frontière ; il est au contraire des cas où la même administration encaisse des taxes de consommation sur les produits créés en France, et des droits de timbre sur des actes passés sur notre territoire. La douane, qui généralement ne fait que fortifier l'action des administrations financières sur le terrain où elle est le plus fortement organisée, se substitue dans l'espèce aux autres services.

I. — Droits de timbre.

Les actes délivrés par la douane sont, en règle générale, soumis à l'impôt du timbre. Les agents de l'administration apposent eux-mêmes ou font apposer les empreintes et prélèvent les droits qui sont réglés comme suit :

1° Pour toutes les expéditions comportant un engagement cautionné, pour tous les actes relatifs à la navigation, pour les commissions d'emplois : 0 fr. 75.

2° Pour les quittances de droits au-dessus de 10 francs : 0 fr. 25, exception étant faite pour les quittances de droits de statistique, qui sont soumises au droit de timbre de

10 centimes seulement, quand elles excèdent 10 francs.

3º Pour toutes les autres expéditions : 5 centimes.

Les actes qui ne sont pas compris dans cette énumération, notamment les déclarations en douane, les manifestes des navires, sont affranchis du timbre, qui n'atteint pas non plus les passavants relatifs au cabotage, à la circulation des grains et farines dans le rayon, les acquits à caution et passavants qui accompagnent les colis postaux, certaines quittances (1).

II. — Impôt sur les sels (2)

L'administration des douanes perçoit sur tous les sels étrangers qui viennent à être importés, outre le droit de douane, la taxe de consommation intérieure, qui est de 10 francs par 100 kilogrammes. Elle est en outre chargée de l'assiette et de la perception du même impôt sur les sels d'origine française produits dans les marais salants ou dans les fabriques situées dans les quinze kilomètres des côtes et dans les vingt kilomètres des frontières de terre, aussi bien que sur les sels sortant des entrepôts des ports et de l'intérieur. L'administration des contributions indirectes a la charge de l'assiette et de la perception de l'impôt en dehors des limites assignées à l'action des employés des douanes.

Comme on le voit, le rôle de l'administration des douanes est prépondérant en matière d'impôt sur les sels.

(1) Sont exemptes du timbre les quittances de droits sanitaires, les quittances relatives aux perceptions supplémentaires par suite d'erreurs dans l'application des droits.

(2) Les principales lois qui régissent la matière sont les lois des 24 avril 1806, 28 avril 1816, 17 juin 1840, 28 décembre 1848, 17 mars 1852, etc.

Aussi nous a-t-il paru que, pour répondre à la réalité des choses et pour éviter de scinder nos explications, il convenait de rattacher aux développements relatifs à la douane tout ce qui concerne la taxe sur les sels.

Nous exposerons successivement comment l'impôt est assis, comment il est perçu, quelles sont les principales exemptions, quelles mesures ont été prises pour prévenir la fraude.

Assiette. — L'impôt est assis sur les quantités de sel de toute origine extraites des mines, sources, puits d'eau salée, marais salants. Les usines où le sel est produit sont exercées par les agents de la régie ou des douanes. La surveillance à la production est complétée par des formalités à la circulation.

Surveillance à la production. — Nulle exploitation de mines de sel, de source ou de puits d'eau salée ne peut avoir lieu qu'en vertu d'une concession consentie par décret en Conseil d'Etat. Les concessions ne peuvent excéder vingt kilomètres carrés, s'il s'agit d'une mine de sel, et un kilomètre carré pour l'exploitation d'une source ou d'un puits d'eau salée. Les usines destinées à l'extraction du sel gemme ou au traitement des eaux salées ne peuvent pas non plus être établies sans une permission accordée par un décret.

Tout concessionnaire de mine de sel, de source ou de puits d'eau salée, tout exploitant d'usine pour la production du sel gemme ou des eaux salées est tenu : 1º d'extraire ou de fabriquer annuellement et au minimum une quantité de cinq cent mille kilogrammes de sel pour être livrés à la consommation intérieure et être assujettis à l'impôt (1) ; 2º de faire à la régie ou à la douane selon les cas, avant toute exploitation ou toute fabrication, une

(1) Un décret peut, dans des circonstances particulières, autoriser la fabrication au-dessous du minimum ; mais l'autorisation ainsi donnée est toujours révocable.

déclaration de commencer (1), qui n'est admise qu'autant que la construction de l'usine, la disposition générale des travaux d'exploitation des mines, sources ou puits a été approuvée. L'administration exige notamment que les puits, galeries, trous de sonde, bâtiments des usines soient entourés d'une enceinte en bois ou en maçonnerie de trois mètres d'élévation ayant à l'intérieur et à l'extérieur un chemin de ronde de deux mètres au moins de largeur, avec accès sur la voie publique par une seule porte d'entrée. Elle oblige encore les industriels à placer sous la double clef de l'exploitant et des agents de la perception les magasins destinés au dépôt des sels fabriqués.

Dès que les formalités préalables ont été remplies, les exploitants et fabricants sont soumis aux visites et vérifications des employés et tenus de leur ouvrir à toute réquisition leurs fabriques, ateliers, magasins, logements d'habitation et tous autres bâtiments enclavés dans l'enceinte des fabriques. Ces visites et vérifications peuvent avoir lieu même de nuit, si le travail se prolonge après le coucher du soleil.

Les employés doivent suivre les différentes phases de la fabrication. Les sels en cours de fabrication ne peuvent recevoir, à partir du moment où ils sont parvenus à l'état solide ou concret, aucune manipulation subséquente que sous la surveillance des préposés auxquels il est loisible de prendre les mesures nécessaires, différentes selon les procédés de fabrication, pour qu'il ne puisse en être soustrait. Les agents prennent en charge sur un portatif les sels fabriqués au fur et à mesure que la fabrication en est complètement achevée. Ils donnent décharge des quantités enlevées en vertu de pièces de régie régulières et exigent que les sels non immédiatement expédiés soient placés

_____

(1) Les concessionnaires ou fabricants qui veulent cesser d'exploiter ou de fabriquer sont également tenus d'en faire la déclaration au moins un mois à l'avance.

dans les magasins fermés à double clef dont il a été question.

Tous les trois mois, il est procédé à un inventaire des sels en magasin et le fabricant est tenu de payer sur-le-champ le droit sur les quantités manquantes. Il lui est simplement accordé, à titre de déchet de magasin, une déduction de 8 pour 100 sur les quantités entrées en magasin après fabrication. Il va de soi que tout excédent constaté à la suite d'un recensement est saisissable.

Formalités à la circulation. — Aucune quantité de sel, d'eau salée ou de matière salifère ne peut circuler soit dans un rayon de trois lieues des côtes de la France, soit dans un rayon de quinze kilomètres autour des mines, des puits, sources et usines, si elle n'est accompagnée d'une expédition de régie ou de douane.

Cette expédition est un congé lorsque les droits sont immédiatement payés. Lorsque, à raison de leur destination, les sels sont exempts de l'impôt ou lorsque l'exigibilité de la taxe est suspendue, il est délivré un acquit à caution. Exceptionnellement, un passavant accompagne les sels indemnes de droits.

Perception. — La taxe de consommation sur les sels, dont le taux est de 10 francs par 100 kilogrammes (1) est perçue, en règle générale, soit à la frontière en même temps que le droit de douane, soit à la sortie des fabriques, d'où il ne peut être enlevé aucune quantité de sel sans qu'une expédition soit prise.

Le droit est liquidé sur les quantités reconnues, sous déduction d'une remise accordée à titre de déchet aux seuls produits d'origine française. Le taux de ce boni est fixé à 5 pour 100 ou à 3 pour 100, selon le mode de production des sels et leur destination. L'impôt est perçu au comptant.

(1) En Corse, la quotité du droit n'est que de 7 fr. 50 ; dans le pays de Gex et dans la zone neutralisée de la Haute-Savoie il est de 2 francs seulement par 100 kilogrammes.

Des obligations cautionnées peuvent cependant être sou-scrites quand la somme à payer s'élève à **300 francs**.

Crédit des droits. — Le paiement de la taxe est sus-pendu lorsque les sels sont expédiés dans des entrepôts où ils parviennent sous le lien d'un acquit à caution.

Les entrepôts dont il est question sont : soit des entre-pôts généraux qui existent dans un certain nombre de ports et dans quelques villes de l'intérieur, soit des entre-pôts spéciaux pour les sels destinés à la pêche côtière et aux ateliers de salaison, qui peuvent être constitués dans tous les ports où il y a un bureau de douane. Entrepôts généraux et entrepôts spéciaux sont soumis à toutes les conditions et formalités prescrites pour les entrepôts réels. La durée du séjour est de trois ans pour les entrepôts géné-raux, d'une année seulement pour les entrepôts spéciaux.

Mesures complémentaires. — Il existe quelques fabri-ques dans lesquelles, outre les produits que l'on se pro-pose d'extraire, on obtient du sel marin. Le législateur a dû se préoccuper d'assurer la surveillance de ces établis-sements, auxquels il a imposé des règles plus ou moins étroites selon leur nature.

Fabriques de soude. — Les fabriques de soude ont été soumises à la surveillance permanente de l'administra-tion, non seulement parce que, dans les fabriques de soude de varech on obtient, en quantité notable, du chlorure de sodium dont il faut suivre l'emploi, mais aussi parce que les fabriques de soude factice sont autorisées à recevoir en franchise le sel marin qu'elles décomposent et dont il con-vient par suite d'assurer la dénaturation. Nous résumerons plus loin (voir : Exemptions) la tâche qui incombe aux agents placés dans les fabriques de soude.

Fabriques de salpêtre. — Tous les modes de fabrication du salpêtre entraînant la production de sel marin, des mesures ont été prises pour assurer le paiement de la taxe de consommation. Comme les producteurs de sel, les fabricants de salpêtre sont astreints à la déclaration de commencer et à la déclaration de cesser. Ils sont tenus de souffrir les visites et vérifications des agents de la régie ou des douanes, dont l'action s'étend dans un rayon de quinze kilomètres des salpêtreries. Les vérifications ont pour objet de constater les quantités de sel obtenues et de liquider les droits en conséquence.

Fabriques de produits chimiques. — Toutes les fabriques de produits chimiques dans lesquelles il est obtenu du chlorure de sodium soit pur, soit mélangé d'autres sels sont, en principe, soumises aux mêmes règles. Mais, comme la surveillance des employés ne peut s'exercer que de façon très intermittente sur de tels établissements, les fabricants sont, en outre, tenus, chaque fois que leurs préparations doivent produire du sel marin, de déclarer par écrit, au bureau le plus voisin, au moins vingt-quatre heures d'avance, le jour et l'heure où commencera et finira le travail dans leurs ateliers (1).

Raffineries de sel. — Pendant de longues années des fraudes furent commises dans les raffineries de sel de l'intérieur de la France. Elles consistaient à revivifier des sels impurs qui, provenant des salaisons de poisson de mer, etc., avaient été affranchis de l'impôt de consommation à raison de leur destination spéciale. Pour y mettre un terme, le législateur, par la loi du 17 mars 1852, soumit les raffineries de sel à la surveillance des agents des douanes ou des contributions indirectes, dont précédemment elles étaient affranchies. Toutefois, comme les établissements placés sous le contrôle des douanes ne peuvent recevoir du sel qu'avec des expéditions régulières, puisqu'ils sont situés

---

(1) Nonobstant le payement des droits, les sels produits en salpêtrerie et dans les fabriques de produits chimiques ne peuvent être admis dans la consommation que sur la présentation d'un certificat constant qu'ils ne contiennent aucune substance nuisible à la santé publique.

dans le rayon frontière et que d'ailleurs il ne s'y est jamais produit aucune fraude sérieuse, l'administration a ajourné à leur égard l'application de la loi de 1852.

Tous les autres raffineurs sont soumis à quelques-unes des obligations générales imposées aux fabricants de sel. Ils sont tenus, notamment, de procéder à une déclaration de commencer et à une déclaration de cesser, de subir les visites et les vérifications des agents ; enfin, aucune quantité de sel ou de matière salifère ne peut circuler sans expédition dans le rayon de quinze kilomètres des raffineries.

Plus spécialement, les raffineurs doivent déclarer à la régie toutes les quantités de sel neuf ou impur qui leur parviennent, dans les vingt-quatre heures au plus tard de l'arrivée. Il leur est interdit de recevoir d'autres matières salifères que des sels, qui doivent toujours leur être adressés sous expédition, qui doivent même être libérés d'impôt quand il s'agit de sels neufs. Les agents prennent en charge toutes les quantités de sel entrant. Ils donnent décharge des quantités de sel régulièrement enlevées. Les droits sont exigibles du moment où les quantités expédiées au dehors excèdent les quantités de sel neuf parvenues à l'usine. — Périodiquement, le service procède à des recensements ou inventaires. Les excédents sont pris en charge; les déficits sont immédiatement soumis au paiement de la taxe.

Exemptions. — Sont exemptés des droits :

Les sels expédiés à l'étranger ;

Les sels destinés à la pêche maritime ;

Les sels employés à des usages agricoles (nourriture des bestiaux, préparation des engrais, amendement de la terre);

Les sels destinés à certaines exploitations manufacturières, notamment à la fabrication de la soude, aux verreries, aux tanneries, aux mégisseries, aux fabriques de faïence ou de poterie, aux fonderies de cuivre, de zinc, etc.

Pour empêcher que ces immunités n'engendrent des

abus, des précautions minutieuses ont été prises, dont les unes ont un caractère général, dont les autres sont spéciales à certaines catégories de sels exempts.

D'une façon générale, tout transport de sels indemnes donne lieu à la délivrance d'un acquit à caution. Ce n'est que dans des cas très exceptionnels que le passavant est admis. L'acquit à caution n'est déchargé que lorsque les agents des douanes ou des contributions indirectes ont constaté que le sel avait reçu la destination indiquée. La loi permet encore d'exiger, en principe tout au moins, que les sels expédiés par terre soient renfermés dans des sacs d'un poids uniforme et plombés. Sous réserve de certaines déductions ou réfactions, tout excédent est saisissable, tout déficit donne lieu au paiement de l'impôt et même à l'application d'une pénalité qui est généralement d'un droit en sus (1).

Sels destinés à l'agriculture. — Les sels destinés à l'agriculture doivent, quand ils sont neufs, être dénaturés par un mélange préalable qui ne peut avoir lieu que dans les marais salants, usines, etc., en présence du service compétent et conformément à l'un des procédés autorisés par décret. Quand les sels sont impurs, ils peuvent être livrés à l'agriculture sans dénaturation préalable au lieu d'expédition, mais à charge de dénaturation au lieu de destination.

Sels destinés à l'industrie. — Les sels destinés à l'industrie ne sont livrés en franchise qu'aux industriels qui en font la demande et l'appuient d'explications concernant la nature de leur industrie, le mode d'emploi des sels, etc. Pour certaines industries telles que fabriques de couleurs, de savon, verreries, l'exemption est subordonnée à la condition expresse que les sels mis en œuvre soient des sels

---

(1) Le quadruple du droit est dû sur les manquants lorsque le sel est à destination d'une fabrique de soude.

neufs et que la dénaturation ait lieu sur place, au moyen de procédés indiqués et en présence du service. Une plus grande latitude est accordée à d'autres industries, par exemple aux tanneries, aux mégisseries, aux fonderies, etc., qui peuvent recevoir des sels dénaturés avant leur enlèvement (1). Les industriels de la première catégorie et ceux de la deuxième qui utilisent des sels dénaturés par des procédés spéciaux sont tenus de soumettre leurs usines et dépendances aux visites et vérifications du service des contributions indirectes ou des douanes et de verser au Trésor soit le montant intégral du traitement des employés, soit une redevance d'un franc par 100 kilogrammes de sel, suivant que l'action du service dans les usines est permanente ou intermittente.

Fabriques de soude. — Nous avons déjà dit que le régime de la permanence était organisé dans les fabriques de soude qui, en quelque lieu qu'elles soient fixées, sont placées sous l'unique surveillance de l'administration des douanes, sauf dans le cas tout à fait exceptionnel où ces usines sont annexées à des salines surveillées par les agents des contributions indirectes. Les industriels de l'espèce ne sont pas astreints à procéder à des mélanges préalables à la dénaturation, mais les sels ne leur parviennent que sous acquit et avec le plomb de l'administration ; ils doivent en outre être placés, dès leur arrivée, dans des magasins de dépôt fermant à deux clefs, d'où ils ne sont extraits qu'au fur et à mesure des besoins de la fabrication, en présence des employés. L'introduction des sels dans les fours à sulfate a également lieu devant les préposés qui suivent les diverses phases de la production, qui s'assurent d'une part que la quantité de produits fabriqués correspond au sel employé, d'autre part que le titre alca-

---

(1) La dénaturation est faite au lieu d'enlèvement en présence des employés et au moyen de l'un des procédés spécifiés.

limétrique des soudes ou de leurs dérivés répond à la quantité de sel mis en œuvre.

Pour couvrir le Trésor de la dépense à laquelle donne lieu la surveillance des fabriques, chacun des intéressés verse à la caisse du receveur principal des douanes une redevance annuelle dont le montant est fixé soit à 30 centimes par 100 kilogrammes de sel employé, soit à 45 centimes par 100 kilogrammes de produit fabriqué (procédé Solvay).

CHAPITRE III

Hypothèque maritime. — L'hypothèque maritime instituée par les lois des 10 décembre **1874** et 10 juillet **1885**
est un droit réel accordé à un créancier par le propriétaire
d'un navire sur ce navire pour sûreté de sa dette. Les
navires de vingt tonneaux et au-dessus sont seuls susceptibles d'hypothèque. L'hypothèque résulte toujours de
conventions écrites contenues en un acte sous-seing privé
ou authentique ; elle n'est jamais ni légale ni judiciaire.

Le principe de la publicité, qui est la base du régime
hypothécaire français, a été naturellement étendu à l'hypothèque maritime. Seulement, on a pensé que les receveurs principaux des douanes, déjà chargés, soit par
eux-mêmes, soit par leurs subordonnés, du contrôle de la
marine marchande, étaient mieux à même que les conservateurs des hypothèques de procéder aux formalités
nécessaires.

Les receveurs principaux des douanes, ou parfois des
receveurs subordonnés spécialement désignés à cet effet,
effectuent donc sur des registres analogues à ceux des
conservateurs des hypothèques, au vu des actes constitutifs
de l'hypothèque et de deux bordereaux par inscription
renfermant les indications essentielles, l'inscription des
hypothèques portant sur les navires immatriculés dans
leur bureau. Ils opèrent les mutations rendues nécessaires
par changement de domicile, changement de créanciers ;
ils renouvellent les inscriptions périmées au bout de
dix ans ; ils délivrent à quiconque le requiert l'état des

inscriptions subsistant sur un navire ; ils procèdent enfin aux radiations, effectuées seulement au vu d'un acte authentique.

Les mêmes agents encaissent, non pas le droit d'hypothèque, qui n'est pas exigible, mais des remises de 1/2 pour 1.000 sur le capital des créances donnant lieu à l'hypothèque ou pour lesquelles le renouvellement d'une inscription est demandé. Ils ont également droit à des salaires d'un franc pour chaque inscription, pour chaque déclaration de mutation, pour chaque radiation d'inscription, etc. Remises et salaires n'entrent pas dans les caisses du Trésor ; le produit en advient aux receveurs, qui sont, en revanche, responsables, comme les conservateurs des hypothèques, des fautes qu'ils commettent dans l'exercice de leurs fonctions. Ils fournissent à cet effet un cautionnement supplémentaire en immeubles ou en rentes égal au dixième de leur cautionnement administratif.

Statistique commerciale. — Pour établir les documents statistiques qui sont d'un si grand intérêt, les agents des douanes utilisent les déclarations de détail qui leur sont présentées tant à l'entrée qu'à la sortie. Ils les dépouillent sur des registres préparés à cet effet, ils en classent les divers articles conformément aux indications d'une nomenclature officielle, ils mentionnent encore en regard de chaque article : 1° le mode de transport ; 2° le pays de provenance ou de destination ; 3° les droits perçus. Il est pris copie dans tous les bureaux, à la fin de chaque mois, de ces registres élémentaires, et les états statistiques qui en reproduisent les indications sont rassemblés à l'administration centrale où ils servent à composer un tableau complet des quantités de marchandises importées ou exportées durant le mois.

Il ne suffit pas toutefois de connaître les quantités de marchandises qui entrent en France ou qui en sortent. Pour qu'on puisse tirer parti des statistiques de douane, il est essentiel d'y trouver l'évaluation en argent des importations et des exportations. Il est également nécessaire de distinguer, dans la mesure où cela est possible, les marchandises qui ne font que traverser notre territoire et ce qui est ou paraît être le commerce propre de la France.

Pour atteindre le premier objectif, une commission permanente, dite commission des valeurs de douane, a été constituée. Cette commission, qui est composée de fonctionnaires, d'industriels et de commerçants, fixe tous les ans la valeur de chaque produit qui est égale pour les articles d'importation aux prix à l'arrivée dans les ports ou bureaux-frontière de France ; à l'exportation, la base adoptée est le prix au point effectif de sortie. En second lieu, l'administration des douanes sépare, dans les tableaux qu'elle rédige, ce qu'on appelle « le commerce général » qui comprend les importations et les exportations de toute natures du « commerce spécial », qui est composé d'un côté des marchandises déclarées à l'entrée pour la consommation, de l'autre des marchandises déclarées en simple exportation (1).

Tous ces éléments d'information conduisent la direction générale des douanes à publier, sous le titre : *Documents statistiques de la France*, un bulletin mensuel où se trouve résumé l'ensemble du mouvement commercial durant le mois écoulé et depuis le 1er janvier jusqu'au dernier jour de ce mois. Enfin, tous les ans, paraît un tableau général du commerce de la France avec ses colonies et les puissances étrangères.

(1) Il est à remarquer que, depuis que beaucoup de produits étrangers ne sont plus tarifés, un grand nombre de marchandises sont déclarées pour la consommation alors qu'elles ne font que traverser notre territoire. De même, depuis qu'il n'existe plus de droits à la sortie, les marchandises étrangères qui viennent à être renvoyées au dehors sont déclarées en simple exportation comme nos propres produits. Le commerce spécial se trouve donc grossi d'opérations qui ne sont que des opérations de transit et, par suite, il n'exprime pas uniquement le commerce propre de la France.

TITRE IV

DE L'ADMINISTRATION DES DOUANES
SON ORGANISATION, SES ATTRIBUTIONS
MESURES PRISES POUR FORTIFIER L'ACTION DU SERVICE

Comme tous les grands services qui dépendent du ministre des finances, l'administration des douanes est placée sous l'autorité d'un directeur général nommé par le chef de l'État. Le ministre des finances désigne les chefs, les sous-chefs de bureau, rédacteurs principaux ou rédacteurs qui forment les cadres des deux divisions de l'administration centrale, dont chacune est dirigée par un administrateur nommé par décret.

Les affaires sont réparties entre les bureaux selon leur nature.

CHAPITRE PREMIER

ORGANISATIONS ET ATTRIBUTIONS DU SERVICE DÉPARTEMENTAL

La complexité de la tâche dévolue à la douane a conduit le législateur et le pouvoir exécutif à créer deux services distincts dont l'un reçoit le nom de service sédentaire, dont l'autre est qualifié service actif.

Le service sédentaire a pour unique mandat d'asseoir, de liquider, de recouvrer l'impôt. Il comprend tout un personnel de receveurs principaux ou particuliers, d'inspecteurs principaux ou divisionnaires et d'inspecteurs sédentaires, de contrôleurs et de vérificateurs, de commis principaux et de commis. Les receveurs principaux et les inspecteurs sont nommés par le ministre, tous les autres agents par le directeur général.

La mission du service actif, qui est organisé militairement et dont les brigades formées de préposés ou de matelots sont dirigées par des sous-officiers et des officiers, consiste d'une part à seconder le service des bureaux pour les opérations matérielles, d'autre part à empêcher par une surveillance permanente l'introduction frauduleuse des marchandises étrangères sur le territoire français, d'une façon plus générale, à prévenir et à réprimer toutes les fraudes en matière fiscale, toutes les infractions aux lois de police. Les officiers du service actif sont nommés par le directeur général. Les sous-officiers et les préposés sont à la nomination du directeur départemental.

L'unité de direction établit entre les services actif et sédentaire un lien nécessaire : directeurs et inspecteurs divisionnaires ont autorité et sur les employés des bureaux et sur le personnel des brigades. Les directeurs sont nommés par le chef de l'État, les inspecteurs par le ministre.

1. — Service sédentaire

Disposition des bureaux. — Les bureaux de douane sont échelonnés le long des côtes et des frontières. Sur la frontière de terre, dans les parties les plus accessibles, il existe le plus souvent, en arrière de la première ligne de bureaux, une seconde ligne dont l'existence a pour objet de faire plus complètement obstacle à la fraude.

Opérations des bureaux. Attributions des agents. — Les opérations de tout bureau de douanes consistent principalement : à recevoir les déclarations des redevables — à procéder à la reconnaissance et à la visite des marchandises — à liquider les droits et à en encaisser le montant — à suivre les affaires contentieuses.

Dans les petites douanes où il n'y a pas de mouvement de marchandises à proprement parler, le receveur, receveur particulier ou receveur buraliste (1), suffit seul à assurer le service.

Dans les bureaux de moyenne importance, le travail est divisé en deux parties. La visite des marchandises est confiée à des vérificateurs placés sous l'autorité d'un chef qui a le titre d'inspecteur sédentaire. Les vérificateurs reconnaissent, au vu des déclarations, les marchandises présentées à l'entrée et à la sortie, liquident les

(1) La gestion d'un certain nombre de bureaux dont les recettes sont peu élevées et où les opérations sont sans importance, est confiée, dans un but d'économie, à des employés des douanes en retraite qui ont les attributions des receveurs, mais qui, qualifiés receveurs buralistes, sont rémunérés au moyen d'une indemnité annuelle, non d'un traitement.

droits, délivrent les certificats de visite où ils constatent leurs opérations. L'inspecteur sédentaire participe personnellement dans une certaine mesure à la visite des marchandises ; il commande aux vérificateurs, leur distribue le travail, en vérifie l'exécution. Le receveur reste chargé, soit par lui-même, soit par ses employés, d'enregistrer et de suivre les déclarations des redevables, de percevoir les droits exigibles, de s'occuper des affaires contentieuses, en un mot de diriger et de surveiller toute la douane, sauf la section de la visite. De son côté, l'inspecteur dirige la visite et suit toutes les opérations concernant le régime douonier des marchandises.

La variété et la multiplicité des opérations qui ont lieu dans les grandes douanes ont conduit à subdiviser encore le travail, à modifier les attributions des chefs, à créer de nouveaux postes. Les vérificateurs sont placés sous l'autorité de l'inspecteur sédentaire, qui relève lui-même de l'inspecteur principal. Ce dernier est, sous les ordres du directeur. Un agent supérieur de contrôle. Il vérifie et surveille en cette qualité à toutes les branches des services des bureaux et des brigades compris dans sa division. Il est responsable de l'exécution des ordres généraux ou spéciaux et rend compte au directeur de tous les incidents qui peuvent survenir (1).

Dans les douanes où il n'existe pas d'inspecteur sédentaire, c'est le receveur qui dirige toutes les parties du service sous le contrôle de l'inspecteur principal ou divisionnaire.

Dans toutes les grandes douanes et dans beaucoup de douanes de moyenne importance, le receveur a le rang de

(1) Dans tout grand bureau de douane le travail est réparti entre un certain nombre de sections telles que la section des manifestes, la section des déclarations, la section de la navigation, etc. A la tête de chacune de ces sections est placé un contrôleur principal qui, tout en participant personnellement au travail, en dirige l'ensemble sous sa responsabilité.

receveur principal, c'est-à-dire que, seul justiciable vis-
à-vis de la Cour des Comptes, il réunit aux opérations
qu'il fait personnellement celles qui ont été effectuées par
un certain nombre de receveurs particuliers et buralistes
placés sous ses ordres. Lui seul paie les dépenses de régie
et les frais de perception dont les receveurs particuliers
ne peuvent acquitter le montant que pour son compte. Il
peut seul accorder des crédits de droits, et il le fait à ses
risques et périls.

II. — Service actif

Le service actif est chargé : 1° de garder la frontière
(c'est là sa fonction essentielle, qui comporte, nous l'avons
dit, des obligations multiples), 2° de prêter son concours
au service sédentaire.

Surveillance. — La surveillance du service actif s'exerce
sur toute l'étendue de la ligne frontière au moyen de brigades de préposés ou de matelots, mais elle est combinée
de façon différente selon qu'il s'agit de garder les côtes ou
les frontières de terre.

Côtes et ports. — Le littoral, où la fraude est en général
moins active, est gardée par une seule ligne de postes ou
de brigades dont chacun a une *penthière* spéciale, c'est-à-
dire une étendue de terrain déterminée à surveiller. Les
brigades sont placées à des distances variables selon la
nature du terrain et les facilités d'accès. La surveillance
y est combinée de manière à prévenir, au moyen d'embuscades et de reconnaissances variées chaque jour, les versements frauduleux sur les parties de la côte qui sont
abordables. Elle est complété par un service d'embarca-

tions qui, croisant au large, explorent et protègent les
côtes.

Dans les ports, les quais sont gardés par des faction-
naires échelonnés à des intervalles plus ou moins rapprochés. Parfois aussi des embarcations parcourant les bassins appuient le service de faction.

Frontières de terre. — Le long des frontières de terre,
il y a tantôt une ligne, tantôt deux lignes de brigades. En
arrière de la ligne unique ou entre les deux lignes on dispose souvent des brigades ambulantes qui fortifient l'action
du service de première ligne ou relient les deux lignes
entre elles. Selon que les frontières sont plus ou moins
ouvertes, on rapproche ou on éloigne les brigades, on en
augmente ou on en réduit le nombre.

Composition des brigades. Exécution du service. — Chaque brigade de terre, chaque brigade maritime est composée d'un certain nombre de préposés ou de matelots
commandés par des brigadiers ou des patrons qui sont
eux-mêmes secondés par des sous-brigadiers ou des sous-
patrons.

Nous ne saurions entrer dans le détail des règles qui
président à l'exécution du service des brigades et qui
varient d'ailleurs selon les localités, les difficultés du terrain, l'intensité de la fraude, surtout selon la nature des
frontières. Nous nous bornerons à dire que le service des
brigades s'exécute le plus ordinairement au moyen de
factions, d'observations, d'embuscades, de patrouilles,
parfois au moyen du *rebat*, c'est-à-dire de l'exploration
quotidienne de la penthière faite dans le but d'y reconnaître des traces du passage de la contrebande, et du *contre-
rebat* qui a pour objet le contrôle du *rebat*. Mais, nous le
répétons, il n'est rien d'absolu à cet égard. Le brigadier,
qui est responsable de la garde de sa penthière, prend
toutes les mesures utiles pour l'assurer convenablement.

Chefs. — Le brigadier, les sous-brigadiers qui le

secondent et le suppléent au besoin sont placés sous l'autorité des officiers : sous-lieutenants, lieutenants et capitaines.

Le rôle du capitaine consiste à diriger, à surveiller, à administrer une division composée de plusieurs brigades et appelée capitainerie. Il doit s'assurer que le service ordonné par les chefs de poste est bien conçu ; il le fait rectifier au besoin, sans qu'il ait à s'ingérer dans le détail des ordres à donner. Il vérifie l'exécution du service sur le terrain par des tournées de jour et de nuit. Enfin, il verse aux hommes leurs appointements, tient les écritures de masse, s'occupe de l'hygiène des casernes et des postes, veille à l'instruction administrative et militaire des préposés, etc. Il est placé sous l'autorité de l'inspecteur principal ou divisionnaire, auquel il rend compte de ses travaux au moyen de rapports mensuels.

Les lieutenants et ~~sous-lieutenants~~ (1) exercent des fonctions analogues : ils sont à la tête d'un arrondissement particulier dans l'étendue d'une capitainerie et ils commandent, sous les ordres du capitaine, auquel ils adressent des rapports mensuels, le service de leur subdivision.

Concours prêté au service sédentaire. — Le service actif prête son concours au service sédentaire 1° en mettant à la disposition des vérificateurs un certain nombre de préposés-visiteurs qui font le travail manuel de la reconnaissance des marchandises, 2° en affectant chaque jour, dans les ports et dans les gares douanières, des agents et sous-officiers des brigades au service dit *d'écor*. On entend par « écor » toute opération de dénombrement ou de pointage des colis à l'embarquement ou au débarquement.

---

(1) Les attributions des lieutenants et celles des sous-lieutenants sont identiques. — Il existe des lieutenants indépendants, c'est-à-dire des lieutenants qui, relevant directement de l'inspecteur divisionnaire, font en réalité fonctions de capitaines

des navires ou trains, à l'entrée ou à la sortie des entrepôts ou magasin. L'importance de ce service est considérable. Il assure la prise en charge de toutes les marchandises qui entrent par les voies normales ; il garantit que la décharge des taxes intérieures ou des droits de douane n'est accordée qu'aux marchandises qui quittent effectivement le territoire. Les préposés cotés d'écor sont placés sous la surveillance des inspecteurs divisionnaires et des inspecteurs sédentaires, sans qu'ils cessent d'être commandés et contrôlés par leurs officiers.

III. — Directeurs et inspecteurs

Inspecteurs. — L'inspecteur principal ou divisionnaire (les attributions de ces deux agents sont identiques) a une double mission : il contrôle le travail des bureaux et celui des brigades dans toutes leurs parties ; il est l'intermédiaire entre la direction et les services placés sous ses ordres.

1º Le chef divisionnaire vérifie périodiquement les bureaux et les brigades de son arrondissement, il rend compte de ses actes de contrôle par des rapports mensuels.

2º Il traite avec le directeur toutes les affaires qui viennent à naître dans sa division. Les inspecteurs sédentaires sont placés sous son autorité.

Directeurs. — Pour fixer le périmètre des directions il n'a pas été tenu compte de nos divisions administratives. Les circonscriptions sont plus ou moins étendues selon la nature des frontières. Telle direction comprend plusieurs départements, dans tel autre département il y a deux ou même trois directions.

Le directeur suit tout le service de sa division, dont les rapports des chefs (inspecteurs, et officiers) lui permettent de connaître. De son côté, à l'expiration de chaque année, le directeur fournit à l'administration un rapport général présentant la situation et les résultats du service. Ainsi, le directeur est d'une part informé de l'exécution du service, des incidents, des difficultés qui se sont produits, d'autre part il tient l'administration centrale au courant et sollicite des instructions auxquelles il lui appartient de donner suite.

Il ne remplit pas seulement cet office d'intermédiaire, il a un pouvoir propre, une action personnelle. Notamment, il examine et résout les questions relatives au mode d'exécution du service, étudie toutes les affaires contentieuses, centralise et vérifie la comptabilité des receveurs principaux, mandate les dépenses, pourvoit au recrutement du personnel des brigades, etc., tranche en un mot toutes les questions qui rentrent dans le service courant.

CHAPITRE II

MESURES PRISES POUR FORTIFIER L'ACTION DU SERVICE

Théoriquement, le service des douanes devrait constater les fraudes et saisir les marchandises de contrebande au moment même où elles pénètrent en France, puisque c'est le fait de franchir la frontière qui autorise à taxer les produits, à en suivre tout au moins la destination. Mais il serait beaucoup trop onéreux, il serait même matériellement impraticable de constituer un service assez fort pour garder de façon effective la ligne frontière dans toute son étendue. On a donc été conduit à créer des zones le long des frontières où le dépôt, la circulation, la production même des marchandises soient surveillés. Et, comme les importations frauduleuses sont plus faciles à réaliser par terre que par mer, comme, d'un autre côté, les parties du territoire toutes proches de la frontière servent le plus habituellement de champs à la fraude, on en est venu à réglementer de façon différente la surveillance le long du littoral et le long des frontières de terre, à graduer les formalités selon le plus ou moins de proximité de la frontière.

1. — Police du littoral

Le rayon dans lequel s'exerce la surveillance du service des douanes s'étend sur une distance de deux myriamètres en mer et d'un myriamètre en deçà des côtes et des rives des fleuves, rivières et canaux qui aboutissent à la mer, mais seulement jusqu'au dernier bureau des douanes situé en amont.

Police en mer. — Tout capitaine de navire français ou étranger doit, dans les deux myriamètres des côtes, être muni d'un manifeste par lui signé et il est tenu de remettre, lorsqu'il en est requis, une copie de ce document aux préposés qui viennent à son bord et visent l'original « *ne varietur* ». En règle générale, les agents des douanes doivent se borner à réclamer le manifeste, ils n'ont pas le droit d'examiner la cargaison ; ils ne sont autorisés à *visiter* que les navires au-dessous de cent tonneaux qui sont à l'ancre ou qui louvoient dans les deux myriamètres des côtes. L'allure et le faible tonnage de ces navires les rendant suspects, les marchandises prohibées qui existent à leur bord sont saisissables quand bien même elles seraient inscrites au manifeste.

Dans les ports dont les limites sont déterminées par arrêté préfectoral, les navires sont soumis à une surveillance plus étroite. Les agents peuvent à tous moments aller à bord des bâtiments entrant, sortant, montant ou descendant les rivières et exercer, aussi complètement qu'ils le jugent à propos, le droit de visite.

Police des côtes. — Le long des côtes, aussi bien que sur le bord des fleuves affluant à la mer, jusqu'au dernier bureau de douanes, aucun embarquement, aucun débarquement ne peut avoir lieu sans permis. En cas de versement frauduleux, les agents ont le droit de poursuivre la contrebande et de la saisir en pénétrant au besoin dans une habitation, du moment où ils se trouvent dans le rayon d'un myriamètre. Ils peuvent même, s'il s'agit de marchandises prohibées ou taxées à plus de 20 francs les 100 kilogrammes, les suivre et, dans ce cas, les saisir dans toute l'étendue du territoire français.

Enfin, la circulation d'une certaine catégorie de marchandises fortement taxées telles que les tissus, fils de coton, sucres, cafés, etc., ne peut avoir lieu *la nuit* dans ce rayon que sous le couvert d'une expédition de douane ou d'un acquit de paiement.

Iles voisines du littoral. — Il convenait d'empêcher que les îles voisines du littoral, qui ne sont ni suffisamment grandes ni suffisamment peuplées pour que le service des douanes y soit installé, ne devinssent des entrepôts de fraude. A ces fins, le législateur a interdit aux bâtiments étrangers et aux bâtiments français venant de l'étranger d'accoster dans de telles îles, hors le cas de détresse ou de relâche forcée dûment constaté. Pour plus de sûreté, les produits de ces îles ne sont admis que sur le continent qu'à la condition que l'origine en soit justifiée.

II. — Police des frontières de terre

Le rayon des frontières de terre s'étend vers l'intérieur jusqu'à une ligne parallèle à la frontière qui, en principe, en est distante de deux myriamètres et qui peut être portée à deux myriamètres et demi, si l'administration y trouve des avantages.

Les opérations agricoles, industrielles ou commerciales qui sont effectuées dans ce rayon sont soumises à une réglementation touffue qui, remontant aux lois de la Révolution et de l'empire, alors qu'il existait des droits de sortie, a été souvent inspirée par le désir d'arrêter les exportations plus encore que les importations frauduleuses. Aussi ne saurait-on s'étonner que, à certaines époques, l'administration des douanes ait laissé tomber en désuétude certaines de ces prescriptions. Elle a cependant con-

servé la liberté de les faire revivre et elle en a usé au
cours de ces dernières années.

Nous résumerons brièvement l'ensemble de ces dispositions en distinguant d'une part les formalités imposées
à la circulation, d'autre part les obligations auxquelles
sont soumis les agriculteurs et les commerçants, en
parlant enfin des usines ou fabriques installées dans le
rayon frontière (1).

Formalités à la circulation. — Toutes marchandises
taxées à 10 francs les 100 kilogrammes et plus ne peuvent circuler dans le rayon des douanes sans un titre de
mouvement qui peut être : un acquit de paiement des
droits d'entrée ou un acquit à caution de douane si la
marchandise vient de l'étranger, une pièce de régie si elle
est d'origine nationale mais soumise a des taxes intérieures, qui, dans tout autre cas, doit être un passavant
de douane.

Quand les marchandises circulant dans le rayon frontière sont amenées de l'intérieur, le passavant est délivré
au premier bureau de la route dans le rayon, sans autres
formalités. Que si des marchandises produites ou entreposées dans le rayon-frontière sont mises en circulation,
la délivrance d'un passavant a lieu au bureau le plus
rapproché du lieu d'enlèvement ; le cas échéant, des justifications d'origine sont le plus souvent exigées. Ainsi, les
marchandises taxées à plus de 20 francs les 100 kilogrammes ne peuvent bénéficier d un passavant, si leurs propriétaires ou conducteurs n'établissent, par un certificat
des autorités municipales ou par des pièces de douane,
qu'elles sont d'origine nationale ou qu'elles ont été nationalisées par le paiement des droits à l'entrée.

---

(1) Comme nous le verrons, le rayon frontière comprend diverses
zones : la zone extérieure, c'est-à-dire la partie du territoire située
entre la frontière et le premier bureau de douane, une zone de 2 kilomètres 1/2 en deçà de la frontière, enfin le surplus du rayon.

Le passavant comporte la désignation des marchandises, indique le point de départ, fixe la route à parcourir, le délai de transport, il doit être représenté aux bureaux qui se trouvent sur la route et à toute réquisition (1).

Les préposés qui ont vu des marchandises franchir la frontière ou circuler dans le rayon sans expédition peuvent les poursuivre dans toute l'étendue de ce rayon et pénétrer derrière elles dans les habitations privées, sans l'assistance d'un officier de police judiciaire. Si les marchandises sont prohibées ou taxées à plus de 20 francs les 100 kilogrammes, ils ont même le droit de les suivre et de procéder à des visites à domicile en dehors du rayon, sur tout le territoire français.

Grains et bestiaux. — Bien que les grains, taxés à moins de 10 francs les 100 kilogrammes, ne rentrent pas dans la catégorie des marchandises dont la circulation est réglementée, il a été décidé que, dans les départements où il y avait lieu d'appréhender des fraudes, la formalité du passavant serait rendue obligatoire par arrêté préfectoral pour les grains et farines circulant dans une zone de 2 kilomètres et demi de la frontière.

On ne peut pas non plus envoyer des bestiaux dans les pacages situés soit à l'extrême frontière au delà de la première ligne de douane, soit dans la zone de deux kilomètres et demi en deçà de cette ligne, sans avoir, au préalable, pris un passavant.

Exceptions. — Par exception, le transport de la plupart des denrées alimentaires est dispensé du passavant lorsque ces denrées « ne font pas route vers la frontière » ou lorsqu'elles circulent les jours de foire ou de marché (2).

---

(1) La circulation des marchandises taxées à 10 francs les 100 kilogrammes et plus est interdite entre le coucher et le lever du soleil, à moins que le titre de mouvement n'en porte la permission expresse.

(2) Cette disposition a été visiblement rédigée en vue des fraudes à la sortie. Elle n'a plus de raison d'être aujourd'hui.

Les consommateurs qui, pour leur usage, ont acheté, les jours de foire ou de marché, des objets de consommation courante en petite quantité sont également dispensés du passavant.

Obligations imposées aux commerçants et aux agriculteurs. — Le législateur a soumis à une réglementation très stricte les dépôts, dans le rayon, des marchandises prohibées ou fortement taxées. Il a, d'autre part, assujetti à la surveillance de la douane les cultivateurs qui produisent des grains à l'extrême frontière ou qui élèvent du bétail dans le rayon.

Dépôts de marchandises. — Il est interdit d'établir, dans toute l'étendue du rayon-frontière, un magasin ou un dépôt de marchandises prohibées à l'importation ou dont le droit d'entrée excède 20 francs par 100 kilogrammes. Toutes marchandises prohibées ou taxées à plus de 20 francs les 100 kilogrammes sont réputées avoir été introduites en contrebande lorsqu'elles ont été reçues en magasin ou en dépôt dans le rayon. Pour découvrir les dépôts frauduleux, les employés sont autorisés à procéder à des visites domiciliaires, à la condition expresse qu'ils soient accompagnés d'un officier municipal ou de police judiciaire.

Telles sont les règles dont la rigueur a été tempérée par des exceptions.

Le législateur a décidé tout d'abord qu'il pourrait être constitué, dans les lieux dont la population agglomérée est au moins de deux mille âmes, des dépôts de toutes marchandises autres que celles dont la consommation est prohibée. La faculté a été donnée au gouvernement de modifier par décret cette limite de 2.000 âmes à condition d'en faire l'objet d'une mesure générale. Enfin, il a été spécifié que les boutiques de détail établies dans le rayon ne seraient pas considérées comme constituant des dépôts. Le bénéfice de ces dispositions de faveur est toutefois subordonné à certaines conditions : dans les communes où la loi admet l'existence de dépôts, les détenteurs de marchandises fortement taxées doivent présenter des justifications d'origine pour obtenir les passavants nécessaires à la mise en circulation. Les commerçants en détail, qui détiennent des objets prohibés ou taxés à 20 francs les 100 kilogrammes et plus, sont tenus, quand leurs magasins se trouvent situés dans les 2 kilomètres et demi de la frontière et dans une commune de moins de 2.000 habitants, de déclarer au bureau des douanes leurs opérations d'achat ou de vente, qui sont relatées sur un *compte ouvert*. La prise en charge au compte ouvert n'a lieu qu'autant que le déclarant justifie de l'origine régulière des marchandises. A la décharge du compte ouvert on impute les sorties dont chacune amène la délivrance d'un passavant. Les agents des douanes procèdent à des recensements périodiques dans ces magasins.

Grains. — Les cultivateurs qui exploitent des terres dans les 2 kilomètres et demi de la frontière doivent déclarer chaque année à la douane, deux mois avant la récolte, le nombre d'hectares qu'ils ont ensemencés en grains et, au moment de l'engrangement, la quantité des produits obtenus. Ces quantités sont portées, après vérification par le service des douanes, à l'actif d'un compte que le receveur ouvre à chaque déclarant et qui est suivi comme le compte ouvert des commerçants dont il vient d'être question. Ces formalités ne sont, toutefois, imposées que dans les départements où il y a lieu de redouter des fraudes. Elles sont rendues applicables par arrêté préfectoral.

Bestiaux. — L'obligation du compte ouvert est étendue à tous les détenteurs de bœufs, de vaches ou de porcs qui habitent soit dans la zone extérieure, entre l'étranger et la première ligne des douanes, soit dans les 2 kilomètres et demi en deçà de cette ligne. Les propriétaires de bêtes à laine, dans la zone extérieure seulement, sont soumis aux mêmes formalités. Les comptes ouverts sont servis à l'aide des déclarations des assujettis, qui font connaître non seulement le nombre de bestiaux qu'ils possèdent, qu'ils acquièrent ou qu'ils vendent, mais encore tous les changements survenus dans leurs étables par suite de croît, de décès, etc. Des recensements semestriels permettent de contrôler la sincérité des déclarations. Les excédents découverts sont soumis au double droit.

Fabriques et moulins. — Il ne peut être établi, dans toute l'étendue du rayon frontière, en dehors des villes, aucune manufacture ou fabrique, aucun moulin que sur l'autorisation du préfet et après avis favorable du directeur des douanes. L'autorisation est accordée sans conditions, si la nature même de l'industrie ou la situation de l'établissement à créer écartent les dangers de fraude. En tout autre cas, elle est subordonnée à des garanties spéciales telles que : justifications de l'origine des matières à employer, établissement d'un compte ouvert au bureau le plus voisin, faculté pour les agents des douanes de procéder à des recensements ou visites à toute heure de jour et de nuit, engagement de ne pas déplacer l'usine sans l'autorisation de l'administration, etc.

Même soumise à de telles restrictions, l'autorisation n'en est pas moins toujours révocable dans les cas suivants : le déplacement des fabriques et manufactures peut être ordonné quand il est *constaté par un jugement que leur existence a favorisé la fraude.* Il est simplement imparti un délai d'une année au moins pour effectuer ce déplacement. Des mesures plus rigoureuses encore peuvent être prises à l'égard des moulins situés dans une zone de 5 kilomètres de la frontière. Ces établissements sont frappés d'interdiction par arrêté préfectoral, si des faits de contrebande sont relevés à la charge de leurs propriétaires, sans qu'il soit nécessaire que les jugements qui condamnent les industriels pour fraude établissent *litté- ralement* que l'existence des moulins favorise la contre- bande.

TITRE V

CONTENTIEUX

Les affaires contentieuses, sont, en matière de douane comme en matière de contributions indirectes, de deux natures différentes : les unes sont purement civiles, les autres impliquent des délits ou des contraventions.

1. — Affaires civiles.

Les affaires civiles sont engagées soit directement par les particuliers qui assignent l'administration en restitution de droits, soit indirectement à la suite d'une contrainte décernée par le receveur des douanes pour le recouvrement de l'impôt, visée par le juge de paix, timbrée et enregistrée et à laquelle il est fait opposition. Assignations directes ou oppositions sont portées devant le juge de paix de la circonscription dans laquelle est situé le bureau.

Compétence. – Jugement. — En matière de droit de douane, le juge de paix est en effet le juge de droit, sans que sa compétence souffre aucune limite. Il peut connaître des questions d'application de tarif, quelle que soit leur portée, des actions intentées à l'administration pour saisies non fondées, pour visites domiciliaires infructueuses, etc. Mais ses décisions sont toujours susceptibles d'appel, quelque minime que soit l'objet du litige. L'appel est interjeté devant les tribunaux civils d'arrondissement.

En première instance et sur appel l'instruction est verbale. Elle est faite sur simples mémoires, en dehors du ministère des avoués (1).

Hypothèque. — Privilège. — Pour assurer à l'administration des douanes le recouvrement des droits, il lui a été conféré un privilège sur les meubles et effets mobiliers des redevables. Ce privilège est primé par le privilège des frais de justice, le privilège du propriétaire pour six mois de loyer échus, le privilège de l'administration des contributions directes, les privilèges fondés sur le nantissement, les privilèges généraux de l'article 2101 du code civil, les privilèges pour conservation de la chose et même, selon certains auteurs dont l'opinion est, il est vrai, fort contestée, par le privilège du vendeur.

Le législateur de 1791 a également investi l'État d'une hypothèque qui est assujettie à la formalité de l'inscription et prend rang à dater du jour où cette formalité a été accomplie.

Prescription. — L'administration ne peut engager aucune demande en recouvrement de droits un an après qu'ils auraient dû être acquittés. Par exception, les actions civiles en paiement des droits fraudés qui naissent des délits ou des contraventions se prescrivent par trois ans (loi du 1er mai 1905).

Il ne peut, d'autre part, être introduit de demande en restitution deux ans après le paiement.

----

(1) Les préposés des douanes peuvent même « faire, pour raison de douane nationale, tous exploits et autres actes de justice que les huissiers ont accoutumé de faire ».

II. — Délits et contraventions.

Les infractions en matière de douane ont tantôt le caractère de *contraventions* justiciables des tribunaux de paix jugeant en la forme civile, tantôt le caractère de *délits* dont la connaissance appartient aux tribunaux correctionnels.

Des actions en justice. — L'administration a seule qualité pour poursuivre la répression des contraventions ou des délits punis de simples peines pécuniaires. Les délits punis d'emprisonnement peuvent au contraire être recherchés non seulement par la douane, mais encore par le ministère public, dont l'action, quand elle s'exerce, absorbe celle de l'administration.

Les délits et les contraventions peuvent être prouvés par toutes les voies de droit (1).

En fait, c'est généralement à la suite de la rédaction d'un procès-verbal que s'engagent les instances. « Les procès-verbaux sont des actes par lesquels deux agents commissionnés à cet effet constatent les infractions à la loi fiscale et les saisies qu'il opèrent en conséquence. » Tous citoyens français ont le pouvoir de constater une infraction, *de quelque nature qu'elle soit*, aux lois relatives aux importations, exportations et à la circulation.

---

(1) La jurisprudence s'était jadis formée en ce sens que les contraventions et les délits punis de peines pécuniaires ne pouvaient être poursuivis que s'ils avaient été constatés par procès-verbal. Il en résultait que les fraudes relevées à la suite de recherches dans les écritures des gares (la loi du 28 décembre 1895 a conféré aux agents des douanes le droit de procéder à de telles investigations) restaient impunies puisqu'il ne pouvait être rapporté procès-verbal. L'article 57 de la loi de finances du 29 mars 1897 complété par une loi du 1er mai 1905 ne permettent plus de maintenir cette jurisprudence.

Les procès-verbaux que deux citoyens français rédigent ont la même force probante que ceux qui sont rapportés par des agents commissionnés et assermentés.

Quelle que soit leur qualité, les saisissants, aussitôt qu'ils ont découvert la contrebande, doivent faire conduire dans le bureau de douane le plus prochain les marchandises, les voitures, chevaux et bateaux qui ont servi au transport. Ils en offrent mainlevée aux contrevenants sous caution solvable ou au moyen d'une consignation. Ils rédigent de suite leur procès-verbal, dont lecture est donnée aux prévenus et qui porte citation à comparaître dans les vingt-quatre heures devant le juge de paix du canton si l'affaire est de son ressort. En règle générale, le procès-verbal doit être enregistré dans le délai de quatre jours ; il est, en tous cas, affirmé devant le juge de paix dans les vingt-quatre heures si l'affaire est de la compétence du tribunal de paix, dans les trois jours si elle doit être portée devant le tribunal correctionnel.

Les procès-verbaux font foi jusqu'à inscription de faux.

Compétence. — Procédure. — En matière pénale comme en matière civile, le juge de paix est le juge ordinaire de répression. Il est compétent toutes les fois que la loi n'a pas expressément spécifié que le tribunal correctionnel statuerait.

Les principales infractions déférées aux tribunaux correctionnels sont les suivantes :

1° Importation frauduleuse de marchandises prohibées ou tarifées à 20 francs au moins par quintal métrique ou soumises à des taxes intérieures.

2° Enlèvement de sel sans déclaration dans certaines conditions.

3° Infractions diverses à la loi du 17 juin 1840 sur les sels.

Parfois, les cours d'assises ont à connaître des questions de fraude, mais c'est seulement lorsqu'elles sont connexes à un crime de droit commun. Le cas échéant, les procès-verbaux qui peuvent être à l'origine de l'affaire ne font plus foi jusqu'à inscription de faux, de telle sorte qu'il arrive que tel prévenu soit déclaré non coupable, non seulement du crime de droit commun, mais encore du délit de douane constaté cependant par procès-verbal. A l'inverse, si le jury n'a pas été appelé à se prononcer sur le délit de contrebande qui accompagnait le crime de droit commun, le verdict d'acquittement n'empêche pas l'administration de poursuivre ultérieurement les prévenus et de les faire condamner par le tribunal correctionnel en vertu du procès-verbal qui, pour les magistrats, fait foi jusqu'à inscription de faux.

La procédure à suivre dans les affaires de douane portées devant les tribunaux de répression est généralement celle qu'indique le code d'instruction criminelle, auquel nous ne pouvons que renvoyer le lecteur.

Nous dirons simplement que, par exception, les jugements des tribunaux de paix en matière de douane sont toujours susceptibles d'appel. L'appel doit être notifié dans la huitaine de la signification du jugement. La déclaration d'appel doit contenir assignation devant le tribunal d'arrondissement dans un délai de trois jours, augmenté d'un jour par cinq myriamètes de distance.

Des peines. — Le législateur interdit formellement aux juges d'excuser les contrevenants sur leur intention. Cette règle est absolue. Elle s'applique aux délits aussi bien qu'aux contraventions, aux peines corporelles comme aux peines pécuniaires. Les juges ne peuvent donc admettre de circonstances atténuantes d'aucune sorte (1) ; ils sont,

(1) Il a été jugé que l'article 42 de la loi du 31 mars 1888, aujourd'hui remplacé par l'article 19 de la loi du 29 mars 1897, qui autorise l'admission des circonstances atténuantes à l'égard des contraventions ou délits commis en matière de contributions indirectes, ne pouvait recevoir son application en matière de douane.

il est vrai, autorisé à faire éventuellement application de
la loi du 26 mars 1891 relative à la suspension des peines,
mais seulement en ce qui concerne l'emprisonnement.

Les peines que prononce le juge sont : la confiscation
des marchandises de fraude et, suivant le cas, des objets
qui ont servi à les transporter ou à les dissimuler,
l'amende, l'emprisonnement, la privation de certains
droits.

Confiscation. — La confiscation est la sanction normale
de toutes les infractions aux lois de douane. Les préposés
doivent même, comme nous l'avons vu, devancer les
effets du jugement en s'emparant, aussitôt qu'ils constatent une fraude, des marchandises de contrebande et des
objets qui ont servi à les transporter. Ces confiscations
anticipées ne laissent pas d'ailleurs de comporter quelques difficultés de détail qu'il convient de mentionner.

Il peut arriver tout d'abord que les marchandises saisies
ne puissent être conservées sans risques de détérioration
ou que la garde des moyens de transport comporte des
frais de fourrière onéreux. En pareil cas, l'administration
est autorisée à faire procéder par le receveur, d'urgence
et avant jugement, à la vente des objets saisis, pour le
produit en être déposé dans les caisses de la douane en
attendant une solution définitive.

Si le jugement qui intervient déclare la saisie non fon-
dée, les individus lésés ont droit à une indemnité qui est
fixée par la loi, au cas où il s'agit de marchandises et où
ces marchandises ont été conservées en nature, à
1 pour 100 par mois de leur valeur, depuis l'époque de la
retenue jusqu'à celle de la remise ; en tout autre cas,
l'indemnité est arbitrée par les tribunaux compétents.

Lorsque les contrebandiers échappent à la poursuite
des préposés en abandonnant leurs chargements, comme
cela se produit fréquemment, la confiscation des marchandises n'en est pas moins prononcée par les tribunaux,

bien qu'il n'y ait pas et qu'il ne puisse y avoir déclaration de culpabilité contre une personne déterminée (1). La loi permet même à l'administration, « lorsque plusieurs saisies ont été faites séparément sur des inconnus dans le ressort d'un même tribunal et que la valeur de chaque partie n'excède pas 50 francs, de demander la confiscation par une seule et même requête, sur laquelle il est statué par un seul et même jugement ».

Lorsque les marchandises de fraude n'ont pu être saisies le tribunal pour tenir lieu de la confiscation, peut prononcer la condamnation au paiement d'une somme égale à la valeur desdites marchandises d'après le cours du marché intérieur à l'époque où la fraude a été commise (loi du 1er mai 1905).

Amende. — Les amendes prononcées par les lois de douane sont le plus souvent fixes, quelquefois proportionnées à l'importance du droit engagé (double droit), parfois égales à la valeur de l'objet de contrebande ou au double de la valeur des objets confisqués. Dans des cas tout à fait exceptionnels, elles sont laissées à l'appréciation du juge. En règle générale, il n'est prononcé qu'une seule amende contre tous les individus qui sont reconnus avoir coopéré à un fait de fraude, mais ils sont tous solidairement tenus au payement.

Le montant des amendes est, conformément à la règle générale, majoré de deux décimes et demi (2).

Emprisonnement. — La durée de l'emprisonnement est

---

(1) C'est là une exception assez remarquable aux règles de notre droit pénal qui, en principe, n'autorise la confiscation qu'autant qu'un coupable est désigné.

(2) Le produit net des confiscations et du principal des amendes, n'advient pas au Trésor dans son intégralité. Il est réparti ainsi qu'il suit : 40 pour 100 aux pensions civiles, c'est-à-dire au budget, 8 pour 100 à un fonds commun, 12 pour 100 aux chefs, 40 pour 100 aux saisissants. Le fonds commun est employé en gratifications aux agents des cadres inférieurs les plus méritants. Dans certains cas, il s'accroît des parts dévolues aux chefs et même aux saisissants.

de trois ans au plus, de trois jours au moins. Pour chaque catégorie de délits, la loi fixe, d'ailleurs, un minimum et un maximum spécial. Ainsi, l'importation en contrebande de marchandises prohibées ou taxées à 20 francs ou plus les 100 kilogrammes ou soumises à des taxes intérieures est punie, indépendamment de la confiscation et d'une amende égale à la valeur des marchandises (minimum 500 francs), par l'emprisonnement de trois jours à un mois si la fraude a été commise par moins de trois individus, de trois mois à un an si elle a été commise par une bande de trois à six individus à pied, etc.

En principe, il n'appartient qu'aux magistrats de faire pr céder à des arrestations préventives conformément aux règles du code d'instruction criminelle. Toutefois, les préposés des douanes ou d'autres citoyens français rapportant procès-verbal peuvent mettre en état d'arrestation des individus coupables d'une infraction punie d'emprisonnement, *au cas où le délit est flagrant*.

Privation de certains droits. — En dehors des déchéances qui sont édictées par voie de décision administrative et qui consistent dans le retrait, à la suite de fraudes constatées, d'autorisations accordées en matières de douanes, les juges sont tenus, en réprimant certains délits, de prononcer la privation de quelques droits civiques tels que : exercice des fonctions d'agent de change ou de courtier, droit de vote et d'éligibilité aux élections consulaires, etc.

De l'extinction des actions en justice. — Le droit que l'administration et le ministère public ont d'agir en justice s'éteint par le décès du prévenu, par l'effet de la prescription, par l'exercice du droit de transaction.

Les peines étant personnelles, le décès du contrevenant interdit de mettre à la charge de ses héritiers soit une amende, soit même la confiscation. Cependant, quand il s'agit de marchandises prohibées, la confiscation est prononcée malgré la cessation des poursuites, parce qu'elle est d'ordre public.

La prescription est acquise lorsqu'il s'est écoulé trois ans sans acte d'instruction ou de poursuite à dater du jour où la fraude a été commise.

Enfin l'administration a le droit de transiger avant ou après jugement, c'est-à-dire de faire remise de tout ou partie des peines pécuniaires encourues ou prononcées et d'arrêter l'action publique ; ce pouvoir s'étend même aux peines corporelles tant que le jugement rendu n'est pas devenu *définitif*. Les transactions sont souscrites par les receveurs des douanes. Elles sont approuvées soit par le directeur local, soit par l'administration centrale, soit par le ministre des finances, selon l'importance des pénalités encourues ou prononcées.

SIXIÈME PARTIE

POSTES, TÉLÉGRAPHES, TÉLÉPHONES

Bien que, pour plus d'une raison, les postes, télégraphes et téléphones puissent être considérés plutôt comme un service public que comme un monopole fiscal, il a paru que l'organisation de ce service devait trouver place dans un traité sur les impôts. Longtemps rattachée au ministère des finances, soumise aujourd'hui encore au contrôle permanent de l'inspection générale, l'institution des postes et télégraphes est, dans une certaine mesure, une régie financière. L'expression, qui peut paraître impropre, est d'autant plus justifiée que les droits prélevés pour le transport des lettres, l'expédition des télégrammes, les communications téléphoniques, loin de représenter simplement le prix du service rendu, laissent à l'État une marge considérable de bénéfices, que ces taxes, par leur élévation relative, par les pénalités auxquelles les contrevenants sont soumis, par les méthodes administratives mises en œuvre pour les recouvrer, offrent les principaux caractères d'un impôt. Leur exposé s'encadre donc naturellement dans l'ensemble de l'ouvrage, tout en formant une partie très distincte, complètement indépendante des développements qui précèdent.

Le produit des postes, télégraphes et téléphones est évalué dans le budget de 1911 à la somme totale de 354.809.100 francs, dont 259 millions et demi, environ, à provenir des taxes postales, 52 millions et demi des taxes télégraphiques, 30 millions et demi des taxes téléphoniques. Il n'est pas inutile de mettre en regard le montant des dépenses d'exploitation, qui est, au total, de 327 millions et demi. Mais il faut remarquer que cette somme comprend plus de 26 millions de subventions à des services maritimes postaux et que, comme le nom l'indique, ces subventions ont, en majeure partie, le caractère de primes accordées à certaines compagnies de navigation.

Si l'on voulait dégager, dans son intégralité, le produit net de l'exploitation des postes, télégraphes et téléphones il faudrait encore tenir compte d'autres éléments de recettes et de dépenses dont il serait fait état dans le cas hypothétique où le service des correspondances constituerait une entreprise privée.

Sans doute est-il difficile, en pareille matière, d'apporter des chiffres précis, on peut cependant arriver à des approximations qui ne s'éloignent pas sensiblement de la réalité. C'est ainsi que la direction de la comptabilité de l'administration des postes et des télégraphes a évalué à 61 millions et demi le montant des taxes qui seraient annuellement payées par les services publics ou leurs correspondants s'il n'existait pas de franchise postale, à 5 millions la valeur des taxes afférentes à la franchise télégraphique, à 3 millions la réduction consentie en faveur des compagnies de chemins de fer à titre de frais d'entretien et de droit d'usage de leurs lignes télégraphiques et téléphoniques, etc. Ces sommes, et d'autres moins importantes, viendraient grossir les recettes.

D'autre part, il faudrait ajouter aux dépenses 30 millions qui seraient payées aux compagnies de chemins de fer pour le transport des correspondances, 13 millions pour le payement des pensions civiles, etc.

Tout compte fait le produit net de l'exploitation du monopole des correspondances et des services accessoires serait plus élevé de 55 millions, environ, que ne l'indiquent les chiffres portés au budget.

TITRE PREMIER

SERVICE POSTAL

Le service postal proprement dit a pour objet d'assurer le transport et la distribution des correspondances.

Monopole de l'administration des postes. — L'administration des postes est investie d'un monopole dont le caractère et l'étendue sont définis par l'arrêté du 27 prairial an IX mais dont le principe remonte aux arrêts du Conseil des 18 juin et 29 novembre 1681.

Aux termes de l'article premier de cet arrêté, il est défendu à toute personne étrangère au service des postes, et particulièrement à tous les entrepreneurs de voitures libres, de s'immiscer dans le transport des lettres et papiers manuscrits du poids d'un kilogramme et au-dessous. Exception est faite pour les dossiers de procédure et les papiers concernant exclusivement le service des entreprises de transport.

La jurisprudence de la Cour de cassation a décidé que les particuliers pouvaient, sans commettre de contravention, correspondre entre eux par exprès, faire remettre des lettres par les soins de leurs domestiques, faire prendre ou porter leurs correspondances dans les bureaux de postes voisins de leur résidence. D'autre part, l'Instruction générale sur le service des postes a exclu du monopole les avertissements des receveurs de l'enregistrement, les avertissements des percepteurs et les lettres de service que les agents des douanes transportent d'un poste à l'autre.

Enfin la loi du 6 avril 1878 a admis une exception plus

large au privilège de la poste et stipulé que les journaux, recueils, annales, mémoires, bulletins périodiques ainsi que tous les imprimés seraient affranchis de la prohibition édictée par l'arrêté de l'an IX, à condition d'être expédiés soit sous bandes mobiles ou sous enveloppes ouvertes, soit en paquets non cachetés faciles à vérifier.

Nous indiquerons plus loin les pénalités encourues pour transport frauduleux de correspondances et les moyens dont dispose l'administration pour rechercher et constater les contraventions de l'espèce.

CHAPITRE PREMIER

DES TAXES POSTALES

Les objets de correspondance postale sont, suivant leur destination, soumis au *tarif intérieur* ou au *tarif international*. Le premier s'applique aux correspondances adressées en France, en Corse, en Algérie ou en Tunisie (1) ansi qu'aux correspondances franco-coloniales ou inter-coloniales et avec les bureaux français du Maroc et de Tripoli de Barbarie ; le second aux correspondances à destination des pays étrangers.

Dans l'un et l'autre régime, on dit qu'un objet est *affranchi* lorsque l'expéditeur a acquitté intégralement les taxes postales.

Il y a *insuffisance d'affranchissement* lorsque la somme payée par l'expéditeur est inférieure au montant de la taxe légalement due.

Enfin un objet est *non affranchi* lorsqu'aucune taxe n'a été payée au départ.

Tarif intérieur. — Les objets de correspondance soumis au tarif intérieur se divisent en trois catégories :

Les lettres,

Les cartes postales,

Les objets admis à prix réduit.

Lettres. — La taxe d'affranchissement des lettres est fixée à : 10 centimes jusqu'à 20 grammes, 15 centimes de

---

(1) Bien que la Tunisie ait été en 1888 érigée en office étranger autonome et qu'elle ait adhéré aux conventions et arrangements conclus au Congrès de Washington et de Rome, les correspondances ordinaires et recommandées de toute nature ainsi que les lettres ou boîtes avec valeur déclarée adressées de France et d'Algérie en Tunisie ou *vice versa* sont soumises aux taxes et conditions d'envoi applicables aux correspondances similaires circulant à l'intérieur de la France.

20 grammes à 50 grammes, 20 centimes de 50 grammes à 100 grammes et ainsi de suite en ajoutant 5 centimes par 50 grammes ou fraction de 50 grammes jusqu'au poids maximum de 1 kilogramme. Les lettres non affranchies sont taxées à raison de 20 centimes par 20 grammes ou fraction de 20 grammes (1).

En cas d'insuffisance d'affranchissement il est perçu sur le destinataire une taxe égale au double de l'insuffisance (loi du 25 mars 1892).

Dans les grandes villes, où les levées des boîtes ont lieu assez longtemps avant le départ des correspondances, les lettres peuvent être admises, moyennant une surtaxe, à bénéficier de levées supplémentaires. Cette taxe additionnelle est fixée uniformément à 5 centimes, quel que soit le poids des lettres (loi du 27 décembre 1895).

Il est interdit d'insérer dans les lettres ordinaires des matières d'or ou d'argent, des pièces de monnaie et, d'une manière générale, tout ce que l'on peut appeler des valeurs payables au porteur, c'est-à-dire des billets de banque, des bons, des chèques, des coupons de dividendes ou d'intérêts échus, des actions ou obligations sorties à un tirage ou arrivées au terme de remboursement, des bons de poste sans nom de destinataire.

Cartes postales. — Les cartes postales ont été admises en France par la loi du 20 décembre 1872 ; elles sont fabriquées soit par l'administration, soit par l'industrie privée : elles doivent satisfaire à certaines conditions de poids (1 gr. 1/2 à 5 gr.) et de dimension (minimum 0 centimètre sur 7 ; maximum, 14 centimètres en longueur et en largeur.

La taxe d'affranchissement est de 10 centimes.

Toutefois, pour les cartes postales ne contenant pas

(1) Exceptionnellement les lettres adressées sans affranchissement préalable par certains fonctionnaires à des personnes vis-à-vis desquelles ils ne jouissent pas de la franchise postale ne sont pas passibles de la double taxe ; il n'est réclamé au destinataire que la taxe simple (loi du 20 mars 1889).

plus de cinq mots quelconques l'affranchissement est de 5 centimes.

Les cartes postales de fabrication privée insuffisamment affranchies supportent une taxe égale au double de l'insuffisance.

Celles enfin qui sont déposées dans le service sans affranchissement sont taxées à raison de 20 centimes.

Objets affranchis à prix réduit. — On comprend sous cette dénomination quatre catégories d'objets :

1° Les journaux et écrits périodiques. Sont considérés comme tels les journaux, recueils, annales, mémoires et bulletins remplissant les conditions prévues dans la loi sur la presse, paraissant au moins une fois par trimestre et dont la fin ne peut être fixée d'avance.

2° Les imprimés non périodiques, notamment les circulaires, prospectus, catalogues, annonces, cartes de visite, avis imprimés ou lithographiés de naissance, de mariage, ou de décès, les lettres imprimées contenant des vœux ou souhaits, les livres ou brochures, les photographies, les partitions, etc.

3° Les papiers de commerce ou d'affaires, c'est-à-dire les manuscrits d'ouvrages et les épreuves d'imprimerie corrigées, ou non corrigées, les pièces de procédure et les actes de tous genres dressés par les officiers ministériels, les notes de frais et d'honoraires, les factures acquittées ou non, les polices d'assurance et les avenants, les pièces de comptabilité, les lettres de voiture, les ordonnances médicales, les cartes, plans, patrons, modèles et dessins à la main, les effets de commerce, etc., d'une manière générale tous les objets et papiers manuscrits ne présentant aucun caractère de correspondance personnelle et ne pouvant en tenir lieu.

4° Les échantillons comprenant tous les objets présentés comme tels, à l'exception de ceux qui sont expressément exclus du service : matières dangereuses, objets passibles de droits, objets de nature à détériorer ou salir les correspondances, échantillons revêtus de marques faites en caractères conventionnels, matières d'or et d'argent, bijoux et objets précieux.

La taxe des journaux et écrits périodiques est, *par exemplaire*, de 2 centimes jusqu'à 50 grammes. Au-dessus de 50 grammes, le port est augmenté de 1 centime par 25 grammes ou fraction de 25 grammes. La taxe est réduite de moitié lorsque les journaux circulent dans le département de publication ou dans les départements limitrophes. Par lieu de publication on doit entendre le lieu où le journal est *imprimé*. Les journaux *routés* et les envois *hors sac* bénéficient d'un tarif encore plus faible (Loi du 29 avril 1908).

La loi du 29 avril 1908 exempte de la taxe postale les suppléments consacrés, pour la moitié au moins de leur superficie, à la reproduction des débats législatifs, des exposés des motifs des projets de lois, des rapports des commissions, des actes ou documents officiels de toute nature, des cours des halles, bourses ou marchés. Pour jouir de l'immunité, ces suppléments doivent être publiés sur feuilles détachées du journal et ne dépassant pas le format de la feuille principale.

Les suppléments paraissant périodiquement ou constituant une addition occasionnée par l'abondance des matières ou servant à compléter le texte du journal sont taxés d'après le tarif des journaux ; ils sont à cet effet pesés avec la feuille principale et le port est perçu sur le poids total.

Les suppléments sont taxés comme imprimés ordinaires lorsque plus de la moitié de leur superficie est consacrée à des réclames, prospectus, catalogues et annonces autres que des annonces judiciaires ou légales.

Le tarif applicable aux imprimés est réglé de la manière suivante :

Si les imprimés sont expédiés sous bande (1) :

2 centimes jusqu'à 15 grammes, 3 centimes de 15 grammes à 50 grammes, 5 centimes de 50 grammes à 100 grammes et ensuite 5 centimes par 100 grammes ou fraction de 100 grammes (poids maximum, 3 kilogrammes).

Exceptionnellement le tarif est de 1 centime pour les avis, lettres de convocation de sociétés ou associations non commerciales ainsi que pour les avertissements et avis envoyés aux contribuables par les percepteurs, quand les envois ne dépassent pas 5 grammes.

Si les imprimés sont expédiés sous forme de lettres non cachetées, sous-enveloppes ouvertes ou sur cartes à découvert, 5 centimes par 100 grammes ou fraction de 100 grammes (poids maximum, 3 kilogrammes).

La taxe applicable aux papiers d'affaires qu'ils soient expédiés sous bande mobile, sur rouleau, entre deux cartons ou sous enveloppe ouverte est de 5 centimes jusqu'à 20 grammes. Au dessus de ce poids il y a assimilation complète entre les lettres et les papiers d'affaires (Poids maximum, 1 kilogramme).

Les échantillons sont soumis à une taxe de : 5 centimes jusqu'à 50 grammes, 10 centimes de 50 grammes jusqu'à 100 grammes avec augmentation de 5 centimes par 50 grammes ou fraction de 50 grammes jusqu'à 500 grammes.

En cas d'insuffisance d'affranchissement, les objets à tarif réduit de toutes catégories sont passibles d'une taxe égale au double de l'insuffisance (2). S'ils ne sont pas

(1) Les bandes doivent être mobiles et, si elles n'ont pas été fabriquées par l'administration, elles doivent laisser à découvert au moins 1 centimètre de l'imprimé, de chaque côté de la bande, sinon la taxe de 0 fr. 05 par 100 grammes est exigible.

(2) La double taxe n'est pas applicable aux journaux ou écrits périodiques qui, valablement affranchis pour une destination doivent être réexpédiés sur une destination nouvelle pour laquelle le premier affranchissement est insuffisant. Ces envois restent passibles du simple complément de taxe résultant de la différence des tarifs.

affranchis, il est perçu une taxe double de celle qui était due pour l'affranchissement (loi du 25 mars 1892).

L'arrêté ministériel du 25 novembre 1893 règle le mode d'envoi des objets admis au bénéfice du tarif réduit. Ces objets doivent satisfaire à de nombreuses conditions de fermeture, de dimension et de poids ; d'une manière générale les paquets doivent être disposés de façon à ce que le contenu puisse en être facilement vérifié ; en cas contraire, ils sont passibles de la taxe des lettres.

Il est expressément interdit d'insérer dans les envois affranchis à prix réduit des lettres ou notes ayant le caractère de correspondance personnelle ou des mentions non autorisées (loi du 8 avril 1900).

Les objets de correspondance peuvent, sur la demande de l'expéditeur, être soumis à des conditions particulières de transmission ou de distribution, savoir :

Recommandation ;

Déclaration de valeur ;

Envoi contre remboursement ;

Remise par exprès ;

Accusé de réception.

Ces diverses formalités donnent lieu à la perception de taxes spéciales qui s'ajoutent au port applicable à chaque catégorie d'objets.

Recommandation. — Tous les objets de correspondance postale (lettres, cartes postales, objets admis à prix réduit) peuvent être *recommandés* ; la formalité de la recommandation a pour but d'en entourer la transmission et la livraison de garanties particulières. Tandis que l'administration des postes n'encourt aucune responsabilité pour les correspondances ordinaires, la perte d'une lettre ou d'un objet recommandé donne droit, sauf cas de force majeure, à une indemnité au profit du destinataire. Cette indemnité est de 25 francs pour les lettres et cartes postales, de 10 francs pour les objets affranchis à prix réduit.

La recommandation est passible d'un droit fixe de 25 centimes qui est perçu en sus de la taxe postale ordinaire. Le droit n'est que de 10 centimes lorsqu'il s'agit d'objets affranchis à prix réduit (loi du 21 décembre 1897).

L'expéditeur d'une lettre recommandée peut y insérer des billets de banque ou des valeurs payables au porteur ; la même faculté n'est pas accordée aux expéditeurs d'objets recommandés affranchis au tarif réduit. Quant à l'insertion de monnaies, de matières d'or et d'argent, de bijoux précieux, elle est prohibée dans tous les cas.

Déclaration de valeur. — L'expéditeur qui veut insérer dans une lettre des billets de banque ou des valeurs peut en faire la déclaration qui est inscrite en toutes lettres sur la suscription de l'enveloppe. L'administration est alors responsable du montant intégral de la déclaration qu'elle s'engage à rembourser en cas de perte.

Les bijoux et objets précieux de petite dimension sont également admis à circuler, avec déclaration de leur valeur, dans des boîtes assujetties à certaines conditions de fermeture et de dimension. La responsabilité de l'administration est la même que dans le cas précédent.

Le maximum de déclaration, pour les lettres ainsi que pour les boîtes, est de 10.000 francs. Il est expressément interdit de déclarer une valeur supérieure à celle réellement insérée dans les lettres (loi du 4 juin 1859).

Les envois avec valeur déclarée sont passibles, en sus de la taxe postale ordinaire :

1° Du droit fixe de recommandation de 25 centimes ;

2° D'un droit proportionnel d'assurance sur le montant de la déclaration ; ce droit est de 10 centimes par 500 francs ou fraction de 500 francs.

Envois contre remboursement (1). — La loi du 20 juil-

(1) Tout envoi contre remboursement comporte, au point de vue postal, une double opération : d'une part, le transport de l'objet et la remise au destinataire ; d'autre part, la transmission à l'expéditeur

let 1892 autorise le public à se servir de l'intermédiaire de la poste pour les envois d'objets qui ne doivent être livrés au destinataire que contre remboursement de la somme indiquée sur la suscription. Peuvent être expédiés de cette manière les objets de toute catégorie admis dans le service, à l'exception des lettres ou notes ayant le caractère de correspondance personnelle.

Le maximum de remboursement est de 10.000 francs, pour les bijoux et objets précieux ; de 2.000 francs pour les autres objets. L'administration est responsable du montant de la somme à rembourser ; elle n'est tenue à aucune indemnité en cas de détérioration.

La transmission des objets grevés de remboursement donne lieu, indépendamment du port, à la perception des taxes applicables aux déclarations de valeurs, c'est-à-dire du droit fixe de recommandation et du droit proportionnel d'assurance sur le montant de la somme à recouvrer (1).

Remise par exprès. — En exécution de la loi du 26 janvier 1892, le public est admis à transmettre par la poste, pour être distribués *par exprès*, des objets de correspondance de toute nature : lettres ordinaires, lettres chargées ou recommandées, boîtes, cartes postales, papiers d'affaires, journaux, etc.

La remise par exprès donne lieu à une taxe spéciale de

---

des fonds perçus sur le destinataire. Nous ne nous occuperons ici que de la première de ces opérations ; la seconde rentre dans ce que nous avons appelé les services accessoires de la poste ; il en sera question dans le titre IV.

(1) On peut admettre, dans le service, des objets à livrer contre remboursement d'une somme différente de la valeur déclarée. Par exemple, un joaillier ayant reçu un bijou d'une valeur de 5 000 francs pour y faire une réparation évaluée à 100 francs, a intérêt, en renvoyant l'objet, à en déclarer la valeur et en même temps à charger l'Administration des postes de recouvrer le prix de son travail.

Le droit proportionnel d'assurance est perçu dans ce cas sur la déclaration totale (valeur et remboursement réunis).

30 centimes pour tout objet distribuable dans l'étendue de la commune siège du bureau ; de 1 fr. 50 pour tout objet distribuable dans toute autre commune.

Accusé de réception. — Tout expéditeur d'un objet recommandé ou avec valeur déclarée peut demander à recevoir un accusé de réception ; il doit acquitter dans ce cas une taxe spéciale de 10 centimes (1).

Tarif international. — Les taxes à percevoir pour l'affranchissement des correspondances à destination de l'étranger sont indiquées par le tarif international. On distingue à cet effet :

1° Les pays compris dans l'Union postale ;

2° Les pays limitrophes ;

3° Les pays ne faisant pas partie de l'Union postale.

Union postale. — L'Union postale universelle a été constituée au congrès de Berne, en 1874. Les pays qui en font partie sont censés former, pour l'échange des correspondances, un territoire postal unique.

Les clauses réglant actuellement les rapports entre les différents pays de l'Union ont été arrêtées au congrès qui s'est réuni à Rome, en 1906, et ratifiées en France par la loi du 14 août 1907.

La convention principale, qui oblige tous les pays de l'Union, a trait au transport des lettres, des cartes postales, des imprimés de toute nature, des papiers d'affaires et des échantillons de marchandises. Ces divers objets peuvent être soumis à la formalité de la recommandation ; en cas de perte, le destinataire a droit à une indemnité de 50 francs (2).

Les taxes à percevoir pour l'affranchissement des cor-

----

(1) L'expéditeur peut demander que l'accusé de réception lui soit transmis par télégramme, en payant un droit de 0 fr. 50, qui est encaissé au compte des taxes télégraphiques.

(2) Cette indemnité est payée par l'Administration dont relève le bureau expéditeur, sauf recours contre l'Administration responsable.

respondances à destination des pays faisant ou non partie
de l'Union (1) sont énumérées au tableau annexé au décret
du 28 août 1907.

1° Lettres ordinaires : 25 centimes pour les 20 premiers
grammes et 15 centimes par 20 grammes ou fraction de
20 grammes en excédent.

2° Cartes postales : 10 centimes s'il s'agit d'une carte
postale simple, 20 centimes s'il s'agit d'une carte postale
avec réponse payée ;

3° Journaux et autres imprimés, 5 centimes par 50 gram
mes ou fraction de 50 grammes.

4° Papiers d'affaires 25 centimes jusqu'à 250 grammes.
Au-dessus de ce poids, 5 centimes par 50 grammes ou
fraction de 50 grammes.

5° Echantillons de marchandises, 10 centimes jusqu'à
100 grammes, au dessus de 100 grammes 5 centimes par
50 grammes ou fraction de 50 grammes.

6° Recommandation : droit fixe de 25 centimes en plus
de la taxe ordinaire ;

7° Avis de réception pour les objets recommandés : droit
fixe de 10 centimes.

Des surtaxes peuvent, en outre, être perçues sur les
envois soumis à des frais de transit maritime et sur les
objets transportés par des services dépendant d'administrations étrangères à l'Union ou par des services extraordinaires tels que la Malle des Indes.

Les lettres non affranchies sont taxées comme dans le
service intérieur, au double de l'affranchissement dû. Les
imprimés, papiers d'affaires et échantillons ne sont admis
dans le service qu'autant qu'ils ont été préalablement
affranchis, au moins en partie. En cas d'insuffisance
d'affranchissement, les objets de correspondance de toute

---

(1) Non compris les colonies et protectorats français, les bureaux
français du Maroc et de Tripoli de Barbarie (voir page 417)

nature sont passibles, à la charge du destinataire, d'une taxe égale au double du montant de l'insuffisance.

Les taxes perçues pour l'affranchissement ou recouvrées sur les destinataires en vertu des dispositions qui précèdent sont acquises en entier au pays d'origine. Il n'y a donc pas lieu d'établir à cet égard de décomptes entre les divers offices de l'Union postale.

Pays limitrophes. — Par mesure exceptionnelle, la taxe d'affranchissement à percevoir en France sur les lettres à destination de la Belgique, du Grand-Duché de Luxembourg et de la Suisse est réduite à 10 centimes par 20 grammes ou fraction de 20 grammes. La taxe est de 15 centimes par 20 grammes pour les lettres à destination de l'Espagne. La taxe exceptionnelle n'est applicable que si la distance en ligne droite entre le bureau d'origine et le bureau de destination ne dépasse pas 30 kilomètres.

Les lettres non affranchies circulant dans les limites de ce rayon sont taxées à raison de 30 centimes par 20 grammes dans les relations avec l'Espagne et à 20 centimes dans les relations avec les autres pays.

L'affranchissement est, en général, obligatoire. Il est, suivant les cas, valable jusqu'au lieu de destination ou simplement jusqu'au lieu de débarquement.

Les objets de toute nature insuffisamment affranchis sont traités suivant le régime applicable aux pays de l'Union, c'est-à-dire grevés d'une taxe complémentaire égale au double de l'insuffisance.

Les taxes perçues pour l'affranchissement ou recouvrées sur les destinataires restent complètement acquises à l'administration qui les a encaissées.

Valeurs déclarées. — Un arrangement particulier, distinct de la convention principale, a été conclu entre un grand nombre de pays pour l'échange des lettres et des boîtes avec valeurs déclarées.

Le maximum de déclaration est, en général, de **10.000** fr.

par envoi. Sauf le cas de force majeure, lorsqu'une lettre ou une boîte contenant des valeurs déclarées vient à être perdue, spoliée ou avariée, l'expéditeur ou, sur sa demande, le destinataire a droit à une indemnité correspondant au montant réel de la spoliation, de la perte ou de l'avarie, à moins que le dommage n'ait été causé par la faute ou par la négligence de l'expéditeur ou ne provienne de la nature de l'objet ; l'indemnité ne peut, en aucun cas, dépasser la somme déclarée.

La taxe d'affranchissement doit être acquittée d'avance et se compose :

1º Pour les lettres, du port, du droit fixe de recommandation et d'un droit proportionnel d'assurance qui varie, suivant les destinations, de 10 centimes à 55 centimes (1) par 300 francs ou fraction de 300 francs ;

2º Pour les boites, d'un port fixe variant de 1 franc à 5 fr. 50 suivant la destination, et du droit proportionnel, d'assurance dont il vient d'être question.

Le port des lettres et le droit de recommandation sont acquis en entier à l'administration d'origine ; au contraire le port des boites et le droit d'assurance sont partagés, suivant des proportions fixées par l'arrangement entre le pays d'origine, le pays de destination et les pays qui participent au transport intermédiaire.

L'expéditeur de tout envoi avec valeur déclarée peut demander, moyennant payement d'une taxe de dix centimes, qu'il lui soit donné avis de la remise au destinataire.

Envois contre remboursement. — Le décret du **13** mars **1896** autorise l'admission des envois contre remboursement dans les relations entre la France et un certain nombre de pays étrangers.

Les correspondances recommandées de toute. nature,

---

(1) Exceptionnellement 3 francs pour la Norvège.

ainsi que les lettres et les boîtes avec valeur déclarée peuvent être grevées de remboursement ; le montant maximum du remboursement est fixé à 500 ou 1.000 francs par envoi, selon la destination.

Au point de vue du tarif, des conditions de dimension et de fermeture, de la responsabilité de l'administration, les objets grevés de remboursement sont assimilés aux objets de même nature recommandés ou expédiés avec valeur déclarée.

Mode de perception des taxes postales. — Le mode de perception est différent selon qu'il s'agit de taxes d'affranchissement payées par l'expéditeur ou de taxes recouvrées sur le destinataire.

L'affranchissement des correspondances est facultatif ou obligatoire. Il est obligatoire (c'est-à-dire que l'expéditeur ne peut laisser la taxe à la charge du destinataire) pour les lettres et objets soumis à la formalité de la recommandation, pour les lettres et boîtes avec valeur déclarée, pour les objets à distribuer par exprès, pour les envois contre remboursement ; dans le service international, pour les lettres à destination de certains pays étrangers à l'Union postale et, dans tous les cas, pour les papiers d'affaires, échantillons, journaux et imprimés, qui ne sont admis dans le service que s'ils sont affranchis en partie tout au moins.

L'affranchissement s'effectue de deux manières : en timbres-poste ou en numéraire.

Affranchissement en timbres-poste. — L'affranchissement en timbres-poste constitue la règle générale. Il s'opère au moyen de figurines vendues exclusivement par l'administration, que l'expéditeur ou, dans certains cas, le receveur du bureau de départ appose sur les objets confiés à la poste.

L'administration met également en vente des formules

préalablement timbrées (cartes postales, cartes-lettres enveloppes et bandes timbrées).

Enfin les particuliers sont admis à présenter au timbrage des enveloppes, bandes ou cartes de fabrication privée ; ils doivent payer, en sus de la valeur des affranchissements, un droit particulier de timbrage.

Les timbres-poste ne peuvent servir qu'une fois pour l'affranchissement des correspondances. L'emploi, la vente ou la tentative de vente des timbres ayant déjà servi constitue un délit passible des peines édictées par la loi du 16 octobre 1849 (voir page 445). La contrefaçon des timbres-poste ou la mise en circulation de faux timbres tombe sous l'application de l'article 142 du Code pénal (loi du 13 mai 1863).

Affranchissement en numéraire. — Les taxes acquittées par l'expéditeur ne sont représentées dans ce cas par aucune figurine ; le bureau de départ en atteste simplement le payement par l'apposition du timbre spécial « PP ».

Peuvent être affranchis en numéraire, sur la demande de l'expéditeur, mais dans le service intérieur seulement (voir p. 417) 1° les journaux présentés en nombre quelconque, 2° les imprimés ordinaires présentés au nombre de 1000 objets au moins. *L'affranchissement en numéraire n'est pas admis dans les relations internationales.*

L'affranchissement s'opère de manière différente suivant qu'il s'agit de journaux et écrits périodiques déposés en limite d'heure ou de tous autres objets :

1° Dans ce dernier cas, l'expéditeur remplit un bordereau de dépôt qu'il remet au guichet en même temps que les objets à affranchir. Le préposé encaisse les taxes, frappe les objets du timbre « PP » et délivre une quittance à souche à l'envoyeur ;

2° Les éditeurs de journaux peuvent être autorisés à

déposer leurs exemplaires en dernière limite d'heure, soit dans les bureaux, soit dans les gares.

La taxe d'affranchissement est perçue d'avance au vu des bandes destinées à l'envoi des journaux. A cet effet, ces bandes sont présentées au bureau de poste au plus tard la veille du jour où doit avoir lieu l'expédition : elles sont accompagnées d'un bordereau établi par l'éditeur ; chacune d'elles doit porter le timbre imprimé du journal et l'adresse du destinataire.

Taxes perçues à l'arrivée. — Les lettres et objets de correspondance non affranchis ou insuffisamment affranchis ne sont remis au destinataire que contre payement des taxes exigibles. La perception en est assurée de la manière suivante :

Les correspondances de l'espèce sont frappées, par le bureau d'origine ou par le premier bureau qui constate l'insuffisance, d'un timbre spécial « T » indiquant qu'il y a un complément de taxe à percevoir. Le receveur du bureau de destination appose sur ces objets des figurines particulières appelées *chiffres-taxes* dont la valeur représente le port à réclamer au destinataire ; celui-ci en acquitte le montant entre les mains du facteur.

Exemptions de taxes. — Sont exemptes des taxes postales certaines correspondances relatives au service de l'État (c'est ce qu'on appelle la *franchise postale*), ainsi que les lettres adressées à des militaires et marins français en campagne ou les lettres expédiées par les militaires ou marins et assimilés en activité de service.

Franchise postale. — Les conditions dans lesquelles les correspondances officielles peuvent bénéficier de la franchise sont énumérées dans le *Manuel des franchises.*

Le droit à la franchise est plus ou moins étendu selon les cas.

Le Président de la République et le ministre des travaux publics, des postes et des télégraphes, jouissent de la franchise *illimitée* pour toutes les correspondances qu'ils expédient ou qu'ils reçoivent.

Le président du Sénat et le président de la Chambre des Députés, les ministres et sous-secrétaires d'État, ainsi que certains hauts fonctionnaires ont également la franchise illimitée, mais seulement pour les correspondances qui leur sont adressées.

Quant aux autres fonctionnaires, ils ne sont autorisés à correspondre en exemption de droits, qu'avec certaines personnes seulement ; autrement dit la franchise résulte, dans le cas le plus ordinaire, des qualités réunies de l'expéditeur et du destinataire. La qualité du destinataire se connaît par le simple énoncé de l'adresse ; celle de l'expéditeur est attestée par l'énoncé de ses fonctions suivi de sa signature sur la suscription de la dépêche : c'est ce qu'on appelle le *contreseing*.

La franchise est subordonnée à certaines conditions de poids et de fermeture.

La formalité du chargement peut être appliquée gratuitement aux lettres et objets circulant en franchise, sur une réquisition écrite des fonctionnaires qui font l'envoi. La perte d'un chargement en franchise ne donne droit à aucune indemnité.

Dans les relations internationales, la correspondance officielle échangée entre les administrations postales et relative au service des postes est seule admise à circuler en exemption de droits.

Lettres expédiées par les militaires et marins ou assimilés en activité de service. — La loi du 29 décembre 1900 a accordé la franchise, pour l'expédition de deux lettres simples par mois, aux hommes en activité de service, des armées de terre et de mer et de l'armée coloniale, désignés ci-après :

Sous-officiers, caporaux ou brigadiers et soldats de

l'armée active, de la réserve et de l'armée territoriale présents au corps, en traitement dans les hôpitaux ou en détention ; les exclus de l'armée placés dans la même situation ; les officiers mariniers, quartiers-maîtres et marins des équipages de la flotte (armée active et réserve), présents au corps, en traitement dans les hôpitaux ou en détention, ainsi que les marins vétérans, pompiers de la marine, garde-consignes, surveillants des prisons maritimes, guetteurs sémaphoriques.

La franchise est constatée par l'application, sur chaque lettre simple, d'un timbre-poste à 10 centimes ordinaire portant au centre les lettres F M imprimées à l'encre noire. Ce timbre n'assure la gratuité que pour les lettres simples, c'est-à-dire dont le poids n'excède pas 20 grammes, expédiées par les militaires et marins à destination de la France, de l'Algérie, de la Tunisie et des colonies françaises. Toutefois, il doit être donné cours à celles des lettres de la même origine, pour les mêmes destinations, dont le poids dépasse celui d'une lettre simple. Dans ce cas, le timbre spécial vaut affranchissement pour un port simple et l'expéditeur peut compléter, par l'apposition de timbres-poste ordinaires, la taxe correspondant à l'augmentation de poids. A défaut de l'acquittement de complément de taxe au départ, les lettres de l'espèce sont considérées comme lettres insuffisamment affranchies et passibles, à l'arrivée, d'une taxe égale au double de l'insuffisance d'affranchissement, conformément à la loi du 25 mars 1892.

Il ne peut être délivré deux timbres spéciaux pour l'affranchissement d'une seule lettre.

Tout militaire ou marin qui, dans le cours d'un mois, n'a pas épuisé son droit, perd le bénéfice des timbres non utilisés pendant le mois.

Le dépôt à la poste doit avoir lieu, en principe, aux guichets des bureaux. Toutefois, les *isolés* de l'armée de terre ou de l'armée de mer, tels que les gendarmes, les guetteurs sémaphoriques, etc., peuvent remettre directement, soit au guichet du bureau de poste de leur résidence, soit aux facteurs ruraux qui les desservent, leurs lettres revêtues du timbre militaire.

Lettres adressées à des militaires ou à des marins en campagne. — Les lettres simples, c'est-à-dire ne dépassant pas **20** grammes et non soumises à la formalité de la recommandation, à destination des militaires et marins faisant partie des corps d'armée de terre et de mer en campagne, sont transmises en franchise, lorsqu'elles sont exclusivement acheminées par des services français (Loi du 30 mai 1871).

Après la fin de la campagne, la franchise peut être maintenue, pour les lettres à destination des militaires et marins blessés ou malades, pendant tout le temps qu'ils demeurent dans les hôpitaux ou ambulances.

Remboursement des taxes postales. — Les restitutions sont tout à fait exceptionnelles en matière de poste, puisque les taxes sont généralement représentées par des figurines apposées par les expéditeurs eux-mêmes. Il y a, toutefois, matière à restitution lorsque des lettres ou paquets ont été taxés à l'arrivée bien qu'étant suffisamment affranchis, ou ont été trop taxés.

En ce qui concerne les journaux expédiés en dernière limite d'heure, les taxes perçues sur les bandes qui n'ont pas été effectivement employées sont restituées aux éditeurs, sur leur demande.

Enfin, dans le cas où des objets à distribuer par exprès n'ont pu bénéficier de ce mode de distribution, l'administration rembourse le montant de la taxe d'exprès.

CHAPITRE II

L'exécution du service postal comporte les opérations suivantes :

1º Opérations au départ et confection des dépêches ;

2º Transport des correspondances ;

3º Opérations à l'arrivée ;

4º Distribution des correspondances ;

5º Réexpéditions et rebuts.

Opérations au départ. — Ces opérations comprennent : la levée des boites, la réception des correspondances au guichet, le timbrage, le tri, la confection des dépêches.

Les lettres ordinaires sont, en principe, déposées dans les boites. Les objets affranchis à prix réduit sont remis au guichet ou jetés dans des boites spéciales. — Quant aux *chargements* (lettres ou objets recommandés ou avec valeur déclarée, envois contre remboursement, valeurs à recouvrer), ils sont soumis à des conditions particulières de dépôt. Ces objets doivent être remis au guichet et complètement affranchis ; le préposé les inscrit immédiatement sur un registre de prise en charge et délivre à l'expéditeur un bulletin de dépôt.

Les correspondances extraites des boites ou reçues au guichet sont frappées du timbre à date du bureau. Cette opération est destinée à oblitérer les timbres-poste qui ont servi à l'affranchissement et en même temps à faire connaître la date à laquelle les objets sont entrés dans le service.

Les correspondances sont ensuite *triées*, c'est-à-dire classées et réparties entre les différents bureaux, sédentaires ou ambulants, avec lesquelles correspond le bureau de départ. Les objets à taxer sont séparés des objets affranchis et frappés du timbre T.

Le tri des correspondances terminé, on procède à la confection des dépêches. On entend par *dépêche* la réunion en un paquet spécial des lettres et objets à l'adresse d'un bureau correspondant. Les dépêches peuvent contenir des objets à l'adresse d'autres bureaux avec lesquels le bureau correspondant est en relations. Ces objets sont dits *en passe*. Au moment de la fermeture, on insère dans chaque dépêche une *feuille d'avis*.

Les chargements forment une liasse spéciale scellée avec soin et rattachée par de la cire à la feuille d'avis. Ils sont décrits sur une feuille particulière dite *feuille d'envoi des chargements*, qui est insérée à l'intérieur du paquet. Leur présence est signalée par l'apposition d'un timbre spécial sur la feuille d'avis.

Transport des correspondances. — L'administration utilise tous les moyens de transport pour l'acheminement des correspondances.

Transports par chemins de fer. — Les transports par chemins de fer sont effectués par les soins du service ambulant dont nous décrirons plus loin l'organisation.

Les droits de la poste sur les chemins de fer d'intérêt général sont fixés par l'article 56 du cahier des charges type annexé aux conventions conclues avec les grandes compagnies en 1857 et 1859.

Un train spécial, dit *train poste*, est mis tous les jours gratuitement, à l'aller et au retour, à la disposition de l'administration des postes, qui en règle la marche d'accord avec la compagnie. L'administration peut, en outre, exiger, moyennant rétribution, l'organisation de convois spéciaux supplémentaires.

Dans les trains de marchandises ou de voyageurs circulant aux heures ordinaires de l'exploitation, la compagnie est tenue de réserver à l'administration deux compartiments de seconde classe, où même, s'il est nécessaire, de transporter gratuitement une voiture spéciale. L'adjonction d'un plus grand nombre de wagons-poste est subordonné à l'agrément de la compagnie et donne lieu au payement d'une taxe de transport.

Les droits de la poste sur les chemins de fer d'intérêt local sont beaucoup plus restreints. D'après la loi du 4 juin 1880, les lignes recevant une subvention de l'État peuvent seules être assujetties au transport gratuit des dépêches ; la compagnie est tenue à cet effet de mettre, dans chaque train circulant aux heures ordinaires de l'exploitation, un compartiment à la disposition de l'administration des postes. Les autres transports qui pourraient être requis (compartiments supplémentaires, wagons spéciaux) bénéficient d'une réduction de moitié sur les tarifs homologués.

Sur les lignes ne recevant aucune subvention de l'État, le prix de tous les transports demandés par l'administration des postes est fixé conformément aux tarifs homologués.

Les concessionnaires de lignes de tramways sont tenus de recevoir dans leurs voitures, aux heures de départs réguliers, les sacs de dépêches escortés ou non d'un convoyeur. Le prix de ces transports est payé par l'administration, conformément aux tarifs homologués, sauf dans le cas où l'État s'est engagé à fournir au concessionnaire une subvention par annuités : dans ce cas, le transport est effectué gratuitement.

Transports par terre. — Les services par terre destinés à assurer les communications postales entre les localités non desservies par des voies ferrées ou à relier les bureaux de poste aux gares de chemin de fer sont, en règle générale, effectués par voie d'entreprise; toutefois les services à pied de peu d'importance peuvent, dans certains cas, être confiés, à titre de charges d'emplois, à des sous-agents de l'administration (facteurs, courriers, convoyeurs ou auxiliaires).

A Paris, les relations entre la recette principale, les bureaux centraux, les bureaux de quartiers et les gares sont assurées au moyen de fourgons automobiles.

Transports par mer. — Les services postaux destinés à rattacher les îles du littoral à la France continentale sont à l'entreprise.

Quand aux correspondances avec les pays d'outre-mer, elles sont assurées au moyen :

Des paquebots-postes subventionnés par l'État français ou par les États étrangers ;

Des bâtiments de la marine marchande français ou étrangers.

Exceptionnellement, des bâtiments de la marine nationale ou des navires affrétés pour le service de l'État.

Le transport des dépêches et des correspondances par les paquebots français subventionnés, par les navires français bénéficiant de la prime à la navigation et par les navires de l'État est gratuit ; l'administration peut, en outre, toutes les fois qu'elle le juge utile, requérir l'embarquement d'un agent des postes.

Les transports effectués par les bâtiments des autres catégories donnent au contraire lieu à rémunération à la charge de l'administration des postes.

Opérations à l'arrivée. — A l'arrivée des courriers, le préposé des postes vérifie avec soin le nombre et l'état des dépêches qui lui sont remises ; il procède ensuite à leur ouverture et en vérifie le contenu au moyen de la feuille d'avis.

Des précautions spéciales sont prescrites dans le cas où les dépêches contiennent des chargements. Le préposé compte les objets chargés et les pointe avec la feuille descriptive dont il a été question plus haut ; il examine une à une les lettres ou boîtes avec valeur déclarée, les pèse, vérifie l'état des cachets. Il inscrit ensuite tous les chargements sur un registre spécial dit *registre d'entrée et de sortie des chargements*.

Après l'ouverture et la vérification des dépêches, les correspondances sont frappées du timbre à date au dos de la suscription. Les objets en passe sont acheminés vers le bureau correspondant auquel ils sont destinés : les autres objets sont répartis entre les agents chargés d'en assurer la distribution ou la réexpédition. Tout agent qui reçoit à cet effet un chargement émarge le registre d'entrée et de sortie et inscrit ce chargement sur un carnet spécial qui reste entre ses mains (carnets du guichet, carnets des facteurs, carnet de réexpédition).

Distribution des correspondances. — Les correspondances sont distribuées soit au guichet, soit à domicile.

Distribution au guichet. — Sont distribués au guichet :

1º Les correspondances administratives de certains fonctionnaires ;

2º Les correspondances adressées poste restante ;

3º Les correspondances adressées aux militaires, aux marins, aux individus recueillis dans les hôpitaux, dans les hospices ou retenus dans les établissements pénitentiaires. Ces correspondances sont retirées au guichet par des agents commissionnés à cet effet et appelés *vaguemestres* ;

4º Les paquets qui, en raison de leur poids ou de leurs dimensions, ne peuvent être distribués à domicile ;

5º Les correspondances adressées à des particuliers qui demandent à les retirer au guichet et qui paient à cet effet un abonnement annuel au profit du receveur et des agents du bureau.

La remise des chargements est attestée par la signature de la partie prenante sur le carnet du guichet dont nous avons parlé dans le paragraphe précédent.

Distribution à domicile. — Le service de la distribution à domicile est assuré, en règle générale, par les soins des facteurs.

La distribution des correspondances ordinaires est faite, à l'entrée de l'habitation, à la personne qui se présente pour les recevoir.

Les valeurs déclarées et les lettres recommandées ne peuvent être délivrées qu'aux destinataires eux-mêmes ou à leurs fondés de pouvoir munis d'une procuration.

Les objets recommandés autres que les lettres (échantillons, papiers d'affaires, etc.) peuvent, à défaut du destinataire, être remis à toute personne attachée à son service ou demeurant avec lui, ou même au concierge de la maison ; de même les envois contre remboursement peuvent être délivrés soit au destinataire, soit à un membre de sa famille, soit à une personne à ses gages.

Toute personne qui reçoit un chargement émarge le carnet du facteur et y inscrit la date et l'heure de la livraison.

Distribution par exprès. — La distribution par exprès, organisée par la loi du 26 janvier 1892, est effectuée au moyen de porteurs spéciaux dont chaque receveur s'assure le concours. Les correspondances ordinaires qui leur sont confiées sont décrites sur un bordereau sur lequel émarge le destinataire ou, à son défaut, toute personne autorisée à recevoir sa correspondance d'après les règles ordinaires de la distribution. Les chargements sont inscrits sur un carnet identique à celui des facteurs et délivrés dans les conditions indiquées ci-dessus.

La taxe applicable à la distribution par exprès est de 30 centimes si le destinataire réside dans la commune du bureau distributeur et de 1 fr. 50 s'il réside dans une autre commune.

Réexpéditions. — On distingue deux sortes de réexpéditions : la réexpédition au destinataire et la réexpédition à l'envoyeur.

Réexpédition au destinataire. — En cas de changement de résidence du destinataire, les correspondances sont réexpédiées à la nouvelle adresse. Cette réexpédition est gratuite.

Réexpédition à l'envoyeur. — Lorsque la distribution n'a pu avoir lieu pour une cause quelconque, les objets de correspondance ordinaire, dont un signe extérieur fait connaitre l'expéditeur, ainsi que tous les objets chargés ou recommandés, sont réexpédiés au bureau d'origine qui en effectue la remise à l'expéditeur. Il en est de même des avis de décès, de mariage, des cartes de visite et autres imprimés ou objets affranchis à prix réduit qui contiennent à l'intérieur le nom et l'adresse de l'envoyeur.

Les délais pour le retour à l'expéditeur sont variables suivant les cas. La réexpédition a lieu :

1° Dans les vingt-quatre heures pour les correspondances ordinaires et les chargements qui ont été refusés, dont les destinataires sont inconnus ou partis sans laisser d'adresse ;

2° Dans les quarante-huit heures pour les correspondances ordinaires et les chargements adressés à des personnes décédées ;

3° Après un délai de garde de cinq jours pour les objets grevés de remboursement adressés poste restante ou conservés en instance au bureau après une première présentation ;

4° Après un mois de garde pour les chargements qui n'ont pu être délivrés par suite de l'absence du destinataire ;

5° A la fin du mois qui suit celui de leur arrivée pour les correspondances de toute nature adressées poste restante.

Rebuts. — Les objets confiés à la poste qui ne peuvent être expédiés faute d'adresse, d'affranchissement ou pour toute autre cause, ceux qui ne peuvent être ni distribués ni retournés à l'envoyeur à l'expiration des délais de garde, ceux dont le destinataire refuse de prendre livraison reçoivent la dénomination de *rebuts*.

Les objets tombés en rebut sont adressés à l'administration centrale après un délai de conservation plus ou moins long; on distingue à, cet effet, les *rebuts journaliers* et les *rebuts mensuels*.

Les rebuts de toute nature sont ouverts par les soins de l'administration centrale et retournés à l'expéditeur s'ils contiennent des indications qui permettent d'en connaître le nom et l'adresse; en cas contraire, ils sont détruits. Les valeurs trouvées dans les objets rebutés sont conservées pendant un an ; si elles n'ont pas été réclamées à l'expiration de ce délai ; elles sont définitivement acquises au Trésor.

CHAPITRE III

CONTRAVENTIONS POSTALES

Les principaux délits ou contraventions pouvant donner lieu à action pénale sont constitués par les faits suivants :

Atteinte portée au monopole postal (arrêts du Conseil des 18 juin et 29 novembre 1681, arrêté du 27 prairial an IX, loi du 25 juin 1856, loi du 6 avril 1878) ; abus de franchise (ordonnance du 17 novembre 1844 et décret du 24 août 1848) ;

Emploi fait sciemment de timbres-poste ayant déjà servi ou altération de timbres-poste (lois des 16 octobre 1849, 11 juillet 1885, 13 avril 1892) ;

Insertion de notes ou valeurs prohibées dans les objets de correspondances de diverses catégories (lois des 25 juin 1856, 4 juin 1859, 25 janvier 1873, 29 juin 1882, 8 avril 1910) ;

Déclaration frauduleuse de valeur supérieure à la valeur réellement insérée dans une lettre (loi du 4 juin 1859).

Pénalités. — Les contraventions et délits en matière postale sont réprimés par des amendes, quelquefois par l'emprisonnement.

Le transport frauduleux de correspondances est passible d'une amende de 150 francs à 300 francs par contravention ; les tribunaux peuvent, suivant les circonstances, réduire cette amende au minimum de 16 francs.

En cas de récidive, l'amende est de 300 francs à 3.000 francs. Il y a récidive lorsque le contrevenant a subi, pendant les trois années qui précèdent, une condamnation pour infraction aux lois concernant le transport des correspondances.

Les mêmes pénalités sont applicables à l'insertion de lettres ou papiers étrangers au service de l'État dans les dépêches expédiées en franchise.

L'insertion de lettres ou de notes ayant le caractère de correspondance personnelle dans les objets affranchis à un tarif réduit, dans les boîtes de valeurs déclarées ou dans les envois contre remboursement fait considérer ces objets comme une lettre du même poids. Ils sont, en conséquence, frappés d'une taxe égale au double de l'insuffisance d'affranchissement et, en outre, passibles d'une surtaxe fixe de 2 francs (loi de finances du 8 avril 1810, article 50).

Une amende de 50 francs à 500 francs est encourue pour insertion de monnaies françaises ou étrangères dans les correspondances de toute nature ; de matières d'or ou d'argent, de bijoux et objets précieux dans les correspondances autres que les boîtes avec valeur déclarée ; de billets de banque ou de valeurs payables au porteur dans les lettres non soumises à la formalité de la recommandation ou de la déclaration de valeur et dans les objets affranchis à prix réduit, même recommandés.

L'emploi, la vente ou la tentative de vente de timbres, cartes postales, cartes-lettres, bandes ou enveloppes timbrées ayant déjà servi est puni d'une amende de 50 francs à 1.000 francs. En cas de récidive, la peine est d'un emprisonnement de cinq jours à un mois et l'amende est doublée.

Enfin toute déclaration frauduleuse de valeur supérieure à la valeur réellement insérée dans une lettre rend son auteur passible d'un emprisonnement d'un mois à un an et d'une amende de 16 francs à 500 francs.

Constatation des contraventions. — Le transport illicite

des correspondances est constaté au moyen de perquisitions opérées par les employés et agents des postes assermentés sur l'ordre du directeur départemental, par les
employés des douanes, par la gendarmerie et par tous
les agents de l'autorité ayant qualité pour constater les
délits et contraventions. Le droit de vérification s'étend à
tous les objets non accompagnés transportés par les conducteurs ou messagers, aux carnets, portefeuilles et
livrets de courses des messagers, courriers et chefs de
train. Aucune perquisition ne peut être opérée sur les
voyageurs, ainsi que les effets placés dans leurs malles ou
valises.

Les autres contraventions sont constatées par le receveur du bureau d'origine ou du bureau destinataire au
moyen soit de l'examen attentif des timbres-poste, soit de
la vérification des correspondances s'il s'agit d'objets
affranchis à prix réduit, soit de l'ouverture des lettres,
boîtes ou paquets en présence du destinataire.

Toute contravention donne lieu à la rédaction d'un
procès-verbal. Les correspondances transportées frauduleusement, les lettres personnelles insérées dans les envois
expédiés en franchise sont retenues par le bureau de
poste ; toutefois, elles peuvent être remises au destinataire sur sa demande, moyennant payement des taxes prévues. Quant aux lettres ou notes personnelles insérées dans
les objets bénéficiant du tarif réduit, elles ne donnent pas
lieu à procès-verbal. En outre, au lieu d'être retenues au
bureau, elles sont présentées aux destinataires avec les
objets qui les contiennent et remises contre le paiement
des taxes prévues par l'article 50 de la loi du 8 avril 1810.
A défaut de paiement par le destinataire, les taxes dues
sont recouvrables sur l'expéditeur, au besoin par voie de
contrainte. Les valeurs prohibées, trouvées dans les correspondances, sont délivrés au destinataire toutes les fois

qu'il consent à faire connaître le nom et l'adresse de l'expéditeur.

Suite donnée aux procès-verbaux. — Les procès-verbaux sont transmis aux directeurs départementaux, chargés de donner suite aux contraventions postales de toute nature. Ces chefs de service sont autorisés à transiger avant ou après jugement, sauf s'il s'agit d'emploi de timbres ayant déjà servi ou de fausses déclarations de valeurs ; les faits de l'espèce constituent en effet des délits d'ordre public dont l'administration des postes doit saisir le parquet.

Les jugements rendus par les tribunaux correctionnels sont susceptibles d'appel.

TITRE II

SERVICE TÉLÉGRAPHIQUE

Monopole de l'Etat. — La loi du 6 mai 1837 a conféré à l'Etat le droit exclusif de transmettre les correspondances télégraphiques. Ce monopole est actuellement régi par le décret-loi du 27 décembre 1851.

L'article 1er de ce décret dispose qu'aucune ligne télégraphique ne peut être établie ou employée à la transmission des correspondances que par le gouvernement ou avec son autorisation. Toute personne qui transmet sans autorisation des signaux d'un lieu à un autre, soit à l'aide de machines télégraphiques, soit par tout autre moyen, peut être punie d'un emprisonnement d'un mois à un an et d'une amende de 1.000 francs à 10.000 francs ; en outre, en cas de condamnation, le gouvernement peut ordonner la destruction des appareils et machines.

Toutefois, l'article 1er du décret de 1851 réserve au ministre la faculté d'autoriser l'établissement de lignes télégraphiques, en dehors du réseau de l'Etat. L'usage de ces lignes est subordonné au payement de redevances annuelles dont il sera parlé dans un chapitre spécial.

CHAPITRE PREMIER

DES TAXES TÉLÉGRAPHIQUES

Des télégrammes privés que les particuliers sont autorisés à envoyer sont soumis à deux régimes différents : le régime intérieur, qui s'applique aux télégrammes échangés entre la France continentale, la Corse, l'Algérie, la Tunisie, la principauté de Monaco et les vallées d'Andorre ; le régime international, qui se subdivise lui-même en régime européen et régime extra-européen.

Dans tous les régimes, on admet une *taxe principale* et des *taxes accessoires*.

La taxe principale est exigible sur tous les télégrammes et calculée à raison du nombre de mots qu'ils contiennent.

Les taxes accessoires sont perçues, en sus de la taxe principale, sur certains télégrammes dits *spéciaux* qui, sur la demande de l'expéditeur et exceptionnellement du destinataire, sont soumis à des conditions particulières de transmission ou de distribution.

Régime intérieur. — La taxe principale des télégrammes du régime intérieur est de 0 fr. 05 par mot avec un minimum de 0 fr. 50 par dépêche. La taxe dite « taxe maritime », applicable aux télégrammes échangés entre les bureaux côtiers et les navires en mer, est également fixée à 0 fr. 05 par mot, avec minimum de 0 fr. 50 et maximum de 1 franc par télégramme.

Une surtaxe de 0 fr. 25, dite *surtaxe téléphonique*, s'ajoute à la taxe principale de tout télégramme originaire

ou à destination d'un bureau municipal téléphonique (1);
un même télégramme peut supporter une surtaxe d'origine
et une surtaxe de destination.

Les télégrammes dits *télégrammes de presse*, adressés
aux journaux et publications et destinés à être publiés dans
ces journaux bénéficient d'une réduction de 50 pour 100
sur le tarif télégraphique ordinaire ; toutefois, le minimum
de perception leur est applicable.

Compte des mots. — Le mot constituant la base du tarif
télégraphique, il est essentiel que le compte en soit effectué suivant des règles précises.

Tout ce que l'expéditeur écrit sur la minute de son télégramme pour être transmis est compris dans le compte
des mots et entre dans le calcul de la taxe. Les mots,
nombres ou signes ajoutés par le bureau expéditeur, dans
l'intérêt du service, les signes de ponctuation, apostrophes
et traits d'union ne sont pas taxés. Les tirets, qui ne servent sur la minute qu'à séparer les différents mots ou
groupes d'un télégramme, ne sont ni taxés ni transmis.

Lorsque les télégrammes sont rédigés en *langage
clair* (2), les mots simples ou composés en usage dans la
langue française, les noms propres de lieux, de pays, de
circonscriptions administratives, de bureaux télégraphi-

(1) Les bureaux municipaux téléphoniques créés avec le concours
des communes ou des particuliers dans les localités non pourvues du
télégraphe, sont destinés à rattacher ces localités au bureau télégraphique le plus voisin et à permettre ainsi la transmission des télégrammes par voie téléphonique. Les avances consenties par les communes ou particuliers pour l'établissement de ces bureaux leur sont
remboursées au moyen de surtaxes téléphoniques.

(2) Un télégramme est en *langage clair* lorsqu'il offre un sens
compréhensible dans l'une ou dans plusieurs des langues autorisées
pour la correspondance télégraphique internationale.

Le *langage convenu* se compose de mots qui, tout en présentant
chacun un sens intrinsèque, ne forment pas de phrases ayant un sens
apparent intelligible.

Le *langage chiffré* se compose de groupes ou de séries de chiffres
arabes ou de lettres ayant une signification secrète.

ques, de voies publiques et les numéros des habitations, si les expressions employées reproduisent exactement les dénominations officielles, comptent pour un mot.

Les mots des langues étrangères, les noms patronymiques appartenant à une seule et même personne, les noms des navires, les nombres écrits en toutes lettres, lorsqu'ils sont réunis en un seul mot sans trait d'union ni apostrophe, comptent pour autant de mots que ces expressions contiennent de fois quinze caractères, plus un mot pour l'excédent.

Dans le *langage convenu*, on compte pour un mot toute expression ne contenant pas plus de dix lettres et empruntée à l'une des langues allemande, anglaise, espagnole, française, hollandaise, italienne, portugaise et latine.

Enfin, les groupes de chiffres comptent pour autant de mots qu'ils contiennent de fois cinq caractères. Il en est de même pour les groupes de lettres employés soit comme marques de commerce, soit dans les télégrammes sémaphoriques.

Lorsque le texte est formé de passages en langage convenu et de passages en langage clair, les mots en clair sont comptés pour un mot jusqu'à concurrence de dix caractères, l'excédent étant compté pour un mot par série indivisible de dix caractères. S'il contient également des passages chiffrés, ceux-ci sont comptés à raison d'un mot par cinq caractères. Si, enfin, le télégramme ne comprend que du langage clair et du langage chiffré, ou du langage convenu ou du langage chiffré, les passages de chaque langage sont comptés respectivement d'après les règles spéciales à chacun d'eux.

Les télégrammes spéciaux comprennent notamment :
Les télégrammes avec réponse payée ;
Les télégrammes avec accusé de réception ;
Les télégrammes collationnés ;

Les télégrammes à remettre en mains propres ;

Les télégrammes à remettre ouverts ;

Les télégrammes multiples ;

Les télégrammes à remettre par la poste ;

Les télégrammes à remettre par exprès ;

Les télégrammes à faire suivre ;

Les télégrammes avec priorité ;

Les télégrammes sémaphoriques ;

Les radio-télégrammes.

Télégrammes avec réponse payée. — Tout expéditeur peut affranchir la réponse qu'il demande à son correspondant. La taxe à percevoir pour cette réponse est celle d'un télégramme établi d'après les indications données par l'expéditeur. Si l'expéditeur n'indique pas le nombre de mots de la réponse, celle-ci est taxée comme devant contenir dix mots.

Le bureau d'arrivée remet au destinataire un *bon de réponse* valable pendant six semaines, à dater du jour où il a été établi. Ce bon sert à expédier, gratuitement et dans les limites de la taxe payée d'avance, un télégramme à une destination quelconque.

Télégrammes avec accusé de réception. — L'expéditeur d'un télégramme peut demander que l'indication de la date et de l'heure auxquelles son télégramme aura été remis au destinataire lui soit notifié par télégraphe ou par poste.

La taxe de l'accusé de réception télégraphique est égale à celle d'un télégramme ordinaire de dix mots.

La taxe de l'accusé de réception postal est de 0 fr. 10.

Télégrammes collationnés. — Le collationnement consiste dans la répétition intégrale du télégramme de bureau à bureau. La taxe accessoire, due pour le collationnement, est égale au quart de la taxe principale.

Télégrammes à remettre en mains propres. — L'expéditeur d'un télégramme peut demander que celui-ci soit remis au destinataire lui-même, ce qu'il fait connaître en inscrivant avant l'adresse l'indication éventuelle « Mains propres » ou « M P ».

Télégrammes à remettre ouverts. — L'expéditeur qui désire que son télégramme soit remis ouvert au destinataire fait connaître son intention en inscrivant, avant l'adresse, l'indication éventuelle « Remettre ouvert » ou « R O ».

Télégrammes multiples. — Les télégrammes multiples sont adressés soit à plusieurs destinataires dans une même localité, soit à un destinataire unique à plusieurs domiciles dans la même localité, soit à un ou plusieurs destinataires, dans des localités différentes desservies par un même bureau télégraphique.

Les télégrammes multiples sont passibles, en sus de la taxe principale calculée sur le nombre total des mots à transmettre et des taxes accessoires éventuelles, d'un droit de copie de 0 fr. 50 par chaque série de 100 mots ; ce droit est répété autant de fois qu'il y a d'adresses différentes, moins une.

Télégrammes à remettre par exprès. — Lorsque le destinataire d'un télégramme est domicilié en dehors du rayon de distribution gratuite du bureau d'arrivée, la remise peut, sur la demande de l'expéditeur, être effectuée par exprès.

La taxe accessoire à percevoir est proportionnelle à la distance que doit parcourir l'exprès pour se rendre du bureau télégraphique au domicile du destinataire ; elle est de 0 fr. 50 pour le premier kilomètre et de 0 fr. 30 pour chacun des kilomètres suivants : toute fraction de kilomètre est comptée pour un kilomètre entier.

Toute personne peut également obtenir, en faisant une demande écrite, que les télégrammes qui parviennent à son adresse soient portés par exprès ; elle doit s'engager, dans ce cas, à acquitter les frais d'exprès.

Télégrammes à remettre par la poste. — Ils sont remis
gratuitement à domicile comme des lettres ordinaires. Si
l'on désire que la remise ait lieu comme pour une lettre
recommandée, il faut insérer, avant l'adresse, l'indication
éventuelle « P R » et acquitter une surtaxe de 0 fr. 25.

Télégrammes avec priorité. — L'expéditeur d'un télégramme privé échangé entre la France, la Corse, la principauté de Monaco d'une part, l'Algérie et la Tunisie
d'autre part, peut demander que ce télégramme soit
transmis par *priorité*, c'est-à-dire avant les autres télégrammes ordinaires sur les câbles sous-marins reliant la
France à l'Algérie et à la Tunisie. Il doit acquitter dans
ce cas une taxe totale de 0 fr. 10 par mot avec minimum
de 1 franc par télégramme.

Les télégrammes destinés à être publiés dans les journaux peuvent être transmis avec priorité sur les câbles
sous-marins moyennant le payement d'une taxe de 0 fr. 05
par mot, avec minimum de perception de 1 franc.

Télégrammes sémaphoriques. — Il sont échangés entre
les sémaphores et les navires en mer et empruntent la
voie électrique sur une partie de leur parcours. Leur taxe
se compose : 1° de la taxe télégraphique principale, et,
s'il y a lieu, des taxes accessoires correspondant aux indications éventuelles ; 2° d'une taxe dite « taxe maritime »
fixée à 0 fr. 05 par mot avec minimum de 0 fr. 50 et maximum de 1 franc par télégramme.

Radiotélégrammes. — On désigne ainsi les communications échangées, au moyen de la télégraphie sans fil, entre
les stations côtières et les navires en mer.

Tout radiotélégramme doit porter l'indication éventuelle taxée « radiotélégramme » qui est ajoutée d'office
par la station côtière, avant l'adresse de tout télégramme
reçu d'un navire en mer.

L'adresse des télégrammes à destination des navires

doit énoncer le nom ou le numéro officiel du bâtiment et sa nationalité.

La taxe des radiotélégrammes se compose : 1° de la taxe télégraphique principale et, le cas échéant, des taxes accessoires ; 2° d'une taxe dite « *taxe côtière* » afférente à la transmission maritime entre la station côtière et le navire destinataire ; 3° de la taxe de bord. Ces deux dernières taxes forment la taxe maritime dont le tarif varie selon les stations côtières ou de bord.

La taxe des télégrammes adressés aux navires en mer est perçue sur l'expéditeur, celle des télégrammes adressés par les navires est payée par le destinataire.

La transmission des radiotélégrammes est soumise aux mêmes règles que celles des télégrammes. Les réclamations concernant les radiotélégrammes sont traitées comme celles relatives aux télégrammes internationaux.

La taxe maritime peut être remboursée, après l'expiration du délai de conservation de trente jours, si, pour une cause quelconque le radiotélégramme n'a pas pu être transmis par la station côtière au navire en mer. Mais le remboursement n'est opéré qu'après avoir été autorisé par l'administration.

Régime international. — Le service télégraphique international est régi par la convention signée à Saint-Pétersbourg en 1875 et par le règlement annexe qui a été revisé successivement aux conférences internationales de Berlin (1886), de Paris (1890), de Budapest (1896), de Londres (1903) et de Lisbonne (1908).

Les télégrammes sont, en ce qui concerne l'application des taxes et de certaines règles de service, soumis soit au régime européen, soit au régime extra-européen.

Le régime européen comprend tous les pays d'Europe, les Açores, les îles Canaries, le Maroc, la Russie du Caucase, la Turquie d'Asie, le Sénégal, la Tripolitaine.

Le régime extra-européen comprend tous les autres pays.

Un télégramme est soumis aux règles du régime européen lorsqu'il emprunte exclusivement les lignes des pays
appartenant à ce régime.

Un télégramme est soumis aux règles du régime extra-
européen lorsque, pour parvenir à destination, il transite
à un moment quelconque par un pays soumis au régime
extra-européen, ou lorsqu'il est originaire ou à destination
d'un pays appartenant à ce régime.

La taxe principale est établie par mot; elle se compose : de taxes élémentaires terminales au profit de l'Office d'origine et de l'Office de destination ; de taxes élémentaires au profit des pays intermédiaires, s'il y en a. Des
taxes spéciales de transit peuvent être établies pour le
parcours des câbles sous-marins. Le taux des taxes est
réglé conformément aux deux tableaux annexés au règlement du service international.

Compte des mots. — Dans le régime européen aussi
bien que dans le régime extra-européen, les expressions
comptées pour un mot ne peuvent contenir plus de quinze
caractères ou de dix caractères, suivant que le télégramme
est rédigé en langage clair ou en langage convenu : l'excédent est compté pour un mot distinct. On compte également pour un mot, mais dans l'adresse seulement : 1º le
nom du bureau télégraphique de destination tel qu'il figure
dans la première colonne de la nomenclature officielle
des bureaux télégraphiques ; 2º le nom de la subdivision
territoriale ; 3º le nom du pays de destination.

La parenthèse, les guillemets, le souligné, chaque
caractère, lettre ou chiffre isolé sont taxés pour un mot.

Les télégrammes *spéciaux*, admis dans les relations
internationales, sont passibles de taxes accessoires calculées d'après des bases analogues à celles adoptées dans le
régime intérieur. Des télégrammes dits *urgents* sont, en
outre, admis pour certains pays étrangers ; ils jouissent
de la priorité de transmission et de remise sur les autres

télégrammes privés. Ils paient la triple taxe applicable à
un télégramme ordinaire.

Mode de perception des taxes télégraphiques. — Les
taxes télégraphiques sont, en principe, payées au départ ;
c'est seulement dans des cas exceptionnels qu'elles sont
perçues sur le destinataire (taxe des télégrammes sémaphoriques émanant d'un bâtiment en mer, des télégrammes du régime intérieur ou du régime international réexpédiés ou distribués par exprès sur la demande du destinataire).

Lorsque la taxe exigible au départ ne peut être
exactement calculée, lorsqu'il s'agit par exemple de télégrammes à faire suivre sur la demande de l'expéditeur ou
à remettre par exprès en un lieu de destination dont la
distance au bureau télégraphique n'est pas connue, l'expéditeur dépose des *arrhes* ; la liquidation en est effectuée
ultérieurement.

Télégraphie officielle. Franchise télégraphique. — Sont
transmis en franchise : les télégrammes officiels, les télégrammes de service, certains avis de service.

Télégrammes officiels. — On désigne ainsi les télégrammes qui, intéressant le service de l'État, sont expédiés par des fonctionnaires jouissant de la franchise
télégraphique.

La franchise est *directe* ou *indirecte*.

La franchise directe appartient aux seuls fonctionnaires
ou agents auxquels elle a été accordée par décision minis-
térielle et dans les limites fixées par cette décision.

La franchise indirecte est conférée par un visa apposé
sur un télégramme par un fonctionnaire investi de la franchise directe avec le destinataire.

Lorsqu'un télégramme officiel contient explicitement
l'ordre de répondre par télégraphe, le destinataire est
toujours admis à user de la franchise pour la transmission
de la réponse.

Télégrammes de service. — Les télégrammes de service sont ceux qui, échangés entre des fonctionnaires dûment autorisés de l'administration télégraphique, ont trait à des questions de personnel, d'organisation, de construction, d'exploitation, etc.

Avis de service. — Les avis de service sont des télégrammes échangés de bureau à bureau, relatifs au service télégraphique ou téléphonique (interruptions, dérangements, taxations, etc.) et, dans le service intérieur, à certaines opérations postales telles que la régularisation des mandats-poste, l'acheminement des dépêches postales, etc.

Ne bénéficient pas de la franchise les communications de bureau à bureau faites sur la demande de l'expéditeur ou du destinataire d'un télégramme privé en vue d'annuler, de rectifier ou de compléter un télégramme transmis ou en cours de transmission. Ces communications sont désignées sous le nom *d'avis de service taxés.*

Remboursement des taxes télégraphiques. — Est remboursé d'office par le bureau qui en a opéré la perception :

1° Toute taxe perçue en trop par erreur ;

2° Tout excédent d'arrhes constaté après liquidation ;

3° La taxe de tout télégramme annulé ou arrêté avant transmission, sous déduction d'un droit de 0 fr. 25.

Sont remboursées à ceux qui les ont versées, si la demande en est faite à la suite d'une réclamation visant l'exécution du service (1) :

1° La taxe intégrale de tout télégramme qui n'est pas arrivé à destination par le fait du service télégraphique :

2° La taxe intégrale de tout télégramme qui, par la faute du service télégraphique, n'a été remis au destinataire ou au service postal, lorsque ce dernier est chargé du transport, qu'après un délai de douze heures ;

(1) Nous ne mentionnons dans ce paragraphe que les cas de remboursements relatifs au régime intérieur.

3° La taxe des avis de service échangés pour rectifier des erreurs imputables au télégraphe ;

4° La taxe de tout télégramme collationné qui n'a pu manifestement remplir son objet, par suite d'erreurs de transmission, lorsque ces erreurs n'ont pas été rectifiées par avis de service taxés ;

5° La somme versée pour une réponse payée d'avance lorsque le destinataire n'a pas fait usage du bon de réponse ;

6° La différence entre la valeur d'un bon de réponse et le montant de la taxe du télégramme affranchi au moyen de ce bon, si cette différence est au moins égale à 0 fr. 50 ;

7° La somme versée pour la réponse à un télégramme, lorsque le destinataire n'a pas fait usage du bon de réponse et lorsque ce bon a été déposé ;

8° La taxe accessoire applicable à un service spécial qui n'a pas été rendu.

CHAPITRE II

EXÉCUTION DU SERVICE TÉLÉGRAPHIQUE

Les principales opérations du service télégraphique concernent le dépôt, la transmission, la distribution et, s'il y a lieu, la réexpédition des télégrammes.

Dépôt des télégrammes. — Les télégrammes privés sont, en règle générale, remis au bureau télégraphique : l'agent du guichet peut exiger la preuve de l'identité de l'expéditeur. Un récépissé de dépôt, mentionnant la taxe perçue, est délivré, moyennent payement d'une somme de **10** centimes, à tout expéditeur qui en fait la demande.

Les facteurs ruraux sont autorisés à recevoir des télégrammes pour les déposer au bureau télégraphique de leur résidence ou à un bureau se trouvant sur leur passage.

Les concessionnaires d'une ligne d'intérêt privé aboutissant à un bureau de l'Etat et les abonnés au réseau téléphonique ont la faculté de transmettre leurs télégrammes par télégraphe ou par téléphone. Ils doivent, dans ce cas, verser entre les mains du receveur une provision préalable pour garantie des taxes télégraphiques à percevoir.

Transmission des télégrammes. — La transmission des télégrammes est assurée dans le service intérieur français soit par les lignes de l'État, soit par les lignes des compagnies de chemin de fer ; un grand nombre de gares sont, en effet, ouvertes au service de la télégraphie privée. En outre, les bureaux des lignes d'intérêt privé, affectées a l'usage exclusif des particuliers ou des sociétés, sont tenus, toutes les fois qu'ils en sont requis, de transmettre la correspondance officielle.

La transmission des télégrammes a lieu dans l'ordre suivant :

1° Télégrammes intéressant la sécurité ou l'ordre public ; télégrammes relatifs au service des chemins de fer et intéressant la sécurité des voyageurs, télégrammes relatifs à des demandes de secours pour sinistres ;

2° Télégrammes d'État et télégrammes officiels ;

3° Télégrammes météorologiques ;

4° Télégrammes et avis de service ;

5° Télégrammes internationaux privés urgents ;

6° Télégrammes privés.

Distribution des télégrammes. — Les télégrammes peuvent être adressés *poste restante, télégraphe restant* ou *à domicile.*

Dans les deux premiers cas, ils sont délivrés au guichet sur justification d'identité.

La remise à domicile est effectuée gratuitement par des porteurs spéciaux (facteurs des télégraphes, facteurs municipaux, etc.), toutes les fois que le destinataire réside dans l'agglomération où est situé le bureau télégraphique. Toutefois, dans les localités ayant un octroi, la zone de distribution gratuite ne peut s'étendre au delà de la zone soumise aux droits d'octroi, alors même que cette dernière serait plus restreinte que la partie agglomérée.

Lorsque le domicile indiqué par le télégramme n'est pas compris dans les limites de distribution gratuite, la remise a lieu par poste ou par exprès, suivant les indications du télégramme ou les instructions données par le destinataire. A défaut d'indications spéciales, le télégramme est toujours remis par la poste. Les télégrammes expédiés par la poste comme lettres ordinaires ne sont soumis à aucune surtaxe (1).

(1) Les télégrammes qui doivent être transmis par poste à un pays

Un télégramme est valablement distribué lorsqu'il est déposé, au domicile indiqué par l'adresse, entre les mains d'une personne qui déclare être le destinataire, ou être autorisée par le destinataire à recevoir ses télégrammes.

Enregistrement des adresses convenues et abrégées. — Après entente avec le bureau de destination et moyennant une taxe d'abonnement de 40 francs par an, ou de 20 fr. par semestre courant du 1er janvier ou du 1er juillet, ou de 5 francs pour un mois, un destinataire peut se faire adresser ses télégrammes sous une adresse convenue ou abrégée.

Il peut également demander que ses télégrammes lui soient portés à un domicile autre que celui indiqué par l'expéditeur, ou remis à des domiciles différents, selon le jour ou l'heure de la journée. Il est perçu, en sus de la taxe d'enregistrement d'un nom de convention, autant de demi-taxes d'abonnement que le déclarant indique de domiciles, moins un.

Télégrammes téléphonés. — Les abonnés au téléphone peuvent transmettre et recevoir leurs télégrammes par téléphone en acquittant une taxe de 10 centimes par dépêche et moyennant le versement d'une provision en garantie du payement des taxes réglementaires. Sauf à Paris et à Lyon, cette taxe de 10 centimes n'est pas perçue sur les abonnés forfaitaires.

Les copies d'arrivée sont ensuite envoyées au destinataire par la plus prochaine distribution postale. Exceptionnellement, à Paris, elles sont acheminées par la voie des tubes pneumatiques.

---

autre que celui de destination télégraphique sont soumis à une taxe de 0 fr. 10 ou de 0 fr. 35 s'ils sont acheminés comme lettre ordinaire ou lettre recommandée, par un bureau du régime intérieur sur une colonie française ou un bureau français du Maroc ou de Tripoli. Dans tous les autres cas, il est dû une taxe de 0 fr. 25 si les télégrammes sont envoyés comme lettres ordinaires et de 0 fr. 50 s'ils sont envoyés comme lettres recommandées. La taxe est perçue au départ.

Remise contre reçu. — Dans quelques cas exceptionnels (télégrammes avec réponse payée, avec accusé de réception, à remettre en mains propres, etc.), les télégrammes ne sont délivrés que contre reçu.

Télégrammes non remis. — Lorsqu'un télégramme n'a pu être distribué, l'expéditeur en est avisé par le bureau d'origine, toutes les fois qu'il a fait connaître son adresse.

Tout télégramme, qui n'a été ni remis ni réclamé dans le délai de six semaines, est détruit par les soins de la direction départementale.

Réexpéditions. — Les télégrammes peuvent être réexpédiés par voie télégraphique à des adresses successives ;

1° Lorsque l'expéditeur a inscrit l'indication éventuelle *faire suivre.*

2° Lorsque le destinataire ou son représentant en ont fait la demande par écrit.

La réexpédition des télégrammes n'est pas gratuite (1) : chaque transmission à une nouvelle adresse est considérée comme un nouveau télégramme et passible des taxes télégraphiques ordinaires calculées d'après le nombre des mots transmis ; un versement d'arrhes peut être exigé de l'expéditeur.

Il est fait exception à cette règle pour les télégrammes à réexpédier à un nouveau domicile situé dans la même ville ou dans la même circonscription de distribution que le domicile indiqué dans l'adresse primitive.

---

(1) Nous avons vu au contraire que, dans le service postal, la réexpédition des correspondances était faite gratuitement.

CHAPITRE III

CONTRAVENTIONS EN MATIÈRE TÉLÉGRAPHIQUE

Les pénalités en matière télégraphique sont édictées par le décret-loi du 27 décembre 1851, dont il a été question précédemment (voir page 447). Ce décret a eu pour objet d'assurer le monopole de l'État et la protection des lignes télégraphiques.

Pénalités. — Nous avons indiqué plus haut les pénalités encourues pour infraction au monopole de l'État (emprisonnement d'un mois à un an, amende de 1.000 à 10.000 fr.). Quant aux dommages causés aux lignes télégraphiques, ils sont passibles des peines suivantes :

1° Quiconque, par imprudence ou involontairement, a commis un fait matériel pouvant compromettre le service de la télégraphie, quiconque a dégradé ou détérioré, de quelque manière que ce soit, les appareils des lignes est puni d'une amende de 16 à 300 francs. La contravention est poursuivie et jugée comme en matière de grande voirie.

Sur une ligne de chemin de fer ou un canal, l'interruption du service télégraphique, occasionnée par l'inexécution des clauses du cahier des charges ou par l'inobservation des règlements, constitue également une contravention justiciable du conseil de préfecture. L'amende, à la charge des concessionnaires ou des fermiers, est de 300 fr. à 3.000 francs.

2° Quiconque, par la rupture des fils, par la dégradation des appareils ou par tout autre moyen a volontairement causé l'interruption de la correspondance est puni d'un emprisonnement de trois mois à deux ans et d'une amende de 100 à 1.000 francs.

3° Sont punis de la détention et d'une amende de 1.000 à 5.000 francs, les individus qui, dans un mouvement insurrectionnel, ont détruit les lignes, brisé les appareils, envahi les postes télégraphiques ou intercepté par tout autre moyen les communications télégraphiques entre les divers dépositaires de l'autorité publique.

4° Toute attaque, toute résistance avec violences et voies de fait envers les inspecteurs et les agents de surveillance des lignes télégraphiques dans l'exercice de leurs fonctions est punie des peines qui frappent la rébellion.

L'article 463 du code pénal, relatif aux circonstances atténuantes, est applicable aux condamnations prononcées en exécution du décret de 1851 (1).

Constatation des contraventions. — Les crimes, délits ou contraventions dont il vient d'être question sont constatés par des procès-verbaux dressés concurremment par les officiers de police judiciaire, les commissaires et sous-commissaires préposés à la surveillance des chemins de fer, les inspecteurs des lignes télégraphiques, les agents de surveillance nommés ou agréés par l'administration et dûment assermentés.

L'administration peut prendre immédiatement toutes les mesures provisoires pour faire cesser les dommages cau-

(1) Il est à remarquer que, d'après le texte de ce décret, les seuls actes constituant un délit sont ceux qui ont causé l'interruption de la correspondance télégraphique. Toutefois, l'Administration ne se trouve pas désarmée vis-à-vis des autres faits volontaires, dus à une intention coupable ; ils tombent en effet sous l'application de l'article 257 du Code pénal, qui vient de la sorte compléter le système de surveillance et de répression institué par le décret de 1851 (Cassation, 11 juin 1863). C'est ainsi que l'Administration peut, en vertu de cet article, poursuivre correctionnellement l'auteur d'une dégradation volontaire, n'ayant pas produit d'interruption de service, l'auteur d'une interruption dont l'intention coupable n'aurait pas été au delà d'une simple dégradation, l'auteur d'une tentative d'interruption non suivie d'effet.

sés aux lignes ou appareils. Le recouvrement des frais
que peut entraîner l'exécution de ces mesures est poursuivi administrativement comme en matière de grande
voirie.

CHAPITRE IV

CORRESPONDANCES PNEUMATIQUES
ÉCHANGÉES DANS L'INTÉRIEUR DE PARIS

Il existe dans l'intérieur de Paris un réseau de tubes pneumatiques destinés à la transmission, entre les différents bureaux, de correspondances d'une nature particulière, dites *correspondances pneumatiques.*

Taxes exigibles. — Les correspondances pneumatiques consistent en cartes fermées ou contenues dans des enveloppes également fermées. Cartes et enveloppes pneumatiques sont vendues par l'administration des postes au prix de 30 centimes chacune qui vaut affranchissement pour les correspondances dont le poids n'excède pas 7 grammes. Lorsque le poids excède 7 grammes, il y a lieu à un complément d'affranchissement de 20 centimes ou de 70 centimes suivant suivant que le poids est inférieur ou supérieur à 15 grammes sans que, en aucun cas, le poids d'une correspondance pneumatique puisse dépasser 30 grammes. Le complément d'affranchissement s'opère au moyen de timbres-poste.

Les particuliers ne sont pas obligés de se servir des cartes-lettres ou enveloppes fabriquées par l'administration : ils peuvent utiliser les cartes ou enveloppes fabriquées par l'industrie privée. L'affranchissement est, le cas échéant, opéré au moyen de timbres-poste, qui selon le poids, représentent une valeur de 30 centimes, de 50 centimes ou de 1 franc. Les correspondances qui portent un affranchissement inférieur à 30 centimes sont livrées au service postal. Celles dont l'affranchissement est insuffisant, bien qu'atteignant'le minimum de 30 centimes, sont acheminées par la voie des tubes, mais elles ne sont remises au destinatáire que contre payement du complément d'affranchissement. En cas de refus, elles sont traitées comme les lettres ordinaires refusées par les destinataires pour cause de taxe à payer. Sont encore remises au service postal les cartes fermées ou enveloppes qui renferment des corps résistants, des valeurs, qui ne sont pas suffisamment flexibles pour pouvoir être introduites dans les boîtes pneumatiques, ou enfin dont le poids dépasse 30 grammes.

L'expéditeur d'une carte ou enveloppe peut demander :

1° Qu'il lui soit délivré un récépissé constatant le dépôt de sa correspondance au guichet. Il doit acquitter à cet effet un droit de 10 centimes.

2⁰ Que la carte ou l'enveloppe soit remise contre reçu signé du destinataire. Cette formalité est passible d'une surtaxe de 10 centimes.

3° Qu'il lui soit donné avis de la date et de l'heure de la remise de la correspondance au destinataire. Il doit acquitter un droit de 10 centimes, de 30 centimes ou de 50 centimes suivant que l'accusé de réception est transmis par la poste, par les tubes pneumatiques ou par les fils télégraphiques ou téléphoniques.

4° Il peut enfin se procurer auprès de l'administration des postes des cartes et enveloppes avec coupon de réponse, moyennant 30 centimes en sus du prix normal.

Un certain nombre de communes de la banlieue de Paris sont reliées au réseau pneumatique au moyen d'un service de bicyclistes au départ et à l'arrivée.

TITRE III

SERVICE TÉLÉPHONIQUE

Monopole de l'Etat. — Les dispositions du décret-loi du 27 décembre 1851 sont applicables à l'établissement et à l'exploitation des lignes téléphoniques.

Toutefois, à l'origine, l'État n'usa point du privilège que la loi lui avait conféré et les premières lignes furent concédées à des sociétés particulières. Mais en 1889, lorsque expirèrent les pouvoirs de la *Société générale des téléphones,* qui avait absorbé les diverses compagnies concessionnaires, l'Etat racheta toutes les lignes exploitées et constitua un réseau unique dont la gestion fut confiée à l'administration des postes et télégraphes.

Organisation du réseau de l'Etat. — Le réseau de l'État se compose des *réseaux locaux* et des *lignes interurbaines*.

Les *réseaux locaux* ont pour objet d'établir, à l'intérieur d'une même ville ou dans les limites de plusieurs localités toutes proches les unes des autres, des relations entre les particuliers ou les abonnés qui ont des postes téléphoniques à leur domicile. A cet effet, tous les abonnés sont reliés au moyen de fils à un bureau central (exceptionnellement à Paris il y a plusieurs bureaux centraux), chargé de les mettre en communication les uns avec les autres. Le public est en outre admis dans des cabines installées dans les bureaux de poste, gares ou établissements publics, où il peut conserver soit avec une personne placée dans une autre cabine, soit avec les abonnés du réseau.

Les *lignes interurbaines* sont des circuits reliant entre eux deux ou plusieurs réseaux locaux et permettant ainsi aux abonnés d'un réseau ou aux personnes admises dans les cabines publiques de communiquer avec les cabines ou les abonnés d'un autre réseau (1).

Tarifs téléphoniques. — Les taxes téléphoniques sont de diverses sortes. On distingue :

1° Les abonnements ;

2° Les redevances accessoires ;

3° Les taxes de conversation ;

4° Les taxes des messages téléphonés ;

5° Les taxes des avis d'appel téléphonique.

Abonnements. — L'abonnement est la redevance annuelle payée par tout concessionnaire d'un poste téléphonique à domicile.

Le montant de l'abonnement varie selon l'étendue des droits conférés à l'abonné, selon le chiffre de la population de la localité siège du réseau, enfin selon la nature du poste concédé.

I. — Un abonné peut avoir le droit, moyennant le versement d'une somme fixée à forfait, de converser gratuitement, autant qu'il le juge à propos, avec les autres abonnés du même réseau. C'est ce qu'on appelle l'*abonnement forfaitaire local*. En outre, un certain nombre de réseaux importants constituent avec les réseaux de leur banlieue des groupes téléphoniques dans lesquels l'abonné peut, moyennant une somme fixée à forfait, converser avec tous les abonnés du groupe. C'est *l'abonnement forfaitaire de groupe*. Dans les villes de moins de 80.000 habitants, l'abonné a la faculté de préférer au système du forfait celui de la *conversation taxée*. En ce cas, il paye une redevance fixe bien moindre, mais il ne peut user du télé-

---

(1) Il existe actuellement environ 10.000 circuits téléphoniques interurbains, plus de 8.000 réseaux urbains et 285 000 postes publics ou d'abonnés. Paris compte 48.000 abonnés avec plus de 73.000 postes.

phone installé chez lui que moyennant payement d'une taxe réglementaire pour chaque conversation.

II. — Le taux de l'abonnement forfaitaire est plus ou moins élevé selon l'importance du réseau local ou l'importance de la population totale des réseaux constituant le groupe. Dans les réseaux de groupe l'abonnement forfaitaire de groupe se confond avec l'abonnement forfaitaire local si, d'après le chiffre de la population, le taux de cet abonnement est le même. Dans les autres cas, les abonnés ont la faculté de choisir entre les différentes catégories d'abonnement. On distingue à cet égard quatre catégories. Dans le groupe de Paris, l'abonnement est de 400 francs par an, dans le groupe de Lyon de 300 francs, dans les villes ou groupes de plus de 25.000 habitants de 200 francs, dans les autres villes ou groupes de 150 fr. Le montant de l'abonnement à conversation taxée est, au contraire, *uniforme* quel que soit le chiffre de la population, mais il va en décroissant année par année. Il est de 100 francs pour la première année, de 80 francs pour la seconde, de 60 francs pour la troisième, de 40 francs ensuite.

III. — Les chiffres que nous venons de donner s'appliquent aux abonnements à des *postes principaux*. Les abonnements à des *postes supplémentaires* s'élèvent à des sommes bien moindres.

On entend par poste principal un poste téléphonique relié au bureau central par une ligne spéciale, dite ligne principale, qui est affectée en propre au service du titulaire.

Les postes supplémentaires sont les postes rattachés au bureau central par l'intermédiaire d'un poste principal.

L'abonnement forfaitaire à un poste supplémentaire n'est que de 50 francs par an à Paris, de 40 francs partout ailleurs. L'abonnement à conversation taxée dans les villes de moins de **80.000** habitants est de **30** francs par an, pour toutes les années.

Les abonnements principaux ne peuvent être consentis pour moins d'une année lorsqu'ils sont souscrits sous le régime forfaitaire et pour moins de deux années lorsqu'ils sont souscrits sous le régime des conversations taxées. Les abonnements supplémentaires ont une durée minima d'un an quel que soit le régime adopté ; après la première période d'un an, et à défaut de dénonciation écrite, notifiée au moins quinze jours d'avance, le contrat se renouvelle de trimestre en trimestre par tacite reconduction.

Par exception, il est concédé, dans les réseaux à abonnements forfaitaires exclusivement, des abonnements temporaires, dits *de saison*. Ils peuvent être conclus pour une durée effective d'un mois ou de trois mois avec faculté de prorogation pour une ou plusieurs périodes. Le taux, en principal, de ces abonnements se compose d'une redevance fixe, représentative des dépenses d'entretien de la ligne et d'une redevance d'abonnement proportionnelle à la durée du contrat.

Redevances accessoires. — En sus du montant de l'abonnement, les concessionnaires sont tenus à diverses redevances accessoires, fort minimes d'ailleurs, pour entretien de leurs lignes, etc.

Etablissement des lignes. — Les lignes principales d'abonnement sont fournies gratuitement aux abonnés de Paris dans l'intérieur du mur d'enceinte, à ceux de Lyon dans les limites de l'ancien octroi, aux abonnés à conversations taxées dans un rayon de **2000** mètres à compter du bureau central téléphonique. Les lignes principales à abonnement forfaitaire des autres réseaux, les sections de lignes comprises en dehors des limites ci-dessus indiquées et les lignes supplémentaires donnent lieu au versement d'une part contributive fixée à 0 fr. 20 par mètre de ligne double aérienne et à **0 fr. 60** par mètre de ligne double souterraine.

Taxes de conversation. — Le tarif et les conditions d'exigibilité des taxes de conversation sont différentes selon qu'il s'agit de conversations échangées dans l'intérieur d'un réseau urbain, de conversations échangées de réseau à réseau ou de conversations internationales.

I. — La taxe de conversation est exigible, à l'intérieur des réseaux à abonnements forfaitaires, pour les communications demandées à partir d'une cabine publique, — à l'intérieur des réseaux à conversations taxées pour toutes les communications demandées soit à partir des cabines publiques, soit à partir des postes des abonnés. La taxe est de 15 centimes par unité de conversation de trois minutes à Paris, de 10 centimes dans tout autre réseau.

II. — Toutes les conversations interurbaines *indistinctement*, qu'elles soient demandées à partir d'une cabine publique ou d'un poste d'abonné, sont passibles d'une taxe qui est plus ou moins élevée selon la distance et dont le minimum est de 25 centimes.

Il existe en outre, pour les conversations de nuit, des abonnements comportant l'usage quotidien et à heure fixe d'une période de conversation de trois minutes par un circuit spécialement désigné ; le taux en est calculé à raison des 2/5 de la taxe de jour, avec minimum de perception de 0 fr. 25. Ces abonnements sont contractés pour un mois au moins et renouvelables par tacite reconduction.

III. — Le tarif des conversations internationales échangées avec l'Allemagne, l'Angleterre, la Belgique, l'Italie, le Grand-Duché de Luxembourg et la Suisse est réglé d'après les arrangements particuliers conclus avec ces pays. Le produit des taxes est partagé, suivant certaines proportions, entre les divers Offices intéressés.

Messages téléphonés. — Les messages téléphonés, créés

par décret du 1er mai 1891, sont des télégrammes transmis
par voie téléphonique. Ils peuvent être échangés :

1° A l'intérieur de tout réseau téléphonique siège d'un
service de distribution télégraphique.

2° Entre deux localités sièges d'un service de distribution télégraphique et reliées entre elles soit directement,
soit indirectement (1) par des lignes téléphoniques dont la
longueur n'excède pas 25 kilomètres. La taxe est de
50 centimes par trois minutes de conversation (2).

Avis d'appel téléphonique. — Un avis d'appel téléphonique est une communication par laquelle une personne qui
désire échanger une conversation téléphonique avec une
autre personne indique à celle-ci le poste où elle devra
se rendre pour recevoir la communication et l'heure à
laquelle l'expéditeur se propose de faire inscrire sa
demande de communication.

La taxe est fixée : 1° à 0 fr. 25 dans l'intérieur d'un
même réseau, entre réseaux faisant partie d'un même
canton et entre localités reliées par des lignes dont le
développement n'excède pas 25 kilomètres; 2° à 0 fr. 30
pour les appels échangés entre réseaux autres que ceux
visés ci-dessus et situés dans un même département : 3° à
0 fr. 40, entre les localités reliées par des lignes de plus
de 25 kilomètres.

Mode de perception des taxes téléphoniques. — Au point
de vue du mode de perception, il y a lieu de distinguer d'une
part les abonnements de toute nature (abonnements conférant l'usage d'un poste téléphonique à domicile, abonne-

---

(1) Il faut entendre par là deux localités ne correspondant pas
directement entre elles, mais reliées respectivement à une troisième
par des lignes téléphoniques

(2) Les messages sont transmis par l'expéditeur lui-même, soit à
partir d'une cabine publique, soit à partir de son poste, s'il est
abonné. La remise à destination est soumise aux mêmes règles que
la distribution des télégrammes ordinaires.

ments de nuit aux conversations interurbaines), d'autre part, les taxes des conversations et des messages.

Abonnements. — Les abonnements conférant l'usage de postes téléphoniques ainsi que les redevances accessoires se payent par termes trimestriels et d'avance, à la caisse du bureau de poste et télégraphe dans la circonscription duquel est établi le poste du titulaire. A défaut de payement ou en cas de retard dans les versements réglementaires, la communication peut être retirée d'office à l'abonné.

Les abonnements de nuit aux conversations interurbaines sont payables par mois et d'avance.

Conversations et messages. — Lorsque les conversations sont échangées ou les messages transmis à partir des cabines publiques, la perception des taxes a lieu au moment même où les communications sont demandées, au moyen de la vente de *tickets téléphoniques* dont les bureaux s'approvisionnent dans les mêmes conditions que de timbres-poste.

Lorsque, au contraire, les communications sont demandées par les abonnés à partir de leur domicile, les taxes exigibles sont prélevées sur une provision ou dépôt de garantie que chaque abonné est tenu de verser entre les mains du receveur des postes. Cette provision doit être renouvelée lorsqu'elle se trouve réduite des trois quarts environ.

Exemptions ou réductions de taxes. — La franchise téléphonique n'existe dans aucun cas. Mais, les postes concédés pour les besoins exclusifs des services publics de l'Etat, des départements et des communes bénéficient d'une réduction sur le principal du taux des abonnements forfaitaires.

APPENDICE

Nous étudierons dans ce chapitre les conditions aux-quelles sont subordonnés l'établissement et l'usage des lignes électriques concédées à des particuliers.

Dispositions générales. — Ainsi qu'il a été dit plus haut, le ministre des postes et télégraphes seul peut accorder l'autorisation d'établir, en dehors du réseau de l'État, des lignes électriques affectées à l'usage des particuliers ou des sociétés et destinées à la transmission de correspon-dances ou de signaux (1).

Les lignes sont construites et entretenues soit par les permissionnaires, soit par les agents de l'État. Dans ce dernier cas, les permissionnaires sont tenus de contribuer aux dépenses de premier établissement et aux frais d'en-tretien d'après les bases fixées par les arrêtés ministériels des 16 octobre 1891, 9 juin 1892 et 31 août 1895.

L'usage de ces lignes est, dans tous les cas, subordonné au payement d'un abonnement ou *droit d'usage*. Cet abon-nement est exigible à partir du jour où la ligne est mise à la disposition du concessionnaire. Il est calculé pour la première année proportionnellement au temps à courir jusqu'au 31 décembre ; les années suivantes, il est acquis à l'Etat dès le 1er janvier pour l'année entière et doit être versé à la première réquisition de l'administration.

(1) Les conducteurs électriques, qui ne sont pas destinés à la trans-mission des signaux ou de la parole et auxquels le décret du 27 dé-cembre, 1851 n'est pas applicable, peuvent être établis sans autorisa-tion ni déclaration. Toutefois, s'ils empruntent une voie publique ou s'ils s'approchent à une certaine distance des lignes télégraphiques ou téléphoniques de l'État, leur établissement est subordonné à l'as-sentiment de l'Administration des télégraphes.

Le montant de l'abonnement est différent suivant la nature des lignes concédées. On distingue à cet effet :

1° Les lignes d'intérêt privé affectés à l'usage exclusif des particuliers ou des sociétés ;

2° Les *réseaux spéciaux* mis, sous certaines conditions, à la disposition du public ;

3° Les lignes électriques des compagnies de chemin de fer.

Lignes d'intérêt privé. — Le montant de l'abonnement annuel est fixé par l'arrêté ministériel du 9 juin 1892. Il est calculé à raison du nombre des postes de transmission et de la longueur des fils en service. Les fils de sonnerie, et d'une manière générale ceux destinés à de simples signaux d'appel ne sont assujettis qu'à une redevance fixe de 5 francs, quelle qu'en soit la longueur.

Lorsque plusieurs réseaux d'intérêt privé aboutissent à un même bureau de l'État, les concessionnaires peuvent être autorisés à communiquer directement entre eux, moyennant un droit fixe spécial payable dans les mêmes conditions que le droit d'usage.

Sont exempts de tout droit d'usage :

1° Les lignes concédées aux divers services publics ou municipaux :

2° Les fils des sociétés de tir ;

3° Les fils utilisés par les hospices.

Réseaux spéciaux.— On désigne ainsi des réseaux exploités par des industriels ou des sociétés et mis à la disposition des particuliers dans les conditions spécifiées par l'arrêté d'autorisation. Tels sont les réseaux de *messagers urbains* qui relient les abonnés à un bureau central et leur permettent de demander par des signaux convenus d'avance certains services (commissionnaires, voitures, etc.) ; les réseaux d'*informations télégraphiques* destinés à transmettre des nouvelles de toute nature aux abonnés, etc.

Le montant du droit d'usage est fixé par l'arrêté du 31 août 1895. Pour les réseaux qui permettent l'échange dans chaque sens de correspondances de toute nature, le tarif est celui des lignes d'intérêt privé. Il est réduit de moitié pour les lignes qui permettent la transmission dans un seul sens des correspondances, des deux tiers pour les lignes qui permettent la transmission dans un seul sens de signaux convenus d'avance. Enfin lorsque les lignes permettent simplement la transmission de signaux d'appel, le tarif est celui des fils de sonneries.

Lignes électriques des compagnies de chemins de fer. — Les lignes télégraphiques et téléphoniques que les compagnies de chemins de fer sont autorisées à établir pour assurer la marche de l'exploitation et la sécurité du service des voies ferrées sont placés sous deux régimes différents.

Celles qui sont établies en totalité ou en partie en dehors des emprises des compagnies rentrent dans la catégorie des lignes d'intérêt privé et sont soumises aux dispositions de l'arrêté du 9 juin 1892, sous la réserve que le droit d'usage est réduit de moitié.

Les lignes installées exclusivement dans les emprises des compagnies sont régies par l'arrêté du 16 octobre 1891 ; elles sont assujetties à un droit d'abonnement de 1 franc par an et par kilomètre de fil. Cette taxe n'est pas applicable aux fils de disques, de sonneries, de cloches, etc.

Les compagnies ont le droit de transmettre gratuitement par leurs fils toutes les correspondances se rapportant au service (sûreté des voyageurs, marche et composition des trains, réclamations relatives aux marchandises, affaires administratives ou contentieuses, etc.).

Les gares ou stations peuvent en outre, avec l'assentiment des compagnies, être ouvertes au service de la télégraphie privée. Les taxes des télégrammes qui y sont acceptés sont perçues, pour le compte de l'État, par les agents de la compagnie. Une remise de 40 pour 100 sur les recettes encaissées est allouée à celle-ci pour l'indemniser des frais d'exploitation.

TITRE IV

SERVICES ACCESSOIRES

Indépendamment du transport des correspondances postales et des transmissions télégraphiques et téléphoniques qui constituent l'objet essentiel de l'institution des postes, la même administration assure certains services accessoires, qui sont :

Les articles d'argent :

Les abonnements aux journaux ;

Le recouvrement des valeurs commerciales et du prix des objets envoyés contre remboursement ;

Les colis postaux ;

La caisse nationale d'épargne.

La loi ne confère aucun privilège à l'administration des postes pour l'exécution de ces divers services.

CHAPITRE PREMIER

ARTICLES D'ARGENT

Le service des articles d'argent a pour objet la transmission des fonds remis *à découvert* à la poste ; cette transmission s'opère sans transport matériel d'espèces.

Il y a lieu de distinguer d'une part le régime intérieur et colonial, d'autre part le régime international.

Régime intérieur et colonial. — Les envois de fonds sous forme d'articles d'argent à destination de la France, de la Corse et de l'Algérie peuvent être effectués par mandat ordinaire, par mandat-carte, par bon de poste ou par mandat télégraphique. Les envois à destination des colonies sont effectués exclusivement au moyen de mandats-poste et de mandats télégraphiques.

Le mandat ordinaire est une formule extraite d'un registre à souche, délivrée à l'envoyeur en échange des fonds. Le préposé de la poste y inscrit le nom et la résidence du destinataire ainsi que le montant de la somme à transmettre. Il appartient au déposant de faire parvenir, à ses frais, le mandat au bénéficiaire. Les mandats à destination des colonies ne peuvent excéder 500 francs.

Les mandats-cartes sont établis par l'expéditeur lui-même sur des formules remises en blanc à toute personne qui en fait la demande. Ils sont transmis directement et sans frais par les soins de la poste au bureau de destination chargé d'en effectuer le payement entre les mains du bénéficiaire. Ils sont munis d'un coupon de correspondance, qui doit être remis au destinataire.

Les bons de poste, créés par la loi du **29 juin 1882**, sont des mandats dont le montant ne peut dépasser **20 francs** ; ile peuvent comporter des centimes. L'expéditeur les transmet lui-même ; il n'est pas tenu d'inscrire le nom du destinataire **(1)**.

Les mandats télégraphiques sont des ordres de payement adressés par télégraphe au bureau de destination ; ils ne peuvent excéder **5.000 francs**.

Taxes à percevoir. — 1° Les mandats de toute catégorie, autres que les bons de poste, donnent lieu à la perception, sur le montant de la somme transmise, d'un droit spécial fixé comme suit :

Jusqu'à **20 francs** : **5** centimes par **5** francs ou fraction de **5** francs ;

De **20 francs** à **50 francs** : **25** centimes ;

De **50 francs** à **100 francs** : **50** centimes ;

De **100 francs** à **300 francs** : **75** centimes ;

De **300 francs** à **500 francs** : **1 franc**.

Au-dessus de **500 francs** : **1 franc** pour les premiers **500 francs**, et **25** centimes en sus par **500 francs** ou fraction de **500 francs** excédant.

Ce droit ne peut être inférieur à **25 centimes** pour les mandats à destination des colonies.

Certaines catégories de mandats supportent, en outre, des taxes accessoires :

Les mandats-cartes sont passibles d'un droit fixe de factage de **10 centimes**.

Les mandats télégraphiques donnent lieu à la perception : de la taxe télégraphique ordinaire portant sur le texte du télégramme-mandat ; de droits accessoires affé-

----

(1) Ainsi qu'il a été dit précédemment, les bons de poste sans nom de destinataire sont considérés comme des valeurs payables au porteur et par suite ne peuvent être insérés que dans des lettres recommandées ou avec valeur déclarée.

rents aux conditions éventuelles que peut stipuler l'expéditeur (1).

Une taxe supplémentaire représentant le change peut être établie sur les mandats échangés entre la France et les colonies. Cette perception est fixée, d'après les cours, par les ministres des finances et des travaux publics, des postes et des télégraphes.

L'expéditeur peut demander, moyennant une taxe supplémentaire de 10 centimes, qu'il lui soit donné avis du payement du mandat. En ce qui concerne les mandats télégraphiques, l'avis de payement peut être adressé par télégramme ; la taxe additionnelle est, dans ce cas, celle des accusés de réception télégraphiques.

2° Les bons de poste sont assujettis à un droit de 5 centimes pour les bons de 10 francs et au-dessous, de 10 centimes pour les bons de 10 fr. 05 à 20 francs.

Mode de perception des taxes. — Le droit d'envoi des mandats et des bons de poste ainsi que les taxes afférentes aux télégrammes-mandats sont perçus en numéraire, au moment du versement des fonds à transmettre. La taxe de factage des mandats-cartes et le droit de 10 centimes pour avis de payement sont perçus au moyen de l'apposition d'un timbre-poste sur la formule du mandat.

Exemption. — Sont exempts du droit d'envoi les mandats de moins de 50 francs adressés aux militaires et marins en campagne ou expédiés par eux.

Payement des mandats. — Les mandats-poste et les bons sont payés au bénéficiaire sur présentation de la formule.

Les mandats-cartes sont payés à domicile par les soins des facteurs (loi du 27 décembre 1895).

L'arrivée des télégrammes-mandats est notifiée immé-

(1) L'expéditeur peut demander, par exemple, que l'avis notifiant au bénéficiaire l'arrivée du télégramme-mandat soit remis par exprès ; la taxe d'exprès est, dans ce cas, exigible.

diatement au bénéficiaire au moyen d'un avis qui est distribué dans les mêmes conditions qu'un télégramme à remettre en mains propres. Le payement a lieu soit au bureau sur présentation de cet avis et après justification d'identité, soit à domicile si l'expéditeur ou le destinataire le demande et acquitte à cet effet une taxe de factage de 10 centimes (Loi de finances du 8 avril 1910, art. 54).

Délais de validité. — Les mandats-poste et les mandats-cartes sont payables dans le délai de deux mois à partir du versement des fonds. Ce délai est porté à trois mois pour les mandats délivrés au profit des militaires de l'armée de terre et à cinq mois pour les mandats émis dans les colonies et pour les mandats de toute origine adressés à des militaires de l'armée de mer.

Les mandats qui n'ont pas été payés à l'expiration de ces délais doivent être adressés à l'administration avec une demande de régularisation sur papier timbré. L'administration les vise pour date et les rend valables pour une nouvelle période de même durée que la première.

Les bons de poste doivent être présentés au payement dans un délai de deux mois à partir du jour de l'émission. Passé ce délai, chaque bon est assujetti à une taxe de renouvellement égale à autant de fois la taxe primitive qu'il s'est écoulé de périodes ou de fractions de période depuis la date d'expiration du premier délai. Cette taxe est perçue par le bureau qui effectue le payement, au moyen de l'apposition de timbres-poste sur le bon.

Le payement des mandats télégraphiques doit être réclamé dans les cinq jours à dater de l'arrivée du mandat au bureau destinataire. Tout mandat télégraphique périmé est immédiatement transmis à l'administration qui, sur la demande de l'expéditeur, lui en rembourse le montant ou le rend payable dans un bureau de poste quelconque et dans les mêmes délais qu'un mandat-poste ordinaire.

Prescription. — Les sommes versées aux caisses des agents des postes à titre d'articles d'argent sont définitivement acquises à l'État lorsque le remboursement n'a pas été réclamé par les ayants droit dans un délai d'un an, à partir du jour de leur versement.

Régime international. — Des mandats-poste ou des mandats télégraphiques peuvent être échangés avec les pays étrangers qui ont adhéré à l'arrangement international de Rome ou qui sont liés à la France par des conventions particulières (Grande-Bretagne, États-Unis, etc.). Les taxes sont partagées suivant certaines proportions, entre le pays d'origine et le pays destinataire.

Mandats-poste internationaux. — Les mandats à destination des pays signataires de l'arrangement de Rome sont établis sous forme de mandats-cartes transmis directement par les soins des offices postaux. Le montant des mandats ne peut dépasser 1000 francs. Le droit à percevoir est, en général, de 25 centimes par 50 francs ou fraction de 50 francs ; l'expéditeur peut demander, moyennant une taxe supplémentaire de 10 centimes, qu'il lui soit donné avis du payement au bénéficiaire.

Les mandats-cartes internationaux à destination de la France sont payables à domicile dans les mêmes conditions que les mandats-cartes français. Un droit de factage de 10 centimes est perçu sur le destinataire.

En principe les mandats originaires des pays d'Europe, sont valables jusqu'à l'expiration du premier mois qui suit celui de leur émission. Pour les mandats provenant de pays situés hors d'Europe, le délai de validité est de cinq mois, non compris le mois d'émission. Les mandats périmés ne peuvent être payés que sur visa donné par l'administration du pays d'origine ; ce visa les rend valables pendant une nouvelle période de même durée que la première.

Les mandats échangés avec les pays qui n'ont pas

adhéré à l'arrangement de Rome sont soumis aux conditions stipulées dans les conventions particulières passées
avec ces pays.

Mandats télégraphiques internationaux. — Les mandats
télégraphiques à destination de l'étranger sont passibles
du droit afférent à un mandat-poste de même somme et de
la taxe télégraphique exigible pour le télégramme-mandat.

Les mandats télégraphiques originaires de l'étranger
sont payables dans les mêmes conditions que les mandats télégraphiques français ; ils peuvent être, comme
ceux-ci, payés à domicile sur la demande du destinataire.

Les délais de validité sont les mêmes que pour les mandats-poste internationaux.

CHAPITRE II

ABONNEMENTS AUX JOURNAUX

Les bureaux de poste reçoivent les demandes d'abonnement aux journaux, revues et recueils périodiques publiés en France.

Le rôle des agents des postes consiste simplement à renseigner le public sur les conditions des abonnements, à en recevoir le prix et à le transmettre sous forme de mandat-poste au directeur du journal ou de la revue.

Les mandats d'abonnement sont passibles du droit proportionnel d'envoi sur le montant de l'abonnement et d'un droit fixe de 10 centimes. Ces droits sont prélevés sur le montant de l'abonnement ou perçus en sus suivant que le journal a ou n'a pas déclaré prendre à sa charge les frais d'émission des mandats.

Le service des abonnements a été étendu aux publications faites dans les colonies (décret du 21 août 1892). Le droit proportionnel ne peut, dans ce cas, être inférieur à 25 centimes ; les frais sont toujours perçus en sus du prix de l'abonnement.

Les bureaux de poste reçoivent également les demandes d'abonnement aux journaux publiés dans les pays étrangers qui ont conclu à cet effet des arrangements avec la France.

Le droit de commission, perçu sur les mandats d'abonnement internationaux, est de 3 pour 100 avec minimum de 25 centimes (1).

1) Par exception, le minimum est de 50 centimes pour la Suisse.

CHAPITRE III

RECOUVREMENT DE VALEURS

L'administration des postes se charge d'effectuer le recouvrement des quittances, factures, traites et en général de toutes les valeurs commerciales protestables ou non. Les mandats de dépenses publiques, les polices d'assurance, les coupons de dividende et d'intérêts, les billets de loterie sont exclus du service des recouvrements.

Le montant de chaque valeur ne doit pas excéder 2.000 francs ; les valeurs doivent en outre remplir les conditions prescrites par les lois sur le timbre et ne contenir aucune note pouvant tenir lieu de correspondance personnelle entre le créancier et le débiteur.

Si le porteur d'un effet de commerce désire le faire protester en cas de non-paiement, il doit l'indiquer dans une déclaration spéciale qui est jointe à l'envoi. L'expéditeur peut consigner les frais de protêt. A défaut de consignation des frais, l'administration ne peut assurer le protêt des valeurs qu'autant qu'elles sont à destination de localités pour lesquelles des officiers publics se sont engagés à effectuer des protêts sans consignation préalable.

Le dépôt et la transmission des valeurs rentrent dans les opérations du service postal proprement dit ; l'envoi est fait sous forme de lettre recommandée adressée directement par le déposant au bureau de poste qui doit encaisser les fonds.

Le recouvrement est effectué par les soins des facteurs du bureau destinataire, qui présentent les effets au domicile des débiteurs. Le montant des effets recouvrés, après prélèvement de certaines remises au profit du receveur du bureau et des facteurs, est converti en un mandat-poste qui est adressé sous chargement en franchise à l'expéditeur.

Les titres non protestables, qui n'ont pu être payés par suite de l'absence du débiteur, sont présentés de nouveau le lendemain, et, à défaut de payement, ils sont conservés pendant vingt-quatre heures au bureau de poste à la disposition du débiteur qui peut encore se libérer. Les titres qui n'ont pas été payés pour une autre cause, ne font pas l'objet d'une seconde présentation, mais ils sont conservés au bureau pendant quarante-huit heures. A l'expiration de ces délais, les effets impayés sont retournés à l'envoyeur.

Quant aux effets protestables, toutes les fois qu'ils n'ont pas été payés à présentation, ils sont immédiatement remis à l'officier public chargé d'effectuer le protêt : celui-ci n'a aucun recours contre l'administration pour le recouvrement des frais, lorsqu'il n'y a pas eu de consignation ou lorsque la consignation est insuffisante.

Droits à percevoir. — Les valeurs qui ont été recouvrées sur le débiteur donnent lieu à la perception d'un droit proportionnel, assis sur le montant de la somme à transmettre par mandat-poste à l'expéditeur : ce droit est le même que celui fixé pour les mandats-poste ordinaires.

Les valeurs impayées sont passibles d'une taxe fixe de 10 centimes par valeur : cette taxe n'est toutefois exigible que sur celles qui ont été effectivement présentées au domicile du débiteur et qui n'ont pas été payées soit à présentation, soit au bureau pendant le délai de garde réglementaire. Les valeurs qu'un vice de forme ou d'adresse, ou qu'un envoi prématuré rend irrécouvrables et qui, par suite, doivent être retournées à l'expéditeur avant présentation en sont exemptes.

Recouvrements internationaux. — Le service des recouvrements de valeurs fonctionne non seulement à l'intérieur du territoire français, mais aussi, en vertu d'un arrangement international, entre la France et l'Algérie d'une part, et un certain nombre de pays étrangers, d'autre part.

Les règles qui viennent d'être exposées sont, en principe, applicables aux recouvrements internationaux. On ne saurait ici entrer dans le détail des quelques dispositions qui leur sont spéciales.

CHAPITRE V

COLIS POSTAUX

On appelle *colis postal* un article de messagerie, répondant à certaines conditions de dimension et de poids, qui est transporté, sous le contrôle de l'administration des postes, par les compagnies de chemins de fer, les compagnies maritimes subventionnées et certains courriers des postes.

Poids, dimension, volume des colis postaux. — Le poids d'un colis postal ne peut en aucun cas excéder **10** kilogrammes. Les colis postaux de 5 kilogrammes et au-dessous, circulant exclusivement à l'intérieur de la France continentale, de la Corse ou de l'Algérie, ne sont soumis à aucune limitation de volume ou de dimension ; ceux de 5 à **10** kilogrammes ne doivent pas dépasser la dimension de **1 m. 50** sur une face quelconque. Aucune condition de volume ni de dimension n'est exigée pour les colis de 5 kilogrammes et au-dessous échangés entre la France et la Corse. — Dans les relations entre la France (y compris la Corse) et l'Algérie ou la Tunisie, les colis de 5 kilogrammes et au-dessous ne peuvent avoir une dimension supérieure à **60** centimètres ni un volume excédant **25** décimètres cubes. Dans les relations entre la France, la Corse, l'Algérie et la Tunisie, les colis de plus de 5 kilogrammes ne peuvent avoir un volume supérieur à **55** décimètres cubes ni dépasser la dimension de **1 m. 50** dans un sens quelconque.

Tarif. — Au point de vue de la tarification, on distingue trois catégories de colis postaux : ceux de **3** kilogrammes, ceux qui pèsent de 3 à 5 kilogrammes, ceux dont le poids dépasse 5 kilogrammes sans excéder 10 kilogrammes. Les taxes applicables à l'intérieur soit de la France continentale, soit de la Corse, soit de l'Algérie, ou encore entre deux ports corses ou entre deux ports algériens sont respectivement de 0 fr. 60, 0 fr. 80, 1 fr. 25. Mais le payement de l'une ou de l'autre de ces taxes ne donne droit qu'au transport du colis postal en gare, où le destinataire doit venir le retirer. Que si l'on veut expédier un colis postal à domicile, il faut acquitter en sus une taxe uniforme de factage de 25 centimes ou de 50 centimes si l'on réclame la livraison par un porteur spécial.

Suppléments de taxe. — Les colis postaux peuvent être expédiés avec valeur déclarée ou contre remboursement moyennant le payement de certains suppléments. La valeur déclarée, ne peut être supérieure à 500 francs et la somme à rembourser, ne peut excéder 1000 francs. Les colis avec valeur déclarée doivent être cachetés ou plombés ; l'adresse porte le montant de la déclaration et le poids exact du colis. Enfin l'expéditeur peut demander un avis de réception moyennant le payement d'une surtaxe de 15 centimes.

Responsabilité. Contraventions. — En cas de perte, de spoliation ou d'avarie d'un colis postal, l'expéditeur a droit à la restitution des frais d'expédition et à une indemnité égale au montant du dommage causé, sans qu'elle puisse excéder 15 francs pour les colis de 3 kilogrammes et au-dessous ; 25 francs pour les colis de 3 à 5 kilogrammes ; 40 francs pour les colis de 5 à 10 kilogrammes, et le montant de la déclaration pour les colis avec valeur déclarée.

Sous peine de contravention, les colis postaux ne doivent contenir ni matière inflammable, explosive ou dangereuse, ni article prohibé par la douane, ni lettre ou note ayant le caractère de correspondance personnelle.

Les colis ordinaires, c'est-à-dire ceux qui ne comportent pas de déclaration de valeur, ne doivent pas davantage renfermer des espèces monnayées ou des matières précieuses.

Colis postaux à l'intérieur de Paris. — A l'intérieur de Paris, le service des colis postaux est assuré par un concessionnaire, en dehors du service postal. Le dépôt des colis se fait au bureau central de l'entreprise et dans ses agences et dépôts. Trois distributions sont assurées chaque jour dans tous les quartiers de Paris.

Le tarif des colis ordinaires est fixé, factage compris, à 25 centimes quand ils pèsent 5 kilogrammes au plus, à 40 centimes quand le poids, inférieur à 10 kilogrammes, est supérieur à 5 kilogrammes. Le maximum de dimension est fixée à 1 m. 50.

Les colis peuvent être expédiés avec valeur déclarée ou contre remboursement (maximum 500 francs), moyennant un supplément de taxe de 10 centimes dans le premier cas, de 30 centimes dans le second. L'envoi des colis ordinaires est garanti jusqu'à concurrence de 25 francs ou de 40 francs, selon que le poids du colis est inférieur ou supérieur à 5 kilogrammes.

CHAPITRE V

CAISSE NATIONALE D'ÉPARGNE

La Caisse nationale d'épargne est instituée sous la garantie de l'Etat, pour recevoir les dépôts de la petite épargne. Tous les bureaux de poste sont les correspondants de la Caisse nationale, fréquemment dénommée Caisse postale. Les déposants y effectuent leurs versements, y reçoivent leurs remboursements.

Ce serait sortir du cadre de cet ouvrage que d'exposer le fonctionnement de l'institution même, d'indiquer comment est formé son budget, dans quelles conditions sont placés les fonds qu'elle reçoit. Nous nous bornerons à décrire les opérations de la Caisse nationale auxquelles participent les bureaux de poste.

Ouverture des livrets. — La Caisse nationale d'épargne ouvre un compte et délivre un livret à toute personne au nom de laquelle les fonds sont versés. Nul ne peut être en même temps titulaire de plusieurs livrets de la Caisse nationale ou d'un livret de la Caisse nationale et d'un livret d'une caisse d'épargne privée (1). Les livrets sont exclusivement nominatifs. Toute somme versée est, au regard de la caisse, la propriété du titulaire du livret.

Par dérogation aux dispositions du Code civil, les mineurs sont admis à se faire ouvrir des livrets sans

(1) Toutefois, un déposant peut être admis à posséder à la fois plusieurs livrets pourvu qu'ils soient soumis à des conditions de remboursement différentes (majorité, mariage, etc.) et que, cumulés, ils n'excèdent pas le maximum légal de 1500 francs.

l'intervention de leur représentant légal, et les femmes mariées, sans l'assistance de leur mari. Les mineurs et les femmes mariées qui ont effectué des versements dans ces conditions sont également autorisés à obtenir des remboursements dans le même mode, à moins que le représentant légal du mineur ou le mari n'y fasse opposition par acte extrajudiciaire. Toutefois, les mineurs ne peuvent retirer seuls les fonds qu'ils ont déposés, avant qu'ils n'aient atteint l'âge de seize ans révolus.

Versements. — Le minimum des versements est de 1 franc. Des bulletins d'épargne, que le déposant recouvre de timbres-poste, permettent de constituer la somme de 1 franc par fractions. Au-dessus de la somme de 1 franc, les versements peuvent comprendre des centimes.

Le compte ouvert à chaque déposant ne peut excéder la somme de 1.500 francs versés en une ou plusieurs fois. Ce maximum est porté à 15.000 francs pour les sociétés de secours mutuels et les institutions spécialement autorisées à cet effet.

Les versements peuvent être faits soit par le titulaire du livret, soit par un tiers quelconque porteur du livret. Au moment de chaque versement il est apposé sur le livret, en présence de la partie versante, un timbre-épargne indiquant la somme versée.

Les versements sont productifs d'intérêts à partir du 1ᵉʳ ou du 16 de chaque mois qui *suit* le jour où ils ont eu lieu. Le taux de l'intérêt est actuellement de 2,50 pour 100. L'intérêt cesse de courir à partir du 1ᵉʳ ou du 16 qui *a précédé* le jour du remboursement. Au 31 décembre de chaque année, l'intérêt acquis s'ajoute au capital et devient lui-même productif d'intérêt.

Remboursements et achats de rentes. — Les remboursements sont effectués sur demande préalable adressée à la direction de la Caisse nationale ; l'autorisation de remboursement est envoyée généralement par le

retour du courrier ; les remboursements ne sont toutefois
exigibles, aux termes de la loi, que dans un délai de quinzaine.

En cas de force majeure, un décret rendu sur la proposition du ministre des finances et du ministre des postes,
le Conseil d'Etat entendu, peut limiter les remboursements
à la somme de 50 francs par quinzaine. Cette disposition a
reçu le nom de « clause de sauvegarde ».

Tout déposant qui a un besoin urgent d'une partie de
ses fonds peut, à son choix, employer la voie télégraphique
pour former la demande et obtenir l'autorisation, en
acquittant la taxe télégraphique avec réponse payée, ou
bien limiter l'emploi du télégraphe à la transmission de
l'autorisation, la demande étant envoyée par la poste ; dans
ce dernier cas, la taxe du télégramme réponse est prélevée
par la direction centrale qui autorise le remboursement
sur le compte courant de l'intéressé. Un remboursement
télégraphique ne peut être que *partiel*.

A Paris, le titulaire d'un livret peut obtenir un remboursement total ou partiel dans un bureau de quartier, en
faisant l'emploi d'une carte pneumatique avec réponse
payée, d'un modèle spécial. En outre, des remboursements à vue sont effectués au siège de la direction centrale.

Tout déposant qui a des fonds suffisants pour une acquisition de 10 francs de rente au moins peut faire opérer cet
achat en titres nominatifs, sans frais, par les soins de
l'administration de la caisse. Dans le cas où le titulaire du
livret ne retire pas les titres achetés pour son compte, la
Caisse nationale en reste gratuitement dépositaire et
encaisse les arrérages au crédit de l'intéressé.

Prescription trentenaire. — Le montant d'un compte
n'ayant donné lieu depuis trente ans à aucun versement, à
aucun remboursement ou achat de rente, en un mot, à
aucune opération faite sur la demande du déposant est

prescrit à l'égard de ce déposant (lois des 7 mai 1853, art. 4 et 20 juillet 1895, art. 20).

Transferts en caisses d'épargne. — Tout déposant titulaire d'un livret de caisse d'épargne ordinaire peut demander le transfert de ses fonds à la Caisse nationale d'épargne et réciproquement. Le transfert a lieu sans frais par l'entremise du receveur des postes.

En vertu d'arrangements conclus entre la France, la Belgique et l'Italie, les fonds déposés à la Caisse nationale d'épargne peuvent être transférés, sans frais, à la Caisse générale d'épargne et de retraite de Belgique ou à la Caisse d'épargne postale d'Italie et réciproquement. En outre, le titulaire d'un livret dans l'un des trois pays peut obtenir un remboursement dans l'autre.

TITRE V

ORGANISATION DE L'ADMINISTRATION DES POSTES ET TÉLÉGRAPHES

Les services des postes, télégraphes et téléphones relèvent du ministère des travaux publics, des postes et télégraphes. Ils comprennent une *administration centrale,* des *services extérieurs.*

I. — Administration centrale

L'administration centrale compte six directeurs, des chefs et sous-chefs de bureau, des rédacteurs, des dames employées et des expéditionnaires.

Le ministre est secondé par le *conseil d'administration,* composé des directeurs et par l'*inspection générale des postes et télégraphes.*

Le conseil d'administration est appelé à donner son avis sur certaines affaires importantes, notamment sur les marchés passés pour le compte de l'administration, sur le tableau d'avancement des fonctionnaires, sur les mesures disciplinaires, etc.

Les inspecteurs généraux ont pour mission de surveiller les diverses branches de l'exploitation et de renseigner le sous-secrétaire d'État sur l'état du service et l'exécution des règlements.

II

II. — Services extérieurs

Les services extérieurs comprennent :

1° Le service d'exploitation ;

2° Le service ambulant ;

3° Le service maritime ;

4° Les services spéciaux.

Service d'exploitation. — Le service d'exploitation, qui a pour objet l'exécution des diverses opérations postales, télégraphiques et téléphoniques et de la Caisse nationale d'épargne, ainsi que la perception des taxes, comporte comme organes essentiels, les bureaux de postes et télégraphes. Il est placé, dans chaque département (1), sous l'autorité d'un directeur, assisté d'inspecteurs et de sous-inspecteurs.

Directeurs. — Les directeurs des postes et télégraphes sont chefs de services dans le département où ils exercent leurs fonctions. Ils correspondent avec l'administration centrale, procèdent à l'étude des mesures d'organisation et pourvoient aux moyens d'exécution. Ils surveillent l'ensemble du service dont la direction leur est confiée. Ils sont chargés de donner suite aux contraventions postales de toute nature. Ils sont ordonnateurs secondaires des dépenses de l'exploitation et vérifient la comptabilité de leur département.

Le décret du 10 juillet 1893 a organisé des directions régionales.

Les cadres des directions départementales sont consti-

---

(1) Il existe, en outre, à Paris, indépendemment de la direction des postes et des télégraphes de la Seine, une direction des services télégraphiques et une direction des services téléphoniques placés sous l'autorité d'ingénieurs en chef.

tués, en plus des inspecteurs, par des rédacteurs et des expéditionnaires.

A chaque direction sont attachés, en outre, un ou plusieurs *brigadiers-facteurs* chargés spécialement de surveiller les facteurs, les entreposeurs, les courriers d'entreprises, l'approvisionnement en timbres-poste des débitants de timbres-poste étrangers à l'administration, les gérants des recettes auxiliaires. Dans l'intervalle de leurs tournées, ils sont employés à certains travaux de la direction.

Inspecteurs et sous-inspecteurs. — Les inspecteurs et sous-inspecteurs ont pour mission principale de vérifier les établissements de postes de leur département et de procéder à l'installation des receveurs. Ils sont également chargés des enquêtes de toute nature concernant l'exploitation postale et de toutes les missions que les directeurs leur confient dans le département.

En dehors de leurs tournées, ils prennent part aux travaux sédentaires de la direction.

Bureaux de poste et télégraphe. — Les bureaux de poste se divisent, suivant la nature et l'importance de leurs opérations, en *recettes* et en *établissements secondaires*.

Les recettes participent en général à toutes les opérations du service postal et pour ce motif sont désignés sous le nom d'établissements de *plein exercice* (1) ; les autres établissements ont des attributions plus limitées.

1° *Recettes des postes.* — Les recettes des postes sont *simples* ou *composées*.

Dans les recettes simples, le service est assuré par un receveur qui gère seul ou avec le concours d'*aides* ne faisant pas partie des cadres de l'administration.

Dans les recettes composées, les receveurs ont sous

(1) Toutefois, dans les grandes villes, certains bureaux de quartier n'assurent pas le service de la distribution.

leurs ordres des employés directement rétribués par l'État : commis principaux, commis et dames employées. Dans les bureaux d'une importance exceptionnelle, ils peuvent être assistés de chefs et de sous-chefs de section.

Le receveur placé au chef-lieu de chaque département prend le titre de *receveur principal* (1) ; il centralise la comptabilité de tous les bureaux du département, mais n'exerce aucune autorité sur les autres receveurs.

Les cadres des bureaux composés peuvent également comprendre un ou plusieurs *gardiens de bureau*. Ces sous-agents sont chargés du service de peine, du relevage des boîtes, du timbrage des correspondances, du transbordement et même du transport des dépêches.

Le service de la distribution à domicile des correspondances postales est assuré par des *facteurs* titulaires ou auxiliaires ; ces sous-agents peuvent, en outre, être appelés à participer au travail intérieur du bureau et au relevage des boîtes.

On distingue plusieurs catégories de facteurs : les *facteurs de ville* desservant les communes sièges d'un bureau composé ; les *facteurs suburbains* qui distribuent les correspondances dans les communes rurales rattachées directement aux recettes composées, ainsi que dans toutes les localités du département de Seine-et-Oise ; les *facteurs locaux* desservant les communes sièges d'un bureau simple ou d'un établissement de facteur-receveur et les *facteurs ruraux* chargés de la distribution des correspondances dans les localités non pourvues d'établissements de poste. Dans les bureaux composés d'une certaine importance, le service des facteurs est surveillé par des *facteurs-chefs* et des *facteurs* sous-chefs.

---

(1) Les receveurs des postes françaises à l'étranger ont également le titre de receveurs principaux.

La remise des télégrammes est effectuée soit par des *facteurs des télégraphes*, qui peuvent, en outre de leur service ordinaire, être appelés à rechercher et réparer les dérangements qui se produisent sur les lignes et dans les bureaux, soit par des auxiliaires appelés *jeunes facteurs*. Dans les recettes les plus importantes, il existe des *facteurs-chefs du télégraphe*, chargés de la surveillance des facteurs.

2° *Établissements secondaires*. — Les établissements secondaires fonctionnent dans les localités peu importantes ne comportant pas la création de recettes des postes. Ils se divisent en établissements de *facteurs-receveurs* et en *recettes auxiliaires*.

Les facteurs-receveurs appelés autrefois *facteurs boîtiers*, effectuent, pour le compte du bureau de poste ou bureau d'attache dont ils relèvent, les mêmes opérations postales que ces bureaux avec quelques restrictions. Ils sont en outre chargés d'assurer la distribution des correspondances à domicile.

Les recettes auxiliaires, créées tout d'abord à titre d'essai dans quelques grandes villes et organisées définitivement par décret du 16 octobre 1895, participent, pour le compte du bureau de poste auxquelles elles sont rattachées à un certain nombre d'opérations postales énumérées dans le règlement annexé au décret de 1895; elles peuvent être ouvertes au service télégraphique et au service téléphonique.

Exceptionnellement les recettes auxiliaires établies dans les localités non pourvues d'un bureau de plein exercice et dites recettes auxiliaires *rurales* peuvent assurer l'expédition et la distribution des correspondances ordinaires affranchies, c'est-à-dire des correspondances qui ne sont ni chargées, ni recommandées, ni taxées.

La gestion des recettes auxiliaires est confiée aux gérants des bureaux télégraphiques ou téléphoniques, aux receveurs buralistes des contributions indirectes, aux débitants de tabac, à des commerçants (1) ou industriels et même à des particuliers.

Service ambulant. — Le service ambulant est chargé du transport et du tri des correspondances sur les chemins de fer.

Dans les trains principaux des grandes lignes circulent des *bureaux ambulants*. Ce sont de véritables bureaux de poste qui n'effectuent, toutefois, aucune opération de recette ou de dépense ; ils reçoivent des dépêches et en forment pour les bureaux avec lesquels ils correspondent. Ce sont essentiellement des bureaux de passe.

Les bureaux ambulants sont répartis en huit lignes : chaque ligne est divisée en *sections* de lignes desservies par un ou plusieurs bureaux ambulants dans lesquels le service est assuré par des brigades d'agents qui concourent à tour de rôle à l'exécution du travail

A la tête de chaque ligne de bureaux ambulants est placé un directeur assisté d'inspecteurs et de sous-inspecteurs. Les directeurs ont, en ce qui concerne leur service, des attributions analogues à celles des directeurs départementaux. Les inspecteurs et sous-inspecteurs sont spécialement chargés de vérifier le service des bureaux ambulants en nombre variable.

Le cadre des brigades comprend des chefs de brigade, des commis principaux, des commis et des gardiens de bureau.

Dans les gares principales, des sous-agents dénommés *chargeurs* et *brigadiers-chargeurs* sont préposés au transbordement des dépêches.

Sur les lignes d'embranchement et même sur les gran-

---

(1) Excepté les pharmaciens (loi du 21 germinal an XI, titre IV) et les cafetiers ou débitants de boissons, à moins pour ceux-ci, que la pièce affectée au service ne soit absolument distincte de salles de consommation.

des lignes, dans les trains omnibus qui suivent ou précèdent les express auxquels sont attachés des bureaux ambulants, le service postal est confié à des *courriers-convoyeurs* et à des *courriers auxiliaires*. Ces sous-agents, qui relèvent des directeurs départementaux, sont préposés au transport des dépêches closes échangées entre bureaux sédentaires; dans la majorité des cas, ils sont également chargés de la manipulation des lettres ordinaires et des cartes postales remises à la portière de leur compartiment, recueillies dans les boites mobiles ou reçues des courriers ou des entreposeurs,

Pour faciliter l'échange des dépêches entre les bureaux ambulants, les courriers-convoyeurs et les courriers d'entreprise, des *bureaux-gares* et des *entrepôts* ont été établis dans les stations d'une certaine importance.

Les bureaux-gares sont de véritables bureaux qui procèdent au tri et à la réexpédition des correspondances reçues du service ambulant; toutefois ils n'effectuent aucune opération de guichet.

Les entrepôts sont simplement destinés à la garde et à l'échange des dépêches remises par les bureaux ambulants ou par les courriers. La gestion en est confiée à des sous-agents appelés, suivant les cas, *entreposeurs* ou *gardiens d'entrepôt*.

Service maritime. — Le service maritime a pour objet d'assurer les relations postales avec les pays d'outre-mer par la voie des paquebots français et des bateaux de la marine marchande nationale.

Il est surveillé et contrôlé par les fonctionnaires (directeurs et receveurs) des points d'attache, qui prennent le titre de *commissaire du gouvernement*, et par les *agents embarqués* à bord des paquebots.

Ces derniers veillent, en cours de route, à l'exécution du cahier des charges des compagnies subventionnées et assurent les échanges de dépêches. Ils sont placés sous l'autorité directe des commissaires du gouvernement.

Services spéciaux. — Les services spéciaux comprennent :

1° Le service de la vérification du matériel, du dépôt central et de l'Agence comptable des timbres-poste ;

2° Le service des ateliers de construction et de réparation du matériel postal et électrique et de fabrication des timbres-poste ;

3° Le service des câbles sous-marins ;

4° L'école professionnelle supérieure ;

5° Le service du contrôle des installations électriques et des études scientifiques et techniques dans les départements ;

6° L'inspection générale ;

7° Le service du contrôle de la Compagnie française des câbles télégraphiques sous-marins ;

8° Le service de la télégraphie sans fil ;

9° Le service du laboratoire pour les études scientifiques et techniques.

FIN

TABLE DES MATIÈRES

TROISIÈME PARTIE

CONTRIBUTIONS INDIRECTES, MONOPOLES, OCTROIS

QUATRIÈME PARTIE

IMPOT SUR LE SUCRE ET SES DÉRIVÉS

CINQUIÈME PARTIE

DOUANES

SIXIÈME PARTIE

POSTES, TÉLÉGRAPHES ET TÉLÉPHONES

.